KB161518

아트 오브 메이킹 머니

THE ART OF MAKING MONEY

아트 오브 메이킹 머니

가장 예술적으로 돈을 벌었던 남자,
아트 윌리엄스 이야기

슨 커스텐 지음 | 양병찬 옮김

페이퍼로드
paperroad

프롤로그

현대인은 워낙 상호 의존적이고 집단적이어서, 절대로 화폐 위조범이 될 수 없다. 화폐 위조범은 모름지기 '니체적 초인'만이 갖고 있는 자질의 소유자라야 한다.

린 글레이저, 『미국의 화폐 위조』(1967) 중에서

•

아트 윌리엄스는 맥주 네 잔을 연거푸 비우고 나서야 말문을 열기 시작했다. 나와 아트는 시카고 미드웨이 공항으로부터 몇 블록 떨어진 곳에 있는 그의 집 거실에 마주 앉아 있었다. 그와 함께 있는 두 시간 내내 항공기의 이착륙 소음이 그치지 않았다. 나는《롤링스톤》이라는 잡지에 기고할 기사를 작성하기 위해 그와 인터뷰하던 중이었다. 그는 지난 사반세기 최고의 화폐 위조범으로서, 자신만의 화폐 위조 노하우를 공개하겠다고 내게 공언했던 터였다. 하지만 막상 비법을 공개하려고 하니 차마 입이 떨어지지 않는 것 같았다.

"나는 지금껏 어느 누구에게도 이걸 공개한 적이 없어요. 얼마나 많은 사람들이 돈을 내밀며 내 앞에 머리를 조아렸는지 알아요?"

그는 행여 내가 자기의 가치를 인정해 주지 않을까 봐 짐짓 생색을 냈다.

"한번은 이름을 밝힐 수 없는 어떤 사람이 찾아와 거금을 줄 테니 화폐 위조에 관한 레시피 일체를 넘기라고 제안했어요. 그 사람은 세계 모처에 있는 호화 빌라를 제공하고 개인 경호원까지 붙여주겠다고 약속했죠."

순간 나는 카스피 해 연안의 별장 테라스에서 시가를 꼬나물고 앉아 러시아 갱단의 호위를 받고 있을 그의 모습을 상상했다. 펑펑한 뺨, 푸른 눈, 뚱뚱한 체격 등, 그는 동유럽 풍의 갱단과 딱 어울리는 면모를 지니고 있었다. 그러나 나는 곧 그가 괜한 허세를 부리고 있다고 판단했다. 그도 그럴 것이 그는 타고난 수완가로서, 시카고 거리에 떠도는 어떤 건달보다도 허풍이 심한 사람이었기 때문이다. 나중에 알게 된 사실이지만, 그가 이 같은 제안을 받았다는 것은 사실이었다. 전해지는 말해 의하면, 그는 경호원들이 자기를 왕이나 죄수처럼 대접하는 것이 싫어 그 제안을 일언지하에 거절했다고 한다.

"이걸 알려주면 내 친구들이 날 미워할 텐데……."

그는 한숨을 내쉬었다.

"그들은 당신마저 미워하게 될지도 몰라요."

그는 말을 마치기가 무섭게 벌떡 일어나 부엌 쪽으로 다가갔다. 그와 그의 애인 나탈리가 목소리를 낮추고 쑥덕거리는 소리가 거실까지 메아리쳐왔다. 그녀는 아트가 내게 비법을 알려주는 것을 탐탁지 않게 생각하는 것이 분명했다.

"좋아, 당신 맘대로 해."

퉁명스러운 소리가 들려오자, 나는 그녀가 나를 미워하는 게 틀림없다고 생각했다. 뒤이어 방문이 덜컹거리고 캐비닛 열리는 소리가 들리더니, 이윽고 종이 부스럭거리는 소리가 들렸다. 잠시 후 아트는 가위 몇 개, 스프레이 세 개, 종이 한 장을 들고 나타났다. 그 종이는 유치원 선생님이 공작 시간에 아이들에게 나눠주는 값싼 회백색 판지 같았다.

그는 나에게 종이를 내밀며 속삭였다.

"얼마나 얇은지 만져보세요."

엄지와 검지로 종이를 비벼본 나는 깜짝 놀랐다. 그 종이는 지폐와 똑같은 질감을 갖고 있었던 것이다.

"그건 아무 것도 아니에요. 조금만 기다려보세요."

그는 시큰둥하게 말했다.

그는 종이를 오려 지폐와 같은 크기의 직사각형 두 개를 만들었다. 그러면서 "이건 대충 자른 거라 사이즈가 정확하지는 않아요"라는 말을 덧붙이는 것을 잊지 않았다. 그러나 내가 보기에 그것은 지폐와 거의 똑같은 크기의 빈 종이였다. 그는 두 장의 빈 종이에 접착제를 바르기 시작했다. 스프레이의 버튼을 누르며 접착제를 바르는 그의 손놀림은 흐르는 물처럼 매우 자연스러웠다. 그는 설명했다.

"이 공정은 한 번의 동작으로 완성해야 해요. 그러지 않으면 접착제가 균일하게 분포되지 않죠."

그는 이윽고 두 개의 직사각형 종이를 접착제가 발라진 면이 마주보도록 조심스럽게 붙이고는, 책의 모서리로 문질러 기포를 제거했다. 그는 종이가 건조되기를 기다리며 말했다.

"종이가 마르려면 최소한 30분은 기다려야 해요. 그전에 힘을 가하면 나중에 종이가 떨어져 무용지물이 되죠. 이 사실을 반드시 명심하세요."

그는 맥주 한 잔을 더 비운 뒤, 접착된 종이의 양면에 응고제를 뿌리고는 부드러운 견직물로 끝마무리를 했다. 마지막으로 종이에 코팅을 한 그가 외쳤다.

"이제 됐어요. 대충 만든 거라 제대로 됐는지 모르겠네."

그로부터 5분 후, 한 손에는 20달러짜리 지폐를, 다른 손에는 아트의 작품을 쥔 나는 가만히 눈을 감았다. 나는 둘 사이의 차이를 전혀 느낄 수 없었다. 잠시 후 눈을 뜬 나는 아트의 작품이 진짜 지폐와 감촉만 똑같은 것이 아니라는 것을 깨달았다. 그것은 20달러 지폐 특유의 밋밋한 광택까지도 완벽하게 재현해 내고 있었다.

"이제 그걸 흔들어보세요."

그는 내게 명령조로 말했다.

나는 '작품'의 모서리를 잡고 재빨리 흔들어보았다. 그러자 작품은 경쾌한 소리를 내며 퍼덕거렸다. 그것은 영락없이 지폐가 부스럭거리는 소리였다. 세계경제를 움직이는 전지전능한 달러 지폐의 감촉이었다!

"이제 워터마크, 은선(위조 방지용 선형 필름 옮긴이), 반사 잉크만 있으면 돼요. 내 작품이 다른 위조지폐보다 뛰어난 건 바로 그 때문이에요. 그것만 있으면 모든 위조지폐 감식 테스트를 통과할 수 있죠."

그는 자랑스럽게 말했다.

아트 윌리엄스의 나이는 서른둘, 대다수의 위조범이 십대인 이 바닥에서는 쉰세대에 속하는 나이였다. 그러나 그는 신세대 위조범들과 클래스가 달랐다. 신세대 위조범들은 잉크젯 프린터를 이용하여 20달러짜리 지폐를 만들지만, 그 정도의 위조 실력으로는 맥도날드의 점원도 속일 수 없다. 이에 반하여 아트는 수백 년의 전통을 이어받은 유럽계 달인으로부터 위조 기술을 전수받은 장인이었다. 게다가 그는 전통을 그대로 답습하는 복고주의자가 아니었다. 그는 전통적인 기법을 디지털 기술과 접목하여 가장 정교한 위조 기술을 재창조한 혁신가였다.

"그는 위조지폐에 많은 혁신적 아이디어를 도입했습니다."

FBI의 위조지폐 전문가인 로렐라이 파가노는 내게 말해줬다.

"그는 단지 기계의 버튼을 누르는 사람이 아닙니다. 그의 위조지폐에 점수를 매기라면, 나는 10점 만점에 8~9점을 주겠습니다."

참고로, 진짜 지폐와 전혀 구별할 수 없는 10점 만점의 100달러권 위조지폐를 우리는 '슈퍼노트Supernote'라고 부른다. 슈퍼노트는 북한 정부가 만드는 것으로 알려져 있는데, 미국 조폐공사가 보유한 것과 유사한 수천만 달러 상당의 음각 인쇄기를 사용하여 찍어내는 것으로 생각된다.

아트는 내게 위조지폐를 만드는 전 과정을 공개했고, 나는 그가 화폐 위조의 대가가 되기 위해 쏟아부은 집념과 헌신, 정교함에 혀를 내둘렀다. 그가 알려준 방법론은 어떠한 수학 공식으로도 표현할 수 없을 만큼 매우 정교하고 치밀했다. 더욱 흥미로운 것은 그가 화폐 위조의 세계에 발을 들여놓게 된 과정이었는데, 그것은 너무도 복잡하고 의미심장하여 《롤링스톤》 지의 기사에서 모두 다룰 수 없을 정도였다. 아트는 많은 비밀을 간직하고 있었는데, 그중에는 자기 자신에게조차 숨기고 싶을 정도로 가슴 아픈 사연도 포함되어 있다.

그의 고백에 의하면, 그의 반평생은 어린 시절에 빼앗기고, 도둑맞고, 부당하게 거부당했던 것을 되찾는 데 집중되었다고 한다. 그의 고백 중에서 내 마음을 특히 사로잡았던 것은, 그가 추구해왔던 것이 돈과 전혀 무관하며, 그가 진정으로 원했던 것은 위조될 수도 가치를 매길 수도 없는 소중한 것이었다는 점이다. 그는 이렇게 말했다.

"내 마음을 사로잡았던 것은 돈이 아니었어요. 내 마음을 사로잡았던 것은 바로 사랑이었어요."

차례

프롤로그 5

제1부

아버지에 관한 기묘한 추억 17

시카고 최초의 빈민가, 브리지포트 44

은밀한 수제자 70

갱단 탈출 113

지하 감옥의 비밀 129

텍사스와 쾌락 175

제2부

드리마크 펜과 워터마크 201

왕의 귀환 237

돈 쓰는 여행의 시작 255

블루스 하우스 호텔에 드리운 그림자 282

알래스카에서 걸려온 전화 301

아버지와 아들의 공모 322

국토안전부 비밀수사국 359

돈을 만든 죄와 벌 409

에필로그 442

역자 후기 451

제1부

1

아버지에 관한 기묘한 추억

"네 늙은 아버지는 어느 방향으로 튈지 종잡을 수 없는 말썽꾸러기야. 어떤 때는 멀리 떠나버리겠다고 말하다가, 어떤 때는 아예 여기에 눌러 앉겠다고 말하기도 하지. 가장 좋은 방법은 뒷짐을 지고 그 늙은이 맘대로 하게 내버려두는 거야. 네 아버지 곁에는 두 명의 천사가 버티고 있어. 한 명은 하얗게 반짝거리고, 다른 한 명은 온통 시커멓지. 하얀 천사가 잠깐 동안 옳은 길로 인도하면, 곧 시커먼 천사가 나타나 훼방을 놓곤 해. 어느 천사가 최후의 승자가 될지는 아무도 모르지만, 누가 이기든 네게 해가 되지는 않을 테니 걱정할 필요는 없어. 그리고 너는 인생에서 많은 슬픔과 기쁨을 경험하게 될 거야."

마크 트웨인, 『허클베리 핀의 모험』(1884) 중에서

•

일리노이 주 졸리엣의 스테이트빌 교도소는 도시의 저지대를 흐르는 데스플레인즈 강을 등지고 있다. 10미터 높이의 담장으로 둘러싸인 교도소에는 10개의 감시탑이 솟아 있어, 옥수수 밭 평원의 한가운데에 자리한 중세의 수도원을 연상시킨다. 1920년대에 건립된 이 교도소는 영국의 공리주의 철학자 제레미 벤담의 아이디어를 형상화한 판옵티콘으로 유명하다. 판옵티콘은 '다 들여다본다pan+opticon'는 뜻으로, 원형으로 빙 둘러선 4층짜리 감옥의 한복판에 감시탑을 배치한 원형 감옥이다. 판옵티콘은 죄수들에게 엄청난 심리적 압박감을 준다. 왜냐하면 중앙의 감시탑에 있는 간수는 모든 죄수들을 항상 감시할 수 있지만, 죄수들은 간수가 자신을 감시한다는 사실을 눈치채지 못하기 때문이다. 그러나 간수들이라고 해서 마음이 편할 리는 없었다. 그곳은 일리노이 주에서 가장 난폭하고 악질적인 범죄자들만을 모아놓은 거대하고 시끄러운 '벌집'이었다.

아트 윌리엄스 주니어의 기억 속에 아련히 남아 있는 아버지 아더 윌리엄스의 추억은 1978년 겨울 스테이트빌 교도소의 면회실에서부터 시작된다. 아버지의 수인 번호는 C-70147이었다. 당시 그의 나이는 여섯 살. 아버지의 무릎 위에 앉아 마냥 행복한 미소를 짓던 철부지였다.

교도소의 기준에 의하면 아더 윌리엄스 시니어는 피라미에 불과했다. 그는 뒤파제 카운티에서 트럭을 턴 죄로 2년 형을 선고받고 복역 중이었는데, 폭력성은 없었지만 10대 시절부터 유사한 범죄를 계속 저질러왔다는 것이 문제였다. 그래서 생각다 못한 판사는 본때를 보여주기 위해 속칭 '세상에서 가장 빡센 교도소'에 그를 수감하기로 결정했다.

그해 겨울, 윌리엄스는 마침내 반성의 기미를 보이기 시작했다. 그는 모범적인 수형 생활을 해왔으며, 출소할 경우 부인 및 세 명의 자녀와 함께 정상적인 생활을 영위할 수 있을 것으로 기대되었다. 그러나 가정생활에 관한 한 윌리엄스에게 후한 점수를 주기는 어려웠다.

아트의 아버지 윌리엄스의 본명은 아더 줄리어스 루치아노. 시칠리아 출신의 아버지와 아일랜드계 어머니 사이에서 태어났다. 아버지는 알코올 중독자, 어머니는 정신병자였다. 루치아노는 부모님, 이복동생 리처드와 함께 어린 시절을 브리지포트(시카고의 사우스사이드에서 가장 험악한 지역 중의 하나)에서 보냈고, 열두 살 때는 레몬트(시카고 남서부에 있는 채석장을 낀 마을) 근교로 이사했다. 루치아노의 가족은 마을에서 가장 가난했고 수도도 없었다. 때문에 루치아노는 동생과 함께 근처의 주유소에서 물을 길어와 식수와 생활용수로 사용했다. 루치아노와 리처드의 침대 위에는 아버지의 트럭에서 가져온 담요가 어지럽게 널려 있었다.

루치아노의 가정 형편은 날이 갈수록 팍팍해졌다. 레몬트로 이사한 지 일 년도 못 되어, 루치아노의 아버지는 운전하던 트럭이 고가도로의 가드레일을 들이받고 추락하는 바람에 사망하고 말았다. 어머니는 아이들을 양육할 능력이 없는 데다가 언어장애가 있어서, 알 수 없는 말을 종종 — 때로는 몇 시간 동안 — 반복하곤 했다. 결국 어머니는 아버지가 사망한 후 일 년도 못 되어 트럭 운전사와 재혼했는데, 새아버지 역시 알코올 중독자로서 위스키 몇 잔만 마시면 벨트를 휘두르며 아이들을 쫓아다녔다. 그나마 방패막이가 되어주던 어머니마저 자연사로 세상을 떠나고 나자, 루치아노와 리처드는 의붓아버지의 폭력에 무방비로 노출되었다. 당시 루치아노의 나이는 열네 살이었다.

가난한 사람들에게는 종종 일반인들이 이해하기 힘든 역설적인 구석이 있다. 루치아노의 가족도 예외는 아니어서, 밥을 굶을지언정 항상 대여섯 마리의 개를 길렀다. 다양한 혈통의 개들은 훈련을 받지 않았기 때문에, 함부로 짖으며 마치 아이들처럼 온 집안을 헤집고 다녔다. 개들은 아이들과 함께 침대에서 잤고, 루치아노는 개들을 끔찍이 아꼈다. 그의 어린 시절 친구 중 하나인 브루스 아티스는 이렇게 말했다.

"루치아노가 다른 사람을 사랑한 적이 있는지는 정확히 모르겠지만, 개들을 사랑한 것만은 분명합니다. 처음에는 루치아노가 개에 집착하는 것을 의아하게 생각했지만, 그의 가정 형편을 알고 나니 그럴 만도 하다는 생각이 들었습니다."

그러나 열여섯 살이 되자 루치아노는 '집은 내가 더 이상 머무를 만한 곳이 아니다'라는 생각을 하게 된다. 그는 의붓아버지가 앞마당에 팽개쳐 둔 고장 난 65년형 포드 승용차를 수리하여, 가능한 한 레몬트로부터 멀리 떨어진 곳으로 자동차 여행을 다니기 시작한다. 한 번은 아버지의 호주머니에서 수표를 훔쳐 플로리다까지 여행을 다녀온 적도 있었다. 그러나 펜사콜라에서 폼 나는 신발을 사면서 수표를 내민 그를 수상하게 여긴 점원이 경찰에 신고하는 바람에, 결국 아버지에게 들통이 나고 말았다. 화가 머리끝까지 난 아버지는 펜사콜라로 단숨에 달려와 루치아노의 신발을 강제로 벗겼고, 루치아노는 맨발인 채로 레몬트행 버스를 타고 집으로 돌아와야 했다. 열아홉 살 때는 교도소에서 갓 나온 친구에게 '거스름돈을 갖고 사기치는 방법'을 배웠는데, 그 내용은 다음과 같다.

먼저 20달러짜리 지폐 한 장을 들고 주유소에 가서 1달러짜리 물건을 하나 산다. 거스름돈 19달러를 받은 후 점원에게 "잔돈이 많아 불편해서 그러는데, 5달러 지폐 한 장과 1달러 지폐 다섯 장을 드릴 테니 10달러짜리 한 장으로 바꿔주시면 안 될까요?"라고 한다. 그러나 점원으로부터 10달러 지폐를 받으면서 루치아노가 내미는 돈은 9달러, 즉 5달러 지폐 한 장과 1달러 지폐 네 장이다. 만일 점원이 "손님, 9달러밖에 안 주셨네요?"라고 말하면, "아, 그렇군요. 죄송해요. 1달러짜리 한 장 더 드릴게요. 이제 10달러 맞죠? 참, 이왕 이렇게 된 거 10달러 더 드릴 테니 아까 제가 드렸던 20달러짜리 지폐로 바꿔주세요."라고 한다.

이쯤 되면 점원은 헷갈려서 방금 자신이 10달러를 줬다는 사실을 까맣게 잊고 루치아노에게 20달러를 내준다. 이렇게 되면 루치아노는 10달러짜리 지폐 한 장을 공짜로 손에 넣게 된다.

'거스름돈 사기'는 루치아노의 주특기가 되었다. 그는 특유의 친화력을 발휘하여 어느 곳에서든 손쉽게 돈을 벌었다. 그는 천연덕스러운 데다가 친근한 인상을 가졌기 때문에 상대방을 감쪽같이 속일 수 있었다. 그는 피도 눈물도 없는 사기꾼이었고 사정이 딱한 사람도, 연약한 여성도 그의 손아귀를 벗어날 수 없었다. 자신감을 얻은 그는 활동 반경을 점점 더 넓혀 갔고, 이동 거리가 멀어짐에 따라 여행 경비를 충당하기 위해 '수표 사기'로 종목을 바꿨다. 차를 타고 전국을 돌아다니다가 낯선 도시로 들어가 거처를 마련한 다음 가명으로 은행 계좌를 개설했다. 그리고는 수표를 발행하여 물건을 잔뜩 사들여서는 급매 처분하여 현금을 챙겼다. 나중에 수표 결제가 돌아올 때쯤이면 그는 이미 다른 도시로 무대를 옮겨 새로운 사기 행각을 벌이고 있었다.

1960년대 후반 텍사스 일대를 떠돌던 루치아노는 맬린다 윌리엄스라는 여자를 만난다. 그녀는 검은 머리칼을 가진 열일곱 살의 미녀로, 달라스의 한 식당에서 웨이트리스로 일하고 있었다. 그녀는 밸리뷰라는 작은 마을에서 성장한 시골 소녀였지만, 경찰관으로 취직한 아버지를 따라 달라스로 옮겨와 도시 생활을 하고 있었다. 그녀는 보수적이고 신앙심 깊은 부모 밑에서 엄하게 자란 탓에, 이제 겨우 부모의 간섭에서 벗어나 독립의 기쁨을 느끼고 있던 참이었다. 같은 또래의 소녀들과 마찬가지로 그녀 역시 '대도시에서는 매일 저녁 성대한 파티가 벌어진다'는 소문을 곧이곧대로 믿고 있었다. 루치아노는 대도시에 관한 이야기와 자신의 여행담으로 그녀를 꼬드겼고, 그녀는 며칠 만에 웨이트리스 일을 그만두고 그를 따라 나섰다.

사실 맬린다는 루치아노 빰치는 야성과 방랑기를 가진 여자였지만, 두 사람 모두 당시에는 이 사실을 까맣게 모르고 있었다. 맬린다는 양극성 장애를 앓고 있었는데, 처음 몇 년 동안에는 조증 발작을 일으켜 기분이 고양되는 경우가 많았다. 두 사람은 한때 히피 운동에 심취하여 태양을 좇아 캘리포니아 남부와 플로리다까지 갔다가, 결국 일리노이로 돌아와 시카고 교외의 샤움버그에 정착한다. 샤움버그에서 루치아노는 동생 리처드와 함께 건설 현장에 나가 다양한 일을 하는데, 언제부터인가 — 아마도 병역 회피를 위해 — 성姓을 부인의 성인 윌리엄스로 바꾼다. 성을 바꾼 목적이 무엇이었든 간에, 1972년 미국 정부는 그를 용케도 찾아내어 징집영장을 발부한다. 그는 텍사스 주 포트블리스 기지에 잠깐 머물렀는데, 그곳에서 베트남전 파병에 불만을 품고 지휘관을 폭행하는 사고를 저질러, 포트리븐워스 군 교도소에서 533일 동안 복역한 후 불명예제대를 한다. 그는 1972년 추수감사절을 포트리븐워스에서 맞이하는데, 그날 맬린다는 아트 윌리엄스 주니어를 출산한다. (지금부터 루치아노를 '아트 시니어', 아트 윌리엄스 주니어를 '아트'라고 부르기로 한다. 옮긴이)

불명예제대 후 아트 시니어는 샤움버그에서 처자와 합류하여 입대 전에 하던 일을 계속한다. 그 후 2년 동안 두 사람은 웬스데이와 제이슨이라는 이름의 아이 둘을 더 낳았고, 아트 시니어는 마음을 잡은 것처럼 보였다. 그러나 1977년 12월 그는 뒤파제 카운티에서 트럭을 턴 혐의로 체포되어 스테이트빌 교도소에 수감된다.

아빠를 면회 간 아트는 너무 어려 자신의 아버지가 범죄자라는 생각을 하지 못했다. 그는 "아빠는 악당들로 가득 찬 나쁜 곳에 있다"고 어렴풋이 생각했지만, 정작 자신의 아버지가 악당 중의 한 명일 것이라고는 짐작조차 하지 못했던 것이다. 그의 머릿속에 남아 있는 것이라곤 면회실에서 아빠의 무릎 위에 앉아 '내게도 드디어 아빠가 생겼으며, 이제 몇 달만 있으면 나쁜 곳을 떠나 아빠와 영원히 함께 살 수 있을 것'이라고 생각하며 즐거워했던 기억뿐이다.

처음에는 모든 일이 계획대로 술술 풀리는 것 같았다. 1979년 3월 아트 시니어는 스테이트빌에서 벤스빌의 하프웨이 하우스(재소자가 출소한 뒤 사회에 무사히 복귀할 수 있도록 준비 훈련을 시켜주는 사회 복귀 시설 옮긴이)로 옮겨져 남은 형기를 마칠 수 있게 된다. 그는 벤스빌에 있는 전선 제조 회사인 매그넘 와이어사에서 종일 일하고, 맬린다는 밤과 주말마다 아이들을 데리고 그를 면회했다. 아트 시니어를 단란한 가정과 준법 사회로 복귀시키는 작업은 이처럼 차질 없이 진행되고 있었다. 마침내 그가 하프웨이 하우스를 떠나던 날, 매그넘 와이어사의 사장은 너무나 감동한 나머지 그를 작업반장으로 임명하는 친절을 베풀었다. 덕분에 아트 시니어는 방이 셋 딸린 집에서 어엿한 아버지와 남편으로 살아갈 수 있게 되었다. 이제 그의 가정 형편과 사회적 지위는 벤스빌에 사는 어느 근로자와 견주어봐도 손색이 없을 정도였다.

아트는 아버지의 출소 후에 잠시 맛본 '정상적 생활'에 대한 기억을 지금도 소중하게 간직하고 있었고 다음과 같이 술회했다.

"믿지 못하시겠지만, 내게도 정상적인 유년 시절이 있었답니다. 우리 가족은 단란한 가정을 꾸렸고, 근사한 집도 갖고 있었죠. 나는 여느 아이들과 다를 바 없는 평범한 도시의 아이였어요. 한번은 아버지의 손에 이끌려 크리스토퍼 리브가 나오는 '슈퍼맨'을 보러 간 적도 있었어요. 극장 앞에서 줄을 서서 입장을 기다리던 순간은 내 인생에서 가장 멋진 순간이었죠."

겉으로 보기에 아트 시니어는 영락없는 가정적인 남자였지만, 어린 아트와 다른 가족들이 미처 모르는 사실이 하나 있었다. 그에게는 일찍이 하프웨이 하우스를 떠나기 전부터 숨겨 놓은 여자가 있었던 것이다. 그녀의 이름은 애니스 이커! 애니스는 금발에 푸른 눈을 가진 이혼녀로, 전 남편과의 사이에서 낳은 두 명의 아이들과 함께 벤스빌의 건너편 지역에 살고 있었다. 아트 시니어는 그녀와 처음 마주친 순간부터 — 마치 비단뱀에게 칭칭 휘감긴 것처럼 — 그녀의 나긋나긋한 매력에 빠져들고 말았다.

남편과 애니스의 관계를 눈치챈 맬린다는 쉽게 물러서려 하지 않았다. 그녀는 아트 시니어에게 애니스와 헤어지라고 종용했고, 아트 시니어는 맬린다의 말을 따르는 듯했다. 그러나 며칠 후 애니스가 아트 시니어의 집으로 찾아오는 사태가 벌어졌다. 애니스는 뒷문에 숨어 아트 시니어가 나오기를 기다렸다. 그러나 그녀가 마주친 것은 아트 시니어가 아니라, 화가 머리끝까지 치밀어 오른 맬린다였다. 맬린다는 어린 아트가 보는 앞에서 애니스에게 강펀치를 날려 코뼈를 부러뜨렸다. 그것은 아트가 나중에 시카고의 거리에서 목격하게 될 어떠한 폭력 장면보다도 더 잔인한 장면이었다.

애니스는 경찰을 불렀고, 출동한 경찰에게 맬린다가 자신을 죽이려 했다고 주장했다. 만신창이가 된 애니스의 얼굴을 본 경찰은 맬린다를 체포할 수밖에 없었다. 아트 시니어는 보석금을 내고 맬린다를 데려오는 한편 애니스에게 애원하여 고소를 취하시킨다. 맬린다는 남편과 애니스를 떼어 놓으려면 극약 처방을 내리는 수밖에 없다는 결론을 내리고, 남편에게 '벤스빌을 떠나 텍사스로 되돌아가는 것'과 '이혼' 중에서 하나를 택하라고 최후통첩을 한다.

아트 시니어는 텍사스로 이사하는 쪽을 택했고, 그로부터 2주 후 그의 가족은 짐을 꾸려 남쪽으로 떠난다. 윌리엄스 가족이 처음에 정착한 곳은 휴스턴이었다. 아트 시니어는 휴스턴에서 막노동을 하여 제법 짭짤한 수입을 올리지만, 일거리가 떨어지자 달라스 교외의 플레전트그로브에 있는 '이동 주택 단지mobile-home park(이동 주택이란 컨테이너 등을 개조해 만든 주거 시설을 뜻한다. 옮긴이)'로 거처를 옮긴다. 이동 주택 단지는 도시의 다른 주변부적 공동체와 마찬가지로 블루칼라 구직자, 부랑자, 노인, 광신도들이 뒤섞여 사는 공간이었다. 윌리엄스 가족의 이웃에는 노부부가 살고 있었는데, 남편은 제2차 세계대전 참전 용사, 부인은 필리핀 출신의 산테리아교 여사제였다. 검은 머리칼을 땅바닥까지 늘어뜨린 코니라는 이름의 여사제는 아름다운 미소를 지니고 있었다. 그녀는 아기들을 돌보며 노래를 불러 줬는데, 과자와 우유로 아이들의 치아를 망쳐 놓기도 했다. 그녀는 어린 아트에게 산테리아교에서 섬기는 신神에 대해 이야기해 줬으며, "네 안에는 강력한 영혼이 존재하고 있단다"라고 속삭여줬다.

어린 아트는 코니를 무척 따랐다.

아트가 이동 주택 단지의 한편에서 신비로운 여사제에게 빠져 있는 동안, 아트 시니어는 다른 한편에서 복음주의 목사의 설교에 빠져들었다. 불행한 아내, 죄의식, 가난으로 찌든 아트 시니어는 기독교에 귀의하게 되었다. 그러던 어느 날 아들을 데리러 이웃집에 들른 아트 시니어는 촛불이 환하게 밝혀진 산테리아 신의 제단 앞에서 무릎 꿇고 있는 아트를 발견하고 대경실색한다. 아트 시니어가 아들의 악령 숭배 사실을 목사에게 알리자, 목사는 그에게 재촉했다.

"당장 이동 주택 단지의 반대편으로 이사하고 귀신 추방 의식exorcism을 거행해야 합니다."

귀신 추방 의식이 진행되는 동안, 목사는 아트를 교회의 바닥에 무릎 꿇리고 "사탄아 물러가라"를 잇따라 외쳤다.

귀신 추방 의식으로 인해 아트는 커다란 혼돈과 공포에 휩싸였고, 이 사건은 맬린다의 정신 건강에도 악영향을 미쳤다. 남편의 어이없는 행동과 아들의 정신적 혼돈에 충격을 받은 맬린다는 극도의 신경쇠약에 시달렸고, 이는 긴장형 우울증과 남편에 대한 분노로 이어졌다. 그녀는 "한때 번듯한 집을 갖고 있던 우리 가족이 이동 주택에 사는 신세로 몰락한 것은 모두 당신 때문이야!"라며 아트 시니어를 원망했다. 맬린다의 우울증과 분노는 아트의 혼돈을 더욱 가중시켰다.

맬린다가 아트 시니어에게 제시한 해결책은 일리노이 주로 되돌아가 모든 것을 재정비하는 것이었다. 결국 윌리엄스 가족은 텍사스를 떠나 '링컨의 땅'으로 알려진 일리노이 주로 돌아갔다. 아트 시니어와 애니스 이커의 스캔들 때문에 벤스빌을 떠난 지 1년여 만의 귀환이었다. 윌리엄스 가족은 샤움버그에 있는 아트 시니어의 이복동생 리처드의 집에 머물렀는데, 애니스 이커가 사는 벤스빌은 샤움버그에서 불과 13킬로미터 떨어진 곳에 있었다. 옛 애인이 가까운 곳에 살고 있다는 것은 그 자체만으로도 결혼 생활의 파탄을 초래하기에 충분한 조건이었다. 그러나 아트 시니어와 맬린다가 파경을 맞게 된 것은 보다 파괴적이고 비극적인 원인 때문이었다.

아트 시니어와 맬린다는 궁리 끝에, 일리노이 주에서 새 출발을 하기로 의견을 모았다. 그들은 바텐더 스쿨에 등록하고, 교대로 당번을 정하여 한 명이 아이를 보는 동안 다른 한 명은 학교에 다닐 계획을 세웠다. 어느 날 저녁, 그날은 아트 시니어가 아이를 보는 당번이어서 집에 있었는데, 웬스데이가 잠에서 깨어나 부엌으로 나왔다. 부엌에서는 아트 시니어가 바텐더 실습을 하고 있었고, 다른 아이들은 방에서 자고 있었다. 웬스데이는 불과 다섯 살이어서 아무 것도 몰랐지만, 잠시 후 평생 기억에서 지워지지 않을 몹쓸 일을 당하게 된다.

"아빠, 거기서 뭘 하고 있어요?"

웬스데이는 아트 시니어에게 물었다.

"잠깐만 기다려, 뭔지 보여줄게."

아트 시니어는 이렇게 말하고 집 밖으로 나가더니, 몇 분 후 적포도주 한 병을 손에 들고 들어왔다. 그는 포도주를 잔에 가득 부어 웬스데이에게 마시게 했다. 그러고는 술에 취해 몽롱한 상태에 있는 아이를 침실로 데리고 들어갔다.

그로부터 몇 분 후 맬린다가 수업을 마치고 집에 돌아왔다. 그녀는 침실 문을 열어보고 소스라치게 놀랐다. 남편이 벌거벗은 몸으로 딸을 데리고 침대에 누워 있었던 것이다.

두 사람은 밤새도록 심하게 다퉜다. 아트 시니어는 아무 일도 없었다고 항변했지만, 맬린다는 이미 못 볼 것을 보고 난 뒤였다. 다음날 아침이 되자 맬린다의 분노는 사그라들기는커녕 더욱 고조되었다. 두 사람은 다시 한 번 고함을 지르며 심하게 다퉜고, 아트 시니어는 세 아이들을 모두 불러 모아 차에 태웠다. 맬린다는 차를 막아서며 소리쳤다.

"아이들은 남겨두고 가!"

아트 시니어가 맬린다의 말을 거부하고 아이들을 태운 채 운전석에 오르려 하자, 맬린다는 열쇠를 빼앗기 위해 그와 몸싸움을 벌였다. 그는 맬린다를 거칠게 밀쳐 땅바닥에 넘어뜨리고는 차에 올라탔다. 이윽고 차는 떠났고 맬린다는 땅바닥에 넘어진 채로 발버둥을 치며 아이들을 돌려달라고 오열했다.

며칠 후 그녀는 거리를 정처 없이 헤매다 경찰에 발견되어 정신병원으로 이송되었고, 중증 우울증으로 진단받아 한 달 동안 입원 치료를 받았다.

아트는 부모가 싸움을 벌인 원인이 무엇인지를 알지 못했다. 왜냐하면 주변 사람 모두가 아트 시니어의 못된 짓을 입에 담기를 꺼렸기 때문이다. 어린 아트의 마음에는 모든 일이 코니 할머니와 관련된 기이한 사건 때문에 벌어진 것으로 여겨졌다. 그 후로 몇 년 동안 아트는 모든 것이 자신 때문이라는 죄책감에 시달렸다. 정확히 말하자면, 그것은 아트의 마음 한편에 자리하고 있는 복수심에 불타는 영혼과도 맞닿아 있었다.

리처드의 집을 떠난 아트 시니어는 곧바로 샤움버그에 있는 애니스의 집으로 차를 몰았다. 애니스는 아트와 동생들을 위한 방까지 미리 마련해 놓고, 마치 몇 주 전부터 그들의 도착을 기다리고 있었던 것처럼 아트 시니어와 세 아이들을 환영했다. 아트 시니어는 아이들에게 쿨하게 말했다.

"이 아줌마가 이제부터 너희 엄마다. 우리는 앞으로 이 아줌마랑 같이 살게 될 거야."

아트는 처음에 본능적으로 애니스를 거부했다. 그도 그럴 것이, 아트의 뇌리에는 맬린다의 강펀치에 일그러진 애니스의 흉한 얼굴이 또렷이 새겨져 있었기 때문이다. 그러나 아트는 곧 애니스를 좋아하게 되었다. 애니스는 아이들의 환심을 사기 위해 온갖 수단을 동원했다. 그녀는 아트, 웬스데이, 제이슨을 각각 키도kiddo, 하니honey, 마이 베이비라는 애칭으로 불렀다. 아이들에 대한 그녀의 애정 공세는 아트 시니어가 집에 있을 때 절정에 달했다. 그 후 몇 달 동안 애니스는 맛있는 것을 만들어주고, 같이 놀아주는 등 지극정성으로 세 아이를 돌봤다. 돌봐야 할 아이들이 둘에서 다섯으로 늘어났지만 그녀는 전혀 개의치 않는 것 같았다.

애니스가 낳은 아이들은 아트보다 나이가 많았는데, 래리는 네 살, 크리시는 두 살 위였다. 래리는 운동광이었는데, 그렇잖아도 같이 운동할 수 있는 동생이 하나 생기기를 간절히 원했던 터였다. 래리는 아트를 최고의 운동 파트너로 대우했고, 아트는 자신의 역할을 기꺼이 받아들였다. 둘은 거의 매일 인근의 학교 운동장에서 야구놀이를 했다. 아트는 래리가 자기를 친동생처럼 대하기 시작하자 너무 기분이 좋았다. 크리시는 금발 머리를 가진 수다쟁이 계집애로, 처음에는 '세 명의 무법자들'이 집안에 쳐들어온 것을 달가워하지 않는 눈치였지만, 이내 그들을 좋아하게 되었다. 그러나 새아버지를 대하는 래리와 크리시의 태도는 사뭇 달랐다. 그 애들은 애니스의 강요에도 불구하고 아트 시니어를 아빠라고 부르기는커녕 그의 근처에 얼씬도 하지 않았다. 아트 역시 애니스를 엄마라고 부르지 않고 그냥 이름으로 불렀다.

그러나 얼마 후 맬린다가 정신병원에서 퇴원하자, 아트 시니어의 아이들은 새로운 환경에 적응해야 했다. 맬린다는 알링턴하이츠에 아파트를 얻어 청소 일을 시작했다. 그리고는 법 규정을 들이대면서 아이들의 양육권을 주장했다. 그런데 어찌된 일인지, 맬린다의 정신상태가 의문시되었음에도 불구하고 아트 시니어는 그녀의 요구에 순순히 굴복했다.

아트 시니어는 아이들을 맬린다에게 넘긴 후 몇 달 동안 아이들의 얼굴을 보지 못했다. 여러 번 맬린다의 아파트에 전화를 걸어 아이들과 통화를 하기는 했지만, 맬린다는 그가 리처드의 집에서 저질렀던 끔찍한 짓이 기억나 그의 방문을 거절했다. 그는 맹세코 아무런 일이 없었다고 단언했지만, 솔직히 말하면 그가 순간적으로 악마의 유혹에 넘어갔던 것은 사실이었다. 다만 맬린다가 때마침 방문을 열고 들어오는 바람에 더 이상 진전이 되지 않았을 뿐이었다. 그는 웬스데이를 사랑하며 다시는 그런 일이 발생하지 않도록 주의하겠다고 맹세했다. 거듭되는 아트 시니어의 애원에 마침내 맬린다는 두 손을 들고 말았다. 다만 그녀는 "주말에 아이들을 만나게 해주기는 하겠지만, '인간의 탈을 쓴 늑대'를 두 번 다시 보고 싶지 않다"고 선언했다. 그녀가 제시한 방법은, 토요일 아침에 그녀가 자신의 언니 도나의 집에 아이들을 맡기면, 아트 시니어가 아이들을 데려갔다가 일요일 저녁에 다시 이모 집에 데려다주는 것이었다. 맬린다는 만일의 사태에 대비하기 위해, 나이가 제일 많은 아트에게 엄마의 계획을 단단히 설명했다.

모든 일은 맬린다의 계획대로 착착 진행되는 것 같았다. 아이들은 도나 이모의 집에서 기다리고 있다가, 곧이어 나타난 아빠와 함께 점심을 먹으러 갔다. 아이들은 아빠와 함께 주말을 보내게 된 것이 너무 기뻐, 햄버거를 먹는 동안에도 장난치고 수다를 떠는 데 여념이 없었다. 점심을 먹은 후 아트 시니어가 말했다.

"아빠에게는 너희를 놀라게 해줄 특별한 계획이 있다."

아이들은 환호성을 지르면서 아빠의 차에 올라탔다.

아트 시니어의 차가 고속도로를 향해 달려가자, 아트는 이상한 생각이 들어 아빠를 유심히 살폈다.

'어디로 가는 거지? 엄마는 도시로 갈 거라는 말을 하지 않았는데?'

한 시간 동안 여러 개의 나들목을 지나치고 나자, 아트는 뭔가 단단히 잘못됐다는 생각이 들었다.

'엄마는 장거리 여행을 할 거라고 얘기한 적이 없어.'

세 시간이 지나자, 아트는 아빠에게 어디로 가는지를 자꾸 캐묻기 시작했다. 아트는 집으로 돌아가고 싶었다.

아트 시니어는 아트에게 행선지를 알려주지 않고, "아빠하고 같이 여행 가는 거니까, 아무 소리 하지 말고 따라가기만 하면 돼"라고 대답했다. 상냥하던 그의 말투는 어느새 퉁명스러운 말투로 돌변해 있었다. 아트는 울음을 터뜨렸지만 아무 소용이 없었다.

아트 시니어는 일리노이 주에서 약 3천 킬로미터나 떨어져 있는 오리건 주 랍스터밸리를 향해 가는 중이었다. 이틀 후 차가 고속도로를 벗어나자, 아트와 웬스데이는 자기들이 집으로 가고 있는 게 아니라는 사실을 깨달았다. 세상에 태어난 이후로 집을 떠나 이렇게 먼 곳까지 와본 것은 이번이 처음이었다. 주변에는 소나무, 산, 비포장도로, 목장 등의 이국적 풍경이 환상적으로 펼쳐져 있었다. 아트 시니어는 꼬불꼬불한 시골길로 접어들어 한참을 달린 후에, 자갈길을 따라 숲 속으로 들어가 A자형 오두막집 앞에 멈춰 섰다. 아트 시니어가 자동차의 시동을 끄자, 낯익은 아줌마가 집 문을 열고 나와 아트 시니어와 아이들을 맞았다. 애니스였다. 실로 이틀 만에 처음 마주하는 익숙한 얼굴이었다.

여느 때와 마찬가지로 애니스는 얼굴 가득 미소를 머금고, 뭔가 깜짝 이벤트를 준비한 듯 야릇한 표정을 짓고 있었다.

맬린다는 아트 시니어를 유괴범으로 경찰에 신고했지만, 별 도움이 안 됐다. 아트 시니어는 실명을 사용하지 않아 행적을 추적하는 것이 불가능했기 때문이다. 나중에야 안 사실이지만, 아트 시니어가 정신병원에서 나온 맬린다에게 순순히 아이들을 내어주고 오랫동안 접근하지 않은 것은 아이들을 빼돌리는 데 필요한 시간을 벌기 위해서였다. 그는 애니스와 함께 수천 킬로미터 떨어진 오리건 주의 산속에 아지트를 건설하는 동안, 불필요하게 맬린다를 자극하지 않기 위해 아무런 이의를 제기하지 않았던 것이다. 아트 시니어의 계략에 넘어간 것을 깨달은 맬린다는 땅을 치며 통곡했지만 이미 엎질러진 물이었다.

부모를 따라 이사를 밥 먹듯이 해온 아트는 이사할 때가 왔음을 직감적으로 느끼는 신통력이 생겼지만, 다른 한편 극도의 무기력감에 시달렸다. 그의 소원은 같은 또래의 다른 아이들처럼 '배불리 먹고 재미있게 노는 것'이 아니라, '일정한 장소에서 엄마와 함께 사는 것'이었다. 그러나 이 같은 소박한 소망조차 그에게는 부질없는 것이었다. 그러자 아트는 자기가 통제할 수 있는 유일한 것, 즉 상상에 매달렸다. 그는 현실의 혼란에서 벗어나 있기 위해 책과 공부에 집착했다. 어느 동네로 이사를 가든지 학교를 안식처로 삼았고, 반에서 일

등을 놓치지 않았다.

“오빠는 좀 괴짜였어요. 큰 안경을 쓰고 늘 책만 읽었죠. 학년 수준을 넘어서는 어려운 문제를 풀고, 항상 남들보다 앞서 나가려고 노력했어요.”

웬스데이는 술회했다.

아트의 어린 시절 꿈은 변호사가 되는 것이었다. 건국의 아버지들Founding Fathers의 주요 직업은 변호사라는 이야기를 어느 책에서 읽은 적이 있는 데다가, 변호사라는 직업이 갖는 '성공한 사람'이라는 이미지 때문이었다. 다른 관점에서 보면, 법률 속에는 그가 동경하는 격식, 예컨대 페어플레이, 원칙, 규정 등이 들어 있었다. 아트는 자신이 다른 아이들에 비해 많이 모자란다는 사실을 잘 알고 있었다. 그 아이들의 아빠는 감옥을 들락거리지 않았고, 엄마는 조신했다. 그러나 아트는 불우한 환경을 딛고 일어나 점잖은 사람들의 무리에 편입되는 것이 가능하다고 믿었고, 그렇게 되기를 원했다. 적어도 이때까지는 사회를 향해 분노를 표출하지 않았다고 볼 수 있다.

아트 시니어는 랍스터밸리에 몇 달 동안 머물다가, 오리건 주 레바논, 캘리포니아 주 샤스타 산으로 거처를 옮겼다. 그때마다 아트 시니어는 — 이제는 애니스의 도움을 받아 — 사고(수표 사기)를 종종 쳤다. 눈치 빠른 아트는 거처를 옮길 때마다 집안에 나타나는 전형적인 변화 패턴을 읽어냈다. 그 결과 다음과 같은 현상이 나타나면 곧 이사할 때가 다가왔다는 것을 알 수 있었다.

아빠와 엄마가 귓속말을 주고받으며 뭔가에 몰두하기 시작한다. 갑자기 박스도 뜯지 않은 물건들(TV, 스테레오, 값비싼 옷 등)이 집 안에 가득 들어온다. 근사한 외식, 극장 구경, 선물 세례 등으로 이어지는 멋진 밤을 보낸다. 그리고 해 뜨기 전에 집을 비우고 마을을 뜬다. 레바논을 떠나던 날 아트는 부엌의 식탁 위에 수천 달러의 현금이 놓여 있는 것을 발견했지만, 너무 흥분한 나머지 한 푼도 손에 넣지 못했다.

몇 달 동안 이 마을, 저 마을을 전전하다 보니, 아트와 웬스데이는 유목민 같은 단조로운 생활 방식에 싫증을 느끼는 한편 엄마로부터 점점 더 멀어져간다는 사실에 불안감을 느꼈다. 날이 갈수록 아빠에게 친엄마를 만나게 해달라고 조르는 일이 잦아졌고, 아이들의 성화가 심해질수록 아트 시니어의 마음은 더욱 착잡해졌다. 웬스데이는 그 이유를 잘 알고 있었다. 아트 시니어는 맬린다에게 '그날 저녁 리처드의 집에서 아무 일도 없었다'고 강변했지만, 그건 새빨간 거짓말이었다. 물론 아트 시니어가 웬스데이를 성적으로 학대한 것은 그날 한 번뿐이었지만, 그것은 웬스데이의 마음에 영원히 지워지지 않는 상처를 남겼다. 정신적 충격은 시간이 흐르면서 희미해지기는커녕 웬스데이의 몸과 함께 더욱 커져만 갔다. 아트 시니어에게 납치된 직후부터 웬스데이는 악몽이라도 꾸는지 이부자리를 적시기 시작했다.

웬스데이의 여섯 번째 생일날, 아트 시니어는 아름답게 포장된 큰 꾸러미를 선물했다. 낑낑거리면서 선물 포장을 뜯어본 웬스데이는 생일 선물이 기저귀 한 박스라는 것을 알고는 울음을 터뜨리며 뒷걸음질 쳤다. 사랑하는 딸의 생일에 고작 기저귀를 선물하다니! 아트는 웬스데이를 쫓아가 위로하려 했지만, 이내 아빠의 잔인함에 치를 떨며 웬스데이를 부여안고 함께 통곡했다. 아트와 웬스데이는 서로 말은 안 했지만 친엄마에게 돌아가고 싶은 생각이 간절했다.

의붓자식들을 대하는 애니스의 태도도 돌변했다. 아트 시니어가 맬린다에게 돌아갈 마음이 없다는 것이 확실해지자, 아트와 웬스데이는 졸지에 꿔다놓은 보릿자루 신세로 전락했다. 웬스데이는 이렇게 회상했다.

"그 여자는 완전히 사기꾼이었어요. 아빠가 집에 없을 때는 우리를 무시하다가, 아빠가 나타나면 갑자기 친엄마처럼 변해 상냥한 체를 했어요."

아트는 캘리포니아 주 샤스타 산에 이르러서야 모처럼 편안한 기분을 느꼈다. 샤스타 산은 오리건 주와의 접경지대에 위치한 곳으로, 삼나무 숲에 둘러싸인 한적한 곳이었다. 주변에는 레드우드 국립공원과 4킬로미터가 넘는 높이의 휴화산이 있어 마치 동화 속 나라에 온 것 같았다. 아트는 윗마을에 사는 리사 아바체스키라는 소녀와 금세 친구가 되어, 1982년 여름 동안 거의 매일 함께 지냈다. 아트는 그 시절을 아름답게 추억했다.

"어린 내 눈에 리사의 생활은 거의 완벽해 보였어요. 그녀의 집은 강가에 있었는데, 매우 크고 아름다운 통나무집이었죠. 그녀의 집에는 말도 있었어요. 그녀는 긴 갈색 곱슬머리를 갖고 있었는데, 세상에서 가장 아름다운 소녀였어요. 나는 그녀를 사랑했고 그녀도 나를 사랑하는 것 같았어요. 우리는 그녀의 집 근처에 있는 숲 속에서 달콤한 첫 키스를 나눴어요. 세상에 태어난 후 오랜만에 맛보는 최고의 행복한 순간이었죠."

아트는 샤스타 산에 오래도록 머물고 싶었지만, 그 즈음 웬스데이의 정신 상태는 아트 시니어의 통제 범위를 넘어설 만큼 악화된 상태였다. 아빠의 손에 이끌려 억지로 학교에 들어간 후, 웬스데이는 이부자리를 적시는 것은 고사하고, 앉은 자리에서 실례를 하는 버릇이 생겼다. 참다못한 학교 관계자들이 부모를 호출하자, 아트 시니어와 애니스는 겁이 덜컥 났다. 신분이 들통 나 경찰에 체포될까봐 두려웠던 것이다.

여름이 끝날 때쯤 아트 시니어는 웬스데이와 제이슨을 데리고 샤스타 산을 떠났다. 그로부터 2주 후 새로 뽑은 듯한 포드브롱코를 몰고 돌아온 아트 시니어의 곁에는 웬스데이와 제이슨이 없었다. 어리둥절해 하는 아트에게 아트 시니어가 말했다.

"시카고에 있는 엄마에게 데려다주고 왔어. 너도 일주일 후에 엄마에게 데려다줄 테니 짐을 꾸려."

아트는 아빠의 말을 믿을 수 없었다.

"나는 아버지가 웬스데이와 제이슨에게 무슨 일을 저지른 게 틀림없다고 생각하고 아버지에게 대들었어요. 그러자 아버지는 난생 처음으로 나를 때렸어요. 그것도 얼굴을 정면으로 아주 세게."

며칠 후 아트는 리사와 눈물의 작별 인사를 나누고는 브롱코의 뒷좌석에 올라탔다. 차 속에는 온갖 살림살이가 가득했다. 아트는 아빠가 자기를 일리노이로 데려간다는 사실을 여전히 믿을 수 없어서, 3일

동안 뒷좌석에 처박혀 울기만 했다. 가족들로부터 그만 울라는 핀잔을 여러 번 들었지만 막무가내였다.

그러나 이번 여행에서 굴욕을 당한 아이는 아트뿐만이 아니었다. 크리시는 다음과 같이 회고했다.

"돌아오는 길에 엄마와 아빠는 돈이 다 떨어졌어요. 그래서 아빠는 작은 마을 어귀에 차를 세우고, 내게 마을에 들어가 돈을 구걸해 오라고 시켰어요. 나는 그 일이 죽기보다 싫었지만, 가솔린 값을 벌기 위해서는 창피한 것쯤은 참아야 했어요."

브롱코가 일리노이 주 경계를 넘어선 후에야 아트는 아빠의 말이 진실일지도 모른다고 생각하기 시작했다. 마침내 시카고의 스카이라인이 눈에 들어오자 아트는 안도의 한숨을 내쉬었다. 아트 시니어는 도심을 주욱 가로질러 달리다가 셰리던 로드의 초라한 집 앞에서 멈춰 섰다. 아트 시니어는 아트에게 기다리라고 말한 후에 집 안으로 들어갔다. 몇 분 후 그는 맬린다와 함께 나타났다.

아빠가 자기를 와락 껴안자, 아트는 "우리 다시 만날 수 있는 거죠?"라고 물었다. 그랬더니 아트 시니어는 "그럼 다시 만날 수 있고말고. 아빠는 너를 사랑한단다"라고 대답했다.

그들이 나눈 인사는 매주 주말에만 잠깐 만났다 헤어지는 부자가 나누는 통상적인 인사말과 완전히 똑같았다. 그 후 몇 년 동안 아트는 기억을 더듬고 또 더듬어봤지만, 그의 어린 생각으로는 아빠의 말 속에서 영원한 이별을 암시하는 단서를 하나도 찾아낼 수 없었다.

지난 9개월 동안 유괴된 아이로서 겪었던 수많은 사건들이 아트의 눈앞을 주마등처럼 스쳐 지나갔다. 아트에게는 이 모든 사건들이 마치 지난 주말 동안에 일어난 것처럼 느껴졌다.

아트의 어린 시절은 두 가지 사건과 함께 대단원의 막을 내렸다. 첫 번째 사건은 아빠가 떠난 것이었고, 두 번째 사건은 아빠가 떠난 지 1년 후에 일어났다. 아트의 가족은 아빠와 헤어진 후에도 샤움버그에 계속 눌러 살았다. 맬린다 혼자서 세 아이들을 기르는 것은 만만한 일이 아니었지만, 그럼에도 불구하고 최악의 상황은 발생하지 않았다. 아이들은 엄마와 다시 만나 너무 행복했고, 잦은 이사의 부담에서 벗어나 아이젠하워 초등학교에 입학한 아트는 마치 물 만난 고기처럼 뛰어난 공부 실력을 선보였다. 아트는 공부만 일등을 한 것이 아니라 운동도 잘해, 레슬링부와 야구부에서 일약 스타로 떠올랐다. 그가 스포츠에서 성공할 수 있었던 것은 이복형 래리와 함께 뛰놀며 보낸 수많은 오후 동안의 시간 덕분임이 분명했다.

맬린다의 정신 건강 역시 정상을 회복했다. 퇴원한 이후, 그녀는 더 이상 신경쇠약을 경험하지 않았다. 그러나 맬린다는 세 아이를 돌보기도 벅찬 마당에 언니 도나의 일곱 살 난 아들 그레고리까지 맡아야 할 처지에 놓이게 되었다. 그레고리는 뇌종양에 걸린 딱한 아이였는데, 도나는 무책임하게도 아들의 병구완을 하지 않고 바비라는 이름의 오토바이족과 연애를 하고 있었던 것이다. 맬린다는 도나가 암으로 투병 중인 아이를, 아무리 가망이 없다고 해도 내팽개쳐 둔 채 가죽옷 입은 훌리건과 노닥거리는 것을 이해할 수 없었다.

그래서 — 모든 형제들이 그러하듯 — 텍사스에 있는 어머니에게 전화해 언니의 죄상을 낱낱이 고해 바쳤고, 어머니는 노발대발하며 도나를 꾸짖었다.

어머니에게 야단을 맞고 부아가 치민 도나는 바비의 오토바이 뒤꽁무니에 올라탄 채 맬린다의 아파트에 나타났다. 맬린다는 때마침 아이들과 식료품점에 가고 집에 없었지만, 되돌아오는 길에 오토바이를 세워놓고 기다리는 도나, 바비와 마주쳤다. 차에서 내려 식료품 바구니를 옮기고 있는 맬린다를 바비가 막아서자, 이내 두 자매 사이에 뜨거운 말다툼이 벌어졌다. 아트는 처음에는 다 큰 어른들이 싸우는 모습을 보고 재미있어 했지만, 곧 불길한 예감에 사로잡혔다.

"이거 장난이 아닌데?"

도나는 맬린다가 들고 있는 식료품 바구니를 뒤지더니, 그 속에서 맥주 한 병을 꺼냈다. 그리고는 맥주병으로 맬린다의 관자놀이를 냅다 후려치는 것이 아닌가! 맬린다는 저격수가 쏜 총알을 맞은 것처럼 그 자리에 맥없이 고꾸라졌다. 아트는 엄마에게로 달려갔다.

"어머니는 움직이지 않았어요. 나는 직감적으로 큰일이 벌어졌다는 것을 알 수 있었죠. 이웃 아주머니가 911에 전화해서 구급차가 달려왔는데, 의사와 어른들의 표정에서 뭔가 심상찮은 기미가 엿보였어요. 그들은 어머니를 깨우려 했지만, 어머니는 깨어나지 않았어요. 어머니는 신속하게 병원으로 이송되었죠."

그 즈음 도나는 이미 먼 곳으로 도피해 있었다. 그녀는 구급차의 사이렌 소리가 들리는 즉시 바비와 함께 줄행랑을 쳐버렸다. 가엾은 맬린다의 아이들은 이웃집에서 하룻밤을 지새웠다. 그 집에는 아주머니가 혼자 살고 있었는데, 911에 전화를 걸어준 친절한 아주머니가 바로 그녀였다. 아이들 엄마의 경과가 궁금해 병원에 전화를 한 그녀에게, 병원 관계자는 맬린다가 혼수상태에 빠져 있다고 알려주었다.

혼수상태는 한 달 동안 계속되었다.

다음날 이웃집 아주머니는 아이들을 어린이 보호시설로 보냈다. 세 아이를 함께 돌볼 가족을 찾지 못한 보호시설 측은 부득불 세 아이를 따로 떼어놓는 수밖에 없었다. 그래서 웬스데이는 '소녀의 집'으로, 아트와 제이슨은 각각 위탁 가정으로 보내졌다. 그 후 3개월 동안 세 아이는 서로의 소식과 엄마의 병세를 모르는 채 생이별을 해야 했다.

아트를 위탁한 가정에는 친아들이 한 명 있었는데, 아트는 그 아이와 사이좋게 지내지 못했다. 아트는 그 아이가 자신을 시기한다고 생각했다. 이유야 어쨌든, 한 달 후 그 가정은 아트를 보호시설로 되돌려 보냈다. 아트는 결국 '소년의 집'으로 가게 되었는데, 그의 입장에서는 위탁 가정보다 그곳이 지내기에 훨씬 더 편했다. 소년의 집에서 아트는 자기보다 나이가 많은 아이 한 명과 친구가 되었다. ─ 아이의 이름은 기억이 나지 않는다고 한다 ─ 아트는 빵 부스러기를 찾는 오리 새끼처럼 그 아이를 졸졸 따라다녔다. 그 아이는 금발에 얼굴이 불그레하고 키가 컸는데, 자유 시간만 되면 스케치북을 펴고 그림 그리는 데 몰두했다. 아이의 그림은 모터쇼 장면을 흉내 낸

자화상이었다. 그림 속에서 그 아이는 머슬카(고성능 자동차) 바퀴 뒤에 서 있고, 그 옆에는 비키니를 입은 S라인의 미녀들이 부러운 시선으로 그를 쳐다보고 있었다. 아이는 맘에 드는 아이들에게 자기 것과 똑같은 초상화를 그려주었기 때문에, 다른 아이들의 인기를 독차지했다. 덕분에 소년의 집 내부는 섹시한 모터쇼 그림들이 넘쳐나는 화기애애한 장소가 되었다.

아트는 나이든 아이의 주의를 끌기 위해 그와 똑같이 스케치북을 들고 다녔다. 아트는 선천적으로 그림에 소질이 있었는데, 그 아이는 아트의 소질을 알아보았다. 두 아이는 곧 함께 그림을 그리며 오랜 시간을 보내게 되었다. 나이든 아이는 아트에게 원근법과 사실적 묘사의 중요성을 가르쳐주었다.

소년의 집 시절에도 변하지 않은 것이 하나 있다면, 아트가 여전히 같은 학교, 즉 아이젠하워 초등학교를 다녔다는 사실이다. 그 해에 아이젠하워 초등학교에서는 모든 학생을 대상으로 교내 미술 대회를 열었다. 아트는 자화상을 그려 제출했는데, 자화상 속에서 아트는 길고 위압적인 복도에 갇혀 있는 것으로 그려졌다. 그것은 모든 학생들이 교사, 숙제, 제도적 권위에 대해 느끼고 있는 반감을 형상화한 그림으로, 학교를 교도소로 묘사하고 있었다. 그러나 아트의 그림은 정확하고 세밀한 사실적 묘사가 돋보이는 작품으로 심사 위원들을 놀라게 했다.

아트는 대상을 거머쥐었다.

2

시카고 최초의 빈민가, 브리지포트

"진실은 그리 간단치가 않다. 화폐란 단지 거래의 편의를 위해 사람들 사이에서 유통되는 지불수단이다. 세상에는 많은 위조범이 있으며, 모르긴 몰라도 우리 주변에서는 상당량의 위조지폐들이 통용되고 있을 것으로 추정된다. 단언하건대, 내가 매일 바에서 손님들과 주고받는 돈 중에도 위조지폐가 포함되어 있을 것이다. 위조화폐 중에는 물건 값에 상당하는 가치를 지닌 금속을 포함하고 있는 것도 있다. 위조화폐가 진짜 화폐와 다른 점은 단 한 가지, 중앙은행 총재의 도장이 찍히지 않았다는 것뿐이다."

핀리 피터 던, 『둘리 씨의 논문』(1906) 중에서

•

맬린다는 1985년 가을이 돼서야 병원에서 퇴원했다. 아트가 1985년을 똑똑히 기억하는 이유는 몇 달 후 시카고 베어스가 뉴잉글랜드 패트리어츠를 46 대 10으로 물리치고 슈퍼볼을 차지했기 때문이다. 어린 아트의 입장에서 볼 때, 가족과 재회한 것보다는 그해 겨울의 슈퍼볼 결승전에서 어느 팀이 이겼는지가 더 중요한 문제였던 모양이다.

어린이 보호시설의 직원이 소년의 집에 불쑥 나타나 아트에게 짐을 꾸리라고 말하고는, 자동차에 태워 셰리던 가에 있는 구세군 하우스로 데려갔다. 먼저 도착한 엄마와 두 명의 동생들이 얼떨떨한 표정으로 아트를 맞았다. 그들의 재회는 이처럼 갑작스럽게 이루어졌다. 그것은 네 개의 수용소에 분산 수용되었던 피난민들이 다시 합쳐지는 과정을 방불케 했다. 하지만 형식은 중요하지 않았다. 중요한 건 뿔뿔이 흩어졌던 엄마와 자식들이 다시 뭉쳤다는 사실이었다. — 적어도 그때만큼은 그랬다 — 구세군 하우스는 깨끗하고 안전했으며, 함께 수용된 다른 가족들의 매너도 좋았다. 구세군 하우스에 수용된 사람들의 인종은 다양했지만, 그들은 하나같이 소심하고 어정쩡한 태도를 견지하고 있었다. 그들은 국가가 빈민들에게 제공하는 공공주택이라도 하나 얻어볼 요량으로 숨죽인 채 당국의 처분만을 기다리고 있었던 것이다. 그러나 재회의 기쁨에 취해 있는 아트는 자기 가족이 알거지로 전락했다는 사실을 미처 깨닫지 못하고 있었다.

구세군 하우스에 온 지 3주가 지난 어느 날 아침, 아트네 가족은 사회복지 단체에서 제공하는 밴에 몸을 싣고 남쪽으로 내려갔다. 그들은 시카고 강을 건너 시카고에서 가장 악명 높은 지역으로 들어갔다. 그곳은 공동주택, 벽돌 아파트, 산업용 창고가 가득한 3킬로미터 남짓한 지역으로, 브리지포트라고 불리는 곳이었다.

브리지포트는 암울한 신화를 끊임없이 재생산해온 냉혹한 곳이다. 시카고가 삭막한 도시라는 평판을 얻은 것은 브리지포트와 같은 악명 높은 지역을 포함하고 있기 때문이라고 해도 좋을 것이다. 시카고는 애초에 '미시간 호와 미시시피 강을 연결한다'는 원대한 꿈에 근거하여 탄생한 계획도시였다. 그러기 위해서는 시카고 강의 사우스포크로부터 150여 킬로미터 떨어진 일리노이 강의 상류까지 운하를 건설해야 했는데, 이는 파나마 운하보다 두 배나 긴 길이였다. 1836년 운하 공사가 시작되었을 때, 공사 현장에는 증기 굴착기나 불도저 같은 중장비는 보이지 않았고, 맨몸에 삽 한 자루만을 달랑 움켜쥔 수천 명의 아일랜드계 이민자만이 득실거렸다.

운하가 시작되는 지점이 바로 브리지포트였다. 브리지포트의 옛 이름은 한 농장의 이름을 따서 하드스크래블이라고 지어졌다가, 후에 아일랜드인들이 심은 농작물의 이름을 따서 캐비지패치라고 불렸고, 시카고 강의 사우스포크를 가로지르는 다리가 건설되면서 브리지포트로 개명되었다. 그러나 마을의 이름을 아무리 바꾸더라도

'시카고 최초의 빈민가'라는 오명까지 깨끗이 지워버릴 수는 없었다. 운하 공사가 시작되면서 아일랜드인들이 물밀듯이 몰려들어와 브리지포트에 둥지를 틀었다. 그들 중 상당수는 에리 운하(오대호와 허드슨 강을 잇는 운하)의 건설을 막 끝내고 온 사람들로, 일당 1달러나 위스키 한 잔 값을 벌기 위해 힘든 일을 마다하지 않는 사람들이었다. 12년의 운하 건설 기간 동안 수많은 근로자들이 목숨을 잃었다. 따라서 운하를 완성시킨 최후의 주인공들은 '근로자'라기보다는 차라리 '생존자'라고 부르는 편이 더 옳았다. 운하가 완공된 후 많은 근로자들은 브리지포트에 그대로 눌러앉아 교회와 학교를 지었고, 거대한 운하의 경제적 효과가 가시화됨에 따라 사방에서 많은 사람들이 몰려들어 마침내 시카고 시를 탄생시켰다.

브리지포트에 처음으로 교두보를 마련한 것은 아일랜드인이었지만, 곧이어 독일, 폴란드, 리투아니아, 이탈리아인들이 들어와 이웃에 정착했는데, 그들 중 대부분은 인근의 유니언 스톡야드(가축 사육 및 도살장)에서 일하려고 온 사람들이었다. 그들은 서로를 불신한 나머지, 별도의 블록에 근거지를 두고 대립각을 세워왔다. 거의 매일 인종 분쟁이 발생하고, 때로는 시가지에서 갱들 간의 영토 쟁탈 전쟁이 벌어지기도 했다. 시카고 출신으로 처음 시장에 당선된 카터 해리슨 주니어는 브리지포트에서 어린 시절을 보낸 인물이었는데, 그에 의하면 당시 브리지포트의 남자 아이들은 폭력배들에게 험한 꼴을 당하지 않기 위해 불량 서클에 가입할 수밖에 없었다고 한다.

브리지포트의 갱들은 가장 잔인한 인종차별주의자로, 1919년의 인종 폭동을 일으킨 중심 세력이었다. 1919년의 인종 폭동은 한 흑인 소년의 죽음을 발단으로 일어났다. 그 흑인 소년은 미시간 호에서 수영을 하던 중 백인 청년들이 던진 돌에 맞아 익사했다. 이 소년은 소위 백인 전용 구역에서 수영하고 있었다. 흑인들이 항의 시위를 시작하자 이에 위협을 느낀 백인들이 사우스사이드에 몰려들면서 유혈 충돌 사태가 발생했다. 인종 폭동은 무려 7일 동안 계속되었고, 이로 인해 백인 15명과 흑인 23명이 사망했다.

거주자들 간의 온갖 알력에도 불구하고, 20세기 전반까지만 해도 브리지포트는 호황을 누렸다. 다섯 명의 브리지포트 출신 인사들이 시카고 시장으로 당선되었는데, 이는 시카고의 어느 지역도 달성하지 못한 쾌거였다. 그러나 1950년대 들어 정육 업체들이 문을 닫기 시작하면서, 브리지포트 주민들을 묶어주던 약한 경제적·사회적 연대감은 붕괴되었다. 부자들이 브리지포트를 빠져나가면서 저소득층을 위한 주택이 늘어났고, 시카고에서 둘째가라면 서러워할 정도의 고질적 범죄 문화가 자리 잡게 되었다.

아트 가족이 이사 올 때쯤의 브리지포트는 과거 어느 때보다도 험악하고 인종 갈등이 첨예한 상황이었다. 가난한 백인, 라틴인, 이탈리아인, 중국인, 흑인들로 구성된 갱단은 구역의 지배권을 놓고 싸우거나 마약이나 이권을 둘러싸고 사사건건 충돌했다. 한마디로 브리지포트는 '만인의 만인에 대한 투쟁'이 벌어지는 전쟁터였다. 물론 이곳에도 사람들 간의 관계를 규율하는 규칙이 존재하기는 했지만, 폭력을 행사할 힘이 있는 사람들은 스스로 규칙을 만들어 타인을 위협했다. 브리지포트에 새로 이사 온 사람이 전쟁터에서 자신의 생명과 재산, 가족을 지키려면 아군이나 동맹군을 선택해야 했는데, 이 경우 아군은 본인의 신념이나 생각과는 무관하게 피부색, 거주지, 소득 수준에 따라 거의 자동적으로 결정되었다.

아트네 가족이 구세군 하우스를 떠나 도착한 곳은 '브리지포트홈'이라는 곳으로, 시카고 시에서 백인 빈민층 전용으로 건설한 몇 안 되는 공동주택 단지 중 하나였다. 그곳에는 벽돌로 지어진 2층짜리 연립주택 18채가 입주해 있었는데, 총 수용 인원은 250명이었다. 이 곳은 시카고에 건설된 다른 악명 높은 공동주택 단지인 카브리니그린이나 디어본홈보다 규모는 작았지만, 감각적인 디자인으로 규모의 열세를 만회하고 있었다. 1943년 처음 건립될 당시에만 해도 브리지포트홈은 '미래형 공동주택 모델'로 각광을 받았다. 하지만 공동주택의 주민들이 바라는 진정한 미래는 빈곤을 탈출하여 공동주택을 떠나는 것이지, 공동주택에 영원히 사는 것이 아니었다. 그러나 불행하게도 브리지포트홈의 입주민들이 그곳을 떠나게 될 미래는 너무나 요원해 보였다.

시카고의 초겨울 날씨는 제법 매서웠다. 그러나 전력 회사에서는 이틀이 지난 후에야 난방을 가동시켜 주었다. 맬린다와 아이들은 구세군에서 얻은 옷을 여러 벌 껴입고, 펜테코스트 교회(성령의 힘을 강조하는 기독교 교파)에서 지원해준 담요를 몸에 두른 다음에야 잠을 이룰 수 있었다. 교회에서는 음식, 침대, 소파, 테이블도 지원해주었다. 아트는 불현듯 남에게 전적으로 의존해야 하는 현실이 참담하게 느껴졌다.

아트는 처음부터 빈민 전용 공동주택이 영 마음에 들지 않아, 며칠 내로 그곳을 탈출하기로 마음먹었다. 열두 살의 아트가 생각해낸 방법은 헤어진 아빠를 찾아가는 것이었다. 아트는 제이슨을 거사에 동참시키기로 마음먹었다. 어느 날 아침 엄마와 웬스데이가 잠에서 깨어나기 전, 아트와 제이슨은 아파트를 몰래 빠져나와 캐널 가까지 갔다. 그들은 갈 곳을 정하지 못하고 한참 동안 주위를 두리번거리다가, 저 멀리 우뚝 솟은 시어스타워를 목표로 삼고 무작정 걸었다. 그들은 시어스타워 바로 밑에까지 접근하여 로비 안으로 걸어 들어갔다. 그리고 아침 내내 에스컬레이터를 타고 이 상점 저 상점을 기웃거리다가, 알렉산더 칼더의 움직이는 조각품 〈우주〉 앞에서 멈춰 섰다. 그들은 〈우주〉 앞에 진을 치고 앉아 저녁이 올 때까지 꿈쩍도 하지 않았다. 마침내 경비원이 다가와 폐점 시간이 됐으니 나가달라고 말하자 아트가 대답했다.

"우린 나갈 수 없어요. 여기서 아빠를 만나기로 했거든요."

경비원이 아빠의 이름을 묻자 아트는 기다렸다는 듯이 아빠의 이름이 적힌 종이를 내밀었다. 경비원은 아트에게 그 자리에 꼼짝 말고 앉아 있으라고 단단히 일러두고는, 여기저기에 전화를 걸어 아트 시니어의 행방을 찾으려고 애썼다. 경비원의 부산한 모습을 유심히 바라보던 아트는 자기의 멋진 계략이 맞아 떨어졌음을 직감하며 쾌재를 불렀다. 아침 일찍 집에서 빠져나와 종일 고생한 보람이 있었다.

몇 분 후 두 명의 시카고 경찰관이 나타나 아트와 제이슨에게 다가왔다. 그들은 아트에게 "엄마가 종일 너희들을 찾아 헤매다 쓰러

지셨다"고 심드렁하게 말했다. 그리고 즉시 아트와 제이슨을 데리고 나가 순찰차 뒷좌석에 태우고는 공동주택으로 데려다줬다. 아트가 피의자가 아닌 일반인의 신분으로 순찰차 뒷좌석에 탑승한 것은 그 날이 처음이자 마지막이었다.

어느 날 오후, 아트는 공동주택에 입주한 이래 처음으로 부엌을 들여다보고는 소스라치게 놀랐다. 부엌에는 먹을 것이 하나도 남아 있지 않았던 것이다. 맬린다는 아이들에게 조금만 기다려보라고 하고는 집 밖으로 나갔다가 — 아트는 엄마가 구걸을 하러 나간 것이 틀림없다고 생각했다 — 몇 시간 후 빈손으로 돌아왔다. 다음날 아침 세 아이들은 굶주린 배를 움켜쥐고 울음을 터뜨렸고, 이 모습을 본 맬린다는 실성한 듯 흐느끼기 시작했다.

"어머니는 극빈층으로 전락한 현실에 적응하지 못했어요. 자식들을 먹일 수 없다는 사실에 절망감을 느낀 나머지, 히스테리 발작까지 일으키기 시작했어요. 한마디로 어머니에게는 이 모든 상황이 낯설었던 거죠."

아트는 난국을 타개할 방도를 찾아내기 위해 다시 한 번 제이슨을 데리고 집을 나섰다. 그는 교회나 사회복지 단체는 거들떠보지도 않았다. 그럴 경우 엄마와 다시 헤어지는 위험을 감수해야 하기 때문이었다. 종잣돈도 없고 뚜렷한 계획도 없는 그의 눈에 뜨인 '돈 될 만한 물건'은 할스테드 가 곳곳에 서 있는 구식 주차 요금 징수기였다. 아트는 '혹시 동전 한 닢이라도 굴러떨어지지 않을까?'라는 간절한 심정으로, 이곳저곳의 요금 징수기들을 손바닥으로 때리기 시작했다. 손바닥으로 한 번씩 칠 때마다 요금 징수기 안에서는 쩔렁거리는 소리가 새어 나왔다. 동전이 쩔렁거리는 소리에 구미가 당긴 아트는 온 힘을 다해 요금 징수기를 때렸다. 그러나 소리만 나고 정작 원하는 동전은 나오지 않자, 아트는 갑자기 동작을 멈추고 주차 요금 징수기의 구조를 유심히 관찰하기 시작했다.

주차 요금 징수기의 밑바닥에는 원통이 있고, 원통에는 구멍이 두 개 뚫려 있었다. 불현듯 아트의 머릿속에서는 '끝이 두 갈래로 갈라진 포크' 모양의 열쇠가 떠올랐다. 그는 거리를 샅샅이 뒤져 잘 휘어지는 금속 조각 하나를 찾아냈다. 그는 금속 조각을 뱀처럼 구부려, 두 구멍에 동시에 삽입될 수 있도록 만들었다.

"내가 만든 열쇠를 구멍에 쑤셔 넣자 원통이 회전하기 시작했어요. 곧이어 원통이 튀어나왔는데, 그 안에는 동전이 가득 들어 있었어요. 우리는 거리를 따라 내려가며 두 블록에 있는 주차 요금 징수기를 모두 훑었어요. 그리고는 간단히 50달러를 벌어 식료품점으로 달려갔죠."

아트는 막연하게나마 자신이 범죄를 저질렀다는 사실을 알고 있었다. 그러나 그와 제이슨이 식료품 꾸러미를 한 아름씩 안고 집안에 들어섰을 때 엄마의 얼굴에 나타난 표정 — 안도감과 자랑스러움이 뒤섞인 표정 — 이 죄의식을 말끔히 씻어버렸다. 돈이 어디에서 났는지를 이실직고하자 맬린다는 아트를 나무랐지만, 풍요로움으로 인한 기쁜 마음까지 숨길 수는 없었다. 중요한 사실은 '아트의 가족은 오랫동안 굶주려왔고, 아트가 가족을 굶주림에서 해방시켰다'는 것이었다. 이 사건을 계기로 하여 가계의 주도권은 맬린다로부터 아트에게로 넘어갔다. 아트는 기존의 엉성한 열쇠를 다듬어 보다 정교하게 만들었다. 그 후 6개월 동안 아트는 수제 열쇠를 이용하여 더욱 많은 음식, 옷, 장난감, 캔디를 사들였다. 그는 중복을 피해 이 블록 저 블록을 교대로 털었으며, 다른 거리로 원정을 가기도 했다. 마침내 구식 주차 요금 징수기의 문제점을 깨달은 시카고 시는 요금 징수기를 안전성이 강화된 신형으로 교체했다. 아트는 수제 열쇠를 구식이 되어 더 이상 쓸모가 없을 때까지 오래도록 간직했다.

아트네 가족이 브리지포트홈으로 이사 온 지 2주 남짓 지난 어느 날의 일이었다. 아트, 웬스데이, 제이슨은 셋이 아파트에서 한 블록 떨어진 곳에 있는 리투아니카 애비뉴를 따라 걸어 내려가고 있었다. 그들이 좁은 길을 건널 때, 길모퉁이의 계단 위에 한 무리의 십대 아이들이 앉아 있는 것이 보였다.

갑자기 아이들 중 한 명이 "킬러가 나타났다!"라고 외치며 달려와 아트의 배를 주먹으로 때리고는, 비틀거리는 그를 밀쳐 땅바닥에 넘어뜨렸다. 웬스데이와 제이슨이 비명을 지르는 동안 나머지 아이들은 계속 "킬러다! 킬러가 나타났다!"라고 소리쳤다.

처음 보는 아이들에게 눈이 시퍼렇게 되도록 흠씬 두들겨 맞은 아트는 어이없는 표정으로 집으로 돌아갔다. 흉하게 일그러진 아들의 몰골을 보고 화들짝 놀라는 엄마에게 아트는 아는 게 없으니 아무런 설명도 하지 못했다. 궁금증이 풀린 것은 며칠 후 브리지포트홈의 놀이터에서였다. 동네 아이들은 아트의 눈에 난 상처를 보더니, 브리지포트 일대를 주름잡고 있는 갱단 사이의 세력 쟁탈전에 대해 설명해줬다. 그러고 보니 며칠 전 아트가 모르는 아이들에게 매를 맞은 이유도 알 것 같았다. 아트를 때린 아이들은 '라틴왕Latin Kings'이라는 갱단에 소속돼 있었고, 브리지포트홈에 사는 아이들은 '사탄의 사도Satan's Disciples'라는 갱단에 소속돼 있었는데, 그 아이들은 아트를 사탄의 사도 조직원으로 착각했던 게 분명했다.

아트는 깜짝 놀랐다. 그때까지 조직에 몸담고 있는 사람을 만나본 적이 없으며, 갱단의 일원이 됐던 적은 더더욱 없었기 때문이다. 더욱 놀라운 것은, 브리지포트홈에 사는 아이들 중 열네 살이 넘은 아이들은 거의 다 사탄의 사도에 가입되어 있으며, 아트처럼 어린 아이들은 열네 살이 될 때까지 '예비 조직원'으로 취급된다는 것이었다. 사탄의 사도는 1964년 사우스사이드에서 처음 생겨나 급속도로 번져나가, 시카고와 위스콘신 전역에 50개 이상의 지부를 두고 있었다. 사탄의 사도 최고 지도자는 애기Aggie라는 사나이였는데, 검은색과 노란색을 선호하고 삼지창을 상징물로 사용했다. 라틴왕은 사탄의 사도와 앙숙이었다.

아트의 눈에는 모든 것이 그저 이상할 뿐이었다. 교회에 다니는 아버지 밑에서 자라 귀신 추방 의식까지 경험했던 아트는 '사탄'이라는 단어가 포함된 말을 체질적으로 싫어했다. 그러나 이름에 사탄이라는 단어가 들어가 있고 삼지창을 상징물로 사용한다는 것을 제외하면, 사탄의 사도는 사탄 숭배에 몰두하는 광신도의 집단은 아닌 것 같았다. 이들은 특정 인종을 선호하지도 않았다. 처음 사탄의 사도의 주축을 이루었던 인종은 백인과 아일랜드인이었지만, 시대의 흐름을 반영하여 다양한 인종에게 문호를 개방하게 되었다. 사탄의 사도에 소속된 아이들의 공통점은 브리지포트홈에 거주하고, 아버지가 없으며, 이웃 블록에 살고 있는 라틴왕을 미워한다는 것이었다. 그러나 사탄의 사도와 라틴왕의 구성원들을 면밀히 비교해 보면, 라틴왕 쪽 아이들이 사탄의 사도 쪽 아이들보다 '덜 가난하다'는 점 외에는 뚜렷한 차이점을 찾기가 힘들었다.

사탄의 사도 아이들은 처음에 아트를 우습게 보고 괴롭혔다. 왜소한 체격과 커다란 안경, 책벌레처럼 보이는 외모는 아이들의 좋은 표적이 되었다. 아트는 아이들에게 치이는 것이 싫어 집 안에만 처박혀 있었다. 그러던 어느 날 그는 뒷문을 살짝 열고 아파트 단지 내의 농구 코트를 내다보던 중 놀라운 광경을 목격했다. 세 명의 불량배가 호세 모랄레스라는 나이든 아이를 에워싸고 있었다. 모랄레스는 사탄의 사도 소속이었지만 덩치가 작았고, 아트는 그가 불량배들에게 일방적으로 두들겨 맞을 것으로 예상했다.

그러나 눈 깜짝할 사이에 호세는 공중으로 솟구쳐 올라 스피닝백킥(돌려차기)을 날리는 것이 아닌가! 그것은 마치 쿵푸 영화의 한 장면 같았다. 한 녀석이 스피닝백킥에 맞아 벌렁 나자빠지자 다른 두 명은 쇼크를 받은 듯 감히 덤비지를 못했다. 호세는 빠르고 강력한 원투펀치로 그들마저 간단히 제압했다. 푸에르토리코 출신의 작은 소년이 세 명의 건달을 가뿐하게 물리치다니, 정말 놀라운 일이었다. 그날 이후로 아트는 호세의 팬이 되었다.

아트는 호세를 졸졸 따라다니며 싸우는 기술을 가르쳐 달라고 졸랐다. 호세는 아트를 수제자로 삼고, 아파트 운동장에서 사우스사이드의 실전 무술을 가르치기 시작했다. 사우스사이드의 실전 무술은 정신 수양과 방어를 중시하는 아시아 무술과 달리 공격을 중시했다. 불량배들이 떼를 지어 몰려다니는 브리지포트의 거리에서는, 선제공격으로 상대방의 기선을 제압하는 것이 최선의 방어로 인식되고 있었기 때문이다. 천부적인 운동신경과 초등학교 시절 레슬링을 했던 경력 덕분에 아트의 무술 실력은 일취월장했다.

아트의 마음속에서는 '내 몸 하나 정도는 내 힘으로 너끈히 지킬 수 있다'는 자신감이 용솟음쳤다. 그러나 그 다음이 문제였다. 호세에게 싸우는 기술을 배우고 나자 그동안 참아왔던 분노와 좌절감이 고개를 들기 시작했고, 그는 그 분노와 좌절감을 다른 사람들을 향해 표출하기 시작했던 것이다.

첫 번째 사고는 친구 두 명과 함께 31번가를 걸어가던 중 발생했다. 아트는 갑자기 소변이 마려워 가까운 골목길로 들어가 어느 집 뒷문 앞에 볼일을 봤는데, 때마침 집 주인이 나오면서 외쳤다.

"웬 놈이야? 남의 집 문 앞에 오줌을 누는 놈이!"

집 주인은 살찐 백인 남자였다. 볼일을 다 본 아트는 바지의 지퍼를 올리고 주인에게 다가가, 주먹질과 발길질로 완전히 묵사발을 만들어버렸다. 집 주인은 덩치가 컸지만 아트는 몸놀림이 빨랐다. 아트의 막가파식 폭력은 거리의 차들이 경적을 울리며 그의 행동을 제지할 때까지 계속되었다. 언젠가 한번은 다른 골목길에서 욕설을 퍼붓는 취객 두 명과 마주친 적이 있었다. 아트는 다짜고짜 근처에 버려진 골프채를 집어들어 취객들을 후려갈겨 두 사람 모두를 만신창이로 만들었다.

그는 '뭔가 나아지겠지'라는 희망을 품은 소박한 변두리 소년에서, '희망은 없다'고 믿는 영악한 거리의 소년으로 변해가고 있었다. 그는 패배자의 길로 접어들고 있었던 것이다.

브리지포트에서 일어난 일 중에 긍정적인 것이 하나 있다면, 아트가 새 학교인 필립 D. 아머 초등학교에서도 지금껏 늘 그래 왔듯이 공부를 잘했다는 것이다. — 필립 D. 아머는 시카고에서 가장 유명한 정육업자의 이름이다 — 아트의 뛰어난 학업 성적은 학용품을 살 돈조차 없는 열악한 환경에서 이뤄낸 놀라운 성과였다. 그런데 아트가 브리지포트홈에 이사 오고 난 후 일찌감치 발견한 신나는 사실이 하나 있었으니, 그것은 아파트 단지의 모퉁이를 돌아가면 인쇄소가 하나 있다는 것이었다. 그 인쇄소는 브리지포트 뉴스라는 지방신문을 찍어내는 곳이었는데, 아트는 종이를 얻기 위해 가끔씩 인쇄소를 찾아갔다. 인쇄공들은 아트를 안으로 불러들여 인쇄소 내부를 구경시켜 주고, 그가 원하는 것이라면 뭐든 다 주었다. 인쇄공들이 그에게 베푼 친절은 그가 인쇄를 친근하고 매혹적인 일로 생각하게 하는 계기가 되었다.

"인쇄공들은 나에게 무척 잘해 줬어요. 덕분에 나는 인쇄를 사랑하게 되었죠. 그 인쇄소에는 멋진 하이델베르크 인쇄기가 있었는데, 길이는 9미터나 됐고, 값은 자그마치 십만 달러였어요. 그 인쇄소를 드나드는 동안 훗날의 내 운명을 결정하는 씨앗이 뿌려졌던 것 같아요. 인쇄기 돌아가는 장면이 지금도 눈앞에 선하고, 향긋한 잉크 냄새가 코를 찌르는 것 같아요."

아마 초등학교에서 첫 학기를 마친 후, 아트의 선생님들은 그의 우수한 성적에 큰 인상을 받아, 6학년에서 8학년으로 두 계단이나 월반할 것을 권했다. 월반은 원칙적으로 환영할 만한 일이었지만, 문제점이 하나 있었다. 월반은 곧 '시카고 최악의 고등학교'로 이름난 켈리 고등학교로 진학해야 한다는 것을 의미했다.

켈리 고등학교는 원래 1928년에 중학교로 문을 열었는데, 개교 당시만 해도 숭고한 교육 이념을 표방하는 명문 학교로 명성이 자자했다. 아치 모양의 이중문, 기둥으로 둘러싸인 안뜰, 켈트 문자가 새겨진 체육관 등이 운치를 더했다. 그러나 그 후 수십 년 동안 관리가 제대로 이루어지지 않아, 아름다웠던 학교 건물은 마치 썩은 케이크에 생크림을 입힌 것처럼 흉한 몰골로 변해 버렸다. 아트가 입학할 때는 지붕에서 물이 새고 샤워 시설이 제대로 작동하지 않았으며, 시카고 최고의 무단결석률을 자랑하고 있었다. 어느 시간에 체크해 보더라도 1천 600명의 학생 중에서 500명 이상의 학생이 수업을 빼먹고 있는 것으로 나타났고, 두 과목 이상에서 낙제점을 받은 학생의 비율이 66퍼센트나 되며, 신입생 중에서 끝까지 학업을 마치고 졸업하는 학생의 비율은 50퍼센트에도 미치지 못할 정도였다. 학생과 교사를 대상으로 한 폭행 사건이 일어나는 것은 다반사였다. 켈리 고등학교에 진학을 앞둔 아트는 당시의 상황을 이렇게 회고했다.

"켈리 고등학교는 면학 분위기가 전혀 조성되어 있지 않은 삼류 학교였어요. 그 학교에 진학하라는 것은 사형선고를 내리는 것이나 마찬가지였죠. 그동안 공부를 잘한 게 무슨 소용이 있겠어요, 앞으로 다닐 학교가 시카고 최고의 막장 학교인데. 나는 절망에 빠졌어요. 학업을 중단하는 한이 있더라도 그곳을 탈출하고 싶었어요."

켈리 고등학교에서 첫 일 년을 보내는 동안 아트는 공부에 대한 흥미를 완전히 잃었다. 생존을 위한 요령이나 당장의 필요를 충족시키기 위한 실용적 기술은 학교 선생님들보다 사탄의 사도에서 멘토들에게 배우는 편이 훨씬 더 나았다. 그곳의 형들은 아트에게 '쩨쩨하게 주차 요금 징수기를 털 게 아니라, 차라리 그 옆에 세워져 있는 자동차를 털라'고 훈수를 뒀다. 그들은 '키 없이 자동차 시동 거는 방법', '훔친 카스테레오를 팔아넘기는 곳', '불법 정비 업체가 있는 곳' 등을 가르쳐 줬다. — 브리지포트에서 성업하고 있는 장물아비의 수는 상상을 초월할 정도였다 — 아트 가족의 생계가 어려울 때는 사탄의 사도 형들이 아트의 '작업'을 도와주기도 했다. 아트는 다음과 같이 말했다.

"사탄의 사도가 내게 무엇을 해 줄 수 있는지를 알고 나니, 그곳에 가입하는 것이 나의 주요 목표가 되고 말았어요. 나의 1차 관심사는 먹을 것과 외상을 갚을 수 있는 돈이었어요. 사탄의 사도는 내게 먹을 것과 돈을 주었죠. 하지만 나는 아직 열세 살이어서 그곳의 정식

단원이 될 수 없었어요."

아트가 고등학교 2학년을 마칠 무렵, 드디어 올 것이 오고야 말았다. 켈리 고등학교와 지역의 갱단 사이에 유혈 충돌이 발생한 것이다. 사건의 발단은 이랬다. 지역 갱단의 단원들이 학교로 쳐들어와 제멋대로 휘젓고 다니자, 이들과 학교의 일진들 사이에 긴장이 고조되기 시작했다. 마침내 갱들이 학생 식당으로 진출하자 기다리고 있던 일진들과 충돌하면서 큰 패싸움이 벌어졌다. 그 와중에 한 학생이 칼에 찔렸고, 싸움을 말리던 교감 선생이 학생과 갱들에게 떠밀려 넘어졌다. 교감 선생은 넘어지면서 유리 진열대에 머리를 부딪쳤고, 그 바람에 유리가 박살나면서 머리를 크게 다쳤다. 며칠 후 열린 징계위원회에서, 아트는 칼을 쓰거나 교감 선생을 밀치지는 않았지만 패싸움 현장에 있었다는 이유로 퇴학 처분을 받았다. 뛰어난 학문적 재능을 가진 가난한 소년의 이야기는 더 이상 진행되지 못하고 여기서 마감된다. 당시 아트의 나이는 열네 살이었다.

'불행은 한꺼번에 온다'는 옛말은 헛말이 아니었다. 불행은 아트의 어린 두 동생에게까지 손을 뻗쳤다. 아트가 학교에서 쫓겨나자마자, 남동생 제이슨은 다니던 초등학교에서 말썽을 부리는 바람에 선생님들의 눈 밖에 나게 된다. 제이슨은 아트처럼 공부에 재능을 보이지 않았을 뿐만 아니라, 정서적으로 불안한 아이였다. 열 살이 되자 제이슨은 구제불능으로 낙인찍혀 학교에서 쫓겨나고, 설상가상으로 맬린다는 법원으로부터 제이슨에 대한 양육권을 박탈한다는 통지서를 받았다. 결국 제이슨은 데스플레인스에 있는 메리빌 아카데미(신체적·성적·정서적으로 학대받은 어린이들을 치료하는 시설)로 보내져 열여덟 살까지 그곳에서 생활했다. 결과적으로 제이슨의 최종 학력은 초등학교 중퇴가 되어, 고등학교를 마치지 못한 아트보다도 더 짧은 가방끈을 보유하게 된다.

웬스데이 역시 고등학교를 끝까지 다니지는 못하지만, 고등학교 졸업 자격 검정고시만은 통과한다. 그녀는 오빠들과는 달리 타오르는 분노를 좀처럼 밖으로 표출하지 않는 스타일이었다. 웬스데이는 어린 시절에 입은 마음의 상처를 씻어내지 못하고 내적 갈등을 키워가다가, 마침내 끔찍한 결말을 맞게 된다. 그것은 아트와 제이슨이 일찍이 겪어보지 못한 매우 폭력적인 결과였다.

아트와 동생들은 가난과의 전쟁에 끊임없이 시달려왔다. 그러나 그들이 상대해야 했던 적은 가난만이 아니었다. 그들은 가끔씩 집안에 출몰하는 불청객과도 싸워야 했다. 아트가 그 불청객을 처음 발견한 것은 고등학교 1학년 때였다. 학교 사물함의 열쇠를 집에 두고 나온 아트는 집 문을 두드리며 "엄마, 문 열어!"라고 외쳤다. 집 안에서는 맬린다가 누군가와 대화하는 듯 두런거리는 소리가 들려왔다. 그러나 맬린다는 아무런 응답이 없었다. 이상하게 여긴 아트는 다용도실 창문의 불투명한 유리를 통해 집 안을 들여다보았다. 거실의 한쪽 구석에 웅크리고 앉은 맬린다의 형체가 어렴풋이 보였다. 그는 창문을 두드리며 다시 큰 소리로 외쳤다.

"엄마!"

"재네들이 나를 귀찮게 한단 말이야!"

어느 틈에 다용도실로 들어온 맬린다가 창문을 열고 소리쳤다.

"누가 엄마를 귀찮게 한다고 그래?"

아트는 물었다.

"난쟁이들 말이야, 걔들이 항상 나를 따라다녀서 귀찮아 죽겠어."

아트의 귀에는 아무 소리도 들리지 않았다. 그는 창문 앞에 쭈그리고 앉아 맬린다를 진정시킨 다음 현관문을 열게 했다. 그는 엄마가 마약을 하고 있던 줄로 알고, 시간이 조금 지나면 괜찮아지려니 생각했다. 그러나 시간이 아무리 지나도 엄마는 제정신이 돌아오지 않았다. 아트는 엄마를 진정시키려고 별의별 수단을 다 써봤지만 아무 소용이 없었다. 그로부터 한 시간 후, 시끄러운 소리에 놀란 이웃집 아줌마가 찾아와 무슨 일이 일어났냐고 물었다. 아줌마는 푸에르토리코 출신의 싱글맘이었다.

아줌마가 맬린다에게 말을 걸자 맬린다는 '난쟁이', '레프러콘(아일랜드 민화에 나오는 남자 모습의 작은 요정)'만을 계속 외쳤다. 어쩔 줄 몰라 우왕좌왕하던 아트와 이웃집 아줌마는 불현듯 누군가 맬린다의 생명을 위협하고 있는지도 모른다는 생각이 들어 경찰을 불렀다. 몇 분 후 요란한 사이렌 소리가 울리며 경찰이 도착했다. 이웃들이 우르르 몰려나와 구경하고 있는 사이, 경찰은 아트의 집 문을 박차고 들어와 집안 곳곳을 수색했고, 곧이어 응급 구조대가 들어와 맬린다를 들것에 붙들어 맨 다음 병원으로 실어 날랐다.

맬린다는 양극성 정신분열증이라고 진단받았다. 양극성 장애란 기분이 비정상적으로 왔다 갔다 하는 질병이며, 정신분열증은 환각, 심각한 편집증, 환청 등의 증상을 보이는 질병이다. 양극성 장애는 맬린다를 이미 오랫동안 괴롭혀온 질병으로, 그녀가 리처드의 집에서 일어난 사건 때문에 정신병원에 입원했을 때 악화된 것이 틀림없지만, 맬린다에게 정신분열증이 있다는 것은 처음 듣는 소리였다. 담당 의사는 "정신분열증의 원인은 유전인 경우가 많지만, 최근의 연구에 의하면 머리에 심각한 부상을 입어도 정신분열증이 생길 수 있다고 합니다"라고 설명했다. 아트와 웬스데이는 이모에게 맥주병으로 머리를 얻어맞은 것이 정신분열증의 원인이라고 결론짓고 이모를 원망했다.

난쟁이 사건 이후로 맬린다의 증세는 더욱 악화되었다. 의사는 리튬이라는 약을 처방했다. 리튬의 효과는 너무나 우수해서, 리튬만 복용하면 맬린다는 정상인으로 돌아왔다. 그러나 리튬을 끊으면 맬린다의 증상은 어김없이 재발했다. 증상이 재발하면 자상하고, 사랑스럽고, 농담 잘하던 엄마는 종잡을 수 없는 기이한 행동을 보였다. 마치『지킬 박사와 하이드』에 등장하는 하이드 같았다.

맬린다는 종종 시카고 시장 선거에 출마하겠다고 선언하곤 했다. 때로는 어디선가 주워온 조약돌 한 무더기를 앞에 놓고 앉아, 조약돌을 혓바닥으로 날름날름 핥으면서 몇 시간을 보내기도 했다. 한번은 집을 나간지 석 달 후에 캔자스의 들판에서 발견됐는데, 실오라기 하나 걸치지 않은 차림에 몹시 굶주린 모습이었다. 보다 최근에는 FBI에 전화를 걸어, 알카에다에 납치되어 오클라호마의 마구간에 감금된 채 한 달 동안 위안부 노릇을 했노라고 신고했다. 정통한 소식통에 의하면, FBI는 그녀의 진술이 신빙성이 높다고 보고 알카에다를 일망타진하기 위해 그녀를 헬리콥터에 태운 채 오클라호마 일대를 이 잡듯 뒤졌다고 한다.

어찌된 일인지 맬린다는 집 안에 있는 또 한 명의 여성, 즉 웬스데이만을 집중적으로 괴롭혔다. 웬스데이는 이렇게 말했다.

“엄마는 오빠는 가만히 내버려두고, 나만 따라다니며 못살게 굴었어요. 내가 모든 것을 뒤집어쓴 거죠.”

웬스데이가 처음 봉변을 당한 것은 난쟁이 사건의 충격이 채 가시지 않은 어느 날 오후였다. 그 다음날은 웬스데이가 다니는 학교에서 댄스파티가 열리는 날이었다. 난생 처음으로 참가하는 댄스파티였기 때문에 웬스데이는 그 나이 또래의 소녀들이 다 그렇듯 예쁘게 보이려고 한껏 치장을 했다. 그녀는 립스틱을 바르고, 머리를 손질하고, 스커트를 입었다. 꽃단장을 한 그녀가 엄마에게 다가가 “나 어때?”라고 묻는 순간, 맬린다는 차마 입에 담기 힘든 막말을 내뱉으며 딸의 머리끄덩이를 잡아당겼다.

“더러운 창녀 계집애 같으니라구!”

그리고는 웬스데이의 머리를 한 대 쥐어박은 후 욕실로 질질 끌고 갔다. 맬린다는 웬스데이를 변기 위에 강제로 앉히더니, 가위를 꺼내 머리칼을 죄다 싹둑싹둑 잘라버렸다. 머리칼이 잘린 웬스데이는 강제수용소에 수감된 죄수처럼 초라한 몰골로 변했다.

사실 아트가 봉변을 피할 수 있었던 데는 그만한 이유가 있었다.

그는 맬린다의 증상이 언제 나타날지를 예견하는 선견지명이 있었던 것이다.

"어머니는 발작을 일으키기 전에 가족들과 떨어져 앉아 혼자 줄담배를 피우는 습성이 있었어요. 그런 현상은 하루나 이틀 동안 계속되었는데, 이때는 꼭 리튬을 복용해야만 봉변을 피할 수 있었어요. 만일 깜빡 잊고 어머니에게 리튬을 드리지 않았다면, 뒤도 돌아보지 않고 집 밖으로 도망치는 게 상책이었죠."

아트는 늘 이런 식으로 행동했다. 그는 맥구안 공원으로 도망치거나 사탄의 사도 아이들과 어울려 돌아다니다가, 맬린다가 제풀에 지쳐 잠들 때쯤이면 집으로 돌아왔다. 아트는 가끔씩 리튬 알약을 빻아 가루로 만든 다음 음료수에 타서 맬린다에게 마시게 하곤 했다. 그러나 대부분의 경우 아트는 잽싸게 도망치고, 불쌍한 웬스데이만 혼자 집 안에 남아 하이드로 변한 엄마를 상대하는 수밖에 없었다.

열네 살이 되자 웬스데이는 현실의 고통으로부터 벗어나기 위해 스스로 자구책을 찾아 나섰는데, 그녀가 선택한 것은 '위키 스틱'이었다. 위키 스틱이란 대마초에 환각제의 일종인 펜사이클리딘 Phencyclidine, PCP 향료를 섞어 담배처럼 피울 수 있게 만든 것인데, 값이 저렴한 데다가 환각 작용이 강력하여 동네 아이들 사이에서 인기가 높았다. 위키 스틱이 제공하는 강렬한 쾌감은 맬린다의 광기어린 행동에 지친 웬스데이에게, 비록 일시적이기는 하지만 해방감을 안겨주었다. 그러나 그녀에게 문제가 발생하기 시작했다. 매사가 예전 같지 않은 느낌이 들었다. 웬스데이는 이렇게 말했다.

"위키 스틱은 참 재밌는 물건이었어요. 모든 동네 아이들이 그것을 피웠죠. 나는 그것이 내 몸을 해칠 수도 있다는 사실을 몰랐어요. 물론 적당히 피우면 부작용을 피할 수도 있었어요. 그러나 문제는 그 '적당한 양'이 얼마인지를 몰랐다는 거예요."

1989년의 어느 날 밤, 웬스데이는 위키스틱을 너무 많이 피운 탓에 경련과 발작을 일으켰다. 병원으로 실려간 웬스데이는 응급조치를 받고 생명을 건진 후 재활 병동으로 옮겨졌다. 얼마 후 재활 프로그램은 완료되었지만, 마약중독과의 본격적인 투쟁은 이제부터가 시작이었다.

웬스데이가 엄마의 발작을 견뎌내는 방법 중의 하나는 단짝 친구 카렌 매거스의 집을 찾아가는 것이었다. 카렌은 웬스데이의 집에서 몇 블록 떨어진 곳에 살았다. 카렌 역시 불우한 아이였다. 카렌의 아빠는 멕시코 출신의 떠돌이 뮤지션이었는데, 그녀는 아빠의 얼굴을 본 적이 없었다. 카렌은 다섯 살 때 음주 운전자에게 엄마를 잃고 삼촌과 함께 살고 있었다. — 카렌의 엄마는 아일랜드계 이민자였다 — 그녀의 삼촌은 양로원에서 간병인으로 근무했는데, 박봉에도 불구하고 정성을 다해 카렌을 돌봤다. 카렌과 삼촌은 자기들의 생활도 버거운 판에, 맬린다가 정신을 차릴 때까지 때로는 며칠 동안이나 웬스데이를 먹이고 입혀주었다. 카렌은 당시 상황을 다음과 같이 기억했다.

"무슨 까닭인지는 모르겠지만, 웬스데이는 엄마의 공격을 모두 받아줬어요. 한번은 맬린다가 옷이 단정치 못하다며 웬스데이를 야단치고는, 웬스데이의 옷을 모조리 꺼내 불태워버린 적이 있었어요. 눈물을 흘리며 찾아온 웬스데이에게 내가 입던 옷을 나눠주며 달래는 수밖에 없었죠."

웬스데이와 카렌은 한시도 떨어져 지낼 수 없는 절친한 사이였다. 둘은 대부분의 자유 시간을 31번가와 포플러 가에 있는 '하나님의 성회 교회'에서 보냈다. 그들은 헌금 모금 활동과 청년회 활동은 물론 연극, 가장행렬 등 모든 교회 행사에 열심히 참여했다.

"우리가 안전하고 정상적인 생활을 할 수 있는 곳은 교회밖에 없었어요. 우리는 불량배 따위에는 관심도 없었죠"라고 매거스는 말했다.

아트는 처음에 카렌 매거스에게 별로 관심을 보이지 않았다. 그러나 열세 살이 되면서, 카렌은 옅은 캐러멜 색 피부와 눈부신 금발을 드러내며 전형적인 아일랜드 처녀의 티를 내기 시작했다. 아트 역시 이성에 눈을 떠가는 나이였다. 어느 날 아트는 카렌을 멍하니 쳐다보며 이렇게 중얼거렸다.

"와, 이렇게 아름다운 소녀를 이제껏 몰라봤다니!"

아트는 카렌의 청순한 매력에 필이 꽂혀 버렸다.

언젠가부터 하나님의 성회 교회에 신도가 한 명 늘었다. 아트가 매거스를 만나기 위해 주일 예배에 참석하기 시작한 것이다. 그는 웬스데이와 카렌의 옆자리에 앉았다. 목사의 설교가 진행되는 동안 아트의 눈은 카렌의 금발머리와 허벅지에 고정되었다. 그는 영혼의 안식을 위해 교회에 간 것이 아니었다.

카렌 역시 오래 전부터 아트를 마음에 두고 있었다. 그녀는 특히 아트의 총명함에 깊은 인상을 받았다. 더구나 이제 아트는 '머리만 좋고 체격은 왜소한' 과거의 아트가 아니었다. 열다섯 살이 되면서 앙상하던 팔뚝은 볼링 핀과 같은 곡선을 그리게 되었고, 뾰족하던 턱은 강인해 보이는 직사각형으로 변했다. 연약하고 소심한 초식남의 모습을 벗어버리고, 가무잡잡하고 탄탄한 체격의 짐승남으로 거듭난 것이다. 카렌이 아트를 기억하는 이유는 다음과 같았다.

"아트는 매우 영리한 데다가 멋쟁이였어요. 그는 여자들에게 멋지게 보이려고 무던히 애를 쓰는 것 같았어요. 하기야 그 나이에는 누구나 외모에 신경을 많이 쓰기 마련이죠. 어떻게 보면, 나는 그와 정반대이기 때문에 그에게 더욱 끌렸던 것 같아요. 나는 항상 조신한 소녀였지만, 그는 불량소년이었어요. 나는 그가 갱단의 단원이라는 사실이 마음에 들지 않았어요. 하지만 브리지포트트홈의 아이들은 갱단에 가입해야 했어요. 그러지 않으면 등굣길에 불량배들에게 봉변을 당하기 일쑤였기 때문이죠."

아트가 용기를 내어 카렌에게 데이트를 신청하자 카렌은 기다렸다는 듯이 쾌히 승낙했다. 그리고 두 사람은 곧 연인이 되었다. 겨울에는 함께 영화 구경을 가고, 여름에는 레이크쇼어드라이브 도로 주변의 호반을 거닐다가 네이비피어의 식당에서 밥을 먹었다. 결손가정에서 자라났다는 사실이 두 사람을 한데 묶는, 보이지 않는 끈으로 작용했다. 그러나 — 대부분의 십대들이 그렇듯 — 둘은 서로의 아픈 과거에 대해 아무런 말도 하지 않았다. 미래의 일에 대해서는 더욱 그랬다. 어쩌다 장래의 꿈에 대해 이야기라도 꺼내면, 아트는 되는 대로 성의 없게 말해 버렸다. 어떤 날은 발명가가 되고 싶다고 했다가, 어떤 날은 부동산 개발업자가 되겠다고 하는 식이었다. 그러나 카렌은 초지일관 한 가지 꿈만을 고집했다. 그녀는 브리지포트의 모든 골목길을 아트만큼이나 바쁘게 왔다 갔다 하는 일을 하고 싶었다.

"내 꿈은 오직 하나, 시카고의 경찰관이 되는 것이었어요. 나는 다섯 살 때부터 '언젠가 경찰관이 될 거야'라고 생각했어요. 나의 머릿속에는 경찰관 아저씨의 인상이 뚜렷하게 각인되어 있었어요. 그건 아마도 엄마가 돌아가셨을 때 내게 소식을 처음 전해주면서 나를 위로해준 사람이 경찰관 아저씨였기 때문인 것 같아요."

그러나 카렌은 꿈을 당분간 접어야 했다. 두 사람이 데이트를 시작한 지 6개월 후, 그녀는 자신이 임신했다는 것을 알게 되었기 때문이다. 카렌은 열네 살의 나이에 미혼모가 될 처지에 놓였다. 한편 아트는 고등학교 졸업장도 없고 직업도 없는 미성년자인 데다가, 길거리의 불량배 외에는 인맥도 없었기 때문에 아기를 양육할 능력이 전혀 없었다. 아트는 당시의 절박한 상황을 회상하며 말했다.

"나는 내 아버지처럼 무능한 아빠가 되는 게 싫었어요. 그래서 무작정 도망치고 싶었지만, 그렇게 무책임하게 행동할 수는 없었어요. 나는 어떻게든 위기를 벗어날 방법을 찾아내야 했어요."

3

은밀한 수제자

나는 사생아다.
내가 아버지라고 부를 수 있는
존귀한 분은 어디에 계실까?
내가 세상에 태어나기 직전
웬 위조범이 불쑥 나타나
내게 위조지폐의 낙인을 찍었다.

윌리엄 셰익스피어, 『심벨린』(1609?) 2막 5장 중에서

•

맬린다는 아트에게 아기 양육비를 다만 몇 푼이라도 보태주기 위해, 에즈라는 이름의 스낵바에 웨이트리스로 취직했다. 에드 톰슨이라는 마을 사람이 운영하는 이 스낵바는 21년의 역사를 지닌 브리지포트의 명물이었다. 에즈 스낵바는 바 카운터가 있는 20세기 스타일의 구식 간이식당으로, 일렬로 길게 난 창문들을 통해 할스테드가를 한눈에 내려다볼 수 있었다. 그곳은 접근성이 뛰어난 데다가 맬린다에게 매우 익숙한 곳이기도 했다. 사장 톰슨 씨는 맬린다의 딱한 사정을 잘 알고 있어서, 그녀가 치료를 받는 동안 교대 근무를 시켜주었다. — 사실 그녀는 대부분의 시간을 질병을 치료하는 데 보냈다 — 에즈 스낵바는 브리지포트홈 건너편에 자리하고 있는 관계로, 가족과 멀리 떨어져 있지 않아도 된다는 장점이 있었다. 아트와 웬즈(웬스데이의 애칭)는 엄마를 만나기 위해 매일 스낵바에 들렀고, 자식들을 기다리는 것은 어느새 맬린다의 주요 일과가 되었다. 맬린다는 아트와 웬즈를 카운터에 앉혀놓고 햄버거와 음료수를 먹이면서 그들의 사생활을 꼬치꼬치 캐물었다. 한편 아트와 웬즈의 마음은 콩밭에 가 있었다. 그들은 엄마가 그날 받은 팁의 액수가 얼마인지에 큰 관심을 보였다.

에즈 스낵바에는 정비공, 마약중독자, 도시 근로자, 10대 소녀, 경찰관, 술주정꾼, 폭력배, 비행 청소년, 외로운 노인, 섹시 가이, 대학생, 전과자, 평범한 가족 등 다양한 부류의 손님들이 드나들었다. 톰슨과 종업원들은 손님들의 신상을 속속들이 꿰고 있었지만, 굳이 이름을 기억할 필요는 없었기 때문에 — 특히 대부분의 단골손님에게 — 별명을 붙였다. 게다가 상당수의 손님들은 실명을 밝히기를 꺼렸다. 별명을 붙이는 기준은 생김새, 성격, 행동, 출신지 등으로 다양했으며, 때로는 손님들이 자주 주문하는 음식 이름이 별명으로 사용되기도 했다.

에즈 스낵바의 단골손님 중에 피트 다빈치라는 이탈리아인이 있었다. 그는 카운터 맞은편의 칸막이 좌석을 독차지하고 앉아 느릿느릿 식사를 했다. 키는 자그마했지만 검게 그을린 피부와 이글거리는 금빛 눈동자 때문에 강인한 인상을 풍겼다. 그의 실제 나이는 40대 중반이었지만, 나이보다 훨씬 더 젊어 보였다. 그리고 대부분이 블루칼라인 여느 손님들과는 달리 보헤미안적인 분위기를 물씬 풍겼다. 그의 트레이드마크는 가죽으로 만든 검은색 비니(머리에 딱 맞는 동그란 모자)였다. 그는 잠잘 때와 샤워할 때, 그리고 교회에서 예배볼 때를 제외하면 꼭 비니를 썼는데, 그것은 마치 그의 머리에 영원히 새겨진 문신처럼 보였다.

에즈 스낵바의 모든 단골손님들과 마찬가지로, 다빈치라는 이름 역시 별명이었다. 그 별명은 아트가 특별히 붙인 것이었는데, 아트는 그가 그림 그리는 것을 좋아한다고 해서 (레오나르도) 다빈치라는 거창한 별명을 붙였다. 아트는 다빈치의 첫인상에 대해 다음과 같이 말했다.

"나는 처음부터 그를 좋아했어요. 그는 점잖고 욕을 하지 않았으며, 언성을 높이지도 않았어요. 그러나 내가 그를 좋아한 가장 중요한 이유는 따로 있었어요. 그는 지금껏 봐왔던 어떤 남자보다도 내 어머니에게 잘해줬어요."

다빈치가 에즈 스낵바를 자주 드나든 것은 맬린다가 일을 시작한 지 두 달이 지나고 나서부터였다. 그는 가끔씩 나타나 커피를 시켜 놓고 맬린다와 농담을 주고받곤 했다. 그는 천성이 명랑한 사람으로, 아트가 스낵바로 들어오면 "어이, 꼬마야. 안녕!"이라고 소리치며 입이 귀에 걸리도록 함박웃음을 지었다. 아트는 그가 인생을 비관하는 것을 본 적이 없었다. 그가 곁에 있으면 맬린다의 얼굴에서는 가난, 질병, 자포자기의 그림자가 사라지고, 천진난만한 시골 소녀처럼 발랄한 생기가 감돌았다. 몇 달 후, 아트와 웬즈는 엄마에게 용돈 뜯어내는 일을 그만두게 되었다.

"다빈치 씨는 어머니의 수입이 그리 많지 않으며, 그나마 자기에게 받는 팁이 수입의 대부분을 차지한다는 사실을 알게 됐어요. 그래서 그가 어머니 대신 우리에게 용돈을 주기로 했죠. 그러나 다빈치 씨가 주는 용돈은 큰 금액은 아니었고, 평소에 어머니에게 받았던 금액 정도였어요."

아트는 말했다.

다빈치는 건축업에 종사한다고 했다. 그러나 건축업은 브리지포트에서 가장 흔하고 오래된 직업으로, 웬만한 브리지포트 사람들은 죄다 건축업자를 자처했다. 따라서 그가 건축업자라는 것은 실제로 건축업에 종사하거나, 아니면 범죄 조직에 몸담고 있다는 것을 의미했다. — 혹은 둘 다일지도 몰랐다 — 다빈치의 옷매무새를 보아하니 작업반장이나 인부의 복장은 분명히 아니었지만, 그렇다고 해서 그가 건설 업체의 사장이라고 속단할 수는 없었다. 만일 그가 인근에서 건설 업체를 운영한다면, 명색이 사장인 그가 가끔씩 어깨에 먼지를 묻히고 다니거나 귀중한 시간을 에즈 스낵바에서 낭비할 리가 없었다. 다만 그는 힘깨나 쓰는 사람들이 즐겨 타는 흰색 캐딜락을 몰고 다녔기 때문에, 아트는 그가 일종의 '부정한 거래'에 연루되어 있을 거라고 막연히 짐작할 뿐이었다. 그러나 아트는 다빈치에게 더 이상 꼬치꼬치 캐묻지 않았으며, 브리지포트에서는 서로 간에 그런 난처한 질문은 하지 않는 것이 불문율로 되어 있었다.

범죄자든 아니든 다빈치는 관대하고 온화한 사람이었으며, 맬린다가 중요하게 생각한 것은 그의 성품이지 그의 직업이 아니었다. 그로부터 4개월이 지난 후, 다빈치와 맬린다는 맬린다의 집에서 가족과 함께 저녁 식사를 하고 TV를 보는 사이로 발전했다. 그러나 그는 맬린다와 함께 밤을 지내지는 않고 가족이 잠들기 전에 조용히 집을 빠져나가는 센스를 발휘했다. 가끔씩 맬린다의 가족과 함께 영화 구경을 하고, 주말에는 미시간 호 호반의 인디애나둔스로 여행을 다녀오기도 했다. 아트의 입장에서 볼 때, 집 안에 친절한 남자 어른이 존재하고, 주말마다 가족 여행을 다닐 수 있다는 것은 환영할 만한 변화임에 틀림없었다. 그러나 아쉽게도 아트는 다빈치와 함께 한

가로이 단란한 시간을 즐길 겨를이 없었다.

사실 아트에게는 엄마의 로맨스보다 더 시급한 문젯거리가 있었다. 1990년 8월 28일 카렌이 덜컥 아들을 출산한 것이다. 새로 태어난 아기의 이름만큼 아트의 절박한 심정을 잘 나타내주는 것도 없었다. 아트는 하고많은 이름 중에서 '아더 줄리어스 윌리엄스 3세'라는 이름을 아기에게 붙여줬다. 그 이름에는 아버지(아더 줄리어스 윌리엄스 1세)와 아트(아더 줄리어스 윌리엄스 2세)의 대代에서 채워지지 않은 공허함을 아기가 꼭 채워 주기를 바라는 간절한 염원이 담겨 있었다.

맬린다와 마찬가지로, 아트 역시 아기의 우윳값이라도 벌기 위해 일자리를 구해야 했다. 일자리는 의외로 쉽게 나타났다. 카렌이 임신한 직후인 어느 날 아침, 아트는 친구 한 명과 함께 아파트 주차장에서 농구공을 갖고 놀고 있었다. 때마침 픽업트럭을 몰고 지나가던 젊은 남자가 차를 세우더니 그들에게 일자리를 제안한 것이다.

"너희, 일 좀 해 볼래?"

시간당 3.25달러를 줄 테니 건설 현장에서 일해보지 않겠냐는 그 남자의 말에 친구는 임금이 너무 적다며 고개를 가로 저었고, 급히 돈이 필요했던 아트는 지푸라기라도 잡는 심정으로 두말 않고 트럭 뒤에 올라탔다. 아트가 도착한 곳은 노스사이드, 그곳에서는 한 무리의 일꾼들이 어느 할머니의 집을 수리하고 있었다.

건설 업체의 사장인 모티 벨로는 브리지포트 일대에서 악덕 업자로 소문난 사람이었지만, 아트는 나이가 너무 어려 그의 소문을 듣지 못했다. 그는 작고 뚱뚱한 체구에다 눈 밑에 다크서클이 있었는데, 루마니아 억양을 쓰는 것이 영락없는 집시였다. 모티가 일거리를 얻는 방식은 이랬다. 먼저 노인, 특히 할머니들의 주소 목록을 작성한 다음, 작업자들을 그곳으로 보낸다. 작업자들은 할머니들에게 지붕이 새거나 벽에 균열이 생겼다고 말하고 싼값에 수리를 해주겠다고 제안한다. 그러나 일단 공사가 시작되면 공사비는 눈덩이처럼 불어나기 시작하여, 일이 거의 다 끝날 때쯤 되면 할머니들의 전 재산 — 예금 잔고와 대대로 내려오는 가보 포함 — 중 절반이 모티의 호주머니로 들어온다. 그는 아트와 같은 가난한 청소년들에게 쥐꼬리만한 임금을 지불하면서도 겉으로는 입 발린 말과 허튼 격려를 일삼아, 그들로 하여금 자신이 착취당하고 있다는 사실을 눈치채지 못하게 했다. 아트는 그것도 모르고 그를 아버지처럼 생각했다.

"나는 모티를 진심으로 좋아했어요. 그도 분명히 나를 좋아했거나, 아니면 최소한 그렇게 보이려고 행동했던 것 같아요. 그는 부자들만 사는 파넬 가에 근사한 집을 갖고 있었는데, 종종 나를 자기 집으로 데려가 저녁을 먹여줬어요. 그는 나를 마치 가족처럼 대해줬지만, 이 모두는 나를 더 잘 부려먹기 위해 꾸민 거짓이었어요."

모티는 가끔씩 아트에게 임금을 지불하지 않았다. 그는 돈이 없다고 징징대면서 다음 일이 들어오면 밀린 임금을 주겠다고 약속했다. 그러나 설사 모티가 임금을 지불했더라도, 카렌과 아기를 부양하기에는 턱없이 부족한 금액이었다. 생각다 못한 아트는 몇 명의 사탄의 사도 친구들과 의논한 끝에 부업을 하기로 결심했다. 그가 택한 부업은 브리지포트에서 거의 일상화되어 있는 것, 바로 자동차를 터는 일이었다.

할스테드 가는 시카고에서 촙숍(chop shop, 훔친 자동차를 분해하여 그 부품을 비싼 값으로 파는 장사)이 가장 많이 모여 있는 곳이었다. 길거리에 서 있는 차에 시동을 걸어 정비소로 끌고 가면 메이커와 모델에 따라 최대 2천 달러를 벌 수 있었다. 열쇠 없이 자동차의 시동을 거는 일이라면 이미 열세 살 때부터 장난삼아 늘 해왔던 일이기 때문에 아트도 자신이 있었다. 자동차 털이는 자동차 주인에게 손해를 입히지 않기 때문에 양심의 가책을 느끼지 않아도 되었다. 왜냐하면 웬만한 자동차들은 보험에 들어있는 것이 보통이므로, 자동차 주인은 도난당한 부품을 보험으로 보상받을 수 있기 때문이었다. 설사 경찰에 체포되더라도 걱정할 게 없었다. 아트는 열일곱 살로 미성년자라서 교도소에 수감되지 않으므로, 소년원에서 몇 달 동안만 푹 쉬다 나오면 그만이었다. 마지막으로, 자동차 털이의 진정한 매력은 빨리 돈을 벌 수 있을 뿐만 아니라, 스릴이 넘치며 남자다움을 과시할 수 있다는 데 있었다.

카렌이 아기를 임신한 지 약 4개월 후, 아트는 포플러 가에 세워져 있는 뷰익리젠시에 시동을 걸었다. 뷰익을 몰고 가는 도중 긴장한 탓에 근처에 주차되어 있는 차량을 들이받아 뷰익의 앞면이 파손되었다. 그는 재빨리 뷰익을 포기하고 브리지포트홈 쪽을 향해 달음질쳤다. 그러나 자동차 충돌 소리를 듣고 다가온 어느 할머니에게 얼굴을 들키고 말았다. 아트의 얼굴은 그 일대에 널리 알려져 있었기 때문에, 경찰은 할머니의 진술을 듣고 범인이 아트라는 것을 단박에 알아차렸다. 20분 후 두 명의 시카고 경찰관이 아트가 살고 있는 아파트의 문을 두드렸다.

문을 열고 나온 사람은 다빈치였다. 아트는 2층의 자기 방에 숨어서 다빈치와 경찰이 나누는 이야기에 귀를 기울이고 있었다. 다빈치의 말투는 지금까지 전혀 들어보지 못했던 말투, 즉 자식에 대한 염려와 분노가 교차하는 친아버지 같은 말투였다.

"그때 얼마나 당황스러웠는지 몰라요. 다빈치 씨가 어머니를 통해 나의 나쁜 행실을 익히 알고 있을 것이라고 짐작은 하고 있었지만, 실제로 내가 얼마나 형편없는 놈인지를 직접 확인 시켜주고 있었으니 말이에요."

다빈치와 경찰의 대화를 유심히 듣고 있던 맬린다는 이번 기회에 아트를 따끔하게 혼내주리라 마음먹었다.

"아트, 어서 이리 내려오지 못해!"

그녀는 소리쳤다.

아트는 이제 곧 무슨 일이 벌어질지를 직감한 듯, 겁먹은 표정으로 계단을 내려왔다. 아트는 즉시 체포되어 파출소로 연행됐고, 경찰관들은 목격자 할머니를 통해 범인의 얼굴을 확인했다. 법원에서는 아트를 소년원에 3개월 동안 수용하라고 판결했지만, 한 달쯤 지나자 그는 이미 예상했던 대로 자유의 몸이 되었다.

석방된 아트는 소년원 측의 연락을 받고 달려온 맬린다와 다빈치에게 인계되었다. 한 달 만에 아들을 만난 맬린다는 기쁨의 눈물을 흘렸지만, 다빈치는 침통한 표정으로 뭔가를 골똘히 생각하는 눈치였다. 다빈치는 출소 기념으로 에즈 스낵바에서 점심을 샀다. 맬린다가 잠시 화장실에 간 틈에, 다빈치는 아트의 눈을 똑바로 쳐다보며 말했다. 다빈치의 말씨는 차분했다.

"나는 네게 뭘 가르치려고 이 자리에 온 것이 아니란다. 하지만 네가 도둑질을 하면 네 아들도 나중에 커서 형편없는 아이가 된다는 것을 잊지 말아라."

그러나 아트가 보기에 그는 영락없이 뭘 가르치려 하는 것 같았다.

"네가 엄청난 중압감에 시달리고 있다는 것은 충분히 이해한다."

다빈치의 말은 계속되었다.

"너는 아직 미성년자이지만, 동시에 한 아이의 아빠이기도 하다. 아빠에게 버림받은 아이는 나중에 자기의 아이를 버리게 될 가능성이 높다는 것을 알고 있니?"

"정말요?"

아트는 비꼬는 투로 말했다.

'이 아저씨 나를 몰라도 너무 모르시는군.'

"나는 네가 똑똑한 아이라는 걸 잘 알아. 학교 다닐 때 성적도 꽤 좋았다면서? 하지만 최근 몇 년 동안 어려운 일을 많이 당했더구나. 설마 네 아들이 빈민 전용 아파트에서 성장하기를 바라지는 않겠지? 내게 한 번만 기회를 준다면, 너와 네 아이가 브리지포트홈을 떠날 수 있도록 도와주고 싶은데, 어때?"

아트는 그제야 슬슬 구미가 당기기 시작했다. 그러나 다빈치가 말을 계속하려는 순간 화장실에 갔던 맬린다가 돌아왔다. 맬린다가 자리에 앉기 전에 그는 서둘러 말을 맺었다.

"자세한 얘기는 나중에 하자."

아트는 그날 밤 늦게 잠자리에서, 맬린다와 다빈치가 목소리를 낮추고 뭔가에 대해 의논하는 듯한 소리를 들었다. 자세한 내용은 알 수 없지만, 아트는 두 사람이 자기의 문제를 의논하고 있다는 것을 직감할 수 있었다. 다빈치는 맬린다에게 뭔가를 승낙해 달라고 간청하는 것 같았다. '다빈치 씨가 엄마에게 무슨 말을 하고 있는 걸까? 아마도 나에 대해 청하지도 않은 훈수를 두고 있는 게 분명해. 대체 무슨 주제넘은 소리인지. 자기가 무슨 친아버지라도 되는 것처럼.' 두 사람의 대화는 곧 잠잠해졌고, 아무리 귀를 쫑긋거려 봐도 더 이상 아무런 소리도 들리지 않았다. 아트는 온갖 상상의 나래를 펴다가 어느 틈에 꿈나라로 접어들었다. 다음날 아침 깨어나보니 맬린다는 보이지 않고, 다빈치 혼자 아래층에서 커피를 마시고 있었다.

"혹시 우리가 어제 나눴던 얘기 기억나니?"

다빈치가 물었다.

"만일 내 얘기에 관심이 있다면, 네게 보여주고 싶은 게 있다. 옷 입어라, 내가 태워다 주마."

다빈치의 눈빛을 보니, 설마 건설 공사 현장으로 가자는 것은 아닌 것 같았다.

다빈치는 아트를 태우고 남쪽으로 차를 몰았다. 그들은 유니언 스톡야드로 이어지는 동부 철도를 지나쳤다. 유니언 스톡야드는 세계 최대의 도축장이 있는 곳으로, 한때 아일랜드, 이탈리아, 리투아니아, 폴란드, 슬라브계 이민자들이 힘들게 일했던 곳이다. ― 시카고 도축장의 열악한 작업환경은 업튼 싱클레어의 소설 『정글』을 통해 적나라하게 밝혀진 바 있다 ― 나중에 이 지역은 주류 밀매업자들의 피난처가 되었는데, 그들은 패킹타운(시카고의 정육 공장 지대)의 포장 및 저장 시설 사이에 교묘히 숨어 당국의 눈길을 피할 수 있었다. 그 이후 수많은 범죄 집단이 패킹타운에서 사업을 시작했지만, 사업이란 감시의 눈길을 피하기 위한 가면에 불과했다. 그 사업 뒤에 숨어 정체를 감추고 있는 그들의 익명성은 실로 가공할 만했다.

다빈치가 운전하는 캐딜락이 텅 빈 주차장으로 둘러싸인 건물 단지 사이로 깊숙이 들어가는 동안 두 사람은 아무 말도 하지 않았다. 건물 사이로 한참 차를 몰던 다빈치는 마침내 오래된 채석장 옆에 차를 세웠다. 순간적으로 아트는 그가 범법자일지도 모른다는 생각이 번쩍 들었다.

"나는 내가 운영하는 회사 바로 앞에 차를 주차하지 않으려고 노력하지."

다빈치는 설명했다.

"한 블록 정도 떨어진 곳에 주차하는 것이 가장 좋아."

그들은 한참을 걸어 전면에 하역장을 갖춘 3층짜리 구식 벽돌 건물 안으로 들어갔다. 건물 안으로 들어간 그들은 긴 복도를 통과하여 건물의 뒤쪽으로 갔다. 다빈치가 열쇠를 꺼내어 엘리베이터 콜

박스에 들이밀자, 잠시 후 한 쌍의 이중문이 활짝 열리며 구형 엘리베이터가 모습을 드러냈다. 아트와 함께 엘리베이터에 올라탄 다빈치는 하강 버튼을 눌러 지하로 내려갔다. 엘리베이터에서 내린 그들은 굳게 걸어 잠긴 방문 앞에 도착했다. 방문을 열자 몇 개의 작은 창문이 있는 것을 제외하면 칠흑같이 어두운 실내 공간이 나타났다. 다빈치가 문 옆의 스위치를 켜자, 여러 개의 형광등이 동시에 휘황찬란한 빛을 뿜어냈다. 아트는 눈이 부셔 두 눈을 감았다. 한참 후 아트의 눈이 밝은 빛에 적응하자, 그의 눈앞에는 매우 익숙한 광경이 펼쳐져 있었다.

그의 앞에 나타난 것은 옵셋 인쇄를 풀 서비스로 제공할 수 있는 인쇄 시설로, 브리지포트 뉴스를 찍어내는 인쇄소에서 봤던 시설의 축소판이었다. 그의 왼쪽에는 사진 작업실, 라이트테이블(아래 쪽에서 조명을 비춰 필름 검사 등에 사용하는 테이블 옮긴이), 제판실, 그리고 옵셋 인쇄기가 놓여 있었다. 옵셋 인쇄기는 길이 2미터의 멋진 에이비딕AB Dick 인쇄기였고, 그 뒤에는 산업용 종이 재단기가 놓여 있었다. 아트는 이렇게 회상했다.

"인쇄 시설은 완벽하게 세팅되어 있었어요. 모든 장비들은 잘 정돈되어 있었고, 개별 장비는 있어야 할 자리에 정확히 배치되어 있었어요. 장비를 따라 시계 방향으로 이동하다 보면 제일 마지막에는 완성된 인쇄물을 얻을 수 있도록 말이죠."

아트가 방 안을 이리저리 돌아다니며 인쇄 시설을 살펴보는 동안 다빈치는 잠자코 구경만 하고 있었다. 아마도 아트가 스스로 상황

판단을 할 수 있도록 시간을 주려는 것 같았다. 아트가 언뜻 보기에 그곳은 지역의 사업자들을 위해 전단지, 포스터, 팸플릿 등을 인쇄해 주는 '보통 인쇄소'처럼 보였다. 그런데 보통 인쇄소라면 굳이 이처럼 은밀한 장소에 차려놓을 필요가 있을까? 가장 먼저 아트의 눈에 포착된 이상한 물체는 잉크통으로 가득 찬 강철 캐비닛이었다. 그 안에는 노란색과 빨간색 잉크통도 몇 개 들어 있기는 했지만, 대부분의 잉크통에는 초록색, 검정색, 흰색 잉크가 들어 있었다. 아트가 아는 범위 내에서, 이런 색깔들이 들어가는 인쇄물은 단 한 가지밖에 없었다. 아트의 시선이 인쇄 공정의 맨 마지막 단계에 놓여 있는 수축포장기shrink-wrapping machine에 미쳤을 때, 그의 의심은 확신으로 바뀌었다. 그는 종이 재단기에서 쏟아져 나오는 작은 직사각형 모양의 종이가 플라스틱 상자에 담기는 장면을 어렵지 않게 상상할 수 있었다.

"내 상상이 맞나요?"

아트는 떨고 있었다.

"그래."

다빈치는 짤막하게 대답했다.

"그렇다면 아저씨는 화폐 위조범이로군요."

아트는 '위조'라는 거창한 단어를 사용해 본 적이 거의 없었다. 그는 문득 일 년 전의 기억을 떠올렸다. 라틴왕 패거리 몇 명과 길거리에서 싸움을 벌인 후 관할 경찰서에 끌려가 취조를 당하던 때의 일이다. 경찰서 보호실에서 그의 옆에 있었던 아이는 '복사'를 한 혐의로 연행되어 조사받고 있었다. 10대 후반의 그 아이는 말쑥한 정장 차림이었는데, 마치 로또에라도 당첨된 것처럼 연신 히죽거리고 있었다. 그가 아트에게 자랑스럽게 늘어놓은 영웅담은 이랬다. 그는 시어스타워에서 잡역부로 일하던 중 어느 사무실에 최신 컬러복사기가 있는 것을 눈여겨봐 두었다. 밤이 되자 그는 낮에 점찍어뒀던 사무실에 몰래 침입하여 20달러 지폐 수십 장을 복사해가지고 나왔다. 그리고는 이틀 동안 옷가게, 식당, 약국 등을 돌아다니며 '과소비'를 하다가, 한 가게의 계산원에게 기어이 덜미를 잡히고 말았다. 그녀는 그가 어린 나이에 돈을 물 쓰듯이 하는 것을 수상히 여겨, 그가 내민 지폐 중 한 장을 지우개로 문질러 보았다. 그러자 잉크가 번지면서 지폐는 금세 얼룩덜룩해졌다. 그녀는 곧바로 경찰에 신고했고, 그는 경찰을 피해 거리로 달아나다가 결국 체포되어 경찰서로 넘겨졌다. 경찰은 그의 주머니에 가득 담겨 있는 가짜 지폐들을 증거물로 압수했다. 그는 화폐 위조가 꽤나 재미있었던지 "난 감옥에서 풀려나는 즉시 더 많은 지폐를 찍어낼 거야!"라고 큰소리를 쳤는데, 아트는 그 이후 그가 어디서 무얼 하는지 무척 궁금하게 생각해왔다. '사람들이 자기의 돈을 스스로 찍어낸다'는 사실은 아트에게 커다란 충격으로 다가왔다. 그는 화폐 위조를 엄청난 범죄로 간주하고 있었기 때문이다.

다빈치는 컬러복사기 따위로 장난질을 치는 아마추어들과는 차원이 달라보였다. 그가 보유한 인쇄 시설 하나만 갖고 보더라도, 그는 이제껏 아트가 만나봤던 어떤 범죄자들보다 훨씬 높은 수준에 있는 전문가임이 분명했다. 아트는 어이가 없었다. 엄마가 지금까지 '은행 금고의 열쇠를 갖고 있는 사람'과 데이트를 해왔다고 생각하니, 정말 기가 찰 노릇이었다.

"이리로 와서 앉아라, 아트."

라이트테이블 옆의 의자에 앉은 다빈치가 손가락을 까딱거리며 말했다. 아트는 다빈치 옆자리에 자리를 잡고 앉았다. 그는 눈앞에서 벌어지고 있는 일이 꿈인지 생시인지 분간할 수 없었다. 다빈치는 당장이라도 위조지폐를 찍어낼 듯한 기세였다.

"이 장비들은 우리 가문이 오래 전부터 보유해온 것이다."

다빈치의 목소리는 진지했지만 위협적이지는 않았다.

"나는 어린 시절, 그러니까 너와 비슷한 나이에 내 아버지로부터 이 기술을 배웠고, 아버지는 삼촌으로부터 기술을 배우셨다. 나의 종조부님에게 기술을 가르쳐주신 분은 나의 조상님이 아니다. 그분에 대해서는 이탈리아 출신이라는 것 외에는 알려진 것이 거의 없다. 그분도 아마 다른 분으로부터 기술을 배웠을 것으로 생각되는데, 이런 식으로 거슬러 올라가면 이 기술의 역사는 줄잡아 수백 년쯤 될 것이다. 네가 이 기술에 관심이 있다면, 내가 가르쳐주마. 화폐위조는 차량 절도보다 안전하고 수입도 훨씬 많지만, 난이도가 굉장히 높다. 게다가 화폐 위조는 연방법 위반이기 때문에, 흐리멍덩하게 굴면 체포되기 십상이다. 경찰에 체포되면 재판을 받아 유죄 선고를 받게 되는데, 일단 감옥에 들어가면 초범이라도 최대 12년은 살아야 한다. 너처럼 소년원에 들어가 한 달 만에 나오는 것쯤은 아무 것도 아니다. 어때, 이래도 관심 있나?"

"네."

"좋아, 하지만 그 전에 몇 가지 일러둘 것이 있다."

다빈치가 기술을 가르쳐주기에 앞서서 제시한 전제 조건은 생각보다 길었다.

"모든 분야가 다 그렇듯 이 바닥에도 반드시 지켜야 할 룰이 있다. 첫 번째 룰은 네가 하는 일을 아무에게도, 심지어 가족에게도 알리지 말아야 한다는 것이다. 사람들이 네가 하는 일을 알게 되면 네게 돈을 달라고 할 것이다. 네가 그들의 요구를 거절하면 그들은 너를 미워하게 될 것이다. 그러나 그들에게 돈을 준다면 그들은 경찰에 체포될 것이고, 조만간 너도 경찰의 추격을 받게 될 것이다."

두 번째 룰은 자기가 만든 위조지폐를 자기가 사는 지역에서 사용하지 말라는 것이었는데, 그 이유는 나중에 알게 된 일이지만 다음과 같았다. 모든 위조지폐는 식료품점 계산원이 됐든, 정교한 지폐 계수기를 쓰는 은행원이 됐든, 누군가에 의해 발각되기 마련이다. 일단 발각된 위조지폐는 지문 감식이나 기타 법의학적 분석에 회부되고, 미국 국토안전부 비밀수사국(United States Secret Service, 약칭 USSS, 이하 비밀수사국으로 표기 옮긴이)은 법의학적 분석 결과와 위조지폐의 발견 지역을 종합하여 위조범의 행방을 추적하게 된다. 따라서 위조지폐를 자기가 사는 지역에서 두 번 이상 사용했다가는 비밀수사국이 쳐놓은 올가미에 걸려들어 옴짝달싹 못하는 신세가 된다.

세 번째 룰은 가장 일반적이면서도 가장 중요한 것이었다.

"욕심을 버려라."

다빈치는 말했다.

"적당한 금액을 찍어내면 행복한 삶을 누릴 수 있다. 그러나 너무 많은 금액을 찍어내면 꼬리를 밟히게 된다."

아트는 다빈치가 제시한 세 가지 룰을 반드시 지키겠노라고 맹세했다.

"궁금한 점은 없니?"

다빈치가 물었다.

"저에게 돌아오는 금액은 얼마죠?"

"분명히 말해두지만 너 같은 신출내기에게는 한 푼도 줄 수 없다. 그게 이 바닥의 셈법이다."

다빈치는 말했다.

"위조지폐를 유통시킨다는 것은 위조지폐를 만드는 것과는 별개의 문제다. 만일 네가 위조지폐를 유통시키다가 경찰에 잡히기라도 하는 날에는 맬린다가 나를 죽이려 들 것이다. 그 대신 한 번 위조지폐를 찍어낼 때마다, 나는 너에게 진짜 돈으로 7천 달러씩 줄 생각이다. 내 생각이 어때?"

"좋아요."

아트는 대답했다. 7천 달러라면 아트가 이 세상에 태어나 만져본 금액 중 가장 큰 금액이었다.

"다른 질문은?"

"그럼 우리가 찍어낸 돈은 어떻게 되는 거죠?"

"고객들에게 넘긴다."

"고객이 누군데요?"

"그건 네가 알 바 아니다. 모르는 게 네 건강에 좋을 걸? 참, 마지막 네 번째 룰을 빼먹을 뻔했군. 네 번째 룰은 '너의 고객이 누구인지 알려고 하지 마라'다. 명심해라."

첫날이라는 점을 감안하여, 다빈치는 더 이상 말을 하지 않았다. 지하 인쇄실에 들어온 지 20분도 채 지나지 않아 다빈치는 "이제 그만 나가 볼까?"라고 말하며 자리를 박차고 일어났다. 그리고는 "준비하고 있어라, 곧 연락하마"라는 마지막 말을 남기고 아트를 데리고 인쇄실을 나섰다. 다빈치의 얼굴에는 작은 악마의 미소가 흘렀다.

"그날 밤 나는 '과연 괜찮을까?'라는 걱정과 '난생 처음 목돈을 만질 수 있다'는 설렘으로 잠을 한숨도 이루지 못했어요."

아트는 수만 가지 생각에 사로잡혔다.

화폐 위조는 세계에서 두 번째로 오랜 역사를 가진 전문직이라고 일컬어진다. 화폐 위조라는 개념을 지불수단 전체에 대해 적용하여 '가짜를 진짜인 것처럼 속여 거래 상대방에게 지급하는 것'이라고 폭넓게 정의한다면, 쌀자루에 돌을 섞어서준 것도 화폐 위조로 간주할 수 있으므로, 화폐 위조의 역사는 물물교환 시대까지 거슬러 올라간다고 볼 수 있다. 그러나 화폐 위조의 개념을 순수하게 화폐에만 한정하여 적용한다면, 대부분의 역사가들은 화폐 위조가 처음 발생한 시기를 '화폐가 발명된 직후'라고 보고 있다. 화폐는 기원전 700년경

고대 리디아 왕국의 기업형 장인들enterprising craftsmen에 의해 처음 발명되었다. 당시에는 금이나 은이 화폐로 사용되고 있었는데, 기업형 장인들은 구리나 납으로 만든 주화에 금이나 은을 살짝 입힌 다음 왕의 도장을 찍어 화폐로 유통시키는 방법을 고안해냈다. 그 이후 '주화를 만드는 사회라면 어느 곳이든지 주화를 위조하는 사람이 존재했다'고 고고학자들은 증언하고 있다.

화폐 위조는 예로부터 '대를 물려 전해지는 기술'로 통했다. 화폐를 성공적으로 위조하려면 '진짜 화폐를 만드는 방법'과 '그것을 복제하는 방법'에 두루 통달해야 했는데, 이러한 방법들을 연마하려면 멘토와 멘티 사이에서 계승되는 전문적 지식이 반드시 필요했기 때문이다. 화폐 위조와 관련된 가장 오래된 역사적 사건 중 하나로는, 기원전 3세기경 디오게네스라는 그리스인이 '주화에 불순물을 섞은 죄'로 시노페(오늘날의 터키 북부 흑해 연안에 있었던 도시)에서 쫓겨난 사건을 들 수 있다. 시노페의 성문이 닫히자 디오게네스는 공범인 트레시우스와 함께 지평선을 향해 터덜터덜 걷기 시작했다. 트레시우스는 디오게네스의 아버지이자 지방은행의 장長으로서, 디오게네스에게 화폐 위조 기술을 가르쳐준 인물이었다.

디오게네스가 그리스 최고의 철학자 중 한 명이 되지 않았다면 그의 이름은 잊혔을지도 모른다. 그는 '인간에게 귀가 둘이고 혀가 하나인 이유는, 덜 말하고 많이 들으라는 뜻이다', '인간은 가장 지적인 동물인 동시에 가장 어리석은 동물이다', '가장 작은 것에 만족하는 사람이 가장 많은 것을 가진 사람이다'라는 주옥같은 명언들을 남긴 인물이다. 디오게네스는 소위 '견유학파'의 창시자로 알려졌는데, 그가 마음을 잡고 착한 사람이 될 때까지 화폐 위조를 일삼았다는 점을 감안할 때, 그가 이끄는 학파에 이처럼 황당한 이름이 붙은 것도 무리는 아니다.

디오게네스 부자父子에 대한 처벌은 솜방망이나 마찬가지였다. 인류의 역사를 되돌아보면 대부분의 화폐 위조범은 사형에 처해지는 것이 관례였다. 로마에서는 화폐 위조범을 콜로세움으로 보내 사자의 밥이 되도록 했고, 중세 유럽의 여러 나라에서는 이들을 목매달아 죽인 다음, 시체를 4등분하거나 불에 태워 죽였다. 네덜란드에서는 이들을 산 채로 끓는 물에 빠뜨리기도 했다. 미국의 경우 건국 초기에는 화폐 위조범을 교수형에 처했고, 화폐 위조를 얼마나 악랄한 범죄 행위로 보았던지 최초의 화폐에 '위조하면 죽는다'라는 무시무시한 경고 문구를 인쇄하기도 했다. 러시아에서는 1994년까지 화폐 위조범을 사형시켰으며, 베트남, 중국, 그리고 대부분의 중동 국가에서는 아직도 이들을 사형에 처하고 있다.

화폐 위조는 폭력성은 없지만, 국민경제의 기초를 좀먹고 정부의 권위를 위협한다. 현대 경제학의 창시자 중 한 명인 영국의 토머스 그레샴 경은 유명한 '그레샴의 법칙'에서 '악화가 양화를 구축한다'라는 말로 화폐 위조의 폐해를 명쾌하게 지적했다. 만일 진짜 화폐와 위조화폐를 구별하는 공인된 기준이 없다면 어떻게 될까? 이 세상은 온통 위조화폐로 가득 차게 되어, 경제주체 간의 거래가 성립될 수 없을 것이다. 이렇게 되면 국민경제가 붕괴할 뿐만 아니라, 지난

100여 년 동안 달러화를 중심으로 운영되어 온 세계경제 역시 치명타를 입게 된다.

미국의 역사를 돌이켜 보면 실제로 이상과 같은 사태가 발생할 뻔한 적이 있었다. 독립전쟁에서 승리한 직후 수십 년 동안, 미국에는 연방 정부가 인정하는 공식 화폐가 존재하지 않았다. 따라서 모든 은행들은 저마다 조각가를 고용하여 지폐 도안이 새겨진 동판을 만들어, 필요에 따라 — 거의 무제한으로 — 지폐를 찍어냈다. 수천 가지의 상이한 지폐가 유통된 이 시기는 가히 '위조지폐의 황금시대'라고 할 만했다. 일반인들이 위조지폐와 진짜 지폐를 구별하는 유일한 방법은 신문에 실린 위조지폐 공고를 읽는 것이었다. 매일 발간되는 신문은 여러 페이지를 할애하여 새로 발견된 위조지폐에 대한 공고를 실었다. 그러다 보니 오늘 사용되던 지폐가 다음날 사용 금지되는 경우가 허다했다. 이 같은 상황은 갈수록 악화되어, 남북전쟁이 끝날 때쯤에는 '전체 지폐의 절반이 위조지폐'라는 웃지 못할 상황이 벌어졌다.

막대한 전쟁 부채에 허덕이던 연방 정부는 국고에 보관 중이던 지폐가 아무짝에도 쓸모없는 휴지 조각이라는 사실에 분개하여 특단의 조치를 내리기로 결정했다. 에이브러햄 링컨 대통령은 자신이 암살되던 바로 그날, 재무장관에게 지시하여 비밀수사국을 창설하게 했는데, 이곳의 주요 임무는 지폐 위조범을 색출하여 법의 심판을 받게 하는 것이었다. 비밀수사국의 요원들은 처음에는 남북전쟁 용사와 사립 탐정으로 구성되었는데, 위조범을 일망타진하기 위해 당시로서는 혁명적이라 할 수 있는 전술(비밀 침투, 첩자 파견, 이간질)을 구사했다. 이와 동시에 이들은 '신성한 미합중국 화폐'의 도안을 흉내 내는 모든 사람에게 엄중한 경고를 내렸다. 일례로 그들은 필라델피아의 한 제과업자로부터 주형(과자를 찍어내는 틀)과 과자를 압수했는데, 그 이유는 그가 만드는 과자에 새겨진 무늬가 1센트짜리 동전과 유사하기 때문이었다. 아울러 '똑같은 과자를 또다시 만들 경우 벌금을 물리거나 징역을 살게 하겠다'고 으름장을 놓는 것을 그들은 잊지 않았다. 한번은 모 백화점에 비밀수사국 요원들이 들이닥쳐 창에 달린 커튼을 모조리 떼어간 적이 있었는데, 그 이유는 커튼에 수놓아진 그림이 달러 지폐와 닮았기 때문이었다.

비밀수사국 요원들의 용감한 활동과 함께, 1877년에 설립된 미국 조폐공사 역시 미국 내의 모든 화폐를 독점적으로 생산함으로써 위조지폐를 없애는 데 큰 공을 세웠다. 이에 따라 1903년에는 미국 내에서 유통되는 화폐 중 위조지폐의 비율이 100분의 1로 크게 감소하기에 이르렀다. 1901년 이들의 혁혁한 전과에 감명받은 미 의회는 비밀수사국에 새로운 역할을 맡아 달라고 비공식적으로 요청하는데, 그 역할은 다름 아니라 암살된 윌리엄 맥킨리 대통령을 대신하여 대통령직을 승계한 테오도어 루즈벨트 대통령을 경호하는 것이었다. 그로부터 1년 이내에 이들의 임무 목록에는 대통령을 경호하는 임무가 정식으로 추가되었다. 20세기에 접어들면서 비밀수사국의 활동이 더욱 확대되고 사법제도가 개선됨에 따라 위조지폐의 비율은 더욱 감소하였다. 오늘날 유통되고 있는 달러의 규모는 약 7

천억 달러인데, 이 중에서 위조지폐의 비율은 0.03퍼센트이며, 금액으로는 약 2억 1천만 달러인 것으로 추산된다. 그러나 모든 위조지폐의 75퍼센트는 유통되기 전에 적발되어 압수된다고 한다.

아트가 다빈치의 비밀 직업, 즉 화폐 위조에 입문한 시기는 화폐 위조가 사양길에 접어든 때여서, 다빈치처럼 화폐 위조로 생계를 이어가는 숙련된 장인은 거의 씨가 마른 상태였다. 다빈치는 대대로 화폐 위조업에 종사해 온 가문의 마지막 후계자로서, 마치 외로운 늑대처럼 가업을 물려받을 후계자를 물색하던 중이었다. 겨우 열일곱 살에 불과한 아트가 이러한 전후 사정을 알 턱이 없었다. 게다가 아트는 자기가 배우게 될 기술이 얼마나 위험한 것인지도 실감하지 못했다.

다빈치는 화폐 위조에 관한 첫 번째 수업을 시작하기에 앞서서, 캐비닛에서 카세트테이프 하나를 꺼내어 대형 오디오의 카세트 데크에 넣었다. 곧이어 이탈리아 오페라의 비단 같은 선율이 흘러나와 작업장 전체에 퍼져나갔다.

"아이구 시끄러워. 이 '소음' 좀 끄면 안 될까요?"

아트는 괴로운 듯 말했다.

"소음이라니? 가당치도 않은 소리!"

다빈치가 대꾸했다.

"이건 아름다운 음악이야. 오랜 역사를 지닌 오페라란 말이다. 우리가 하는 일 역시 유구한 역사를 자랑하는 일이지. 그러니까 우리는 오페라를 들어야 해. 역사가 오래 된 것끼리는 서로 통하는 법이거든."

오페라의 서곡이 지하 작업장에 울려 퍼지는 동안, 그들은 제판 작업에 착수했다. 제판 작업이란 인쇄용 판plate을 만드는 작업으로, 브리지포트 뉴스의 인쇄소를 드나들 때 어깨너머로 구경한 적이 있어서 아트에게도 그다지 낯설지는 않았다.

판은 인쇄될 이미지가 새겨져 있는 직사각형 모양의 얇은 금속 — 보통은 알루미늄 — 인데, 쉽게 말하자면 스탬프 같은 것이다. 판은 화학적으로 처리되어 옵셋 인쇄기의 회전 원통 위에 장착된다. 판이 한 번 회전할 때마다 워터롤러와 잉크롤러가 번갈아 지나가며 판면에 물과 잉크를 바른다. 이때 물과 기름(잉크)은 서로 밀치는 성질이 있으므로, 잉크는 이미지가 새겨진 부분에만 묻고, 물은 이미지가 새겨지지 않은 부분에만 묻게 된다. 원통이 회전하면서 제2의 원통(고무판이 씌워진 원통)과 맞닿으면 판에 묻은 잉크가 고무판에 옮겨지고, 고무판에 옮겨진 이미지는 최종적으로 종이에 찍혀 나오게 된다. 옵셋 인쇄기를 풀 스피드로 돌리면 1분에 수백 장의 인쇄물을 찍어낼 수 있다. 이 책을 포함하여 우리가 읽는 거의 모든 인쇄물은 판과 옵셋 인쇄기를 이용하여 찍어낸 것이라고 보면 된다. 1843년 리처드 마치 호라는 뉴요커가 발명한 이 인쇄 기술은 전쟁, 혁명, 관료제, 포르노그래피, 경기 호황 및 불황 등 인간 활동의 모든 분야에 지대한 영향을 미쳤다. 유사 이래 옵셋 인쇄만큼 교육 수준에 관계없이 모든 부류의 사람에게 영향을 미친 발명품은 없었다.

다빈치는 봉투에서 빳빳한 100달러 지폐 세 장을 꺼내어 제판 카메라(process camera, 제판 작업에서 원고 촬영에 사용하는 특수 카메라 옮긴이) 앞에 놓고 조명을 환하게 밝혔다.

"잘 봐라."

아트는 다빈치가 가리키는 대로 카메라의 뷰파인더를 들여다봤다. 100달러 지폐의 확대된 영상이 아트의 시야를 가득 채웠다. 카메라 렌즈는 지폐의 세세한 모습을 정밀하게 잡아내고 있었다. 벤자민 프랭클린의 머리칼은 파도처럼 굽이치고 있었고, 그의 코트에 새겨진 주름은 갓 쟁기질한 밭이랑을 연상케 했다. 1778년 프랑스의 화가 조제프 시프레드 뒤플레시스에 의해 그려진 프랭클린의 초상화는 평화로워 보였지만, 어찌 보면 약간 우스꽝스러운 면도 있었다.

다빈치와 아트는 지폐의 앞면을 세 번, 뒷면을 한 번 촬영했다. 그리고 암실에서 현상하여 네거티브필름을 만든 다음 라이트테이블 위에 올려 놓았다. 그들은 확대경으로 네거필름을 검토한 다음, 앞면을 촬영한 세 장의 필름 중 한 장을 골라 일련번호와 도장을 지우고, 나머지 두 장의 필름에서는 일련번호와 도장만 남기고 다른 모양을 모두 지웠다.

다음은 다빈치의 작업실에서 가장 신기한 장비인 아크등 버너arc-light burner를 이용할 차례였다. 아크등 버너는 냉장고만 한 크기의 장비로, 고강도의 빛을 이용하여 네거필름의 이미지를 금속판에 옮기는 역할을 한다. 종이 대신 금속 위에 이미지를 복사하는 현대식 복사기처럼, 아크등 버너는 네거필름의 이미지와 음양이 뒤바뀐 이미지를 금속판 위에 새겨 준다. 한마디로 말하면, 빛을 이용하여 금속판 위에 스탬프를 새기는 것이다. 다빈치와 아크는 네 장의 금속판을 모두 구운 다음, 화학물질이 함유된 용액에 담가 불순물을 깨끗이 닦아냈다. 마침내 불순물이 모두 제거되자, 금속판의 표면에는 100달러 지폐의 복잡한 이미지만이 남았다. 인쇄용 판이 완성된 것이다.

제판 작업을 통해 인쇄용 판을 만드는 데는 이틀이 족히 걸렸다. 작업이 진행되는 동안 내내 아트는 다빈치의 정확성과 집중력에 혀를 내두르지 않을 수 없었다. 다빈치는 정확한 측정과 타이밍을 강조했다. 또 판을 너무 오래 구우면 지폐의 색상이 짙어지고, 너무 잠깐 구우면 옅어진다고 주의를 줬다. 그밖에 다빈치는 자기가 하는 — 일견 사소해 보이는 — 모든 행동에 대해 낱낱이 이유를 설명했다.

다빈치의 제판 실력은 놀라웠지만, 그 이후 나흘 동안 진행된 잉크 배합 및 인쇄 공정에서 그가 보여준 솜씨에 비하면 아무 것도 아니었다. 다빈치가 말했다.

"통용되는 위조지폐와 발각되는 위조지폐의 차이는 종종 잉크 몇 방울에 의해 결정된다. 잉크의 배합에 항상 신경을 쓰지 않으면 모든 인쇄 작업이 헛수고가 된다."

다빈치는 지폐의 앞면을 인쇄할 때 회색 잉크를 섞었고, 인쇄용지로는 엷은 녹색의 리넨지linen-based paper를 사용했다. 나중에 안 일이지만 그 종이는 시카고의 한 인쇄소에서 직접 구입한 것이었는데, 진짜 지폐를 만드는 데 쓰이는 종이와 마찬가지로 얇고 내구성이 강했다. 더욱이 그 종이에는 작은 섬유가 포함되어 있었는데, 이는 1869년 이후 위조 방지를 위해 미국 지폐에 도입된 적색과 청색의 실크 은선security thread을 흉내 내기 위한 것이었다.

종이가 준비되자, 다빈치는 판을 옵셋 인쇄기의 원통에 장착하고 인쇄기의 스위치를 켰다. 인쇄기가 웅웅거리며 돌아가기 시작하자, 다빈치는 잉크를 붓고 원통을 점검한 다음 본격적으로 인쇄를 시작했다. 지폐 앞면의 인쇄가 끝난 후, 다빈치와 아트는 인쇄기를 깨끗하게 청소하고 판을 교체했다. 그리고는 다음 작업에 필요한 잉크를 배합했다. 뒷면에는 민트 그린(회색을 띤 녹색 옮긴이), 도장과 일련번호에는 스포트라이트 그린(환한 녹색 옮긴이)이 사용되었다. 이처럼 그들은 매번 인쇄할 때마다 상이한 시각적 요소를 가미하며 차근차근 지폐를 완성해 갔다.

"잉크의 냄새는 중독성이 강했어요. 다빈치 씨는 날쌘 동작으로 잉크를 이것저것 꺼내 팔레트에 붓고 혼합했어요. 모든 공정은 눈 깜짝할 사이에 이루어졌죠. 그는 색채의 마술사였어요."

화폐 위조범들에 의하면 화폐를 창조하는 작업은 거의 오르가슴에 가까운 강렬한 흥분을 불러일으킨다고 한다. 아트는 인쇄기에서 완성된 지폐가 쏟아져 나오는 장면을 보며 뭐라 형언할 수 없는 압도적인 포스를 느꼈다.

"그 느낌은 오르가슴과 비교할 만했지만, 보다 정확히 말하자면 마땅히 표현할 단어가 없었어요. 그리고 그 느낌은 좀처럼 나를 떠나지 않았어요. 매번 작업할 때마다 처음에 느꼈던 것과 똑같은 강렬한 쾌감이 나를 사로잡았어요."

마지막 공정에서 따끈따끈한 100달러짜리 지폐가 인쇄되어 나오는 장면은 오븐에서 구워져 나오는 크리스마스 쿠키를 연상케 했다. 다빈치와 아트의 첫 공동 작업으로 완성된 위조지폐의 액수는 무려 10만 달러에 달했다. 아트는 지폐를 재단기로 잘라 1만 달러씩 묶어 차곡차곡 쌓으면서 그중 몇 장을 갖고 싶은 충동을 느꼈다. 사실 다빈치는 늘 얼마간의 여유를 두고 작업했고, 아트는 다빈치가 한눈을 파는 틈을 타서 — 그와의 약속을 어기고 — 위조지폐를 몇 장씩 슬쩍하여 호주머니에 넣었다.

어느 날 아트는 변두리의 주유소를 찾아가 점원에게 담배 한 갑을 달라고 하고는, 다빈치와 함께 공들여 만든 100달러 지폐를 내밀었다. 그는 제 발이 저린 듯 잔돈이 없어서 그런다고 변명하면서 점원의 눈치를 살폈다. 점원이 지폐를 받는 순간 보안문이 닫히고 사이렌이 울릴까봐 가슴이 조마조마했다.

그러나 아무 일도 일어나지 않았다. 점원은 아트에게 진짜 돈 96달러를 거슬러 줬고, 그는 거스름돈을 받아 쥐고 아무 일도 없었다는 듯이 유유히 주유소 밖으로 걸어 나왔다. 그러나 그가 지불한 돈이 아무리 진짜 돈과 똑같다고 해도 그의 마음이 개운할 리는 없었다. 집으로 돌아가는 동안 아트의 머릿속에서는 만감이 교차하고 심장은 심하게 방망이질 쳤다.

"주유소 점원이 돈을 받고 거스름돈을 주는 동안, 나는 큰 권력을 움켜쥔 듯한 기분이 들었어요. 그것은 내가 일찍이 휘둘러봤던 어떤 힘보다도 강력한 것이었어요. 사우스사이드 출신의 소년인 나는 권력이라는 것에 익숙해 있지를 않았어요. 오히려 그 반대였죠. 하지만 일단 권력의 맛을 본 나는 곧 그것의 노예가 되고 말았어요."

다빈치는 아트가 위조지폐 몇 장을 호주머니에 쑤셔 넣은 것을 전혀 눈치 채지 못했다. 얼마 후 그는 약속대로 진짜 돈 7천 달러를 아트에게 주었다. 7천 달러라면 지금껏 구경해 본 적도 없거니와, 소유해 본 적은 더더욱 없는 거금이었다. 생전 처음 만져 본 큰돈은 열두 살 이후 아트의 가슴 속에 멍울져 왔던 응어리를 단박에 스르르 녹여 버렸다. 아트는 먼저 카렌에게 달려가 아기 양육비와 생활비를 주었다. 갑작스레 큰돈을 받고 의아해하는 카렌에게 "다빈치 씨와 함께 건축 일을 시작했으니 이제부터 돈이 좀 들어올 거야"라고 둘러댔다. 지름신이 강림한 아트는 남은 돈의 대부분을 검은색 중고 그랑프리 자동차를 사는 데 써버렸다. 하룻밤 사이에 아트는 브리지포트에서 가장 멋진 차를 보유한 사나이가 되었다. 그는 앞으로 더 큰돈을 벌 것이기 때문에, 더 이상 푼돈을 아낄 필요가 없게 되었다.

두 달 후 다빈치가 두 번째 작업을 하기 위해 아트를 불렀을 때, 아트는 7천 달러를 탕진하고 빈털터리가 된 데다가 첫 번째 작업 때 배운 기술들을 다 잊어버린 상태였다. 아니, 보다 정확히 말하면 그는 다빈치의 지시 사항을 완전히 이해하여 제 것으로 만들지 못하고 있었다. 그러나 첫 번째 작업과 두 번째 작업을 대하는 아트의 자세는 판이하게 달랐다.

"처음 위조 기술을 배울 때는 너무 겁이 나서 다빈치 씨의 말에 집중을 할 수가 없었어요. 뭐가 뭔지도 모르고 그저 그가 하는 대로 따라 하기에 바빴죠. 그러나 두 번째에는 달랐어요. 나는 이 기술을 꼭 마스터해야겠다고 마음먹었죠. 나는 마치 먹이를 노리는 매처럼 다빈치 씨의 행동 하나하나에 시선을 집중했어요."

달라진 것은 아트뿐만이 아니었다. 두 번째 작업에서는 다빈치도 교육 방법을 달리했다. 다빈치는 아트에게 작업의 상당 부분을 맡기고, 자신은 뒷전으로 물러나서 어깨너머로 작업의 진행 상황을 감독했다. 아트가 네거필름을 만들어 판을 굽는 동안, 다빈치는 유심히 살펴보며 요령을 일러주거나 질문을 던졌다. 아트는 위조 기술에 어느 정도 숙달하자, 다빈치에게 보다 광범위한 질문을 퍼붓기 시작했다. 아트가 가장 알고 싶었던 것은 '위조 기술을 이용하여 돈 말고도 다른 쓸 만한 것을 만들 수 있는가?'였다.

"무기명채권, 수표, 소유권 증서, 상품권, 우표, 포스터 등도 가능하지. 한마디로 말해서 값나가는 증서나 문서는 모두 만들 수 있다고 보면 돼."

다빈치는 설명했다.

"하지만 내 다년간의 경험에 의하면, 그런 것들을 만드는 것은 시간 낭비야. 이 세상에 돈을 찍어내는 것보다 멋진 일은 없더군. 마약 밀매자는 현금을 벌기 위해 마약을 팔고, 보석털이는 현금을 얻기 위해 보석을 훔치지. 하지만 우리는 그런 쓸데없는 고생을 할 필요가 없어. 그냥 바로 돈을 찍어내기만 하면 되거든."

다빈치와 아트는 종종 비밀수사국에 대해서도 이야기를 나눴다. 다빈치는 다른 사법기관들은 '그까짓 것들쯤이야'라고 우습게 생각하면서도, 비밀수사국에 대해서만큼은 무한한 존경심을 품고 있었다. 어느 날 아침 작업실로 가는 도중, 그들은 시카고 경찰 소속의 순찰차 두 대가 작업장 인근을 순찰하는 것을 목격했다. 다빈치는 경찰 따위는 안중에도 없다는 듯 캐딜락을 몰아 평소에 주차하는 지점에 차를 세웠다.

"걱정되지 않으세요?"

아트는 물었다.

"눈에 보이는 경찰은 무섭지 않은 법이야. 내가 두려워하는 것은 보이지 않는 경찰이지. 평소에 네 주위에서 어슬렁거리던 경찰이 갑자기 보이지 않는다면, 그건 문제가 발생했다는 증거야."

다빈치는 아트에게 비밀수사국이 즐겨 사용하는 악명 높은 전술을 가르쳐 주었다. 이들은 첩보 기관의 원조로서 비밀 침투 작전에 일가견을 갖고 있었다. 그들은 위조범들을 이간질해 조직을 와해시킨 다음, 분열된 조직원들을 각개격파하는 작전에도 능했다. 비밀수사국이 발행하는 연보는 위조범 일당을 분열시켜 일망타진한 사례들로 가득 차 있다. 그들은 일단 위조지폐를 퍼뜨리는 사람을 체포하면, 그와 그 가족을 협박하여 정보원으로 포섭하는 것으로 악명 높다. 최근 수십 년 동안 정보 기술이 비약적으로 발달함에 따라 비밀수사국은 원격 정보 시스템을 이용한 원격 감시 능력을 강화해 온 것으로 알려졌다. 그들은 위조범 조직의 외곽에 침투하여 전화, 컴퓨터, 정보원 등을 이용하여 증거를 수집한다고 한다. 보다 넓은 의미에서 보면, 비밀수사국의 강력한 힘은 그들이 맡고 있는 막중한 임무에서 유래한다고 볼 수 있다. 이들은 미국의 대통령을 경호하는 임무도 맡고 있기 때문에, 풍부한 자금과 최신 기술을 보유하고 있다는 강점을 지닌다. 예컨대 그들은 전자현미경을 이용하여 위조지폐의 구성 요소를 분자 수준까지 분석해낼 수 있다. 다빈치는 이에 대해 다음과 같이 설명했다.

"비밀수사국의 임무는 단 두 가지, 대통령을 경호하고 달러화를 보호하는 것이다. 그들은 대통령 경호라는 엄청난 임무를 훌륭히 수행해 왔다. 그들의 실력으로 미루어볼 때, 두 번째 임무인 달러화 보호 임무 역시 훌륭히 수행한다는 것은 당연하지 않겠니?"

그런데 아트가 아무리 다그쳐도 다빈치가 절대로 대답해 주지 않는 질문이 하나 있었으니, 그것은 '위조지폐를 어디로 어떻게 유통시키는가?'라는 것이었다. 아트는 "지금까지 유통시킨 것 중 가장 큰 금액은 얼마였나요?"라든지 "구멍가게와 메이시 백화점 중 어느 곳이 더 안전할까요?"라는 등의 유도 심문을 해봤지만, 노련한 다빈치는 걸려들지 않았다. 다빈치에게 있어서 위조지폐를 만들어내는 것이 장인의 고상한 예술 활동이라면, 그것을 유통시키는 것은 사기꾼들의 수준 낮은 짓거리에 불과했던 것 같다. 위조지폐의 용처를 묻는 아트의 끈질긴 질문에 대해, 다빈치는 때로 역정을 내며 이렇게 말하곤 했다.

"아트, 우리는 위조지폐를 유통시키는 일 따위는 하지 않는다. 머지않아 곧 알게 될 테니 그 때까지 참는 게 좋아."

다빈치는 늘 참으라는 말만 되풀이했다.

가장 큰 미스터리는 '다빈치가 다 찍어낸 위조지폐를 어떻게 판매하는가?'였다. 그는 어떻게 고객을 찾아낼까? 가격 협상은 어떻게 할까? 지금까지 찍어냈던 위조지폐 중에서 가장 큰 고액권은 얼마짜리일까? 거듭되는 추궁에 지치기라도 한 듯, 마침내 그는 가장 원론적인 수준의 답변을 내놓았다.

"나의 주요 고객은 미국이 아니라 해외, 구체적으로는 유럽의 모처에 있다. 누가 어떻게 위조지폐를 유럽에 보내는지는 말할 수 없다. 위조지폐의 가격은 1달러 당 30에서 35센트이며, 10만 달러 이상을 매입하는 고객에게는 값을 깎아 준다."

그는 또한 현존하는 최고액권인 10만 달러짜리 지폐에 대해 언급하며, "나는 여간해서는 10만 달러짜리 지폐에 손을 대지 않으며, 고객이 제시한 유통 계획이 마음에 들 경우에만 특별히 제작한다"고 덧붙였다.

다빈치는 '위조지폐가 어디로 흘러가는지를 항상 체크하라'고 거듭 강조했다.

"위조지폐가 한 장소에 너무 많이 풀리면 위험하다. 위조지폐는 바이러스와 같아서, 일단 한 곳에 뿌리를 내리면 주변의 은행, 상점, 술집, 일반인의 호주머니 등 모든 곳으로 금세 전파된다. 그것은 마치 폭발한 화산에서 뿜어져 나온 화산재처럼 외부를 향해 계속 퍼져나가, 시간이 지날수록 더욱 더 넓은 공간을 차지하게 된다. 네가 만든 위조지폐가 너무 넓은 공간에 퍼지면 많은 사람들의 불필요한 관심을 끌게 되는데, 이 시점이 되면 너는 비밀수사국의 요주의 인물 리스트 맨 위에 오르게 된다."

열일곱 살의 아트는 다빈치로부터 많은 것을 배웠다. 그는 첫 번째로 고급 인쇄 기술을, 두 번째로는 화폐의 유통에 대한 추상적 개념을, 세 번째로는 세계 최고의 엘리트 수사기관 중 하나인 비밀수사국의 수사망을 피하는 방법을 배웠다. 아트는 자기가 마치 007 영화에 나오는 제임스 본드라도 된 것 같은 기분이 들었다. 그러나 제임스 본드는 그가 본받아야 할 인물인 동시에 영원히 극복할 수 없는 인물이기도 했다. 그로부터 몇 년이 지난 후 아트는 다빈치에게 많은 것을 배웠던 시절을 되돌아보며, '방심은 금물'이라는 평범한 진리를 깨닫게 된다.

화폐를 위조하는 작업은 화려지만은 않았다. 다빈치는 증거를 남기지 말아야 한다고 강조하며, 아트에게 조심 또 조심할 것을 신신당부했다. 그들은 지문을 남기지 않기 위해 손가락 끝에 강력 접착제를 바른 후 작업을 시작했다. 위조지폐에 지문이 묻을 경우, 특히 그 지문이 작업실이나 인쇄기에 남은 지문과 일치한다면 그들의 인생은 그걸로 끝장이었다. 따라서 다빈치는 지나치다고 할 만큼 청결 문제에 집착했다. 따라서 아트에게 맡겨진 주요 임무 중의 하나는, 일과가 끝난 후에 모든 장비의 표면을 헝겊으로 닦은 다음 그 헝겊을 세탁기에 던져 넣는 것이었다. 아트는 "어차피 내일 아침에 다시 작업장에 나올 텐데 굳이 그럴 필요까지 있나요?"라고 볼멘소리를 했지만, 다빈치의 입장은 단호했다.

"밤새 비밀수사국 요원들이 작업장을 급습할 것을 대비하여 모든 장비를 깨끗하게 해놔야 한다."

아트는 청소를 마치고 나서 다빈치의 최종 점검을 받아야 했다. 다빈치는 인쇄실의 이곳저곳을 돌아다니며 작은 잉크 자국이나 종잇조각 등을 찾아냈다.

정원사들은 엄지손가락이 초록색으로 물든다고 하는데, 아트는 위조지폐범들도 그렇게 될 수 있다는 사실을 뼈저리게 느꼈다. 다빈치는 인쇄기에 묻은 잉크를 알코올이 함유된 강력한 기름 제거제로 닦으라고 지시하면서, 기름 제거제가 피부에 묻지 않도록 조심하라는 당부를 잊지 않았다. 그러나 어느 날 인쇄기를 닦던 도중, 아트는 소변이 급히 마려워 고무장갑을 낀 채 화장실로 달려갔다. 지퍼를 내리고 소변을 보던 아트는 갑자기 아랫도리에 불이 붙은 것처럼 화끈거리는 통증을 느꼈다. 기름 제거제에 들어 있는 알코올이 아랫도리의 예민한 피부를 자극한 것이었다.

"기름 제거제가 피부에 묻지 않도록 조심하라는 주의사항을 깜빡 잊고, 기름 제거제가 묻은 고무장갑으로 고추를 만진 게 화근이었어요. 그뿐만이 아니었어요. 내 고추는 지폐 인쇄에 쓰는 초록색 잉크로 범벅이 돼있었어요."

아트는 고추에 묻은 초록색 잉크를 기름 제거제로 닦을 수가 없었다. 그랬다가는 그 속에 들어 있는 알코올이 피부를 더욱 따갑게 할 것이기 때문이었다. 아트는 할 수 없이 이틀 동안에 걸쳐 용두질을 하여 잉크를 제거할 수밖에 없었다. 그는 너무 창피해서 다빈치에게 이 사실을 알리지 않았다. 아트는 당시의 고통을 이렇게 회상했다.

"나는 화장실에 다녀온 후에도 아랫도리의 통증을 참으며 남은 일을 마저 끝내야 했어요. 지금도 그때의 일을 생각하면 오금이 저려와요."

위조지폐를 찍어낸 후 모든 쓰레기는 태워버리는 것이 철칙이었다. 그래서 아트는 하루의 일과가 끝난 다음 화학물질에 찌든 키친타월과 인쇄 용품 찌꺼기를 뒤뜰로 갖고 나가 200리터들이 드럼통에 담고 성냥을 그었다. 쓰레기가 불타는 모습을 바라보는 동안, 시카고의 서쪽 하늘에서는 황혼의 스카이라인이 짙은 분홍빛을 발하며 아름다운 장면을 연출했다. 아트의 모습은 허드렛일에 종사하며 밝은 미래를 꿈꾸는 여느 10대 미국 청소년과 크게 다를 바 없어 보였다. 아트와 그들 사이에 특별히 다른 점이 하나 있다면, 아트가 그들보다 꿈의 실현에 보다 가까이 다가가 있다는 점이었다.

쓰레기 속에는 수백 장의 위조지폐가 들어 있는 경우도 있었는데, 그것은 색상과 모양이 마음에 안 들거나, 또는 단지 느낌이 좋지 않다는 이유로 다빈치에게 퇴짜를 맞은 것들이었다. 그에 대해 아트는 언젠가 이렇게 물었다.

"지금까지 태워버린 돈이 얼마나 되죠?"

"말도 마, 만든 돈을 거의 다 태운 적도 있었어."

날씨가 추울 때는 다빈치의 집으로 들어가 난롯가에 앉아 위조지폐 파본을 태우기도 했다. 그들은 불타는 위조지폐의 열로 몸을 녹이며 TV로 축구 경기를 시청했다. 다빈치는 세련된 수집가로서, 그의 집 안에는 시집, 이국적인 램프, 유화 등이 가득했다. 유화들은 도시와 전원의 풍경을 묘사하고 있었는데, 그 중에는 다빈치가 직접 그린 것들도 많았다. 다빈치와 아트는 일단 작업실을 떠나면 작업에 관한 이야기를 일절 입에 올리지 않았다.

한번은 다빈치가 이렇게 물었다.

"아빠가 되니 기분이 어때?"

아트가 말했다.

"기분이 오싹해요. 내가 아빠가 됐다는 것을 실감할 수가 없어요. 나는 좋은 아빠가 되고 싶지만 그럴 자격이 없는 것 같아요. 나는 내 아들을 사랑해요. 하지만 지금의 제 꼬락서니를 생각해 보세요, 어디서 무슨 일을 하고 있는지."

"에픽테토스라는 사람에 대해 들어 본 적이 있니?"

"아뇨."

"에픽테토스는 로마 시대에 살았던 사람인데, 본래 그리스 출신의 노예였어. 그런데도 네로 황제의 스승 노릇을 했지. 그는 작가, 시인, 철학자이기도 했어. 그는 노예임에도 불구하고 삶을 긍정적으로 생각했기 때문에 많은 사람들의 사랑을 받았어. 파티가 열리면 사람들은 으레 그의 곁에 빙 둘러서곤 했지. 그는 현명한 데다가 유머 감각도 있어서, 사람들은 그의 입에서 나오는 단어 하나하나에 귀를 기울였어. 사람들은 그를 노예로 생각하지 않았지만, 딱 한 사람 그의 주인만은 예외였어."

다빈치는 계속 말을 이어나갔다.

"세월이 흐르면서 그의 몸은 예전 같지 않게 되었어. 추하고 흉측한 불구자가 된 거지. 사람들은 그의 주인이 그를 시샘하여 아무도 보지 않는 곳에서 그를 때렸기 때문이라고 수군거렸어. 그런데 재미있는 것은, 늙고 추해질수록 그의 생각과 말은 더 아름다워졌다는 거야. 그래서 사람들은 그를 더욱 사랑하게 되었지. 어떤 사람이 물었어. '그렇게 많은 고통을 받으면서도 인생을 긍정적으로 바라보는 이유가 뭐죠?' 그는 이렇게 대답했어. '생활이 나를 추하게 만들었지만, 그건 겉모습일 뿐이라오.' 그가 일생 동안 겪은 모진 고통은 그의 내면을 정화시켜 오히려 아름답게 만들었어. 추하고 흉측한 그의 외모는 껍데기일 뿐 그의 본모습이 아니었어. 그를 위대한 철학자로 만든 건 내면의 아름다움이야."

다빈치는 아트를 향해 말했다.

"네 아빠가 너를 버린 것은 네 책임이 아니란다. 넌 아직도 좋은 아빠가 될 수 있어. 네가 빈민가에 살게 된 것도 네 책임이 아니야. 너는 빈민가를 벗어날 수 있어. 절대로 포기하면 안 돼."

아트는 문득 '이 사람이 나를 후계자로 선택한 건 자식이 없기 때문인지도 몰라'라는 생각이 들었다. 그러나 다빈치가 아트를 정말 친아들처럼 생각했는지의 여부는 알 수가 없었다. 다빈치는 자신의 감정을 좀처럼 밖으로 드러내지 않는 사람이었기 때문이다. 아트는 다빈치가 얼굴을 붉히는 것을 딱 한 번 본 적이 있었다. 아트는 작업장에서 의자에 앉아 다빈치와 담소를 나누던 중, 갑자기 장난기가 발동하여 다빈치의 머리에서 모자를 낚아채어 멀리 달아났다.

"아저씨가 평소에 모자를 벗지 않는 이유를 이제야 알았어요. 아저씨는 대머리였군요!"

다빈치는 창피한 듯 얼굴을 붉히며 모자를 돌려 달라고 하다가, 아트가 돌려줄 기미를 보이지 않자 벌떡 일어나 아트 쪽으로 달려갔다. 두 사람은 작업장을 이리저리 뛰어다니며 숨바꼭질을 하다가 나중에는 둘 다 지쳐서 바닥에 털썩 주저앉고 말았다.

"나는 아저씨가 내 친아버지 같아요."

어느 겨울날 다빈치의 집에서 위조지폐 파본을 태우던 아트가 불쑥 말했다. 아트는 그때 그의 멘토가 보였던 반응을 영원히 잊을 수 없다. 다빈치는 움찔 하더니 갑자기 눈시울이 붉어져 한동안 아무 말도 하지 못했다. 아트는 썰렁해진 분위기를 수습하기 위해, 남은 위조지폐를 모두 난롯불에 던져 넣고는 다빈치에게 농담을 걸었다. 두 사람은 이런저런 이야기를 나누며 브리지포트의 차가운 겨울밤을 하얗게 지새웠다. 아트는 그날 밤이 다빈치와 함께 보낸 마지막 밤이 되리라고는 꿈에도 생각하지 못했다.

세 번째 인쇄 작업이 무사히 끝나고 나서 며칠이 지난 어느 날, 집에서 무료한 시간을 보내던 아트는 문득 '다빈치 아저씨가 엄마와 마지막으로 데이트를 한 게 언제였더라?'라는 생각이 들었다. 부리나케 맬린다에게 다빈치 이야기를 하자, 맬린다는 별안간 울음을 터뜨렸다.

"다빈치가 없어졌어."

맬린다가 말했다.

"전화도 없고 스낵바로 찾아오지도 않아. 아무도 그를 보지 못했대. 그의 집과 사무실에 여러 번 전화해 봤지만, 전화를 받지 않아. 설마 그에게 무슨 일이 일어난 건 아니겠지?"

"혹시 아저씨와 다툰 적이 있나요?"

"아니야. 그런 일 없어. 차라리 싸워서 토라진 거라면 걱정이나 안 하지."

"아저씨는 분명히 돌아오실 거예요."

아트는 엄마를 안심시켰다. 그러나 그 역시 불안하긴 마찬가지였다. 그와 마지막 만났던 날의 기억을 더듬어봤지만, 특별히 이상한 점은 떠오르지 않았다. 그는 6주 후에 만나 네 번째 작업을 하자고 하면서, "설마 그 동안 배운 것을 몽땅 잊은 건 아니겠지?"라고 농담까지 건넸었다. 다빈치는 그 동안 여행을 다녀오겠다고 말하지도 않았기 때문에, 아트는 평소와 같이 집과 스낵바 사이를 오가다가 그와 자연스럽게 마주칠 수 있으리라 생각했었다. 만일 그가 떠날 생각이 있었다면, 그의 성격으로 보아 작별 인사나 설명 없이 훌쩍 떠나버릴 사람은 절대로 아니었다.

다른 한편, 아트는 다빈치의 입장을 이해할 수도 있을 것 같았다. 그가 가진 직업의 성격상 그는 예측 가능성과는 거리가 먼 사람이었으며, 누구에게 자신의 행동 계획을 미리 알릴만한 입장도 아니었다. 다빈치가 홀연히 브리지포트를 떠난 데는 반드시 피치 못할 사정이 있을 것 같았다. 비밀수사국이 그를 추격해 왔거나 심지어 체포했을지도 모른다. 이 경우 다빈치가 아트나 맬린다에게 전화를 건다면, 두 사람을 불필요한 위험에 노출시키게 될 것이다. 여기까지 생각이 미치자 아트는 다빈치의 집이나 작업실 근처를 당분간 얼씬거리지도 말아야겠다고 생각했다.

답답해진 아트는 매일 에즈 스낵바를 드나들기 시작했다. 그는 스낵바의 문틈으로 고개를 들이밀고 손님 중에 모자를 쓴 사람이 있는지를 유심히 살폈다. 언제라도 다빈치가 다시 나타나, 사랑하는 여인과 애제자만을 남겨 두고 마을을 떠나야만 했던 기막힌 사연을 장황하게 늘어놓을 것 같았다. 그러나 하루 이틀 시간이 흘러 네 번째 작업을 하기로 약속한 날짜를 넘기자, 아트는 덜컥 불길한 예감이 들기 시작했다. 그는 위험을 무릅쓰고 다빈치의 집과 작업실 옆으로 차를 몰고 지나다니며, 다빈치의 캐딜락이 나타나기를 기다렸다. 기다리던 캐딜락이 나타나지 않자, 아트는 아예 차에서 내려 다빈치의 집으로 다가가 노크를 하고 창문을 통해 집 내부를 들여다봤다. 그러나 집 안에서는 아무도 응답하지 않았다. 다빈치가 평소에 사용하던 물건들은 모두 제자리에 놓여 있었지만, 집 안에는 몇 주 동안 아무도 드나들지 않은 기운이 역력했다. 아트는 마침내 생각하고 싶지 않았던 마지막 가능성을 떠올리기 시작했다.

아트가 생각해낸 마지막 사건은 사실 시카고에서 늘 발생하고 있는 사건이었다. 그의 생각은 이랬다. 다빈치는 고객과의 약속에 따라 캐딜락을 호텔이나 변두리의 주차장에 세웠을 것이다. 그 고객은 다빈치와 잘 아는 사람으로서 평소에 그와 많은 거래를 해왔기 때문에, 다빈치는 특별히 그를 경계하지 않았을 것이다. 다빈치는 위조지폐가 가득 든 가방을 들고 차에서 내렸을 것이다. 무슨 이유 때문인지는 몰라도 — 아마도 탐욕이나 편집증 때문이겠지만 — 그 고객은 이번 거래를 마지막으로 다빈치와 거래를 끊으려고 생각했을 것이다. 그러나 이런 사정을 알 턱이 없는 다빈치는 평소와 마찬가지로 헤벌쭉 웃으며 고객에게 인사를 건넸을 것이다.

아트는 시카고에서 활동하는 이탈리아계 마피아인 아웃핏Outfit의 조직원을 통해 다빈치의 행방을 수소문해 볼까도 생각해 봤지만, 곧 단념하고 말았다. 만일 아트의 생각대로 다빈치가 마피아의 손에 암살됐다면, 아트 역시 다빈치의 행방을 추적하는 과정에서 그와 동일한 길을 걸을 것이 분명했기 때문이다. 그것은 승용차의 캄캄한 트렁크 안에서 질식사하여, 미시간 호의 깊은 물속으로 가라앉는다는 것을 의미했다.

"나는 다빈치 씨가 이 세상 어딘가에서 살아 숨 쉬고 있을 거라고 생각해요."

아트는 이렇게 말했다. 그는 아직도 '다빈치 씨는 피치 못할 사정 때문에 엄마와 나에게 설명할 겨를도 없이 황급히 브리지포트를 떠났다'고 굳게 믿고 있다.

4

갱단 탈출

오늘날 미국 사회에 만연하고 있는 범죄와 폭력은 부분적으로 아메리칸드림 때문이다. 미국인들은 국가가 국민의 '기초적 생활'뿐만 아니라 '행복한 생활'까지도 보장해 줘야 한다고 생각한다.

데이비드 에이브럼슨, 『범죄심리학자』(1975) 중에서

•

화폐 위조의 달인이 되겠다는 아트의 꿈은 멘토의 행방불명과 함께 물거품이 되고 말았다. 아트는 아직 청소년인 데다가 독자적으로 인쇄소를 차리는 데 필요한 훈련, 자금, 장비가 부족했다. 세 번의 실습을 통해 기초를 완전히 터득하기는 했지만, 단순한 사기꾼의 수준을 뛰어넘어 달인으로 등극하려면 직관과 경험이 더 필요했던 것이다. 그에게 특히 부족한 것은 인내심이었다. 난국을 타개할 방법을 찾기 위해 브리지포트 거리를 두리번거리는데, 거리의 친구들이 속성으로 만든 위조지폐가 눈에 들어왔다. 그러나 그것은 임기응변과 배짱을 무기로 하여 만들어진 조악한 '가짜'로, 장인의 숨결이 배어 있는 '예술품'과는 차원이 달랐다.

사탄의 사도에 몸담고 있는 많은 친구들은 이제 마약 — 주로 코카인 — 쪽으로 손을 뻗치고 있었지만, 상당수의 친구들은 자동차 털이에 더욱 깊숙이 빠져들고 있었다. 아트는 두 가지에 모두 손을 대봤지만, 곧 시시해서 그만두고 말았다. 다빈치의 문하에서 장인 수업을 받았던 아트에게 그것들은 3류 범죄자의 치기 어린 장난으로밖에 보이지 않았다. 이처럼 아트의 오만함은 하늘을 찌르고 있었는데, 이는 손가락에 잉크깨나 묻힌 위조범들에게 흔히 나타나는 고질적인 증상이었다.

아트는 시카고의 '작은 이탈리아'라고 불리는 테일러 가에서 빈둥

거리며 시간을 보내는 일이 많아졌다. 테일러 가는 브리지포트와는 달리 중산층이 모여 사는 곳으로, 카페, 제과점, 피자 가게, 이탈리안 아이스크림 가게, 일류 레스토랑들이 즐비했다. 그와 동시에 이곳에도 나름 범죄 집단이 둥지를 틀고 있었는데, 브리지포트만큼 겉으로 드러나게 활동하지는 않았지만 돈벌이만큼은 시카고에서 가장 짭짤하기로 유명했다. 그들은 이탈리아 출신의 마피아로서 19세기가 시작된 이래 테일러 가를 장악해왔다. 그들의 선조는 19세기 초 시칠리아에서 건너온 라 마노 네라(La Mano Nera, '검은 손'이라는 뜻)라는 나이든 사내로 알려졌다. 전해져 내려오는 이야기에 의하면 테일러 가와 루미스 가가 교차하는 지점에는 포플러 나무 한 그루가 서 있었는데, 라 마노 네라는 이 나무에 '손봐줄 사람들'의 이름을 새겨놓고 거리를 지배했다고 한다. 당시의 사람들은 이 나무를 '사자死者의 나무'라고 불렀는데, 아트가 이 거리를 배회할 때쯤이면 이 나무는 이미 사라진지 오래였다. '사자의 나무'는 사라졌지만 마피아는 훨씬 발전되고 교묘한 방법으로 영향력을 행사하면서, 보다 조용하게 그러나 깊숙이 테일러 가에 뿌리를 내리고 있었다.

아트는 테일러 가에서 멀쩡한 차 한 대가 졸지에 잿더미로 변하는 과정을 목격했다. 한 사내가 검은색 크라운 빅토리아 승용차를 몰고 거리로 진입하더니 커피숍 앞에서 노닥거리던 아이들에게 신호를 보냈다. 신호를 받은 아이들이 달려오자, 사내는 아이들에게 현금 200달러와 휘발유통 하나를 내놓으며 뭐라고 지시를 내리고는, 차에서 내려 어디론가 유유히 사라졌다. 차를 인계받은 아이들은 한

적한 공터로 차를 몰고 가서 휘발유를 뿌리고는 성냥불을 그어댔다. 차는 순식간에 화염에 휩싸이더니 이내 잿더미로 변해버렸다. 이것은 아트도 한 번 해본 일이었다.

테일러 가의 아이들은 브리지포트의 아이들과는 달리 마권업, 채권 추심 대행업, 장물 판매업으로 제법 큰돈을 벌었다. 아트 역시 빨리 돈을 벌고 싶었지만, 브리지포트 식의 절도나 마약 판매 따위에는 더 이상 관심이 없었기 때문에, 두 가지를 모두 아우르는 방법을 선택했다. 그 방법은 바로 마약 딜러들을 등치는 것이었다.

1980년대 후반에서 1990년대 초반의 모든 미국 도시들이 그러했듯, 시카고에서도 코카인과 마리화나가 만연하고 있었다. 마약 딜러들은 삐삐를 휴대하고 화려한 액세서리로 치장한 자동차를 타고 다녔기 때문에, 그들을 찾아내는 것은 어렵지 않았다. 설사 그들이 티를 내고 다니지 않더라도, 브리지포트의 아이들 중 아트와 비슷한 또래의 아이들은 거의 모두 마약을 했기 때문에, 마약 딜러의 얼굴은 100퍼센트 노출되어 있다고 해도 과언이 아니었다.

아트가 즐겨 쓰는 수법은 훔친 시보레 카프리스를 이용하는 것이었다. 특히 차량이 검은색이나 흰색이면 금상첨화였다. 그는 경찰차를 가장하기 위해, 카프리스에 길고 구불구불한 안테나와 시뻘건 빛깔의 경광등을 달았다. 아트는 두 명의 일당과 함께 마약 딜러를 밤새 미행하면서 놈의 가방이 돈과 마약으로 두둑해지기를 기다렸다. 그러다가 놈이 사잇길로 들어서면, 갑자기 경광등을 켜고 들이닥쳐 차를 길가에 세우게 했다. 그리고는 검은 나일론 점퍼를 입고 카프리스에서 뛰쳐나와 피스톨과 손전등을 이리저리 휘저었다. 이쯤 되면 웬만한 마약 딜러들은 혼비백산하여 정신이 반쯤 나가기 마련이므로, 이제부터 놈을 다루는 것은 식은 죽 먹기였다. 아트 일당은 욕설을 퍼부으며 놈을 아스팔트 바닥에 엎드리게 했다. 그리고 놈을 손바닥으로 한 대 때린 다음, 놈의 차를 뒤져 돈과 마약을 찾아냈다. 마지막으로 남은 일은 놈의 머리를 주먹으로 강타한 다음, 카프리스를 타고 쏜살같이 달아나는 것이었다. 일을 성공적으로 끝낸 아트 일당은 아드레날린에 취해, 웃고 떠들면서 시내를 질주하곤 했다.

마약 딜러를 등치는 일은 잘만 하면 한 번에 1만 5천 달러까지도 벌 수 있는 수지맞는 일인 데다가, '악당을 혼내준다'는 의협심을 충족시킬 수 있고, 극적 상황을 좋아하는 아트의 취향에도 잘 들어맞았다. 그 후 몇 년 동안 아트는 이 일의 매력에 흠뻑 빠져, 돈이 궁하지 않을 때도 종종 마약 딜러 사냥에 나서게 된다.

화폐 위조 전문가의 수제자에서 '거리의 불량배'로 재기(?)한 아트는 '교도소'와 '죽음'의 문턱에 한 발짝 가까이 다가서고 있었다. 곁에 있던 친구들이 경찰에 체포되거나 라이벌 갱단의 단원들에게 살해되는 장면을 목격하며, 그는 그것이 남의 일이 아니라는 것을 깨닫고 두려움에 치를 떨곤 했다. 아트가 죽음의 공포를 처음 느낀 것은 1989년의 어느 여름날이었다. 그날 오후 아트는 담벼락에 기대어 서서 두 명의 친구와 잡담을 하고 있었다. 두 명 중 한 명은 사탄의 사도 동료인 피터 프리겔이었고, 다른 한 명은 갱단에 소속되지 않은 친구였다. 그런데 아트가 친구의 얼굴을 바라보는 순간, 어디선가 총알이 한 발 날아와 피터의 왼쪽 머리에 박혔다. 두개골에 관통상을 입은 피터는 그 자리에서 즉사했다. 경찰은 피터의 죽음을 갱단의 탓으로 돌렸지만, 확증이 없다는 이유로 범인을 체포하지는 못했다. 아트 역시 범인을 목격하지는 못했지만, 라틴왕의 소행이 틀림없다고 생각했다.

그러나 시카고에서 사람의 목숨을 위협하는 것은 비단 갱단뿐만이 아니었다. 31번가와 할스테드 가 사이에 있는 던킨도너츠에서 일어난 일이다. 아트의 친구인 대런 프란델로는 친구의 장례식에 참석했다 돌아오는 길에 던킨도너츠에 들렀다가, 다른 손님과 가벼운 실랑이를 벌였다. 프란델로는 곧 꽈배기 도넛과 커피를 구입하여 아내와 딸이 기다리는 승용차로 돌아갔다. 잠시 후 한 사내가 2연발 산탄총을 들고 나타나 프란델로의 차를 향해 총구를 겨눴다. 아까 던킨도너츠에서 그와 잠깐 다퉜던 사내였다. 사내는 운전석을 향해 두 발을 발사하여 프란델로를 무참히 살해했다. 프란델로는 죽기 직전까지 '가족만은 제발 살려 달라'고 애원했다.

가난을 제외하면, 1980년대 후반의 시카고에서 많은 사람들의 생명을 앗아간 주범은 총이었다. 그것은 마치 중세의 흑사병처럼 빠른 속도로 퍼져나갔다. 아트는 당시의 아찔한 상황을 다음과 같이 회상했다.

"어느 여름날 갑자기 총 한 자루가 등장하더니, 삽시간에 모든 장소에 총이 깔렸어요. 순식간에 모든 사람들이 총을 보유하게 됐어요. 나는 너무 무서웠어요. 마치 누군가가 작정을 하고 박스 속에 총을 숨겨 놨다가, 날을 정해 일시에 모두에게 총을 나눠 준 것 같았어요. 그건 단지 브리지포트만의 문제가 아니라 시카고 전체의 문제였어요."

아트는 열아홉 살이 될 때까지 다섯 명의 친구를 총기 폭력으로 잃었다. 단순히 미국인 사망자의 수만 갖고 비교해 본다면, 브리지포트는 이라크 전쟁 당시의 바그다드와 비슷한 전쟁터였다고 할 수 있다. 당시 총기 폭력의 문제는 브리지포트에서만 발생했던 것은 아니다. 미국의 다른 지역 예컨대, LA 중남부, 디트로이트, 할렘에서도 브리지포트와 비슷한 수준의 참사가 발생했는데, 이 지역들의 공통점은 가난하고 분노한 주민들이 '빠른 해결 수단'에 의존했다는 것이다.

그러나 아무리 총기 폭력이 만연하고 있다고 해도, 본인이 직접 경험해보기 전에는 사태의 심각성을 느끼기가 어렵다. 이러한 면에서 본다면 아트는 엄청나게 운이 좋았던 경우라고 할 수 있다.

그러나 결국 아트에게도 죽음의 그림자가 드리우기 시작했다. 1990년 어느 여름날 새벽 3시에 일어난 일이다. 아트는 파티에 참석했다가 집으로 돌아오는 길에 아파트의 농구 코트로 막 접어들었다. 그때 어둠 속에서 두 남자가 튀어나와 아트에게 말을 걸어왔다.

그들의 얼굴은 스카프에 가려 잘 보이지 않았다. 그들은 흑인이었는데, 한 명은 십대 후반, 다른 한 명은 많아야 열한 살 정도로 보였다. 그들은 아트에게 말했다.

"너 어디서 온 놈이야? 이 농구장은 우리 구역이야. 여기서 뭘 해?"

사실 이런 종류의 질문에는 적절한 답변을 하기가 어렵다. 왜냐하면 그들의 의도는 대답을 듣고자 하는 게 아니라, 뭔가 꼬투리를 잡아 상대방에게 폭력을 행사하려는 것이기 때문이다. 아트가 "무슨 소리 하는 거야?"라고 말하기가 무섭게, 그들의 피스톨이 아트를 향하여 불을 뿜었다.

아트는 몸을 잽싸게 뒤로 돌려, 고개를 바짝 숙이고 오던 길로 내달렸다. 한 18미터쯤 달렸을까? 그는 왼쪽 엉덩이에 날카로운 통증을 느끼며 시멘트 바닥 위에 고꾸라졌다. 6.35밀리미터 구경 탄환에 엉덩이를 맞은 것이었다. 총을 쏜 놈은 신이 나는지 큰 소리를 지르며 아트를 향해 달려왔다. 아트는 벌떡 일어나 다시 달리기 시작했다. 그러자 이번에는 9밀리미터 구경 탄환이 오른쪽 허벅지를 맞췄다. 그는 도망치는 수밖에 다른 방법이 없다는 것을 잘 알고 있었으므로, 다시 벌떡 일어나 모퉁이를 돌아 31번가를 향해 필사적으로 달렸다. 마침 그곳에서는《시카고 트리뷴》의 배달원이 배달 차량을 정차시키고, 조간신문 더미를 땅바닥에 내려놓고 있었다. 아트는 배달 차량 옆으로 달려가 배달원에게 앰뷸런스를 불러달라고 외치고는, 의식을 잃고 그 자리에 쓰러졌다.

다행히도 아트의 총상은 깊지 않았다. 아트는 병원으로 이송되어 총알 제거 수술을 받고 24시간도 되지 않아 퇴원했다. 범인들은 잡히지 않았지만, 총알에 맞은 섬뜩한 경험은 아트에게 오히려 약이 되었다. 아트는 이 사건을 계기로 하여, 브리지포트홈으로 이사 온 이후 지금까지 자신이 막다른 골목을 향해 치달아왔다는 사실을 깨닫게 된 것이다. 그는 병상에 옴짝달싹 못하고 누워, 회복되는 즉시 브리지포트를 떠나리라 굳게 다짐했다. 그는 처음 이사 오던 날부터 왠지 브리지포트홈이 꺼림칙했지만, 곧 정이 들어 제2의 고향으로 여기고 살아왔다. 브리지포트 역시 이에 화답하는 듯 지난 10여 년 동안 아트에게 살갑게 대해 왔지만, 이제 본심을 드러내어 그를 거의 죽음의 지경으로 내몰고 있었다.

"괴한의 저격을 받고 난 후, 브리지포트홈을 떠나라고 했던 다빈치 씨의 말이 불현듯 떠올랐어요. 브리지포트홈에 이대로 머물렀다간 조만간 죽음을 면치 못할 것 같았어요. 나는 구체적인 복안은 없었지만, 어쨌든 브리지포트홈을 떠나고야 말겠다고 다짐했어요."

아트의 결단은 예기치 않은 사건과 함께 찾아왔다. 병원에서 퇴원한 지 3주가 지난 어느 날 아침, 아트는 문가에서 들려오는 엄마의 다급한 소리에 놀라 잠에서 깨어났다.

"아트, 일어나! 아래층에 불이 났어. 빨리 집 밖으로 나가야 해. 서둘러!"

맬린다는 아트가 잠에서 깨어나 꿈틀거리는 것을 확인한 후 재빨리 아래층으로 뛰어갔다.

아트는 "엄마가 또 환각 증상을 일으켰나 보군"하고 중얼거리며 애처로운 신음을 토해냈다. 그러나 몇 초 후 매캐한 냄새가 방안을 진동하기 시작했다. 자리에서 벌떡 일어나 냄새가 나는 곳을 바라보니, 환기구를 통해 검은 연기가 스며들어와 출입구 쪽으로 빠져나가고 있었다. 아래층을 내려다보니 거실의 절반이 화염에 휩싸여 있었고, 맬린다와 웬즈의 모습은 보이지 않았다.

아트는 급히 청바지와 티셔츠를 챙겨 입고, 집을 빠져나가 주차장으로 달려갔다. 그곳에서는 맬린다와 웬즈가 그를 애타게 기다리고 있었다. 곧이어 시카고 소방대가 달려와 불을 끄기 시작했다. 소방대는 불이 다른 집으로 번지는 것을 막을 수는 있었지만, 아트의 집이 전소되는 것만은 막을 수 없었다. 화재 감식반의 조사 결과, 맬린다가 거실 소파에 놓아 둔 담배꽁초가 화재의 원인인 것으로 밝혀졌다. 이웃 주민들과의 인터뷰와 의료 기록 검토를 통해 맬린다가 정신병을 앓고 있으며, 담배를 몹시 많이 피운다는 사실이 추가로 밝혀지며 사건은 종결되었다.

아트는 어이가 없었다.

"나중에 어머니에게 물어봤더니 아무 대꾸를 안 하셨어요. 어머니가 화재의 원인을 제공했다는 소방서 측의 의견은 기본적으로 옳아요. 그러나 나는 그게 사고가 아니었다고 생각해요. 어머니는 브리지포트홈을 벗어날 구실을 만들기 위해 일부러 불을 놓은 거예요. 내가 괴한들에게 총을 맞은 이후 어머니는 더 이상 브리지포트홈에 살고 싶지 않다고 말해왔어요. 어머니는 그날따라 집을 떠나고 싶은 마음이 간절해져서 일부러 불을 지른 게 확실해요. 생각해 보세요. 어머니는 담배를 한두 해 피운 분이 아니에요. 그런 분이 실수로 담배꽁초를 소파 위에 떨어뜨렸다니 가당치도 않아요. 설사 정신이 나갔을지언정 흡연의 기본 매너 정도는 아시는 분이라고요."

아무튼 아트네 가족은 브리지포트홈을 떠나게 되었다. 사고든 아니든, 맬린다는 브리지포트라는 감옥에서 탈출하기 위해 감옥에 불을 지르는 초강수를 선택했던 것이다.

화재가 발생한지 이틀, 한 지역 교회에서 아트네 가족에게 새 아파트를 마련해 주었다. 웰스 가에 위치한 새 아파트는 브리지포트홈과 열 블록 떨어져 있었다. 브리지포트홈에서 넘어지면 코 닿을 곳에 있었지만, 새 아파트 단지는 또 하나의 소우주였다. 그곳에는 작은 철제 대문이 달린 도시 주택, 환하게 밝혀진 거리, 나무들이 있었고, 느닷없이 총질을 해대는 불량배들이나 갱단은 눈에 띄지 않았다. 총탄이 빗발치는 전쟁터를 방불케 했던 브리지포트홈과는 판이하게 다른 분위기였다. 집세는 브리지포트홈보다 몇 백 달러 비쌌지만, 미리 저축해 둔 돈 덕분에 처음 몇 달 동안은 잘 버틸 수 있었다. 아트는 지난 7년 동안 갇혀 있었던 어두컴컴한 구렁텅이에서 벗어난 해방감을 만끽했다. 심지어 '엄마가 좀 더 일찍 불을 질러줬더라면'하는 생각이 들 정도였다. 새 아파트에서 해방감을 느끼기는 맬린다와 웬즈도 마찬가지였다.

웰스 가의 새 아파트에서 지낸 일 년은 가족 모두에게 새 인생을 시작하는 계기가 되었다. 첫 테이프를 끊은 것은 웬즈였다. 그녀는 에즈 스낵바에서 아르바이트를 하다가, 사모스라는 남자를 만나 사랑에 빠졌다. 사모스는 그릭타운에서 치과를 개업 중인 의사로, 웬즈보다 열다섯 살이나 위였다. 그는 웬즈에게 잘해줬을 뿐만 아니라, 치아를 무료로 교정해 주고 초급대학과 모델스쿨에 다니게 했다. 웬즈는 사모스와 함께 살기 위해 집을 떠나, 일 년 후에는 스테이트 가의 한 클럽에서 첫 번째 패션쇼를 열었다. 여동생 웬즈를 지금껏 헝겊 인형 정도로 생각해왔던 아트는 멋진 옷을 입고 무대를 활보하는 성숙한 여인을 보고 큰 충격을 받았다.

"웬즈는 흰색 스커트, 흰색 코트 등 온통 흰색으로만 된 의상을 입고 나왔어요. 나는 처음에는 그녀가 내 여동생이라는 것을 알아차리지 못했어요. 카메라맨들의 플래시 세례를 받으며 무대 끝까지 걸어나온 웬즈는 나를 힐끗 쳐다보더니, 재킷을 벗어 팔에 걸고는 뒤로 돌아섰어요. 정말 눈부시게 아름다웠어요. 나는 웬즈가 자랑스러웠어요. 왜냐하면 그 애는 꿈을 이루었으니까요."

웬즈가 집을 떠나자 맬린다가 곧바로 바통을 이어받았다. 시카고라는 도시 자체에 염증을 느낀 맬린다는 아예 텍사스로 돌아가버렸다. 두 사람이 빠져나가 텅 빈 공간을 카렌과 아기가 들어와 메웠다. 아트는 아빠가 된 후 처음으로 아내, 아들과 함께 한 지붕 밑에서 오순도순 살 수 있게 되었다. 그러나 곧 아트는 깨닫게 된다, 브리지포트를 완전히 떠나려면 단순한 지리적 이동만으로는 부족하다는 것을.

32번가에 근거지를 둔 사탄의 사도는 아트가 웰스 가로 이사한 것을 달가워하지 않았다. 이제 스무 살이 된 아트는 사탄의 사도 고참단원 중 하나인 동시에 주요 수입원이었기 때문이다. 아트는 여전히 브리지포트홈을 방문하여 옛 친구들을 만나고 금요일마다 열리는 주례 회의에 참석했지만, 카렌과 아기가 웰스 가로 옮겨온 후에는 갱단에서 발을 뺄 때가 됐다고 생각했다. 하지만 갱단의 두목인 마티 아바이드가 탈퇴를 승인하지 않을 것이라 지레 짐작한 아트는 소극적인 탈퇴 전략을 구사하기로 마음먹었다. 그는 갱단의 회의에 불참하면 모든 단원들이 자기의 바뀐 상황을 이해해줄 것이라 생각했던 것이다. 그러나 상황은 아트의 생각대로 전개되지 않았다. 회의에 불참한 지 며칠 후, 아트는 길거리에서 두 명의 사탄의 사도 단원과 마주쳤다. 그들은 다짜고짜 회의에 불참한 이유가 무엇인지를 물었다.

"너희도 알다시피 나는 너희를 사랑한다. 그러나 나는 이제 이 바닥을 떠나고 싶다. 나는 이제부터 가족을 돌봐야 하거든."

아트의 답변에 그들 중 한 명이 말했다.

"그래도 그러면 쓰나. 이 바닥을 떠나더라도 존경심을 표시할 줄은 알아야지."

"그래, 나는 너희를 존경한다. 하지만 너희에게 더 이상 할 말이 없군. 나는 너희의 회의에 참석할 수 없어. 내가 있어야 할 곳은 이곳이 아니야. 나를 필요로 하는 곳은 따로 있어."

아트가 회의를 또 한 번 빼먹자 길거리에서 마주치는 사탄의 사도 친구들의 눈빛이 싸늘해지기 시작했다. 생각다 못한 아트는 다음 주 금요일에 사탄의 사도 단원들이 자주 모이는 운동장으로 찾아갔다. 아니나 다를까 아트는 그곳에서 마티를 만날 수 있었다. 그는 세 명의 행동 대원 대니, 포키, 빨강 머리 제리를 대동하고 있었다. 아트가 반가운 표정으로 아는 척을 하자, 그들은 아트를 꼬나보며 냉랭하게 대했다. 아트는 그 순간 뭔가를 잘못 짚었다는 생각이 들었다.

"너는 두 번이나 회의를 빼먹음으로써 우리의 규칙을 위반했다."

마티는 퉁명스럽게 말했다. 사탄의 사도 규칙에 의하면, 규칙을 위반한 단원은 세 명의 동료들에게 32초 동안 구타당하는 벌을 받아야 했다. 32초 동안 매를 맞아야 하는 이유는 간단했다. 그들의 본거지가 32번가이기 때문이었다. 만일 처벌받는 사람이 32초 동안의 구타를 견뎌낸다면, 두목의 재량에 따라 추가로 벌을 내릴 수 있었다.

"나는 너희의 규칙을 인정할 수 없다. 너희 중 하나라도 내게 손을 대는 날에는 나도 가만히 있지 않겠다."

아트는 선언했다.

"그렇게 나올 줄 알았어. 그렇다면—"

마티가 말을 채 끝내기도 전에 세 명의 행동 대원이 움직이기 시작했다.

아트는 벽돌담에 기대어 배수진을 쳤다. 가장 먼저 다가온 것은 대니였다. 대니는 거친 숨을 몰아쉬며 긴 라이트훅을 날렸다. 아트는 펀치가 날아오는 것을 보고 왼쪽으로 사이드스텝을 밟으면서 더킹 모션을 취했다. 그 순간 뿌지직 소리와 함께 날카로운 비명 소리가 들렸다. 고개를 들어 살펴보니, 대니의 주먹이 벽돌담을 때리는 바람에 오른쪽 손목뼈가 부러져 피부 밖으로 돌출되어 있었다. 그러나 아트가 보여 준 영웅적 행위는 그것이 처음이자 마지막이었다. 마티, 포키, 제리가 동시에 덤벼 들어 주먹질과 발길질로 아트를 초주검으로 만들어버렸다. 목이 뒤틀린 채 땅바닥에 고꾸라져 피를 흘리고 있는 아트에게, 그들은 다음 주 모임에 꼭 참석하라는 말을 남기고 사라졌다.

집단 린치를 당한 후 사탄의 사도를 떠나겠다는 아트의 결심은 더욱 굳어져, 그는 다음 금요일의 모임에도 나가지 않았다. 그러나 어찌된 일인지 그 후 3주 동안 사탄의 사도 단원들은 아무런 반응을 보이지 않았다. 그러던 어느 날 아트가 혼자 거실에 앉아 있는데, 누군가 현관문을 두드렸다. 카렌의 친구가 왔으려니 하고 문을 열자, 마티와 두 명의 행동 대원이 문을 밀치고 들어와 현관에 서 있던 아트를 마구 때리기 시작했다.

아트는 가드를 올리고 몸의 균형을 유지하려 애썼지만 그들의 소나기 펀치를 견디지 못하고 뒤로 벌렁 나자빠졌다. 잠시 후 방 안에 있던 카렌과 아들이 뛰쳐나와 울부짖는 소리가 들리는가 싶더니, 갑자기 이상한 일이 벌어졌다. 세 명의 악당들이 주먹질을 멈추고 현관문을 향해 슬금슬금 뒷걸음질 치기 시작하는 것이 아닌가! 궁금해서 고개를 들어 보니, 카렌이 9밀리미터 구경 피스톨을 들고 나와 악당들을 향해 겨누고 있었다.

"당장 나가지 않으면 쏴버릴 테다!"

카렌의 말 한 마디에 악당들은 뒤도 돌아보지 않고 도망쳐버렸다. 당시의 상황은 정당방위의 요건을 충족하고 있었기 때문에, 설사 카렌이 방아쇠를 당긴다 해도 아무런 문제가 없다는 것을 그들도 잘 알고 있었다.

"그 후로 오랫동안 사단의 사도 단원들은 내게 전혀 시비를 걸지 않았어요. 놈들은 나를 건드리지 않는 것이 낫겠다고 판단한 것 같았어요. 아마도 나보다는 카렌이 더 무서웠던 거겠죠."

아트는 카렌 덕분에 갱단에서 완전히 발을 뺐다. 그는 내친 김에 마약 딜러 사냥도 그만두기로 결심했다. 마약 딜러들이 집으로 쳐들어와 가족을 죽이는 악몽에 시달려왔기 때문이다. 이로써 마약과 절도에서 완전히 손을 뗀 아트는 보다 차원 높은 직업을 모색하기 시작했다.

아트는 문득 다빈치가 말한 '행복한 삶'이라는 말을 떠올렸다.

"다빈치 씨가 내게 화폐 위조 기술을 가르쳐 준 데는 무슨 특별한 이유가 있었을 거야. 그는 내게 새로운 길을 열어 주고 싶었던 것이 틀림없어."

아트는 생각했다. 그러나 그는 그동안 다빈치에게 배운 것을 다 까먹었기 때문에, 어디서부터 어떻게 시작해야 할지 막막했다. 그러나 그는 자신이 언젠가 화폐 위조 전문가가 되리라는 것을 예감하고 있었다. 그는 무엇에든 한번 손을 대면 끝을 보는 스타일이었다. 그는 다빈치에게 배운 지식을 기억해내고, 그것을 100배로 확대시키려고 노력했다.

5

지하 감옥의 비밀

난 지하실을 새로 단장하고
작업에 필요한 물건들을 들여 놓았어.
지하실에는 잉크통과
무거운 장비들이 가득해.
우린 지하실에서
멋진 인쇄 기술을 배울 거야.
따끈따끈한
위조지폐 만드는 방법을.

The B-52's(1976년에 결성된 미국의 5인조 록밴드 옮긴이),
〈법정 화폐(LEGAL TENDER)〉 중에서

•

아무런 사전 준비도 없이, 게다가 혈혈단신으로 화폐 위조를 시작한다는 것은 애당초 어림없는 일이었다. 지하의 비밀 작업장에서 인쇄기를 돌려 위조지폐를 찍어내는 것은 빙산의 일각에 불과했다. 제대로 된 위조지폐를 찍어내려면, 잉크가 종이를 적시기 이전에 수백 가지의 아이템을 구입하여 분석하고 준비하는 고도의 전략적 과정이 필요했다. 다빈치에게 지폐 위조의 기본 지식을 배운지도 어언 4년, 아트는 지폐 위조에 필요한 인내와 노련미를 갖췄다고 자부할 수 있었다. 그러나 막상 작업을 시작하려니 도저히 엄두가 나지 않았다. 다빈치가 그에게 가르쳐 준 것은 작업장 내부에서 발생하는 생산 공정에 관한 것뿐이었다. 그러나 생산 공정은 전체 공정의 일부분일 뿐, '인쇄 장비와 원료를 어디에서 구입하는지', '고객을 어떻게 섭외해야 하는지', '고객과의 거래를 어떻게 성사시켜야 하는지'와는 별개의 문제였다.

아트는 먼저 안전한 집을 하나 구했다. 〈법정 화폐Legal tender〉라는 노래 가사에 나온 것처럼 화폐 위조범들은 지하에서 작업하는 것을 좋아하는데, 거기에는 그럴 만한 이유가 있다. 풀 스피드로 돌아가는 옵셋 인쇄기는 아무리 소형이라도 과부하가 걸린 세탁기에 맞먹는 소음과 진동을 낸다. 따라서 남의 눈에 띄지 않기 위해, 인쇄기는 지반이 든든하고 두꺼운 벽으로 둘러싸인 곳에 설치하는 것이 이상적이다. 또한 작업장의 위치는 다른 건물로부터 멀리 떨어진 외딴 장소가 좋다. 그러나 아트는 자금 사정이 좋지 않아 다빈치처럼 공장 지대나 외진 곳에 작업장을 마련하지는 못하고, 되도록이면 한적한 장소를 고르려고 애썼다.

다행히도 친구 중에 부동산 재벌의 아들이 하나 있었다. 크리스 버클린의 아버지는 아일랜드에 살고 있었는데, 미국에 있는 부동산의 관리를 아들에게 일임하고 있었다. 아트는 크리스에게 접근하여 얼렁뚱땅 흥정한 끝에 그의 아버지가 소유한 반지하 아파트를 얻는 데 성공했다. 할스테드 가에 있는 그 아파트에는 방이 세 개 딸려 있었는데, 마치 음침한 동굴 같아서 행인들의 시선을 거의 끌지 않았다. 아트는 새로 얻은 아파트에 '지하 감옥'이라는 이름을 붙였다.

비밀 작업장을 마련했으니 이제 인쇄에 필요한 장비를 사들일 차례였다. 그 당시 옵셋 인쇄기는 어느 도시에서든지 쉽게 구할 수 있었지만, 특히 시카고는 '인쇄기의 천국'이었다. 시카고는 정육업뿐만 아니라 인쇄업의 메카이기도 했다. 20세기 초기만 해도 시카고는 세계 최대의 인쇄 단지를 보유하고 있었다. 시카고의 사우스루프에 있는 프린터로Printer's Row에는 'RR 도넬리 & 선즈'와 같은 대규모 인쇄기 생산 업체들이 즐비했다. 오늘날에도 그래픽 예술 산업은 단일 산업 기준으로 가장 많은 종업원을 고용하고 있는 시카고 경제의 핵심이며, 시카고를 중심으로 반경 320킬로미터 이내에는 아직도 미국 인쇄업의 심장부가 건재하고 있다.

최신 소형 인쇄기는 1만 달러가 넘어 엄두를 내지 못하고, 중고 인쇄기를 사기로 했다. 그는 지방신문의 '팝니다' 광고를 훑어보고, 인쇄소를 찾아다니며 처분할 인쇄기가 있는지를 알아봤다. 이리저리 발품을 팔던 그는 결국 한 폐업 처분 행사장에서 500달러를 주고 구형 에이비딕 인쇄기를 구입했다.

"그건 그곳에서 제일 싼 물건이었어요. 1970년형 구닥다리 제품으로, 인쇄소의 한쪽 구석에 아무렇게나 내팽개쳐져 있었죠."

아트는 쑥스러운 표정으로 말했다.

아트는 곧 제판용 카메라, 제판용 버너, 유압 절단기, 잉크, 라이트 테이블, 화학 약품 등의 비품과 재료도 마련했다. 인쇄소를 꾸미는 데 들어간 비용은 모두 합해 약 5천 달러였다. 그것은 아트의 빠듯한 예산을 감안한 최선의 선택이었지만, 그 중에는 나름 최신이라고 자랑할 만한 품목도 몇 가지 있었는데, 그것은 애플 컴퓨터, 스캐너, 디아조타입 청사진기diazotype blueprint machine였다.

1992년 현재 화폐 위조범의 약 절반은 데스크톱 출판 장비를 사용했다. 그러나 아트는 오래 전부터 신기술을 화폐 위조에 도입하는 방법을 궁리해왔다. 그는 포토샵을 사용하는 매킨토시 컴퓨터가 마음에 들어, 지폐의 이미지를 포토샵에서 편집한 후 디아조타입으로 프린트하는 방법을 고안해냈다. 그는 새로운 방법이 얼마나 효과가 있을지 자신이 없어 일단 다빈치가 가르쳐 준 방법을 사용했지만, 언젠가는 그 방법을 꼭 실험해 보리라 마음먹었다. 그의 이러한 실험 정신은 장차 그를 불세출의 화폐 위조범으로 만드는 원동력으로 작용했다.

"다빈치 씨는 컴퓨터를 화폐 위조에 활용할 줄 모르는 '영감님'이었어요. 그러나 나는 컴퓨터의 가능성을 알고 있었기 때문에, 컴퓨터를 실전에 꼭 활용해 보고 싶었어요."

아트는 인쇄에 필요한 장비와 재료를 마련하는 것과 별도로, 방 하나를 따로 떼어내 새로운 취미 생활을 시작했다. 새로운 취미 생활이란 다름이 아니라, 마리화나를 수경 재배하는 것이었다. 수경 재배한 마리화나를 드로Dro라고 하는데, 드로는 약효가 강해 길거리에서 인기가 높았다. 아트에게 드로 재배는 손해보험에 가입하는 것이나 마찬가지였다. 왜냐하면 드로는 30그램에 350달러 이상을 호가할 정도로 수익성이 높아, 화폐 위조가 실패하는 경우 손실을 메울 수 있기 때문이었다. 더욱이 드로를 직접 재배하면 마리화나를 마음껏 피울 수 있어, 꿩 먹고 알 먹는 격이었다. — 아트는 아이디어가 떠오르지 않을 때마다 마리화나를 한 번씩 피우곤 했다 — 또 아트는 화학 약품의 냄새를 제거하기 위해 환풍기와 환기 시설을 설치했는데, 이 시설은 방 안에 가득 찬 드로의 악취를 제거하는 데도 안성맞춤이었다.

위조지폐 인쇄에 필요한 모든 장비와 재료를 구비한지 두 달이 지났지만, 아트가 아직 마련하지 못한 핵심 요소가 하나 있었으니 그것은 바로 종이였다. 미국의 달러화는 리넨과 면이 25대 75로 혼합된 용지에 인쇄되어야 했는데, 다빈치가 사용했던 '로열리넨지'는 이 종이를 거의 완벽하게 재현해내고 있었다. 그러나 문제는 다빈치가 로열리넨의 구입처를 알려주지 않았다는 것이었다. 아트가 로열리넨에 대해 아는 사실이라고는, 산업용 출판용지의 일종인 경량 신문용지로서, 냉장고만한 롤에 감겨 공급되며, 무게가 수 톤에 이른다는 것 정도였다.

아트는 다빈치가 시카고의 인쇄소 중 하나와 직거래했다는 사실을 기억해내고, 종이를 확보하기 위한 계략을 짰다. 그는 전화번호부에서 대형 인쇄소의 목록을 훑어, 디어본 가에 있는 한 인쇄소를 타깃으로 삼았다. 그 인쇄소는 상업용 잡지, 브로슈어, 소식지만을 수백만 권씩 전문적으로 찍어내는 곳이었다. 그는 카키색 바지 차림에 안경을 쓰고, 친구에게 빌린 픽업 트럭을 몰고 인쇄소를 찾아갔다. 트럭에서 내린 아트는 건물 안으로 들어가 매니저를 찾았다.

몇 분 후 아트는 흰 머리에 푸른 눈, 둥근 얼굴을 가진 사내의 영접을 받았다. 사내의 키는 작달막하고 얼굴은 명랑해 보였다. 아트는 어린 시절 인쇄소에서 종이를 구걸했던 경험을 살려 이렇게 말했다.

"안녕하세요. 저는 학생인데요, 체육관 벽을 뒤덮을 만큼 거대한 작품을 준비하고 있어요. 그러려면 경량 신문용지 한 롤이 필요한데요, 가진 돈이 별로 없지 뭐예요. 혹시 쓰다 남은 토막 종이 좀 얻을 수 없을까요?"

아트가 말한 '토막 종이'란 약간의 종이가 롤에 감겨 있지만 양이 너무 적어 더 사용할 수 없는 종이를 말한다. 좀 더 쉽게 설명하면, 화장지 몇 겹이 감겨 있는 다 쓴 두루마리 화장지를 연상하면 된다. 산업용 토막 종이는 무게가 90킬로그램 정도 되는데, 대량 인쇄에 사용하기에는 너무 양이 적어, 대부분의 인쇄업자들은 이것을 쓰레기통에 던져 버린다. 아트는 매니저의 환심을 사기 위해 "사실은 저도 나중에 인쇄업자가 되는 게 꿈이에요"라고 덧붙였다. 사우스사이드에 사는 아일랜드계 이민자인 매니저는 쾌히 승낙했다.

"어디 봅시다. 아직 쓰레기통을 비우지 않았다면 토막 종이가 좀 남아 있을 거요."

매니저는 말했다.

"그건 그렇고, 장차 인쇄업자가 되는 게 꿈이라면 이 기회에 인쇄소 구경을 한번 해보겠소?"

"네, 감사합니다."

매니저는 아트를 데리고 인쇄소를 한 바퀴 휙 돌았다. 아트는 전산화된 디자인 스튜디오에서부터 잉크를 드럼통째 먹어치우는 12미터 길이의 거대한 인쇄기에 이르기까지 모두 구경했다. 매니저는 개별 공정을 지나칠 때마다 감독자에게 아트를 소개하고는, 장차 인쇄업자가 될 사람이니 공정의 세부 사항을 설명해주라고 했다. 아트는 여유 있게 질문까지 던져가며 아주 재미있게 인쇄소 견학을 하는 바람에, 본래의 방문 목적을 잊을 정도였다. 그러다가 매니저가 쓰레기통을 가리키는 바람에 정신이 번쩍 들었다.

쓰레기통 안을 한참 뒤진 끝에, 아트는 자기의 목적에 맞는 토막 종이 세 롤을 찾아냈다. 매니저는 그것을 거저 주었을 뿐 아니라, 두 명의 작업자를 시켜 픽업 트럭에 실어주게 했다.

아트는 매니저에게 손까지 흔들며 지하 감옥을 향해 차를 몰았다. 수백만 달러의 돈을 찍어낼 수 있는 실탄을 차에 가득 싣고.

화폐 위조를 위한 만반의 준비를 끝낸 아트는 지하 감옥 안에 쭈그리고 앉아, 다빈치에게 배운 모든 것을 정확히 재현해 내는 작업에 돌입했다. 비행 훈련을 받은 지 4년 후에 처음 단독 비행에 나서는 비행사처럼, 그는 불안한 마음을 억누르지 못하고 주춤거렸다. 그는 거의 직감과 일반적인 기억에만 의존하여 움직였다. 무의미하게 보낸 4년의 세월은 그로 하여금 화폐 위조의 가장 기본적인 진실, 즉 '화폐 위조는 엄청나게 어렵다'는 사실마저 잊어버리게 만든 것 같았다.

아트는 다빈치가 즐겨 위조했던 100달러 지폐에 — 도안이 너무 정교한 관계로 — 아예 손도 대지 못했다. 그는 먼저 만만한 20달러짜리에서부터 시작해서 실력이 향상되면 100달러에 도전할 생각이었다.

제판 작업은 다빈치가 만든 것만큼 깔끔하지는 않았지만 일단 성공인 듯했다. 다빈치는 네거필름을 만들기 전에 정확한 측정이 필요하다고 누누이 강조했고, 아트 역시 다빈치의 말을 명심하고 있었다. 그러나 공정이 차츰 진행됨에 따라 아트의 지식이 갖고 있는 심각한 결함이 하나둘씩 드러나기 시작했다.

아트는 기억을 더듬어가며 판을 롤러에 장착하고, 잉크를 혼합하고, 에이비딕 인쇄기에 시동을 걸었다. 그러나 결과는 실망스러웠다. 곧이어 배지 트레이delivery tray에 나타난 첫 번째 작품은 그가 알고 있던 밝고 미려한 색상의 20달러짜리 지폐가 아니었다. 그것은 불그죽죽한 빛깔의 직사각형 종이에 불과했다. 아트는 인쇄기의 전원을 끄고 팔레트로 달려가 녹색과 황색 잉크를 더 첨가했다. 그러나 배지 트레이를 빠져나온 두 번째 작품은 연노랑 색으로, 지폐가 아니라 햇빛에 바랜 색종이를 연상케 했다. 전원을 끄고 잉크 배합을 조정하기를 수십 번, 그때마다 배지 트레이에서는 다양한 버전의 20달러 지폐가 쏟아져 나왔다. 어느새 아트의 지하 감옥은 형형색색의 직사각형 종이로 뒤덮였다. 그곳은 인쇄실이 아니라 돌연변이 생물체로 가득 찬 생명과학자의 실험실이었다. 아트는 크게 실망했다.

"다빈치 씨와 함께 작업할 때는 내가 직접 인쇄기를 돌리거나 잉크를 혼합하지 않았어요. 그저 그가 하는 일을 유심히 지켜보며 머릿속에 담아두려고 노력할 뿐이었죠. 덕분에 나는 인쇄기의 스위치를 켜고, 급지 트레이에 종이를 보급하고, 인쇄 공정을 진행시킬 수 있게 되었지만, 나 혼자 힘으로 모든 것을 처리할 수 있는 경지에는 도달하지 못했어요."

아트는 기분 전환을 위해 한 주일 동안 푹 쉬기로 했다. 테일러 가의 친구들과 어울려 거리를 쏘다니면서도, '도대체 뭐가 잘못된 것일까?'라는 생각이 한시도 그의 머릿속을 떠나지 않았다. 고심 끝에 그가 내린 결론은 주의력과 인내심이 부족하다는 것이었다. 즉, 최고의 결과물을 얻어내겠다는 강박관념에 쫓겨 인쇄기를 닦달하기보다는, 페이스를 조절하는 것이 필요하다는 생각이 들었다. 따라서 그는 두 번째 도전에서는 색다른 방법을 시도해 보기로 마음먹었다. 그것은 15~20분 간격으로 인쇄기를 멈추고 지폐의 색깔과 장비의 상태를 미세하게 조절하는 것이었다. 그는 이 같은 일을 수십 번씩이나 반복하면서 공정에 완전히 몰입했다.

수 시간에 걸친 미세 조정 작업이 끝난 후, 배지 트레이에 모습을 드러낸 한 장의 종이를 보는 순간 그의 가슴은 쿵쾅거렸다. 그곳에는 그가 그토록 기다려 왔던 지폐 한 장이 사뿐히 놓여 있었다. 그것은 약간 어두운 빛깔을 띠고 있기는 했지만, 지금껏 보아왔던 울긋불긋한 직사각형 종이들과는 차원이 달랐다. 그것은 진짜 지폐를 방불케 하는 제대로 된 위조지폐가 분명했다.

마치 석유 매장의 징후를 발견한 석유 탐사 대원처럼 팔짝팔짝 뛰던 아트는 부리나케 인쇄기 쪽으로 달려가 스위치를 켰다. 순식간에 앞면만 인쇄된 지폐 2천 장이 쏟아져 나왔다. 도장과 일련번호를 찍어내는 작업까지도 일사천리로 진행되었고, 이제 마지막으로 남은 것은 지폐의 뒷면뿐이었다. 그러나 아트의 경험으로 미루어 볼 때 게임은 이미 끝난 것이나 다름없었다. 지폐의 뒷면은 한 가지 색깔로 이루어져 있어 앞면에 비해 위조하기가 훨씬 더 쉬웠기 때문이다. 몇 시간 후, 인쇄와 커팅 작업을 모두 마친 아트는 기진맥진한 상태로 지하 감옥 부엌에 놓인 테이블 앞에 앉았다. 그의 눈앞에는 완성된 천 장의 지폐, 즉 2만 달러의 거금이 놓여 있었다.

아트의 머릿속에서는 만감이 교차했다. 기분은 최고였지만 왠지 외로운 느낌이 들었다. 모든 것을 다 이뤄냈지만, 정작 다빈치가 곁에 없었기 때문이리라. 그는 이렇게 중얼거렸다.

"아저씨, 저를 보세요. 아저씨의 가르침을 끝까지 받지는 못했지만, 혼자 힘으로 해내고 말았어요. 이건 모두 아저씨 덕분이에요."

1라운드는 일단 대성공이었다. 그러나 문제는 이제부터였다. 1라운드의 성공에도 불구하고 아트는 위조 자체보다도 더욱 커다란 문제에 부딪쳤다. 사실 아트는 세부적인 위조 기술을 기억해 내는 데 몰두한 나머지, 성공 이후의 일에 대해서는 미처 생각할 겨를이 없었다. 더욱이 다빈치는 2라운드의 문제, 즉 위조지폐를 유통시키는 문제에 대해서는 아무런 훈련도 시키지 않았다. 구슬이 서 말이라도 꿰어야 보배라 하지 않는가! 아무리 진짜에 가깝게 만든 위조지폐라도 안전한 유통 경로를 확보하지 않으면 아무런 의미가 없었다. 아트는 유통의 문제를 해결해줄 믿을 만한 사람을 물색하기 시작했다.

아트는 결과적으로 '위조지폐와 관련된 사실을 아무에게도 알리지 않겠다'는 다빈치와의 약속을 지키지 못했다.

"나는 비밀을 지킬 수가 없었어요. 그러기에는 문제가 너무 절박했어요. 결국 누군가에게 다 털어놓을 수밖에 없었죠."

아트가 선택한 믿을 만한 사람은 테일러 가에서 만난 열아홉 살의 마이클 페피톤이었다. 마이키(마이클의 애칭 옮긴이)는 시카고 뒷골목에서 노는 건달 중에서는 특이한 축에 속했다. 우선 생김새부터가 그랬다. 짧게 깎은 머리, 푸른 눈, 갈색 피부에 여리여리한 체구는 결코 남의 시선을 끌지 못했다. 그는 머리를 가끔씩 앞으로 내밀고 발작적으로 흔드는 데다가, 사소한 일에 광적으로 집착하는 경향이 있었다. 그가 매일 아침 일어나 가장 먼저 하는 일은 음성 사서함의 멘트를 바꾸는 것이었다.

"안녕하세요, 마이클 페피톤입니다. 오늘은 X월 X일 X요일—"

그러나 그는 날짜를 정확하게 바꾸지 않는다는 결정적 문제점을 가지고 있었다. 그러다 보니 그에게 전화를 거는 사람은 시간개념에 혼란을 느끼는 경우가 많았다.

본인도 오랜 시간이 흐른 후에 알게 된 일이지만, 마이키는 어린 시절에 주의력 결핍 과잉 행동 증후군ADHD을 앓은 적이 있었다. 그는 낮에는 수영장의 안전 요원으로, 밤에는 채권 추심 대행 업자로 활동했는데, 그가 채권 추심 대행업에 뛰어든 데는 그만한 이유가 있었다. 그는 한때 시카고에서 가장 잘나가던 아마추어 복서 중 한 명으로, 19승 2패의 화려한 전적을 갖고 있었다. 신장 188센티미터, 체중 79킬로그램의 탄탄한 체격에서 뿜어져 나오는 그의 레프트훅은 위력이 강하기로 소문이 자자했는데, 이런 훌륭한 인재를 채권 추심업자들이 가만히 놔둘 리 없었다. 추심업자들은 그가 받아 오는 빚의 30~50퍼센트를 그에게 지불하는 조건으로 그를 고용했다. — 오래 묵은 빚일수록 수수료가 높았다 — 그는 채무자의 집 앞에 나타나 점잖게 용건을 밝히고 돈을 받아가려고 노력했지만, 채무자가 말을 잘 듣지 않을 때는 순식간에 망나니로 변했다.

"나는 사람들을 거칠게 다루는 것을 좋아하지 않아요. 하지만 내가 종사하는 업종의 생리가 원래 그래요. 예컨대 당신이 꾼 돈을 제때 갚지 않아 채권 추심 대행 업자에게 매를 맞았다면, 당신에게도 책임이 있는 거예요."

마이키는 계속 말했다.

"내가 돈을 받으러 가면, 채무자들은 내가 어떤 사람인지를 대번에 알아봐요. 그들은 곧바로 돈을 갚고, 개중에는 집 안으로 들어와 차 한 잔 마시고 가라는 사람들도 있어요. 가끔 한 대 맞은 다음에야 정신 차리고 돈을 내놓는 사람들도 있지만, 그들은 절대로 나를 원망하지 않아요. 그들이 원망하는 것은 자기 자신이죠."

아트와 마이키가 서로를 알게 된 것은 길거리 싸움터에서였다. 하루는 아트가 테일러 스트리트를 따라 걷고 있는데, 인근의 제인 애덤스 홈에 사는 아이 두 명이 아트를 불러 세웠다. 그들은 아트더러 신발을 내놓으라고 윽박질렀다. 아트의 신발은 새로 산 하이탑(복사뼈까지 덮는 스니커즈 옮긴이)이었다. 주먹이라면 나름 일가견이 있는 아트가 순순히 신발을 내놓을 리 없었다. 아트가 자기의 신발을 지키기 위해 1대 2의 힘겨운 싸움을 벌이고 있는데, 갑자기 마이키가 나타나 아트를 돕기 시작했다. 마이키의 빠르고 강력한 훅에 놀란 두 명의 습격자는 뒷걸음질을 치다가 그대로 달아나 버렸다. 아트는 마이키의 겁 없는 행동에 큰 감명을 받았다. 이 사건 이후로 둘은 급속히 친해졌다. 둘은 서로 속 깊은 대화를 나누던 중 서로 간에 — 주먹을 좀 쓴다는 것 외에 — 또 다른 공통점이 있다는 것을 알게 되었다. 마이키도 아트와 마찬가지로 아버지가 없는 아이였다. 마이키의 아버지는 그가 태어나기 전에 아내를 버렸고, 마이키의 어머니는 그 후 새 남편의 도움을 받아 마이키를 길렀다. 친아버지가 마이키에게 해준 일이라고는 그를 100퍼센트 순수한 이탈리아인으로 만드는

데 기여한 것밖에는 없었다.

"아트와 나는 성장 과정이 너무 비슷해서 금세 친해졌어요."

마이키는 말했다.

마이키는 다른 건달들과는 달리 화려한 과거를 자랑하지 않았는데, 아트는 이 점을 높이 평가했다. 왜냐하면 이것은 그가 신중하고 계획성 있게 일을 추진한다는 것을 의미하기 때문이다. 아버지가 없다는 동질감과 함께, 마이키의 펀치력, 용기, 신중함은 아트로 하여금 다빈치와의 약속을 어기게 하는 원인으로 작용했다.

"나와 아트는 종종 셰리던 공원에서 농구를 하고 놀았는데, 어느 날 농구를 마치고 난 후 아트가 내 손을 잡아끌었어요. 아트는 새로운 기술을 배웠다고 하면서 내게 빳빳한 지폐를 한 장 내밀었어요. 나는 그 순간 온몸의 피가 거꾸로 솟는 것 같았어요. 새파랗게 어린 애송이가 저렇게 놀라운 기술을 배우다니! 나는 도저히 믿을 수가 없었어요. 위조지폐를 이탈리아어로 푸가지fugazi라고 하는데, 그런 걸 만들 수 있는 사람은 매우 드물죠. 그가 어느 나라 출신이든 간에 그런 기술을 가졌다는 것 자체가 엄청난 특권이었어요."

돈 되는 물건을 알아본 마이키의 두뇌가 고속으로 회전하기 시작했다. 마이키가 물었다.

"얼마나 갖고 있지?"

"2만 달러."

"애개, 겨우?"

아트는 이후 몇 년 동안 친구나 친지들로부터 이와 똑같은 실망 섞인 반응을 접하게 된다. 실물과 똑같은 위조지폐를 만드는 것이 얼마나 힘든 일인지 아는 사람은 별로 없다. 하물며 위조지폐를 너무 많이 만들었을 때 위조범이 어떤 위험에 처하게 되는지를 아는 사람은 더더욱 없다. 일반인들의 생각은 똑같다. 그들은 1천 달러를 만들 수 있다면, 곧 1백만 달러를 만들어야 한다고 생각한다.

규모가 작아 다소 실망하기는 했지만, 마이키는 아트의 위조지폐를 처분하는 역할을 맡게 된 것을 매우 흡족해 했다. 일주일 후 마이키는 아트를 불러 첫 번째 거래 계획을 전달했다. 집에서 마리화나를 수경 재배하는 마약 딜러가 하나 있는데, 2.7킬로그램의 마리화나를 2만 달러에 팔고 싶어한다는 내용이었다. 단, 이번 거래에는 한 가지 결정적인 문제점이 있었으니, 딜러는 자기가 받을 돈이 위조지폐인지를 모르고 있었다. 아트는 이미 손을 뗀 마약 딜러 사냥에 다시 손을 대는 것이 부담스러웠지만, 돈이 급히 필요했기 때문에 어쩔 수 없었다.

"놈이 가짜 돈을 받았다는 것을 눈치 채기 전에 멀리 도망가버리지, 뭐."

마이키는 아트를 안심시켰다.

"설사 놈이 그 전에 눈치 채더라도 상관없어. 마약 밀매범 주제에 설마 경찰에 신고야 하겠어?"

"어디 출신인데?"

아트가 물었다.

"커노샤."

마이키가 의미심장한 미소를 지으며 대꾸했다.

"커노샤? 그렇다면 마음이 좀 놓이는군."

아트는 말했다. '커노샤 출신은 어수룩해서 제 밥그릇도 찾아먹지 못한다'는 것이 사우스사이드 사람들의 일반적인 생각이었다. 며칠 후 아트와 마이키는 변두리 주유소의 주차장에서 마약 딜러와 만났다.

아트와 마이키는 차에서 내려 위조지폐가 담긴 큰 봉투를 마약 딜러에게 내밀었다. 마약 딜러가 봉투를 열어 손을 넣고 이리저리 휘젓는 동안 아트는 간이 콩알만 해졌다.

"어서, 세어 봐."

마이키가 태연하게 말했다. 그러나 마약 딜러는 돈다발을 하나 꺼내 엄지손가락으로 후다닥 넘겨보더니 이내 흐뭇한 표정을 지었다.

차로 돌아온 아트는 입술이 바짝바짝 타들어 가는 듯, 빨리 내빼자고 마이키를 연신 다그쳤다. 그는 지폐의 색이 너무 어두워 곧 발각될 것이 틀림없다고 생각하고 있었다.

"걱정 마. 놈은 눈치 채지 못할 거야."

마이키가 말했다.

그러나 두 시간 후 마이키의 전화벨이 울렸다. 마약 딜러였다.

"너희들이 준 돈은 모두 가짜야."

마약 딜러가 말했다. 마이키는 그럴 리가 없다고 시치미를 뚝 떼면서, 다시 만나 자기 눈으로 직접 확인하고 싶다고 말했다. 마약 딜러는 잠시 머뭇거리더니 "두고 보자!"라며 이를 부드득 갈았다. 그러나 '두고 보자'라는 말은 마이키가 채무자들을 위협할 때 즐겨 쓰는 말이었다. 마이키는 경찰관 친구에게 차적 조회를 부탁하여 마약 딜러의 주소를 알아냈다. 그리고는 그의 집을 급습하여 타이어 아이언(타이어를 떼어내는 지렛대 옮긴이)으로 머리통을 박살내 버렸다.

"이렇게 거래를 끝내기는 참 아까운 놈이야. 놈과 좋은 관계를 맺어 한 번 더 우려먹을 생각이었는데."

마이키는 말했다.

그 후 커노샤의 시골뜨기로부터 아무런 연락이 없자, 아트와 마이키는 노획한 마리화나를 반씩 똑같이 나눠가졌다. 아트는 분배받은 마리화나의 대부분을 팔아 불과 2주 만에 1만 2천 달러를 챙기고, 몇십 그램은 자기가 피우기 위해 지하 감옥의 냉장고 안에 넣어두었다.

첫 거래는 제법 짭짤한 수익을 남겼지만, 아트는 영 찜찜해서 견딜 수 없었다. 커노샤 출신의 시골뜨기 따위에게 두 시간 만에 들켰으니, 좀 더 약삭빠른 마약 딜러에게 걸렸더라면 뼈도 못 추렸을 거라는 자괴감이 밀려들었다. 다빈치가 알았더라면 수준 낮고 무모한 거래라고 비웃을 만한 일이었다.

"그것은 다빈치의 제자라는 명성에 걸맞지 않은 거래였어요. 나는 다빈치 씨처럼 주머니가 두둑한 고객을 대상으로 빅딜을 하고 싶었어요."

빅딜을 성사시키는 유일한 방법은 위조지폐의 품질을 향상시키는 것이었다. 궁리를 거듭하던 아트는 포토샵에 눈을 돌렸다. 이왕 하는 김에 케케묵은 '규정집'을 던져 버리고 새로운 기법으로 승부하고 싶었다.

아트가 만든 지폐의 색깔이 어두운 것은 여러 가지 이유 때문이었겠지만, 부분적으로 고물 인쇄기 때문이었다. 낡은 인쇄기로는 세밀한 선을 인쇄하는 것이 무리였기 때문에, 아트는 궁여지책으로 색상을 어둡게 해 이를 은폐할 수밖에 없었던 것이다. 커노샤의 시골뜨기가 위조지폐를 눈치 챈 과정은 보지 않아도 뻔했다. 처음 자동차의 희미한 실내등 불빛 속에서 바라본 위조지폐는 그의 눈을 속이기에 충분했다. 그러나 집에 도착하여 환한 등불 아래서 돈을 세던 그는 문득 이상한 느낌이 들었을 것이다. 무심코 지폐의 일련번호를 비교해 본 그는 일련번호가 똑같은 쌍둥이 지폐를 여러 장 발견하고 득달같이 마이키에게 전화 걸었을 것이다.

지폐의 색상을 밝게 하고 세밀한 선을 살리려면 인쇄기를 바꿔야 했다. 그러나 아트는 컴퓨터의 힘을 빌려볼 생각을 했다. 그는 지폐의 앞면을 몇 장 스캔한 다음, 포토샵을 이용하여 이렇게 저렇게 다듬어 보기 시작했다. 포토샵에 문외한인 그였지만, 몇 시간의 노가다 작업 끝에 잉크젯 프린터로 찍어낸 결과물은 구식 에이비딕 인쇄기로 찍어낸 것보다 훨씬 더 선명했다.

"나는 컴퓨터가 지폐의 명암과 선명도를 개선해 줄 수 있다는 것을 깨달았어요. 구식 프린터만 갖고서도 고가의 신형 인쇄기가 해낼 수 없는 작업을 할 수 있었어요."

그러나 디지털 장비가 만능은 아니었다. 지폐의 생명은 '거의 알아볼 수 없을 정도로 희미한 녹색 배경', '날카로운 느낌을 주는 도장과 일련번호', '미세한 적색 및 청색의 실크 섬유'인데, 디지털 장비로는 이러한 요소들을 자연스럽게 재현할 수 없었다. 따지고 보면 컴퓨터로 할 수 있는 모든 작업들은 하나같이 일장일단이 있었다. 고심 끝에 아트가 생각해낸 해결책은 당시로서는 전혀 듣도 보도 못한 혁신적인 방법이었다. 그는 옵셋과 디지털의 장점을 결합한 하이브리드 방식으로 지폐를 만들기로 한 것이다. 아트는 배경, 도장, 일련번호, 섬유에 대해서는 옵셋 방식을 적용하고, 앞면의 섬세한 이미지를 인쇄하는 데는 컴퓨터와 잉크젯 프린터를 이용했다. 전체적으로 볼 때 하이브리드 방식과 옵셋 방식에 소요되는 시간은 거의 비슷했지만, 하이브리드 방식의 경우 지폐의 품질을 더욱 미세하게 제어할 수 있다는 장점이 있었다. 하이브리드 방식의 효과는 즉각적이고도 극적으로 나타났다. 아트는 하이브리드 방식에서 확신을 느꼈다.

"하이브리드 방식이 다빈치 씨의 방식보다 뛰어나다고 말하고 싶지는 않아요. 하이브리드 지폐와 다빈치 씨의 지폐는 종류가 다르기 때문에 비교가 불가능해요. 다빈치 씨에게는 하이브리드 지폐가 낯설지도 모르죠. 그러나 하이브리드 지폐는 나의 두 번째 작품으로, 첫 번째 작품보다 품질이 월등하게 개선됐어요. 이제 환한 대낮에도 달러당 30센트는 받아낼 자신이 있었어요."

10만 달러를 찍어내 달러당 30센트씩 받고 팔려면, '현금을 지불할 수 있는 능력'과 '위조지폐를 유통시킬 수 있는 능력'을 동시에 갖춘 고객이 필요했다. 그렇다면 아트가 기댈 곳은 한 군데밖에 없었다.

범죄 조직은 속성 상 위조지폐를 선호할 수밖에 없다. 그들의 비즈니스 자체가 불법인 관계로, 그들의 고객은 위조지폐를 받아도 불평을 할 처지가 아니기 때문이다. 당신이 불법 도박장을 운영하는데, 배당금 속에 위조지폐를 섞어서 지급했다고 생각해 보라. 위조지폐를 받은 고객들이 항의를 하겠는가, 경찰을 부르겠는가? 이번에는 당신이 밀수범이라고 가정해보자. 이 경우 당신이 물건 값으로 지불한 위조지폐는 제3세계로 흘러나가는데, 제3세계 사람들은 달러를 은행에 입금하기보다는 돗자리 밑에 숨겨두는 경향이 있다. 따라서 그들에게 위조지폐를 지불하더라도 탄로 날 염려가 없다. 당신이 마약 밀매업자라면 더욱 안성맞춤이다. 마약밀매업자들은 엄청난 규모의 현금을 다루기 때문에, 그중 10만 달러가 위조지폐라고 해 봤자 티도 나지 않는다. 설사 위조지폐가 발견되더라도 위조지폐를 전문적으로 취급하는 중간 브로커들에게 넘기면 그만이다. 브로커들은 위조지폐를 달러당 30센트에 매입하여 위조지폐 수집상들에게 50센트에 넘긴다.

운 좋게도 시카고에서 득실대는 마피아의 수는 시카고 인쇄 단지에 전시되어 있는 인쇄기의 수만큼이나 많았다. 그중에서도 아트가 가장 접근하기 쉬운 마피아는 알카포네 시절부터 시카고를 지배해 온 아웃핏이었다. 브리지포트에서 성장하여 테일러 가에 진출한 아트는 여섯 개의 아웃핏 패거리 중 두 곳의 조직원들과 친분이 있었다. 이 여섯 개의 패거리는 유명한 '뉴욕의 5대 패밀리'와 같은 방식으로 시카고를 나누어 지배하고 있었다. 일명 '차이나타운'으로 알려진 26번가의 아웃핏 패거리는 브리지포트에 근거지를 두고 있었는데, 주요 수입원은 트럭 털기, 도박, 금품 강탈, 고리대금 등이었다. 차이나타운 패거리의 조직원 중 일부는 아트와 같은 동네에 살고 있었고 아트는 그들과 이름을 부를 정도로 친하게 지냈다. 한편 일명 '페리올라'로 알려진 테일러 가의 아웃핏 패거리는 도박과 채권 추심 대행업에 깊숙이 관여하고 있었다. 아트는 두 개의 패거리 중 페리올라 패거리와 더 가깝게 지냈는데, 전화 한 통화면 수십만 달러의 현금을 필요로 하는 고객을 소개받을 수 있을 정도였다.

그러나 아웃핏 패거리와 비즈니스를 하려면 위험부담을 감수해야만 했다. 시카고의 뒷골목을 기웃거려 본 사람이라면 누구나 다 아는 사실이지만, 일단 아웃핏의 레이더에 걸려든 이상 그들의 개인 현금지급기로 전락하는 것은 시간문제였다. 그들은 아트의 사업을 접수하여 직접 운영하거나, 그가 벌어들이는 모든 수입의 25퍼센트를 자릿세로 징수할 것이 뻔했다. 그들의 요구에 응하지 않으면 그 대가는 죽음이었다. 이러한 이유 때문에 아트는 아웃핏과의 사업 제휴 가능성을 낮게 평가하고, 그들과의 직접적인 접촉을 가급적 삼갔다.

시카고에 정착한 외국계 이민자들은 저마다 범죄 조직을 하나씩 보유하고 있었는데, 이들 범죄 조직 중 상당수는 브리지포트에 뿌리내리고 있었다. 아트는 브리지포트의 얽히고설킨 사회범죄학적 지형도를 손바닥 들여다보듯 훤히 꿰고 있었는데, 그중에서 아트의 뇌리에 가장 깊게 각인된 조직은 중국계 마피아였다. '온레옹On Leong'이라는 이름으로 더 잘 알려진 중국계 마피아는 '통'이라는 중국의 전통적 비밀결사에서 비롯되었으며, 시카고에서 오랜 역사를 갖고 있었다. 온레옹의 본부는 웬트워스 가의 '온레옹 상인조합 빌딩'에 있었는데, 이 빌딩은 탑 모양으로 지어진 전통 건물로서 차이나타운의 아이콘으로 통했다. 온레옹은 이 빌딩을 거점으로 하여 도박, 매춘, 차량 절도, 인신매매, 헤로인 판매 등 온갖 범죄를 자행했다. 온레옹은 이탈리아인들과 충돌하지 않기 위해 아웃핏에게 자릿세를 지불했는데, 이는 아웃핏의 가장 굵직한 수입원 중 하나였다.

아트는 일 년 전 카를로스 에스피노사라는 친구를 통해 온레옹의 조직원 한 명을 소개받은 적이 있었다. 에스피노사는 중국인과 멕시코인의 피가 반반씩 섞인 혼혈아로, 브리지포트에서 촙숍Chop Shop(훔친 자동차를 분해해서 부품을 비싼 값으로 파는 가게 옮긴이)을 운영하고 있었다. 그는 아트가 종종 차를 훔친다는 사실을 알고 아트에게 접근하여 특이한 제안을 했다. 얘기를 들어본즉, 중국인들이 시보레 콜벳을 훔칠 만한 사람을 찾는다는 내용이었다. 에스피노사에 의하면, 중국인들은 시카고에서 굴러다니는 콜벳의 차고지를 모두 알고 있을 뿐만 아니라, 모든 콜벳의 문을 열 수 있는 만능 전자키를 갖고 있다고 했다. 아트는 만능 전자키에 관한 이야기는 믿지 않았지만, 온레옹의 조직원을 만나 무슨 이야기를 하는지 한번 들어보기로 했다. 에스피노사가 알려준 온레옹의 조직원 이름은 호스Horse였다. 물론 가명이었다.

"좋은 별명도 많은데 하필 말이라고 부르다니."

아트가 물었다.

"곧 알게 될 거야, 나만 믿어."

에스피노사는 눈을 찡긋거리며 말했다.

그로부터 며칠 후 아트는 32번가의 모퉁이에서 흰색 콜벳을 탄 중국인 한 명을 만났다. 아트가 차에 올라타자 그는 곧바로 차를 몰기 시작했다. 잠시 후 그는 특이한 표정으로 자신을 '호스'라고 소개했는데, 기다란 얼굴과 둥그런 눈이 영락없는 팔로미노(갈기와 꼬리는 흰색이고 털은 크림색이나 황금색인 말 옮긴이)였다.

호스는 완연한 중국식 억양으로 아트가 할 일을 설명했다. 그가 원하는 것은 오직 콜벳뿐이며, 한 대를 훔칠 때마다 5천 달러를 주겠다고 했다. 그리고는 작은 플라스틱 상자가 딸린 열쇠고리 하나와 콜벳의 차고지 목록이 적혀 있는 종이 한 장을 건네줬다. 아트는 미심쩍어 하면서 호스의 제의를 받아들였다. 그러나 호스가 건네준 목록에 적혀있는 첫 번째 장소에 가보니 정말로 콜벳 한 대가 떡하니 정차되어 있는 것이 아닌가! 더욱이 작은 플라스틱 상자는 마스터키와 같은 신호음을 내면서 차문을 스르르 열어주는 마법을 부렸다. 다음 주까지 아트는 무려 일곱 대의 콜벳을 훔쳐 호스에게 인계하고 총 3만 5천 달러를 받았다. 이처럼 쉽고 확실하게 돈을 벌 수 있는 범죄가 세상에 또 있을까? 온레옹의 깨끗하고 뒤끝 없는 비즈니스 매너에 감명받은 아트는 온레옹을 '이상적인 잠재 고객'으로 마음 속 깊이 새겨두었다.

아트는 호스가 위조지폐에 관심을 보이기를 기대하며 그에게 전화를 걸었다. 둘은 차이나타운의 가장자리에 있는 핑톰 공원에서 만났다. 핑톰 공원의 푸른 잔디밭 옆으로는 시카고 강의 남쪽 지류가 굽이쳐 흐르고 있었다. 아트는 호스가 운전하는 콜벳에 올라탄 뒤 그에게 지폐 한 장을 내밀었다. 그리고는 그 지폐를 만든 사람이 바로 자기라고 의기양양하게 말했다.

호스는 아트가 만든 위조지폐를 유심히 살펴본 후 말했다.

"난 당신을 차량 절도 전문가로만 생각해왔는데, 알고 보니 재주가 많은 사람이로군."

호스는 아트의 위조지폐에 감탄을 금치 못하면서, 차이나타운의 윗사람들과 상의하고 뒷조사도 해봐야 하니 며칠만 기다려 달라고 했다. 이틀 후 호스는 달러당 20센트를 줄 테니 10만 달러를 만들어 주지 않겠냐고 제안해 왔다. 아트는 달러당 30센트를 제시했고, 흥정 끝에 최종 가격은 달러당 25센트로 확정되었다.

"내가 만든 지폐를 당신들이 어디에 쓰든 내가 알 바 아니지만, 한 가지 지켜줘야 할 사항이 있어. 내 지폐를 시카고에서 유통시킬 때는 사전에 나에게 통보해 줘. 그래야만 나에게 닥쳐오는 위험을 미리 가늠할 수 있거든. 무슨 말인지 알겠어?"

아트의 말을 들은 호스는 잠시 생각하더니 고개를 끄덕였다.

"알았어, 나도 당신의 입장을 충분히 이해해. 그럼 이 자리에서 미리 말해 주지. 우린 당신이 만든 지폐를 시카고에서 사용할 거야."

호스의 대답은 아트의 기대와는 달랐지만, 아트가 작전을 구상하는 데는 도움이 되었다.

'시카고에 뿌려진 위조지폐는 밖으로 퍼져나가 어느 순간 비밀수사국에 포착될 것이다. 비밀수사국의 요원들은 위조지폐의 발원지를 알아내기 위해 사냥개처럼 코를 벌름거리며 방방곡곡을 돌아다닐 것이다. 공기 중에 퍼진 위조지폐의 냄새가 사라질 때까지는 시간이 필요하므로, 그때까지는 다음 거래를 시작하면 안 된다. 다음 번 고객이 시카고 사람이라면 더욱 조심해야 한다. 또 다음 작업 때는 위조 수법을 바꿔 비밀수사국의 추격을 따돌려야 한다.'

아트와 호스는 3주 후 사우스사이드 호텔의 한 객실에서 만났다. 아트는 빌 바르쿠스를 보디가드로 대동했다. 그는 아트가 테일러 가에서 사귄 리투아니아 출신의 친구인데, 신장 183센티미터, 체중 127킬로그램의 우람한 체구를 갖고 있어 빅빌Big Bill이라는 애칭으로 불렸다. 물론 아트는 호스를 무척 신뢰했지만, 거액의 현금과 위조지폐를 갖고 다니는 이상 '생명보험'이 필요했다. 바르쿠스는 9밀리미터 구경 권총도 갖고 있었다.

호스 역시 두 명의 경호원을 데리고 왔지만 킹콩을 연상케 하는 빅빌의 덩치에 주눅이 들었는지 잠시 당황하는 기색을 보이더니 이내 평정심을 되찾고 거래에 착수했다. 아트와 호스는 각각 자기의 물건을 내놓았다. 아트의 가방에는 포장된 100달러짜리 위조지폐 다발이 가득했다. 호스의 배낭에는 2만 5천 달러의 진짜 지폐가 담겨 있었다.

거래는 완벽하고 깔끔하고 정확했다. 하나에서부터 열까지 모든 것이 아트의 취향을 만족시켰다.

아트의 솜씨에 매료된 호스는 두 달 뒤 또 한 번의 거래를 제안했다. 호스는 약속을 잘 지키는 고객이었다. 이번에 구입하는 지폐 역시 시카고에서 사용할 예정이라는 설명을 빠뜨리지 않았다. 물건이 완성된 후 만날 장소를 정하기 위해 전화를 걸면서, 아트는 호스가 당연히 지난번과 다른 호텔 이름을 댈 거라고 예상했다. 그런데 호스는 뜻밖의 장소를 제시했다.

"온레옹 빌딩 어때? 우리 한번 재미있게 놀아보자고."

아트는 깜짝 놀랐다. 온레옹 빌딩에 초대되는 것은 시카고 암흑가 및 경제계의 거물급들에게만 부여되는 특권이었다. 그도 그럴 것이, 빌딩 내부에는 창문이 없는 대형 도박장이 설치되어 있고, 이를 지원하기 위해 호화로운 바, 아시아계 고급 콜걸, 마약을 포함한 다양한 테이블 서비스가 제공되는 것으로 알려졌기 때문이었다. 중국계 마피아와 아웃핏의 조직원들에게 그곳은 '성스러운 장소'이자 '아지트'로 통했다. 다른 브리지포트 주민들과 마찬가지로, 아트도 그곳을 풍문으로만 들어 어렴풋이 알고 있었다. 그러나 일단 발을 들여놓고 보니 생각했던 것과는 완전히 딴판이었다. 건물 내부에는 어디에나 도박 테이블이 설치되어 있었고, 수십 개의 테이블에서는 블랙잭, 마작, 포커, 룰렛, 크랩스(주사위 두 개로 하는 도박 옮긴이) 등 다양한 도박이 진행되고 있었다. 그곳은 라스베이거스의 지분을 보유한 사람에 의해 설계된 관계로 라스베이거스와 비슷하게 보였지만, 정부의 거추장스러운 규제와 간섭을 받지 않는다는 점이 달랐다. 호스를 따라 플로어에 들어서니 오른쪽에 VIP 섹션이 보였다. 그곳에 모인 시칠리아인들은 시카고 경찰의 강력계 형사들이 소재 파악을 위해 종일 신경을 곤두세우는 인물들이 분명했다. 그들은 아웃핏의 로열패밀리로서 뭔가 일을 꾸미고 있는 듯했다. 이에 반해 아트는 브리지포트 빈민가 출신의 피라미에 불과했지만 전혀 꿇릴 게 없었다. 그는 가방을 들고 아무렇지도 않은 듯 그들 곁을 지나쳤다.

호스는 아트를 부스로 안내하여 술을 시켰다. 두 사람은 술이 나올 때까지 막간을 이용하여 밀실로 들어가 잽싸게 물건과 돈을 교환했다. 거래가 끝난 후, 아트는 호스, 호스의 친구, 난생 처음 구경하는 최고의 미녀들과 어울려 즐거운 시간을 보냈다. 밤이 이슥해져 파티가 끝나자 미녀 중 한 명이 아트를 차이나타운 호텔의 객실로 안내하여 특급 서비스를 제공했다. 물론 숙박과 서비스는 전액 무료였다.

중국인들과 6개월 간 어울리는 동안 아트는 두 명의 고객을 더 확보했다. 그들 역시 호스와 마찬가지로 아트와 비슷한 또래였지만, 호스와는 다른 공통점을 아트와 공유하고 있었다. 그들은 모두 거리의 불량배 시절의 아트와 거래한 적이 있는 친구들로, 이제 자신만의 고유한 아이템을 정하고 사업 영역을 확장하려 노력하고 있었다.

첫 번째 친구는 멕시코 출신의 페드로 샌디 산도발이었다. 아트는 테일러 가를 배회하기 시작하던 때부터 샌디를 알고 지냈다. 자그마한 키와 느긋한 성격의 샌디는 다리에 화려한 문신을 새겨 넣고 있었는데, 그 내용은 아즈텍과 마야의 신神들과 다양한 기하학적 문양이었다. 샌디는 테일러 가 서부 출신이었는데, 그곳은 오랫동안 필센Pilsen이라는 이름으로 알려져 왔다. 필센은 한때 동유럽, 북유럽, 체코에서 온 수천 명 이민자들의 고향으로 알려졌지만, 이제는 주로

라틴인들의 보금자리로 변모해 있었다. 샌디의 삼촌은 멕시코계 마피아의 단원이었는데, 멕시코 마피아는 미국 최고의 멕시코계 범죄조직으로, 역사를 거슬러 올라가 보면 1950년대의 유명한 '캘리포니아 감옥 갱단'이 그 원조였다. 멕시코 마피아는 비교적 최근에 시카고에 진출했음에도 불구하고 코카인 밀수를 기반으로 하여 빠르게 세력을 확장해가고 있었다. 샌디의 삼촌은 시카고의 주요 코카인 공급책이었고, 샌디는 삼촌 밑에서 코카인을 거래하고 있었다. 코카인 비즈니스에 수반되는 엄청난 규모의 현금을 감안할 때, 샌디는 위조지폐를 잘 활용할 수 있는 최적의 조건을 갖추고 있었다. 아트가 생각한 위조지폐의 활용 방법은 위조지폐를 패딩(padding, 다량의 진짜 지폐 속에 끼워 넣는 위조지폐)으로 사용하는 것이었다.

아트가 위조지폐를 보여주며 아이디어를 설명하자 샌디는 대환영이었다. 사실 샌디가 이처럼 열광적인 반응을 보인 것은 굉장히 웃기는 일이었다. 왜냐하면 샌디는 시력이 나쁘기로 소문난 친구였기 때문이다.

"샌디는 장님이나 마찬가지였어요. 그는 안경과 콘택트렌즈를 갖고 있었지만, 귀찮다는 이유로 운전할 때 외에는 거의 착용하지 않았어요. 그래서 그는 눈을 항상 찡그리고 다녔죠. 설사 내가 엉뚱한 종잇조각을 내밀었더라도 그는 무조건 '오케이'를 연발했을 거예요."

샌디와 함께 일한다면 신용은 걱정할 필요가 없었다. 샌디 역시 아트를 전적으로 신뢰했다.

샌디는 위조지폐의 성능을 테스트해 보기 위해 1차로 2만 5천 달러를 주문했다. 그는 이 돈을 물건 값으로 지불한 후 업자들의 반응을 살폈다. 아무도 말썽을 부리지 않자, 샌디는 즉시 주문량을 10만 달러로 늘렸다. 아트는 '한 번에 10만 달러 이상을 찍어내지 말라'는 다빈치의 룰을 철저히 지켰다. 아트는 샌디의 삼촌이 코카인을 외국에서 들여오는 것을 잘 알고 있었기 때문에, 위조지폐의 행선지를 자세히 묻지 않았다. 더욱이 샌디의 집에 쌓여 있는 코카인의 양으로 미루어볼 때, 그의 삼촌이 취급하는 코카인의 양은 엄청날 것으로 추산되었다. 한편 아트는 샌디의 삼촌을 만날 필요성을 느끼지 않았다. 샌디가 삼촌을 소개시켜 주겠다고 해도, 아트는 "그럴 필요 없다"고 손사래를 쳤다.

아트가 확보한 두 번째 고객은 드미트리 코발레프라는 러시아인이었다. 드미트리를 만난 것은 테일러 가에 사는 이탈리아 친구 중 하나가 주최한 파티에서였다. 그는 딱 벌어진 어깨와 갈색 머리의 소유자로서 강한 러시아 억양을 구사했다. 친구들에게 둘러싸여 보드카 다섯 잔을 연거푸 원 샷으로 해치우는 드미트리를 보는 순간 아트는 그의 매력에 흠뻑 빠져 버렸다.

"그는 엄청난 파티광이었어요. 나는 이제껏 술 시합에서 져본 기억이 거의 없는 사람인데, 그에게만은 한 번도 이겨 본 적이 없어요. 그는 술을 마실수록 정신이 더 말짱해지는 스타일이었어요. 그는 술과 여자를 좋아하면서도 추잡스럽게 굴지 않았어요. 그는 점잖고, 깔끔하고, 세련된 친구였어요."

아트는 회상했다.

"그는 진짜 러시아인이었어요. 그는 술에 취하면 '러시아는 위대하다'고 외치지 않고, '러시아가 그립다'고 중얼거리는 친구였어요."

드미트리의 고향인 상트페테르부르크는 두 가지 명물을 보유한 것으로 유명한데, 하나는 장엄한 건축물이고, 다른 하나는 마피아다. 특히 러시아의 마피아는 강력한 힘과 끈질긴 생명력을 보유한 것으로 정평이 나 있다. 드미트리는 러시아 마피아의 두 가지 장점을 모두 자랑스럽게 생각했다.

"드미트리는 나에게 '미국은 지긋지긋한 나라야'라고 말하곤 했어요. 그는 '러시아의 마피아들은 경찰의 단속을 걱정하지 않고, 하고 싶은 일을 뭐든지 다 할 수 있어'라고 했는데, 그 이유가 걸작이었어요. 마피아도 경찰도 모두 윈윈win-win하기 때문이라나요? 그는 언젠가 나를 러시아에 데려다 주겠다고 입버릇처럼 말했어요."

드미트리는 자기가 미국에 건너온 이유를 말하지 않았지만, 아트는 아마도 조직과의 갈등 때문일 것이라고 짐작하고 있었다. 그는 노스사이드에서 사교 클럽을 운영했는데, 아트가 몇 번 방문하여 밤을 지새우며 관찰한 결과 도박과 매춘이 주요 수입원인 것 같았다. 아트가 사교 클럽을 찾아갈 때마다 드미트리는 죽마고우를 만난 것처럼 따뜻하게 맞이해줬다. 아트는 기회를 보아 위조지폐에 관심이 있는지를 넌지시 물어보았다.

"위조지폐라!"

아트가 내민 위조지폐를 만지작거리던 드미트리가 만면에 미소를 머금으며 말했다.

"잘 만들었군. 그러나 상트페테르부르크에서는 이것보다 훨씬 더 잘 만들 수 있어."

"그렇다면 필요 없단 말이야?"

"난 그렇게 말한 적 없어. 얼만데?"

"달러당 30센트."

드미트리는 잠시 망설이더니 생각할 시간을 달라고 했다. 그로부터 1주가 채 지나기도 전에, 두 사람은 다시 만나 달러당 30센트에 10만 달러를 거래하기로 약속했다. 아트가 위조지폐의 행선지를 묻자, 드미트리는 아트의 귀에 입을 갖다 대고 속삭였다.

"걱정 말게, 친구. 그 돈은 빠른 시일 내에 미국을 떠날 테니까."

아트가 지하 감옥을 운영하면서 깨달은 점이 하나 있다면, 다빈치가 아트를 수제자로 삼은 이유가 '아트의 새로운 미래를 열어줘야겠다'는 특별한 배려 때문만은 아니라는 사실이었다. 직접 겪어보니, 위조 전문가 혼자서 고객들의 밀려드는 주문을 기한 내에 해결하는 것은 어지간한 중노동이 아니었다. 아트는 타인의 도움을 필요로 하는 작업 목록을 만든 다음, 테일러 가와 브리지포트의 친구들을 대상으로 '빠른 돈벌이를 위해 교도소행을 각오할 의향이 있는 사람'을 포섭했다. 그는 수사기관에 꼬리가 잡힐 경우를 대비하여, 각자에게 일을 분담시키되 서로 상대방이 하는 일을 모르게 했다.

마이키 외에 아트가 가장 신임하는 친구로는 지오르기 무니치가 있었다. 지오르기는 브리지포트의 토박이로, 아트의 집에서 불과 네 블록 떨어진 곳에서 어린 시절을 보냈다. 사실 사업을 위해서는 가급적 먼 곳에 사는 친구를 구하는 것이 유리했다. 지오르기의 할아버지는 아웃핏의 최고 권력자인 동시에 전설적인 보스였다.

"지오르기는 로열패밀리의 명예를 존중하는 의미에서 자기 할아버지가 누구인지 밝히지 않았지만, 그의 할아버지가 아웃핏의 보스라는 것은 공공연한 비밀이었어요."

아트는 말했다.

지오르기는 짙은 피부와 검은 곱슬머리에 느긋한 성격을 가진 오리지널 시칠리아인이었다. 그는 아웃핏을 두려워하는 추종자들 사이에서 성장해 왔지만, 조직에 가입하라는 압력을 받아본 적도, 실제로 조직에 가입한 적도 없었다. 정확히 말하면, 그는 구태여 조직에 가입할 필요가 없었다. 왜냐하면 그는 로열패밀리의 일원으로서, 이미 그와 관련된 모든 특권을 누리고 있었기 때문이다.

"참 이상한 일이었어요. 많은 사람들이 시도 때도 없이 나에게 와서 돈을 주고 갔어요. 하지만 그들은 내게 아무런 대가도 요구하지 않았죠. 그 이유는 간단했어요. 내가 누구누구의 손자이기 때문이었죠. 그러나 나는 좀 멍청한 편이어서, 내가 누리는 특권의 의미를 정확히 파악하지 못했어요."

아트는 열세 살 때 지오르기의 가문이 가진 파워를 두 눈으로 직접 목격한 적이 있었다. 한번은 엉겁결에 캐딜락 자동차를 한 대 훔쳤다가 곧바로 경찰에 체포됐는데, 공교롭게도 그 차의 주인이 지오르기의 아버지였다. 지오르기는 아버지를 따라 경찰서에 왔다가, 수갑을 찬 채 자기를 뚫어지게 쳐다보고 있는 아트와 눈이 마주쳤다. 지오르기는 아트보다 세 살 위였는데, 이웃 동네에 사는 아트를 알고 있었다. 그는 아트를 브리지포트트홈 출신의 다소 거칠기는 하지만 야무진 꼬마로 기억하고 있었다. 지오르기가 잘 말해 준 덕분에 그의 아버지는 금세 노여움을 풀었다. 그리고는 경찰에 압력을 넣어 아트를 즉시 훈방시켰다. 그 이후 지오르기는 사탄의 사도 소속이 아니면서도 브리지포트트홈 단지를 가로질러 활보할 수 있는 유일한 아이가 되었다. 지오르기는 아트의 측근 중에서 다빈치를 알고 있는 유일한 인물이었다. 지오르기는 다빈치에 대해 다음과 같이 회고했다.

"그는 천재였어요. 솔직히 말해서, 나는 아트를 통해 그 사람의 솜씨를 알고 난 후에 비로소 그가 천재라는 것을 깨달았어요. 하지만 나는 그 이전부터 왠지 그가 비범한 재주를 가진 사람일 것 같다는 생각을 해왔어요. 그리고 그 사람이 아트를 수제자로 선택했다는 말을 들었을 때 나는 전혀 놀라지 않았어요."

다양한 인연들이 얽히고설켜 지오르기는 아트의 절친한 친구가 되었다. 지하 감옥 팀에 가담한 '마피아의 왕손'은 뛰어난 물품 조달 전문가acquisition specialist로서의 자질을 마음껏 발휘하여 아트를 놀라게 했다. 그는 아웃핏과의 연줄을 이용하여, 철도와 트럭을 통해 시카고로 들어오는 모든 물품의 목록을 실시간으로 제공했다. 또 컴퓨터가 됐든, 잉크가 됐든, 종이가 됐든, 아트가 필요로 하는 물건이라면 뭐든지 공장 직송으로 공급해줬다.

위조지폐가 다 만들어져 고객에게 배달될 준비가 완료되면, 아트는 으레 토니 푼틸로를 불렀다. 토니는 아트와 십대 때부터 알고 지내온 택시 운전사로, 입담이 걸기는 하지만 강단이 있는 이탈리아인이었다. 토니는 아트의 충실한 '바퀴' 노릇을 했다. 아트는 위조지폐나 재료를 운반할 때, 또는 미행을 따돌릴 필요가 있을 때 토니에게 삐삐를 쳤다. 아트는 1부터 15까지의 숫자 중에서 하나를 메시지로 남겼는데, 각각의 숫자에는 시카고의 상이한 지역들이 할당되어 있었다. 삐삐를 받은 토니는 길이 막히지만 않으면 30분 이내에 약속 장소에 나타났고, 토니의 택시는 아트의 뜻에 따라 총알택시로 변신하거나 엄청난 차량의 물결 속에 꼭꼭 숨어버렸다. 토니가 당시를 회상하며 말했다.

"아트는 나를 위해 특별히 5달러짜리 지폐를 만들어 줬어요. 나는 사람 만나는 것과 대화 나누는 것을 좋아하는 성격이지만, 내 택시를 타는 외지인이나 취객들은 조심해야 해요. 나는 수다를 떨어 손님의 혼을 빼놓은 다음 거스름돈에 5달러짜리 위조지폐 두 장을 슬쩍 섞어서 주거든요. 때때로 멍청해 보이는 손님에게는 네 장을 주는 경우도 있어요."

빅빌은 비상시에 아트를 보호하는 보디가드로 활약했지만, 작업 도중에 떨어진 잉크나 소모품을 보충하는 일을 맡기도 했다. 마이키는 해결사 및 카운슬러 역할을 했다. 아트는 모든 거래를 직접 성사시켰지만, 어려운 문제가 생기면 마이키에게 조언을 구했다. 마이키의 역할은 안전한 거래를 돕는 일이었다.

"아트는 고객을 만나러 갈 때 주의할 사항을 나에게 물어오곤 했어요. 나는 '한 시간 전에 약속 장소에 도착하여 으슥한 장소에 차를 주차한 다음, 수상한 자가 나타나지 않는지를 살펴봐야 해'라고 말해 줬어요."

아트 역시 다빈치가 그랬던 것처럼 친구들에게 위조지폐 만드는 법을 가르쳐 줄 의향이 있었지만, 친구들은 고개를 절레절레 흔들었다. 그들은 아트의 작업을 부분적으로 도울 때는 눈빛을 반짝거리다가도, 복잡한 기교 문제로 들어가기만 하면 곧장 흥미를 잃고 딴전을 피우기 일쑤였다. 마이키는 아트의 기술에 혀를 내둘렀다.

"우리는 모두 아트의 기술을 배우고 싶어했어요. 우리 중에서 나만큼 완벽하게 기술을 익힌 사람은 없을 거예요. 원하신다면 지금 이 자리에서 모든 공정을 하나씩 다 설명할 수도 있어요. 그러나 아무리 노력해도 아트를 따라갈 수는 없었어요. 아트는 천부적인 재능을 가진 친구였어요."

이러한 찬사에도 불구하고, 아트는 지하 감옥 시절에 만든 위조지폐에 대해 혹평을 서슴지 않았다.

"나중에 만든 것들에 비하면, 그건 석기시대의 유물에 불과해요. 지하 감옥 시절의 위조지폐에 대해서는 생각도 하기 싫어요."

하지만 그를 지지하는 자들의 의견은 좀 달랐다.

아트의 절친한 친구 중 하나로 그리스식 사교 클럽을 운영하는 크리스 소포클레우스는 지하 감옥 시절의 위조지폐를 예찬하는 사람 중의 하나다. 그가 소개하는 일화를 소개하면 다음과 같다. 어느 날 밤 아트가 5천 달러의 위조지폐를 휴대하고 클럽을 방문했는데, 때마침 시카고 경찰과 FBI가 클럽으로 들이닥쳤다. 경찰과 FBI가 손님들의 소지품을 조사할 경우, 아트의 위조지폐는 꼼짝없이 위조지폐 감식 테스트를 받아야 할 판이었다.

아트는 재빨리 크리스에게 위조지폐 뭉치를 넘겼고, 크리스는 아트에게서 넘겨받은 지폐 다발을 클럽의 현금 통 속에 모조리 쏟아부었다. 현금 통 안에 들어 있던 진짜 지폐와 위조지폐를 뒤섞어 아트를 위기에서 구해내기 위함이었다. 몇 분 후 FBI의 위조지폐 감식 전문가가 현금 통 안의 현금을 모두 꺼내 하나씩 검사하기 시작했다. 아트와 크리스는 손에 땀을 쥐고 결과를 지켜봤다.

조사를 마친 FBI 요원은 현금 통 안에 있던 지폐들을 한 장도 남김없이 크리스에게 되돌려줬다.

위조지폐 사업이 궤도에 오르자 아트는 난생 처음으로 주체할 수 없는 액수의 돈을 만져 보게 되었다. 찢어지게 가난한 가정에서 자란 점을 감안할 때, 아트는 근검절약의 마음가짐을 가질 만도 했다. 그러나 '언제든지 돈을 벌 수 있다'는 낙관론이 '돈은 있을 때 아껴야 한다'는 신중론을 압도해버렸다. 모든 범죄자들이 다 그렇듯, 그는 수중에 돈이 모이는 것을 참지 못했다. 마치 '돈에는 유통기간이 있어서, 기한 내에 써버리지 않으면 썩어버린다'는 강박관념에 시달리는 것 같았다. 마이키는 아트의 경제관념에 대해 회고했다.

"어느 일요일 저녁 거래가 끝나고 난 뒤, 아트가 5천 달러를 호주머니에 찔러 넣더니 한잔 하러 나가자고 했어요. 우리는 술집 하나를 골라잡아 거덜 내기로 작정했죠. 술집 문을 박차고 들어가 아트가 맨 처음 한 짓이 뭔지 아세요? 모든 손님들에게 한턱을 쏜 거였어요. 그 후 아트는 밤새도록 술집 안을 휘젓고 다니면서 돈을 물 쓰듯 했어요. 월요일 아침이 되자 돈이 다 떨어졌는지, 내게 20달러만 꿔 달라고 하더군요."

아트도 나름대로 돈을 탕진하게 되는 이유가 있었다. 아트는 우쭐거리며 말했다.

"어느 누구도 나처럼 돈을 써보지는 못했을 거예요. 나는 수중에 돈이 들어오는 족족 다 써 버렸어요. 참 어리석었던 것 같아요. 그때 번 돈을 다른 곳에 투자했더라면 다시는 위조지폐를 찍어내지 않아도 됐을 텐데 말이죠. 하지만 범죄자들의 행동이란 게 다 그런 것 아니겠어요? 부정하게 번 돈을 흥청망청 탕진하고, 다시 돈을 벌기 위해 새로운 범죄를 저지르기 마련이죠."

아트는 브리지포트 방식으로 돈을 썼는데, 그 방법은 다음과 같았다. 그는 지갑을 사용하지 않고, 지폐를 둘둘 말아 두루마리로 만들어 오른쪽 앞주머니에 넣고 다녔다. 그는 지갑은 고지식한 사람들이나 사용하는 것이라고 생각했다. 두루마리를 만드는 데는 특별한 노하우가 필요했다. 그것은 소액권을 두루마리의 바깥쪽에, 고액권을 안쪽에 배치하여, 자기가 얼마를 갖고 있는지를 아무도 눈치채지 못하게 하는 것이었다. 그리고는 필요할 때마다 재빨리 돈뭉치를 꺼내어 두루마리의 중심에 있는 C-노트(100달러짜리 지폐 옮긴이)를 빼낸 다음, 얼른 주머니 속으로 집어넣었다. 그는 물건 값, 술값은 물론 대리 주차비, 팁, 코카인 값까지도 이런 방식으로 지불했다.

아트가 가장 즐기는 일탈 행동은 친구들과 함께 리무진을 빌려 광란의 밤을 보내는 것이었다. 그는 화려한 외출을 할 때마다 '미스터 U'라는 60대의 운전기사 한 명을 특별히 고용했다. 그는 나이에 걸맞지 않게 새파란 애송이들의 야간 외출에 동참하는 것을 즐겼다. 아니, 어쩌면 연로한 나이가 돌아올 수 없는 청춘에 대한 갈망을 더욱 부추겼는지도 모를 일이다. 그는 운전석과 뒷자리를 나누는 창문을 아예 열어놓고 아들뻘도 안 되는 젊은 친구들과 어울렸으며, 비속어를 섞어가며 젊은 시절의 무용담을 잔뜩 부풀려 늘어놨다.

"그 아저씨는 완전히 아일랜드계 건달 스타일이었어요. 얼굴은 새빨갛고 왼손에는 손가락이 두 개밖에 없었죠. 들리는 얘기에 의하면 젊은 시절에 뒷골목에서 어슬렁거리다가 엉뚱한 사건에 휘말려 손가락을 잃었다고 하더군요."

아트는 말했다. 리무진은 테일러 가에서 아트, 마이키, 지오르기를 태우고 몇 군데를 더 돌며 나머지 친구들을 태운 다음, 깁슨스나 촙하우스와 같은 고깃집으로 직행하는 것이 관례였다. 스테이크로 허기를 채운 그들은 바와 클럽을 순례했다. 아트는 거래가 잘 성사되거나 기분 좋게 취한 날에는 바의 손님들에게 한턱을 쐈다.

"단체로 공짜 술을 얻어먹은 손님들은 열광했어요. 그건 영화에서나 볼 수 있는 장면이었거든요. 한번은 원 샷에 천 달러를 쓰기도 했어요. 그런데 더욱 가관인 것은, 내가 돈이 있다는 걸 눈치챈 여자들이 벌떼처럼 몰려들었다는 거예요."

아트가 시카고에서 뿌린 돈의 대다수는 진짜 돈이었다. 이는 '고향에서 위조지폐를 쓰지 말라'는 다빈치의 경고 때문이기도 했지만, 아트 자신의 소신 때문이기도 했다. 그는 합법적인 직종에서 땀 흘려 일하는 고향의 도어맨, 바텐더, 웨이터들에게 차마 위조지폐를 지불할 수가 없었다. 아트에게 그들은 어머니 맬린다를 연상시켰다.

"내 어머니도 레스토랑에서 일하신 적이 있기 때문에, 나는 서비스업이 얼마나 고된 직업인지를 잘 알고 있었어요. 그래서 유흥업소 종업원들에게는 결코 위조지폐를 내밀지 않았어요. 그들에게 위조지폐를 지불하는 것은 내 일생일대의 수치였어요. 더구나 나는 그들처럼 열심히 일하지 않아도 얼마든지 돈을 벌 수 있는 위치에 있는 사람이었어요. 그들에게 진짜 돈을 나눠줄 때만큼 행복한 순간은 없었어요."

아트는 먹고 마시는 일회성 지출에만 돈을 낭비하지는 않았으며, 때로는 내구재와 고가의 사치품을 사들이기도 했다. 그는 최고급 케누드 카스테레오를 장만하는가 하면, 새로운 컴퓨터 장비나 아르마니 셔츠를 구입하기도 했다. 아르마니 셔츠의 경우 그의 떡 벌어진 어깨에 맞는 기성복이 없어서 특별히 맞춤복을 주문해야 했다.

그런데 암흑가를 주름잡는 브레인들 사이에서 전해져 내려오는 불문율이 하나 있었으니, 그것은 뭔가 독특한 것을 수집하는 취미를 가져야 한다는 것이었다. 수집 대상은 아무래도 상관이 없지만, 기상천외한 것일수록 추종자들에게 더 잘 어필할 수 있었다. 예컨대 파블로 에스코바(콜럼비아 출신 전설의 마약왕 옮긴이)는 동물을, 알 카포네는 보석을 수집하는 취미가 있었다. 아트는 아직 '암흑가의 황제'는 아니지만, 앞으로 그렇게 불리는 것을 굳이 마다하고 싶지는 않았다. 아트는 궁리 끝에 '옛날 돈 수집'을 전공으로 선택했다. 그가 특히 좋아하는 화폐는 소위 '위조지폐의 황금시대'에 발행된 지폐였다. '위조지폐의 황금시대'란 앞에서 언급한 바와 같이 모든 은행들이 제각기 자신만의 화폐를 찍어냈던 시기를 말한다. 아트는 화폐 수집상들과 장물아비들로부터 수백 장의 지폐를 사들였다. 그의 애장품 중에는 캘리포니아 골드러시 시절에 웰스파고 은행이 발행한 고지폐, 인디언 추장의 초상화가 그려진 은지폐, 커다란 선박, 자동차, 다양한 미국의 풍물이 그려진 지폐가 있었다. 그는 소장품의 시장가치보다 예술적 가치를 더 중시했다. 그가 특히 아끼는 것은 남북전쟁 때 북부에서 발행한 소액권 지폐였다. 그 지폐들은 금속이 부족해 동전 대신 발행된 것으로, 5센트, 15센트, 25센트짜리 세 장이 한 세트를 이루고 있었는데, 한 점의 티끌도 없이 말끔한 상태를 유지하고 있었다.

"나는 카렌에게 그 지폐들이 매우 가치 있는 것들이라고 말해줬어요. 그러면 그녀가 어떤 반응을 보였는지 아세요? 그녀는 내게서 조심스럽게 지폐를 받아들고는 그 지폐에 코팅을 했어요. 제 딴에는 귀한 물건을 잘 간직하는 방법이라고 생각했겠지만, 사실 그건 소장품을 완전히 망가뜨리는 행위였죠."

시간이 갈수록 카렌에게 범죄 행각을 숨기는 일은 난이도 높은 게

임으로 변해갔다. 아트의 주중 일과는 한결같았다. 그는 아침에 일어나 카렌, 아들과 함께 아침을 먹고, '벨로 건설'이라는 로고가 새겨진 바람막이를 입은 다음, 카렌의 차에 몸을 싣고 모티 벨로가 시공을 맡은 건설 현장 중 한 곳에 도착했다. 차에서 내린 아트는 카렌에게 작별 키스를 하고, '오늘도 고된 하루가 시작되는구나!'라는 심정을 연상시키는 심호흡을 한 번 하고는, 카렌이 운전하는 차가 모퉁이를 돌아가기만을 초조하게 기다렸다. 카렌이 시야에서 완전히 사라진 다음, 아트는 지하 감옥이나 테일러 가로 발길을 옮겼다. 인쇄가 없는 날은 친구들과 만나 카푸치노를 한 잔 마신 다음 셰리던 공원의 야구장이나 알링턴의 경마장, 또는 화이트삭스의 경기가 열리는 야구장으로 갔다. 이것도 저것도 없는 날에는 술집이나 친구의 집을 방문하여 낮술을 마셨다. 카렌도 이런 아트의 행동에 의구심을 품지 않은 것은 아니었다.

"나는 그가 뭘 하는지는 몰랐지만, 예감이 좀 이상했어요. 그의 주머니에는 돈이 마르는 날이 없었고, 나는 그때마다 그게 웬 돈이냐고 따져 물었어요. 그러면 그는 월급날이라고 둘러댔지만, 내가 용돈을 좀 달라고 하면 이런저런 핑계를 대며 내놓지 않았어요. 처음에는 수사관의 마음으로 사건의 전모를 파헤치려 노력했지만, 허구한 날 다투기만 하는 것이 지겨워 곧 그만두고 말았어요."

아트는 이중생활을 은근히 즐겼다. 그는 카렌이 추궁해올 때마다 야릇한 성적 쾌감 같은 것을 느꼈다. 그는 카렌에게 "경찰관이 되고 싶어 안달이 났군"이라고 말하며 약을 바짝바짝 올렸다. 그들의 싸움은 빈번하고 격렬했지만 종종 격정적인 섹스로 이어지기도 했다. 아트의 입장에서는 카렌이 아무리 바가지를 긁더라도, 자기의 생활을 결정적으로 방해하지만 않는다면 현재의 생활에 만족할 수 있었다. 그의 인생은 다소 문제를 안고 있기는 했지만, 재생이 끝나면 스스로 반복 재생되는 비디오테이프처럼 큰 탈 없이 굴러갔다.

어쩌면 카렌의 바가지는 — 설사 거짓이라고 해도 — 아트의 인생이 잘 풀리는 것을 시샘하는 일종의 질투심에서 유래하는 것인지도 몰랐다. 카렌도 이 점을 일부 인정했다.

"나는 샘이 났어요. 나는 집구석에서 아이나 보고, 자기는 하고 싶은 일 다 하고 다니면서 살살 거짓말이나 하고……. 그는 모든 일을 늘 쉽게 해치웠어요. 나는 당시에 그가 지폐 위조범이라는 사실을 몰랐지만, 몇 년 후 그 사실을 알게 되었을 때도 놀라지 않았어요. 그는 마음만 먹으면 뭐든 잘할 수 있는 사람이에요. 화폐 위조에 쏟은 에너지의 절반을 다른 직업에 투자하기만 했어도 그는 큰돈을 벌었을 테니까요."

그러나 카렌에게 있어서 아트와 벌이는 '경찰관 놀이'는 단순한 놀이 이상의 의미를 갖는 것이었다. 아이가 생겼다고 해서 그녀가 경찰관의 꿈을 포기했다고 생각하면 큰 오산이었다. 아트 3세가 네 살이 되자, 그녀는 아이를 놀이방에 맡기고 웨이트리스 일을 시작했다. 그러고는 아트의 어머니가 그랬던 것처럼 커피 심부름을 하다가 한 단골손님과 그만 사랑에 빠지고 말았다. 공교롭게도 손님의 직업은 경찰관이었다.

카렌이 만난 남자의 이름은 네드 페이건, 나이는 40대, 시카고 경찰의 중견 간부로 퇴임을 앞두고 부업으로 경비 회사를 운영하고 있었다. 그는 카렌에게 경찰관이 되고 싶다는 꿈을 들었을 때 비웃지 않았다. 한술 더 떠서 경험 삼아 자기의 회사에서 일해 보지 않겠느냐는 제의까지 해왔다. 카렌은 그의 제안을 덥석 받아들였다. 카렌은 갑자기 경찰관에 관한 이야기를 화제에 올리는 횟수가 많아지더니, 주말에는 아예 아트를 데리고 경찰관들의 바비큐 파티에 참석하는 해프닝을 벌였다. 아트도 처음에는 카렌의 계획을 찬성했다. 카렌이 경찰관이 되면 본인은 물론이고 아트에게도 큰 도움이 되기 때문이었다. 사실 경찰관을 알아두면 쓸모가 많았다. 아트의 친구 중에 사이러스라는 경찰관이 하나 있었는데, 마약 딜러를 등쳐먹던 시절 차적 조회와 신원 조회를 도맡아 해줘서 큰 도움이 되었다. 하지만 경찰관의 도움을 받으려면 '우정이 지속되어야 한다'는 전제 조건이 필요했다. 페이건을 만나는 횟수가 늘어날수록 아트는 '내가 호랑이 새끼를 키우고 있구나'라는 강한 확신을 얻었다.

카렌의 입에서 페이건이라는 이름이 불쑥불쑥 튀어나오기 시작했다. 아트는 '브리지포트 경찰의 절반은 썩었다'는 사실을 경험을 통해 잘 알고 있었다. 아트는 카렌과 페이건의 사이를 떼어놓기 위해 페이건의 뒤를 캐기로 마음먹었다. 탐문 조사 결과와 떠도는 루머를 종합해 본 결과, 페이건이 운영하는 경비 회사가 부패 경찰관에게 뒷돈을 대주고 있는 것으로 밝혀졌다. 아트가 이 사실을 카렌에게 알려주자, 카렌은 이것을 자기의 꿈이 실현되는 것을 방해하려는 음모로 받아들였다. 카렌의 생각은 부분적으로 옳았다. 두 사람은 이 문제로 인하여 심하게 다퉜고, 그 과정에서 카렌은 아이를 데리고 집을 나가버렸다. 그러나 아이러니한 점은 적어도 카렌의 말에 의하면, 카렌이 여전히 아트를 사랑했다는 사실이었다. 카렌은 이렇게 술회했다.

"아트는 페이건에게 피해 의식을 갖고 있었던 것 같아요. 맹세코 페이건과 나 사이에는 아무 일도 없었어요. 나는 아트를 진심으로 사랑했어요. 하지만 어느 순간 갑자기 아트가 나에게 병적으로 집착하면서 문제가 발생하기 시작했어요. 아트는 페이건이 자기로부터 나를 빼앗아가려 한다고 의심하게 됐어요. 시간이 지날수록 의심은 눈덩이처럼 커져만 갔고, 결국 자기실현적 예언이 되고 말았어요."

어느 날 아트가 카렌의 아파트를 방문했을 때 전화벨이 울리면서, 아트와 페이건의 갈등은 절정에 이르렀다. 아트가 무심코 전화를 받아 보니 페이건의 전화였다. 아트는 이번에야말로 분명한 선을 그어야겠다고 작심했다.

"야, 임마! 네까짓 게 순경이든 뭐든 난 하나도 겁나지 않아."

아트는 포문을 열었다.

"당장 우리 가족으로부터 손을 떼는 게 좋을 걸? 그러지 않으면 너부터 죽이고 나도 죽을 테니 그런 줄 알아."

페이건은 아무런 대꾸도 없이 전화를 끊었다.

아트의 협박은 오히려 강한 역풍이 되어 돌아왔다. 카렌은 아트를 자기의 아파트 근처에 얼씬도 못하게 했고, 몇 주 후 자기를 이해해

주는 유일한 남자 한 명만을 집 안에 들이기 시작했다. 그 남자의 이름은 바로 네드 페이건이었다. 질투심에 눈 먼 아트는 페이건을 미행하며, 마약 딜러를 사냥하던 시절의 경험을 되살려 그의 동선을 면밀히 분석했다. 분석 결과 페이건은 집으로 돌아가는 길에 어두컴컴한 계단을 하나 지나가는 것으로 확인되었다. 아트는 매복 공격을 결심하고 준비 작업에 착수했다. 그는 악기 가게에서 피아노 줄을 구입하여 줄의 양쪽 끝에 나무 손잡이를 매달았다. — 나무 손잡이는 지하 감옥에서 제작되었다 — 그의 계획은 이랬다. 페이건의 아파트 계단 밑에 숨어 있다가, 놈이 지나갈 때 뒤에서 접근하여 놈의 목에 피아노 줄을 건다. 그리고는 놈을 어둠 속으로 끌고 가 피아노줄로 목을 칭칭 감아 살해한다. 마지막으로 유일한 증거인 피아노 줄을 들고 시카고 강의 남쪽 지류로 달려가 강물에 던져버린다. 완전범죄를 달성할 수 있는 완벽한 범행 계획이었다.

어느 날 아트가 페이건의 교수형을 집행하기 위해 집을 막 나서려는 순간, 전화벨이 울리면서 마음 바쁜 아트의 발목을 잡았다. 애꿎은 전화기를 탓하며 수화기를 드니 뜻밖의 반가운 목소리가 들려왔다. 텍사스에서 혼자 지내고 있는 어머니 맬린다였다. 아트의 결혼생활이 파탄에 이르렀다는 소식을 듣고 걱정이 돼서 건 전화였다. 상황이 상황이니 만큼 그녀는 연민에 찬 음성으로 또박또박 말했다. 실제로 전화를 걸고 있는 동안 맬린다의 정신 건강 상태는 지극히 정상이었다.

"아들아, 내 말 들어라. 네게 나쁜 일이 생겼다는 예감이 드는구나.

텍사스로 오지 않겠니? 오늘 당장 시카고를 떠나라. 이리로 와서 다시 시작해 보자꾸나."

아트는 아들을 염려하는 어머니의 간절한 호소를 거부할 수 없었다. 며칠 후 그는 옷가지를 챙겨 그레이하운드 버스 정류장으로 달려갔다. 그리고 텍사스행 버스에 몸을 실었다.

6

텍사스와 쾌락

“지금까지 하던 일이 뜻대로 되지 않았다고요? 걱정하지 마세요. 텍사스만큼 새 출발하기에 좋은 곳도 없으니까요.”

존 코널리(전 텍사스 주지사)

•

아트는 시카고를 떠나기에 앞서서 인쇄 장비를 모두 처분하고 지하 감옥을 폐쇄했다. 카렌을 잃은 슬픔을 잊기 위해, 옛 생활과 관련된 연결 고리를 모두 끊고 싶었다. 지폐 위조와 각종 범죄 행위가 그를 거짓말쟁이로 만들었고, 거짓말은 그의 가정생활을 파탄으로 몰아간 주범이었다. 아트가 지하 감옥을 폐쇄한 것은 마치 금연을 결심한 애연가가 담배 한 보루를 던져 버리듯 새 출발을 하겠다는 강력한 의지를 만천하에 공표한 행동이었다. 그는 유혹의 불씨가 될 만한 모든 요인의 싹을 완전히 잘라버리고 싶었다.

아트는 텍사스 주의 밸리뷰라는 마을에 도착했다. 대도시 출신의 범죄자인 아트의 눈에 밸리뷰는 사막 한가운데에 고립돼 있는 수도원처럼 보였다. 그곳은 댈러스에서부터 북쪽으로 10킬로미터 떨어진 곳에 위치해 있었는데, 건물이라고 해 봐야 모두 100여 채에 불과했고, 그중의 대부분은 35번 주간 고속도로에 바짝 붙어있는 단층집이었다. 주민 수는 약 700명이었는데, 주민의 대다수는 블루칼라 근로자이거나, 외딴 평야에 작은 농장을 소유한 낙농업자였다. 마을에는 은행 하나와 몇 개의 상점, 그리고 술집 하나가 있었다.

아트가 밸리뷰에 도착했을 때, 맬린다는 에번 라이트라는 마을 남자와 목하 열애 중이었다. 라이트는 건설 업체를 운영하면서 마을 근교에 작은 농장도 소유하고 있었는데, 맬린다의 부탁에 따라 아트를 자기가 운영하는 건설 업체에 취직시키고 거처도 마련해 줬다. 아트의 거처는 라이트의 집 옆에 있는 빈 트레일러였다. 밸리뷰에는 멕시코 출신의 근로자들이 많아 구직난이 심했기 때문에 시카고보다 임금이 적었다. 아트는 모티 벨로의 밑에서 건축 일을 했던 경험이 있던 터라 일을 쉽게 배웠다. 그는 맨몸으로 종일 무거운 건축자재를 날랐다. 한창 일할 나이인지라 체력이 받쳐주기도 했지만, 아픈 과거를 잊기 위해서라도 더욱 열심히 일했다. 정신없이 육체노동에 몰두하다 보면 쌓였던 울분이 땀구멍을 통해 배출되는 것 같았다. 낮에는 프리스코나 플레이노와 같은 이웃 마을까지 일을 하러 갔다가, 밤이 되면 파김치가 되어 트레일러로 돌아오기 일쑤였다. 잠이 오지 않는 밤이면 트레일러 밖 공터에 간이의자를 놓고 앉아 맥주를 마셨다. 몸이 두둥실 떠올라 밤하늘의 별을 향해 날아가는 느낌이 들 때까지 마셨다. 어차피 쓰레기 인생! 도시 뒷골목의 쓰레기에서 시골구석의 쓰레기로 자리만 이동했을 뿐이니, 굳이 '몰락'이라는 표현을 쓸 필요까지는 없었다. 게다가 텍사스는 복잡해진 머리를 식히는 데는 그만이었다. 밤하늘의 별도 아름다웠다.

라이트의 이웃에 루시 라스무센이라는 이름을 가진 금발의 시골처녀가 살고 있었다. 아트는 라이트와 외출하던 길에 그녀와 처음 마주쳤다. 그녀는 지나가던 길에 라이트를 발견하자 차를 멈추고 인사를 건넸다. 라이트가 두 사람을 서로 소개시키는 순간부터 텍사스 여성 특유의 애정공세가 시작되었다. 루시는 다음날 먹을 것을 들고 트레일러로 찾아왔다. 그 후 루시의 방문이 몇 번 더 이어지자, 아트는 '사랑하는 여인에게 버림받아 큰 상처를 받았으며, 지금은 어떤 여성과도 사귈 수 없다'고 솔직히 털어놨다. 아트의 말은 진심이었다. 그는 카렌을 향한 지고지순한 사랑이 거부된 이상, 다른 어떤 여자도 사랑할 수 없다고 생각하고 있었다. 루시는 아트의 고백을 듣고도 전혀 물러설 줄 몰랐다. 그녀는 아트를 가엾게 여기고, 그의 마음속에서 꺼져가는 사랑의 불씨를 살리기 위해 적극적으로 대시하기 시작했다. 아트는 혀를 내두르며 말했다.

"그녀는 정말 대단했어요. 그녀는 인생을 즐길 줄 아는 야생마 같은 여자였어요. 금발의 머리에 쭉쭉빵빵한 몸매, 낙천적인 사고방식, 어느 것 하나 나무랄 데 없는 사랑스러운 여인이었죠. 그녀는 심지어 셔츠를 질끈 동여매고 데이지 듀크('해저드 마을의 듀크 가족'이라는 영화에 나오는 캐릭터 옮긴이) 흉내를 내기도 했어요."

라이트의 집은 면적이 4만 제곱미터나 됐는데, 한쪽 구석에 수십 대의 중고 자동차가 아무렇게나 놓여 있었다. 아트는 하루 일과가 끝나고 햇볕에 달궈졌던 자동차가 식을 때쯤 되면, 종종 체비Chevys나 포드 자동차를 골라 타고 루시와 드라이브를 즐겼다. 둘은 때때로 차 안에서 뜨거운 사랑을 나누기도 했다.

루시의 뜨거운 애정공세 덕분에 아트는 잠시나마 과거의 아픔을 잊고 현실에 눈을 돌릴 수 있었다. 그러나 그녀는 아트의 상처받은 마음을 치유하는 것이 자기의 능력 밖이라는 사실을 곧 깨달았다. 몇 주의 '재활 치료' 코스가 끝나고 나자, 루시는 '이미 남자친구가 있다'는 핑계를 대고 아트를 포기했다. 그러나 그녀는 자기 대신 덴톤

(텍사스 여대가 있는 캠퍼스 타운)에 사는 세 명의 친구를 아트에게 소개시켜 주기로 했다. 그로부터 며칠 후에 열린 파티에서 아트는 재닛, 수전, 나탈리라는 세 명의 아가씨를 소개받았다. 세 아가씨는 모두 텍사스 북부의 스파르타식 문화 배경에서 성장했을 뿐 아니라, 보수적인 기독교 집안에서 자랐다는 공통점이 있었다. 따라서 그녀들은 신체적 접촉에 관대한 아트와는 달리 성적, 도덕적 금기 사항이 몸에 배어 있었다. 아트는 그녀들이 호기심이 많다는 것을 간파하고, 사우스사이드 출신의 통 큰 남자라는 점을 은근히 과시하며 도시에서 겪은 각종 모험담을 들려줬다.

"우리는 그때까지 그런 남자를 만나본 적이 없었어요."

셋 중에서 가장 나이가 어린 나탈리는 이렇게 회고했다.

"우리는 건초더미 속에서 자랐고 시골을 벗어난 적이 없었어요. 텍사스를 떠난 적은 몇 번 있었지만요. 그는 이런 우리에게 시카고의 풍경, 갱단, 총싸움 등에 대해 얘기해줬어요. 게다가 그는 매우 특출해 보였어요. 내 말은, 그가 다른 사람과 달라 보였다는 뜻이에요. 그는 마치 우주의 반대편에서 온 사람 같았어요."

아트의 입장에서 보면 신기한 건 자기가 아니라 오히려 그녀들이었다. 그녀들의 억양, 순박함, 촌스러움은 그에게 신선한 충격이었다. 그녀들은 억세게 자란 사우스사이드의 여자들보다 까칠하게 굴지 않아 좋았다. 그녀들은 셋 다 미녀였다. 재닛은 키가 훤칠하고 피부 결이 고왔으며, 맑고 푸른 눈과 적갈색의 머리칼을 갖고 있었다. 이에 반해 수전과 나탈리는 아담한 체구에 검은 곱슬머리를 가진 백인 처녀로, 푸른 눈과 앵두 같은 입술을 갖고 있었다. 아가씨들의 성격은 판이하게 달랐다. 루시는 말괄량이였지만, 재닛은 보수적이면서 약간 도도했고, 수전은 예술에 관심이 많았으며, 나탈리는 조용한 성격이었다.

아트는 제일 먼저 도도한 재닛에게 작업을 걸었다. 재닛은 텍사스 여대에 재학 중인 학생이었다. 그녀는 여대에 다니는 관계로 남자를 겪어본 경험이 부족해서 그런지 아트에게 쉽게 넘어왔다. 아마도 그녀의 부모들이 그녀를 여대에 보낸 것은, 아트 같은 남자를 만나는 것이 두려웠기 때문인지도 모른다. 재닛은 처음 만난 날 이미 키스를 허락했지만, 아트는 몇 주 동안 추근댄 끝에 간신히 진도를 더 나갈 수 있었다. 그러나 진도가 잘 안 나간다고 해서 주춤거릴 아트가 아니었다. 그는 재닛을 따라다니는 동안에도 막간을 이용해서 루시와의 드라이브 여행을 계속했다.

“나는 루시와의 관계를 끊을 수 없었어요. 그녀는 분명 매력이 있는 여자였어요. 그렇다고 해서 그녀가 아무하고나 사랑을 나누는 헤픈 여자였다고 생각하지는 말아주세요. 그녀는 다만 성격이 쾌활하고, 나와 너무 가까운 곳에 살고 있었을 뿐이에요.”

아트가 루시를 포함한 네 아가씨를 만난 때는 여름방학이 막 시작된 시기여서, 아트는 텍사스에서의 첫여름을 매우 한가하게 보낼 수 있었다. 주말이 되면 아트는 그녀들과 레이로버츠 호수의 북쪽 끝에서 만났다. 레이로버츠 호수는 미국 공병대가 만든 인공 저수지로, 두 개의 주립공원을 포함하고 있다. 그들은 호수에서 멀리 떨어진 공공 주차장에 차를 세우고, 호숫가로 내려와 캠프를 쳤다. 그곳은 사람들의 발길이 잘 닫지 않는 곳으로, 커다란 절벽이 있어서 다이빙을 할 수 있었다. 그들은 뗏목을 띄우고 놀거나, 여자들의 경우 비키니를 입고 바위 위에 누워 일광욕을 하기도 했다. 또 준비해 간 그릴에 마른 풀로 불을 지펴 음식을 구워먹기도 했다. 그 시절 아트는 더 바랄 것이 없었다.

"밸리뷰 일대에 여자 넷을 거느린 남자는 아마 나 하나밖에 없었을 거예요. 내 인생에서 가장 행복한 나날이었죠."

6개월 동안 아트는 세 명의 아가씨와 모두 사귀었다. 아트는 한 아가씨에게 정착하지 못하고 차례대로 다음 처녀에게 넘겨졌다. 어찌 보면 아트는 애완용 강아지와 다를 바 없었다. 그러나 그는 데리고 놀기에는 좋을지 모르지만, 좀처럼 길들여지지 않는 강아지였다.

"한때 세 여자를 동시에 사귀려고, 한꺼번에 다 덤비라고 한 적도 있었어요. 그랬더니 한 명도 안 덤비더군요."

아트는 껄껄 웃으며 말했다. 아트가 여자를 유혹하는 데 사용한 무기는 세 가지로 요약될 수 있었다. 첫째는 아트 자신만의 매력, 둘째는 시의적절한 거짓말, 셋째는 '시카고에 있는 가족에게 돌아가야 하는데…'라는 멘트였다. 그는 이 세 가지 무기를 적절히 배합하여 세 여자를 컨트롤했다.

실제로 아트는 일주일에 한 번씩 카렌에게 전화를 걸고, 가끔씩 돈도 부쳤다. 카렌은 말했다.

"그는 한번에 500달러씩 생활비를 부쳐줬어요. 나는 그가 아들을 끔찍이 생각했다는 걸 잘 알아요. 하지만 아들을 보려고 직접 찾아온 적은 별로 없었어요. 마음의 상처가 꽤나 컸던 것 같아요."

아트는 아버지 아트 시니어만큼이나 '실패한 아빠'였음이 분명하다. 그러나 텍사스에 머물렀던 시절의 아트는 — 적어도 초기만큼은 — 개과천선한 모습을 보였다. 마리화나를 피웠던 것을 제외하면, 1년 동안 경범죄 하나도 저지른 적이 없었으니 말이다. 더욱 중요한 것은, 그가 새로운 생활에 만족하고 있었다는 사실이다.

"나는 목장을 장만해서 말도 좀 키우고, 건설 업체도 하나 설립해 볼 생각을 갖고 있었어요."

미래에 대한 희망을 갖는 것은 그 자체로서 유쾌한 일이다. 현대의 양자론은 '우리가 일상생활에서 내리는 모든 의사결정이 수많은 다중우주를 생성한다'는 다중우주론의 아이디어를 지지하고 있다. 우리는 의사결정을 내릴 때 복수의 대안 중 하나만을 선택하는데, 이 경우 선택되지 않은 대안은 어떻게 될까? 선택되지 않은 대안은 실체가 없는 하나의 희망에 불과하므로, 선택되지 않는 순간 물거품처럼 사라진다고 생각하기 쉽다. 그러나 다중우주론에 의하면 선택되지 않은 대안일지라도 사라지지 않고, 그 자체로서 하나의 우주를 형성한다고 한다. 그렇다면 다중우주론에 입각하여 아트의 현재 모습을 상상해 보는 것도 괜찮을 듯싶다. 그는 지금 이 순간 어느 우주에 있는 목장의 울타리 위에 여유만만하게 앉아 건초를 씹으며, 광활한 텍사스 하늘을 붉게 물들이는 황혼을 바라보고 있을지도 모른다. 아니면 시공時空의 두꺼운 벽 너머에 존재하는 다른 우주에서 변호사를 개업하거나 성공한 사업가로 이름을 날리고 있을지도 모른다. 그러나 현실은 냉정한 것. 우리는 살아가는 동안 시시각각 의사결정을 내려야 하는 상황에 직면하며, 그 결과에 대한 책임은 결정을 내린 우리 자신에게 있다. 아트는 '올바른 미래'를 설계하는 데 있어서는 누구보다도 뛰어난 상상력을 발휘했지만, 정작 올바르게 살 수 있는 기회가 주어졌을 때는 번번이 그 기회를 놓치는 우를 범하고 말았다.

텍사스로 이사 온 지도 어느덧 9개월이 지난 어느 날, 아트의 마음속 깊이 새겨졌던 날짜 하나가 잠자고 있던 그의 야수적 본능을 깨웠다. 1994년 6월 4일! 그것은 1년 전 모티 벨로가 알려준 자기의 딸 리사의 결혼식 날짜였다. 아트는 모티의 말을 듣는 순간 그 날짜를 마음속에 고이 간직했다. 그녀의 결혼식에 참석하고 싶어서가 아니었다. 그 날은 모티의 온 가족이 집을 비우는 날이기 때문이었다.

텍사스의 공사판에서 일하는 동안, 아트는 모티를 향한 적개심을 불태워왔다. 그의 밑에서 뼈 빠지게 일한 2년 동안 임금을 제대로 받지 못했다고 생각하니 감정이 복받쳐 올랐다. 만일 모티가 최저임금이라도 지불했더라면 아트는 그때쯤 수만 달러를 손에 쥐고 있었으리라. 그러나 아트를 더욱 화나게 한 것은, 그가 아트의 방랑자 기질을 교묘히 자극하여 착취에 무감각하게 만들었다는 점이었다. 아트의 분노는 '1994년 6월 4일'이라는 날짜와 함께 몇 달 동안 머릿속에서 겨울잠을 자고 있었다. 그러나 1994년 5월이 다가오자, 그의 몸

안에서는 빅벤(영국 국회의사당의 동쪽 끝에 있는 대형 시계탑 옮긴이)의 종 소리를 방불케 하는 커다란 알람이 울리기 시작했다. 오랫동안 범죄에 손을 대지 않고 살아온 그는 양단간에 결정을 내려야 하는 상황에 직면했다. 그냥 이대로 조용히 지낼 것인가, 아니면 세상에서 가장 야비한 악덕업자의 집을 털 것인가? 아트는 혼란에 빠졌다.

"그날이 점점 다가오면서 나는 동요하기 시작했어요. 나는 세 명의 아가씨들과 편안한 시간을 보내고 있었어요. 시카고로 돌아가려면 큰 위험을 각오해야 했어요. 하지만 시간이 다가올수록 나는 흔들리기 시작했어요. 그날은 모티에게 마음 놓고 복수할 수 있는 유일한 기회였어요."

6월 4일 금요일 새벽, 아트는 시카고에 사는 옛 동료들에게 미리 전화를 한 다음, 장장 1천 500킬로미터를 달려 시카고에 입성했다. 그는 모티의 집 건너편에 차를 세워놓고, 식구들이 모두 집을 나와 차에 올라타고 결혼식장으로 떠나는 것을 확인했다. 그리고 집 안에 아무도 없는 것을 확인하기 위해 몇 분 더 기다린 다음, 뒷문을 통해 모티의 집 안으로 침입했다. 아트는 모티의 침실에 딸린 화장실로 들어가 소형 철제 금고를 찾아낸 다음, 쇠 지렛대를 이용하여 간단히 문을 열었다. 아트는 당시를 회상하며 말했다.

"우리는 철제 금고에서 현금 6만 달러를 털었어요. 그러나 그게 전부가 아니었어요. 우리는 다이아몬드와 에메랄드도 털었어요. 그것들은 멋진 라이스지(rice-paper, 질 좋은 얇은 종이의 하나 옮긴이) 봉투에 담겨 있었죠. 철제 금고 안에서는 작은 박스도 하나 나왔는데, 그 속에는 귀고리, 보석, 시계, 금목걸이가 들어 있었어요."

아트는 전리품을 친구들과 나누고 장물아비를 통해 처분한 다음, 약 4만 달러의 현금을 손에 쥐고 텍사스로 돌아왔다.

"4만 달러라면 그 동안 모티가 떼어먹은 금액과 얼추 비슷하다고 생각했어요."

갑자기 수중에 돈이 생기자, 한동안 잠잠했던 낭비벽이 도졌다. 아트는 아가씨 네 명을 거느리고 돌아다니며 먹고 마시는 데 그 많은 돈을 다 썼다. 돈을 마구 써버리는 것은 모티에게 원수를 갚는 방법이기도 했다.

'모티의 집 습격 사건'을 계기로 잠에서 깨어난 아트의 야수 본능은 그로부터 몇 달 후 서서히 본색을 드러냈다. 때는 바야흐로 아트가 재닛과 결별하고 수전의 뒤꽁무니를 졸졸 따라다니던 시기였다. 수전은 예술에 관심 있는 척 하는 검은 머리의 백인 아가씨였다. 아트는 수전이 몸치장에 유난히 관심이 많다는 것을 간파하고, 그녀에게 수작을 걸어 보기로 마음먹었다. 어느 날 새로 산 옷과 보석으로 잔뜩 치장하고 나타난 그녀에게 아트가 물었다.

"그 많은 게 다 어디서 났지?"

"남자 친구가 사줬지롱."

수전이 대답했다. 수전의 말에 의하면, 그녀의 남자 친구는 덴톤에서 마약 장사를 크게 하는데, 침대 밑에 항상 돈을 깔아놓고 있다가, 언제든 말만 하면 필요한 만큼 꺼내다 준다고 했다.

수전의 말을 듣는 순간 아트는 배알이 뒤틀려, '올바른 미래'를 구상하던 마음 따위는 온데간데없이 사라지고 말았다. 아트는 그때까지 시카고 뒷골목 시절의 화려한 경력에 대해 입도 뻥긋한 적이 없었지만, 이번 기회에 다 말해 버려야겠다는 생각이 들었다. 그는 한때 조직에 몸담았던 일과, 심지어 지폐를 위조했던 일까지 털어놨다. 그러나 다 말해 놓고 보니 '너무 했나?'라는 생각이 들어, "이제는 묻어 두고 싶은 어두운 과거일 뿐이야"라고 점잖은 마무리 멘트까지 날렸다. 그러나 한번 깨어난 아트의 야수 본능은 수그러들 줄 몰랐다.

"시카고에 있을 때, 난 네 남친 같은 마약 딜러 녀석들을 혼내주곤 했어. 그뿐인 줄 알아? 난 돈도 많이 벌었어."

아트가 우쭐거리며 말했다.

"정말? 어떻게?"

호기심에 찬 표정으로 수전이 말했다.

아트는 마약 딜러를 사냥했던 무용담을 몇 가지 말해 줬다. 수전의 눈이 휘둥그래진 것으로 보아 아트의 말이 농담이 아니라는 것을 알아챈 듯했다. 아트는 수전이 자기의 이야기에 흠뻑 빠지자 장난기가 발동했다. 그는 수전의 남자친구에 대해 이것저것 묻기 시작했고, 10분도 못되어 그가 사는 곳, 그가 모는 차량, 그가 판매하는 물건에 대한 정보가 고스란히 아트에게 넘어왔다. 당시 수전은 범죄에 대한 상식이 없었지만, 나중에 아트와 결별한 후에야 자기의 행위가 범행 공모죄에 해당한다는 사실을 깨달았다.

수전이 사귄다던 마약 딜러의 이름은 클레이턴이었다. 놈은 마을 건너편의 아파트에 살면서 검은 머스탱을 몰고 마리화나와 엑스터시를 거래했다. 수전은 놈이 사는 아파트의 동호수를 정확히 대지 못했기 때문에, 아트는 아파트 건너편의 숲 속에 숨어 그가 나타나기를 기다렸다. 결국 놈의 동호수를 알아내는 데 성공한 아트는 구체적인 범행 계획을 세웠다.

놈의 아파트에 혼자 침입하는 것은 위험했으므로, 아트는 남동생 제이슨을 끌어들였다. 제이슨은 8년간의 메리빌 아카데미 생활을 청산하고 막 출소하여, 웬즈의 집에 머물면서 일자리를 알아보던 중이었다. 그곳은 신체적, 성적, 정서적으로 학대받은 어린이들을 치료하는 시설이었는데, 아트는 그 동안 맬린다, 웬즈와 함께 제이슨을 여러 번 면회하러 갔었지만, 제이슨이 실질적인 도움을 받고 있다는 생각이 든 적은 한 번도 없었다. 아트의 짐작대로 제이슨은 출소 당시에 읽고 쓰는 것을 거의 하지 못했다. 아트가 전화를 걸어 쉽게 돈 버는 방법이 있다고 귀띔하자, 제이슨은 뛸 듯이 기뻐하며 바로 다음날 댈러스로 날아왔다. 만일 아트가 정말 범죄를 저지를지의 여부에 대해 의심을 품은 사람이 있었다면, 제이슨의 얼굴을 쳐다보는 순간 의심이 싹 가셨을 것이다. 댈러스 공항에 내린 제이슨은 시카고불스의 로고가 새겨진 재킷을 입고 있었는데, 누가 봐도 사우스사이드 출신의 조폭이라는 것을 대번에 알아차릴 수 있을 정도였다.

아트의 범행 계획은 간단했다. 그와 제이슨이 아파트 건너편의 숲 속에서 기다리는 동안 수전이 놈에게 전화를 걸어 마리화나를 좀 갖다 달라고 부탁한다. 놈이 아파트에서 나오는 것을 확인한 아트와 제이슨은 숲 속에서 나와 놈의 아파트로 침입한다. 놈의 아파트에서 현금과 마약을 턴 다음에는 길가에서 기다리던 나탈리의 차를 잡아타고 줄행랑을 친다.

처음에는 일이 계획대로 착착 진행되었다. 수전이 놈에게 전화를 걸었고, 놈이 밖으로 나와 수전에게로 떠났고, 아트와 제이슨은 쇠지렛대로 베란다 문을 열고 놈의 아파트로 침입했다. 놈의 침실로 들어간 아트와 제이슨은 약 1만 7천 달러의 현금, 대마초가 가득 찬 진공청소기 가방, 그리고 엑스터시 다섯 병을 발견했다. 아트는 너무 기분이 좋아, 놈의 화장대에서 찾아낸 최고급 향수를 꺼내어 몸에 뿌리는 여유까지 부렸다. 불과 몇 초의 여유였지만, 아트는 그 대가를 톡톡히 치러야 했다. 아트와 제이슨이 현관문을 열고 나가려는 순간, 열쇠를 열쇠 구멍에 밀어 넣으려던 클레이턴과 정면으로 마주친 것이다.

"상상이 가세요? 놈이 얼마나 황당한 표정을 지었는지. 나는 두 손으로 얼굴을 가리고 후다닥 밖으로 튀어나갔어요. 제이슨도 곧 내 뒤를 따랐죠. 놈은 '뭐 하는 놈들이야, 거기 서지 못해?'라고 소리치다가, 이내 우리의 뒤를 쫓기 시작했어요."

제이슨은 추격자가 한 명뿐이라는 것을 확인하고는, 차라리 놈과 맞짱을 뜨는 것이 낫겠다 싶어 뒤로 돌아섰다. 그러자 놈은 두 명을 상대할 자신이 없었던지 슬슬 뒷걸음질을 쳤다. 아트와 제이슨은 그 틈을 타서 재빨리 옆길로 빠져, 아파트를 한 바퀴 돈 다음 나탈리가 기다리는 곳으로 갔다. 그러나 나탈리의 차를 타고 아파트를 빠져나오지 채 1분도 안 되어 검은색 머스탱이 따라붙었다. 놈의 손에 핸드폰이 들려있는 것으로 보아, 친구들의 힘을 빌려 잃어버린 돈과 마약을 되찾으려는 것이 분명했다. 아트는 사태가 확산되는 것을 원치 않았다. 아트는 나탈리에게 말했다.

"나와 제이슨은 다음 신호등에서 신호 대기에 걸리는 순간 차 밖으로 뛰어내릴 거야. 너는 일단 이 자리를 피했다가 나중에 놈이 쫓아오지 않는 것을 확인한 다음 집으로 돌아가. 놈은 너를 추격하진 않을 거야. 돈과 마약을 갖고 있는 건 우리니까."

나탈리는 혼자 남는 것이 두려워 같이 가자고 떼를 쓰고 싶었지만, 이미 다음 신호등은 빨간불로 바뀐 뒤였다. 나탈리가 뭐라고 말하기도 전에 아트와 제이슨은 차문을 박차고 뛰쳐나갔다. 아트의 작전은 들어맞았다. 남자 둘이 차에서 탈출하는 것을 본 놈은 나탈리의 차를 제쳐두고 그들을 쫓아왔다. 하지만 아트와 제이슨은 골목길로 들어가 몇 개의 담을 넘은 끝에 놈의 추격을 따돌리는 데 성공했다. 그러나 그 다음이 문제였다. 그들은 덴톤의 지리를 전혀 몰랐던 것이다. 한참을 헤매던 그들의 눈앞에 덴톤 교외의 늪지대가 나타났다. 그들은 진흙탕 길을 힘겹게 걸어야 했다. 날이 저물어 가면서 신경이 날카로워질 대로 날카로워진 형제는 서로 옥신각신하다가, 급기야 진흙탕 속에서 주먹다짐을 하는 지경에까지 이르렀다. 천신만고 끝에 수전의 아파트로 가는 길을 찾아낸 것은 그로부터 몇 시간이 지난 후였다. 그들은 온몸에 진흙과 검불을 뒤집어쓰고 완전히 탈진한 상태였다.

나탈리, 수전, 루시는 죽은 줄 알았던 아트와 제이슨이 살아 돌아오자 대성통곡을 했다. 클레이턴이 그녀들에게 전화를 걸어 '두 놈을 다 죽여버렸다'고 말하며 잔뜩 겁을 준 모양이었다. 아트는 그까짓 마약장수의 공갈 협박에 겁먹지 말라고 하며 그녀들을 다독였다. 그런데 클레이턴은 그 이상의 공갈 협박도 서슴지 않았다. 놈은 어떻게 알아냈는지 아트의 이모 도나에게 전화를 걸어 "돈과 마약을 되찾지 못하면 네 년의 집을 불살라 버리겠다"고 협박했다. 놈은 신통하게 도나의 집 주소까지도 알고 있었다. '시골 양아치 주제에 감히 시카고에서 놀던 어르신에게 덤벼들다니.' 아트는 이쯤에서 놈의 버르장머리를 고쳐야겠다고 생각했다. 그는 다시 한 번 제이슨을 데리고 클레이턴의 아파트 건너편 숲 속에 잠복했다. 그리고 외출하려던 놈을 납치하여 무자비한 린치를 가했다. 아트와 제이슨의 솜씨를 알아본 놈은 돈과 마약을 포기함은 물론 아예 마을을 떠나겠다고 약속했다.

범죄는 종종 인간관계를 오염시키지만, 우리는 이 같은 범죄의 마력을 간과하기 쉽다. 아트는 '클레이턴 습격 사건'을 수습하느라 진땀을 흘렸으면서도, 그 사건이 아가씨들에게 미친 놀라운 영향을 간파하지 못했다. 아트는 훗날 말했다.

"그녀들은 처음에는 화들짝 놀랐지만 곧 대담해졌어요. 쉽게 말해서 범죄에 맛을 들이게 된 거죠. 범죄를 저지르는 사람들은 약간의 선천적 기질을 갖고 있기 마련이에요. 마음속에 잠재해 있던 악마적 본성이 어떤 계기를 맞아 몸 밖으로 표출돼 나오는 것이 범죄라고 할 수 있죠. 그런데 문제는 그녀들의 본성이 표출되는 계기를 제공한 사람이 바로 나라는 거예요. 내가 그녀들을 타락시킨 거죠."

아트는 별로 힘들이지 않고도 수전과 루시를 범죄에 가담시킬 수 있었다. 아트는 마약 딜러를 사냥하는 일에 그녀들을 이용했다. 그는 멕시코 국경을 넘어 누에보라레도(멕시코 북동부, 미국과의 경계에 있는 도시 옮긴이)로 가는 길에 소위 '데이트 강간 약'으로 알려진 강력한 마약 로힙놀Rohypnol 한 병을 구해, 그녀들과 함께 싸구려 술집으로 들어갔다. 그들은 술집 전체를 한눈에 바라볼 수 있는 테이블을 차지하고 앉아, 사냥감을 물색하기 시작했다. 아트가 보기에, 멕시코의 마약 딜러들은 모자와 장화만 신었을 뿐 시카고의 마약 딜러들과 다를 게 없었다. 놈들은 두둑한 돈주머니와 삐삐를 허리춤에 차고, 10분 간격으로 뻰질나게 술집을 드나들었다. 아트가 사냥감을 하나 정하면, 두 아가씨 중 한 명이 놈의 곁으로 다가가 자리를 잡고 앉아 수작을 걸었다. 그리고 놈에게 술 몇 잔을 얻어 마시면서 계속 추파를 던지다가, 분위기가 무르익었다 싶으면 부끄러운 듯 '당신의 집을 구경시켜 달라'고 아양을 떨었다. 놈이 그녀를 태우고 술집 주차장을 벗어나면, 아트와 다른 한 명의 아가씨가 그들을 바짝 미행했다.

일단 딜러의 집에 들어가면, 아가씨는 놈에게 술을 퍼 먹이고 로힙놀을 투약했다. 로힙놀은 효과가 확실하고 빨라, 약 15분 만에 놈을 보내 버렸다. 곧이어 아가씨는 대문을 활짝 열고 아트와 다른 아가씨를 불러들였다. 마약 딜러가 혼수상태에 빠진 동안, 아트 일당은 여유 있게 집안을 뒤져 현금과 마약을 챙겼다. 그리고는 차를 몰고 멀리멀리 사라졌다. 그야말로 식은 죽 먹기였다.

범죄의 세계에 완전히 복귀한 데다가 든든한 꽃뱀까지 확보한 아트였지만, 마약 딜러 사냥을 계속 해야 할지에 대해 확신이 서지 않았다.

"텍사스에는 기회가 너무 많아 탈이었어요. 사람들은 촌스럽다 못해 멍청했고, 여자들은 수준이 낮았어요. 전반적으로 주민의 질이 떨어져, 내가 한 수 접고 들어가야 하는 경우가 많았어요. 그러다 보니 제대로 된 먹잇감을 찾기가 힘들었죠."

얼마 후 동료 작업자와의 의견 다툼으로 공사장 인부 일을 그만둔 아트는 공식적인 백수가 되었다. 그는 '넘쳐나는 멕시코계 이주민들 때문에 임금이 너무 낮아 불만이었는데 마침 잘 됐다'는 말로 자신을 합리화했다.

아가씨들과 '로힙놀을 이용한 꽃뱀 놀이'를 시작한 후 얼마 지나지 않아, 아트는 데이브 페티스라는 사내를 만났다. 그는 덴톤 출신의 오토바이광으로, 자극적인 것을 좋아하는 아트와 공통점이 많아 보였다. 그는 술을 몇 잔 마시면 과장이 심해지고 겁이 없어졌다. — 나중에 알고 보니 별로 실속은 없었다 — 데이브는 범죄 경력이 거의 없었지만, 아트는 남자 동료도 하나쯤은 있는 것이 좋겠다 싶어 그를 자기 수하에 두기로 결정했다. 아트를 만난 지 일주일도 채 못 되어 데이브는 큰 일거리를 하나 물어왔다. 데이브에게는 여자 친구가 하나 있었는데, 그녀의 아버지는 가내 수공업으로 작은 금은방을 운영하고 있다고 했다. 그녀의 아버지는 최근 수지타산이 맞지 않아 가게를 정리하고 싶어했는데, 갖고 있는 보석을 처분할 방법이 마땅치 않았다. 고심 끝에 생각해 낸 최선의 방법은 도난보험을 이용하는 것이었다. 그는 누군가가 보석상에 침입하여 보석을 털어가 주기를 바랐다. 그러면 그는 경찰에 신고한 다음 보험금을 타먹으면 되고, 도둑은 2만 5천 달러 상당의 보석과 귀금속을 공짜로 챙기게 되니, 누이 좋고 매부 좋은 일이 아닐 수 없었다. 데이브는 자기가 도둑의 역할을 맡기로 약속했지만 자신이 없어, 이 분야에 경험이 많은 아트의 도움을 받고 싶다고 말했다. 아트가 생각하기에도 그리 간단한 작업은 아니었다. 도둑맞은 것처럼 위장하기 위해 도둑들과 똑같은 수법으로 가게 문을 따고 들어가되, 이웃들에게 들키지 않고 감쪽같이 보석을 털어갖고 나와야 하기 때문이었다.

아트는 짐짓 심각한 표정을 지으면서도 속으로는 쾌재를 불렀다. 설사 일이 잘못 되어 경찰에 체포되더라도 장인 될 사람이 사위의 처벌을 원할 리 만무했고, 주인이 언제 가게를 비우는지 이미 다 알고 있으므로 범행 장소를 사전 답사할 필요도 없었기 때문이다. 데이브에 의하면, 주인은 이번 주말에 이웃 마을에 볼일이 있어 가게를 비울 예정이고, 일요일 밤까지는 도난 신고를 하지 않기로 각본까지 짜놨다고 했다. 아트는 토요일 밤을 거사일로 정했다.

토요일 저녁 아트와 데이브는 미리 구입해 놓은 장갑과 쇠막대를 챙겨 거사 장소로 향했다. 금은방은 덴톤 교외의 단층 건물에 있었다. 날이 어두워지자, 아트는 데이브에게 망을 보게 하고 쇠막대로 금은방의 뒷문을 열었다. 금은방 내부는 어둡고 썰렁했다. 데이브는 아트를 바로 세공실로 안내했다. 기대감에 부풀어 세공실 문을 여는 순간 아트는 자기의 눈을 의심했다. 그곳은 설사 가내수공업이라는 점을 감안하더라도 땜장이의 작업실을 연상케 했다. 세공 시설이라고 해야 전동 공구 몇 개, 작업등 하나, 플라스틱 구슬 통 몇 개, 서류 캐비닛 하나가 전부였다. 캐비닛의 서랍을 열자 금사슬과 은사슬, 준보석 등만 가득 들어 있고, 보석이나 귀금속은커녕 그 비슷한 것도 눈에 띄지 않았다.

"마치 시골 할머니의 패물함을 턴 것 같은 기분이 들었어요. 그곳에 있는 물건을 다 합해 봤자 5천 달러어치도 채 안 됐을 거예요."

아트는 말했다.

황당하고 어이없기는 데이브도 마찬가지였다. 그는 금은방을 더 뒤져 보자고 했지만, 아트는 시간이 없으니 빨리 나가자고 맞섰다. 아트는 재빨리 상황을 정리해 보았다. 주인이 거짓말을 했거나, 데이브가 번지수를 잘못 찾았거나 둘 중의 하나였다. 아트가 혼자 나가겠다고 으름장을 놓자 데이브는 하릴없이 아트를 따라나섰다. 밸리뷰로 돌아오는 동안 아트는 '큰 일거리가 있다더니 겨우 그거냐'고 데이브를 심하게 나무랐다. 운전대를 잡고 있던 데이브는 심통이 났는지 차를 빠르고 신경질적으로 몰았다. 아트가 한창 장광설을 늘어놓고 있는데, 갑자기 백미러에서 빨갛고 파란 섬광이 포착되었다. 깜짝 놀라 뒤를 돌아보니 덴톤 카운티 경찰서의 순찰차가 뒤쫓아 오고 있었다.

아트는 경미한 교통법규 위반 때문일 거라고 판단하고, 데이브에게 차를 세우고 침착하게 대응하라고 일렀다. 그러나 경찰관 하나가 운전석으로 다가와 운전면허증 제시를 요구하자, 흥분한 데이브는 차 안을 더듬기만 할 뿐 운전면허증을 내밀지 못했다. 그는 행선지가 어디냐는 경찰관의 질문에도 정확히 대답하지 못하고 말을 더듬거렸다. 이상하게 생각한 경찰관은 차 안을 수색하겠다고 통보했고, 데이브는 거칠게 저항했다. 데이브의 강력한 저항은 경찰관들로 하여금 '차 안에 마약이 있다'는 심증을 굳히게 할 뿐이었다.

아트와 데이브는 훔친 물건들을 금은방에서 발견한 볼링공 가방에 담아 트렁크 속에 넣어 두었었다. 가방에서 금사슬, 은사슬, 준보석 등이 쏟아져 나오자, 경찰관들의 심증은 확신으로 바뀌었다. 그 가방에는 금은방 주인의 이름이 새겨져 있었는데, 경찰관들은 이 이름을 근거로 하여 금은방의 주소를 찾아냈다. 아트와 데이브가 조사를 받고 있는 동안, 경찰관들은 차량 한 대를 금은방으로 급파하여 침입의 흔적을 찾아냈다. 아트와 데이브는 체포되어 덴톤 카운티의 구치소에 수감되었다. 다음날 두 사람은 '거주지 침입 절도' 혐의로 기소되었다. 엄격하기로 유명한 텍사스 주의 형법에 의하면, 거주지 침입 절도는 최대 20년의 징역형을 선고받을 수 있는 1급 범죄에 속했다.

알고 보니 데이브가 여자 친구의 아버지와 보험사기를 공모했다는 말은 새빨간 거짓말이었다. 데이브는 절도 초보자로서, 아트와 같은 전문 절도범을 끌어들이기 위해 있지도 않은 일을 사실처럼 꾸며댄 것으로 밝혀졌다. — 안타깝게도 아트의 노련함은 데이브 같은 애송이의 의도를 알아차리는 데 별로 도움이 되지 않았다 — 데이브의 말 중에서 거짓이 아닌 것은 딱 한 가지, 금은방 주인이 여자 친구의 아버지라는 사실이었다. 그러나 데이브와 여자 친구의 아버지는 서로 사이가 나빠, 감형은 고사하고 가중처벌만 안 받으면 다행이었다.

아트는 장물을 소지한 상태에서 체포되었으므로 빠져나갈 구멍이 없다는 것을 잘 알고 있었다. 범행을 계획한 사람이 데이브라는 것을 밝히고 감형을 받아볼까도 생각해 봤지만, 자존심이 허락하지 않았다. — 몸은 텍사스에 있었지만, 아트는 아직도 브리지포트 사람이었다. 브리지포트의 사나이들은 감형을 구걸하는 것을 수치로 여겼다 — 아트는 국선 변호인의 의견을 받아들여, 유죄를 인정하고 '2급 거주지 침입 절도' 죄를 적용받았다. 이에 반해 데이브는 범죄의 책임을 아트에게 전가하고, 검사와의 합의하에 법정에서 아트에게 불리한 증언을 함으로써 집행유예 판결을 받아냈다.

1996년 1월 12일 덴톤 카운티 법원은 아트에게 징역 6년을 선고했다. 그와 변호사는 수형 생활을 성실히 하면 3년 만에 출소할 수 있을 것으로 내다봤다. 그러나 아트에게 있어서 3년은 너무 긴 기간이었다. 위조지폐를 만들고도 아무 벌을 받지 않고 잘 지냈던 과거를 생각하면, 절도는 너무나 수준 낮고 저속하고 위험부담이 큰 범죄임이 분명했다. 이런 의미에서 본다면 텍사스 주의 형벌 제도는 본연의 목적을 달성했다고 볼 수 있다. 교도소에서 출소한 이후, 아트는 평생 동안 개인 또는 마약 딜러의 재산에 손을 대지 않게 되었으니 말이다. 그렇다고 해서 아트가 범죄의 세계에서 깨끗이 손을 씻었다고 생각하면 큰 오산이다. 오히려 그는 깨끗하고 수준 높고 위험부담이 적은 범죄, 즉 '지폐 위조'를 천직으로 삼아야겠다고 결심을 굳혔다. 그러나 안타깝게도 아트는 시대의 변화를 읽지 못하고 있었다. 지폐 위조의 방식을 송두리째 바꿔버릴 엄청난 변화가 다가오고 있다는 사실을 깨닫지 못했던 것이다.

제2부

7

드리마크 펜과 워터마크

재무부에서 갓 발행된 지폐의 잉크가 채 마르기도 전에 짝퉁이 나돌기 시작했다.

1867, 라 파예트 찰스 베이커(『비밀수사국의 역사』의 저자)

•

1999년 4월 30일 아트 윌리엄스는 헌츠빌 교도소의 보안문을 뒤로 하고 사회로 복귀했다. '거주지 침입 절도' 혐의로 체포된지 3년 2개월 9일 만이었다. 그는 마치 얼음 속에 냉동 보관됐던 인간처럼, 체포 당시에 입었던 청바지와 흰색 티셔츠를 그대로 입고 있었다. 수감 직전 그의 머릿속에서 맴돌았던 미래에 관한 구상 역시 하나도 진전된 것이 없었다. 수감 기간 내내 미국 최악의 형벌 제도에 휘둘리느라 미래고 뭐고 생각할 겨를이 없었던 것이다.

당시 텍사스는 미국에서 두 번째 규모의 — 그러나 세계에서 가장 빠르게 확장되고 있는 — 형벌 시스템을 보유하고 있었다. 아트는 텍사스 주 교도소의 그랜드투어 프로그램에 따라, 마치 회전목마를 탄 것처럼 거니Gurney, 무어Moore, 헌츠빌을 거쳐 최종적으로 로페즈 주립 교도소에 이감되었다. 로페즈 교도소는 제도적으로 보나 지리적으로 보나 형벌 시스템의 종착지였다. 로페즈 교도소가 있는 에딘버그는 멕시코 국경에서 19킬로미터 떨어진 곳에 위치한 텍사스 최남단의 도시다. 재소자들은 간수의 감시를 받으며 1제곱킬로미터가 넘는 척박한 땅에서 채소를 재배했는데, 말을 타고 엽총으로 무장한 간수들의 모습은 서부영화에 출연한 엑스트라를 연상케 했다. 여름에는 기온이 섭씨 38도를 넘나드는 데다가, 멕시코 만에서 몰려오는 습한 공기가 교도소 전체를 사우나로 만들어버렸다. 새로

지은 교도소의 시설은 '신축'이라는 단어가 무색할 정도로 엉망이었다. 이렇다 할 환기 시설이 없는 것은 물론, 급수 시설이 신통치 않아 배탈이 나지 않으려면 재소자들이 직접 물을 끓여 먹어야 할 판이었다. 재소자들의 입에서는 '이곳은 미국이 아니라 멕시코다'라는 자조 섞인 푸념이 흘러나왔다. 당시 텍사스 주지사였던 조지 부시가 북미자유무역협정NAFTA에 따라 텍사스의 죄수들을 리오그란데 남쪽으로 수출했다는 농담도 유행했다. 아트는 당시를 떠올리며 말했다.

"그곳은 지옥이었어요. 재소자들은 섭씨 38도의 컨테이너 속에서 생활하느라 신경이 곤두서 있었어요. 어떤 때는 수십억 마리의 모기떼 때문에 운동이 취소되기도 했어요. 모기가 우글대는 운동장에 나갔다가는 재소자들의 피를 모두 모기떼에게 헌납해야 하기 때문이었죠. 모기가 없을 때는 방울뱀이 문제였어요. 운동에 열중하던 재소자들이 뒤에서 다가온 방울뱀에게 물리는 사고가 속출했거든요."

교도소 안에도 사회악은 여전히 존재했다. 통계적으로 볼 때 텍사스는 교도소 내 성폭력과 재소자의 사망 사건이 가장 많이 발생하는 주였다. 윌리엄 저스티스라는 연방 판사는 아트가 징역형을 선고받은지 몇 년 후에 발표한 보도 자료에서 "텍사스 교도소는 사디즘과 악의적 폭력이 난무하는 곳이다"라고 선언했다. 아트 역시 교도소 내 폭력의 당사자였는데, 맨 처음 폭력 사건은 사소한 일이 발단이 되어 발생했다.

한 재소자가 아트에게 개인 물품을 빼앗으려다 시비가 붙었는데, 그 결과 싸움을 걸어온 재소자는 병원으로 실려가고 아트는 한 달

동안 독방 신세를 져야 했다. 그러나 아트가 먼저 공격받은 것은 그것이 처음이자 마지막이었다. 그 이후로 아트는 수많은 재소자들을 때려눕혔는데, 그들은 대부분 흑인과 멕시코인들이었다. 흑인과 멕시코인들은 텍사스에서 부당하게 대우받는 인종에 속했다. 하지만 아트는 인종적 편견을 갖고 있지는 않았다. 그에게는 같은 인종끼리 몰려다니는 풍조가 왠지 이상하게 느껴졌다. 그가 성장한 시카고에서는 '어떤 인종에 속하는지'보다는 '어떤 갱단에 가입했는지'가 더 중요했기 때문이다. 아트는 대부분의 시간을 독서와 명상으로 보냈다. 그는 읽고 쓸 줄 아는 몇 안 되는 재소자에 속했기 때문에, 간수들에게 발탁되어 교도소 행정 업무를 맡게 되었다. 그가 맡은 일은 교도소 내에서 재소자가 할 수 있는 일 중 가장 수월한 편에 속했다.

수감 기간을 통틀어 아트의 인생을 밝게 비춰준 등불 같은 존재가 있었으니, 그것은 놀랍게도 나탈리 실바였다. 사실 아트가 감옥에 가기 전까지만 해도 나탈리는 눈에 잘 띄지 않는 조용한 아가씨에 불과했다. 물론 아트와 나탈리가 몇 번의 달콤한 만남을 가진 적은 있었지만, 아트가 교도소에 수감된 후 그녀는 딴 남자와 찰나의 불장난을 벌여 알렉스라는 아들까지 낳았다. 아트는 나탈리를 마음속에서 지워버렸지만, 그녀는 어느 날 불쑥 면회를 와서 아트를 놀라게 하더니, 그 후에도 계속 편지를 보내왔다. 아트와 사귀었던 네 명의 아가씨 중 아트가 징역형을 선고받은 이후에도 접촉을 계속한 사람은 나탈리밖에 없었다. 그녀의 면회와 편지는 3년여의 기간 동안 끊이지 않고 계속되었다. 그녀는 방문자 명단에 정식으로 이름을 올려놓고 옥바라지를 했으며, 아트가 다른 곳으로 이감될 때마다 수백 킬로미터를 마다하지 않고 달려왔다.

"나는 아트를 처음 본 순간부터 사랑에 빠졌어요. 그러나 나는 차마 사랑한다는 고백을 할 수 없었어요. 나이도 어렸고, 이미 내 친구들이 그와 데이트를 하고 있었기 때문이죠. 게다가 그는 남편감으로는 적당하지 않아 보였어요. 하지만 그는 이제껏 내가 만나본 사람들과는 차원이 달랐어요. 나는 멍청한 사람은 딱 질색이에요. 그런데 그는 미남인 데다가 머리까지 좋았어요. 맞아요, 그는 범죄자에요. 그러나 나에게 있어서 그가 범죄자라는 사실은 부차적인 문제에 불과했어요."

나탈리의 사랑을 최종적으로 시험한 것은 로페즈 교도소였다. 로페즈 교도소는 덴톤으로부터 900킬로미터 이상 떨어진 곳에 있었기 때문에, 아트는 그녀가 일 년에 한 번만 면회를 오더라도 이해해주려고 마음먹었다. 그러나 놀랍게도 나탈리는 토요타 승용차를 끌고 한 달에 한 번씩 10시간의 장거리 여행을 감행했다. 나탈리는 졸지 않으려고 메타보라이프(다이어트 약, 마황이 함유되어 있어 중추신경을 흥분시킴 옮긴이)를 복용하고, 약기운이 떨어지면 휴게소에서 눈을 붙이면서 먼 길을 달려왔다. 금요일에 출발하여 토요일 오후에 로페즈에 도착한 그녀는, 주유소 화장실에서 머리를 감고 화장을 한 다음 교도소의 면회실에 모습을 나타냈다. 마치 전용 비행기에서 갓 내린 듯 상큼한 모습이었다. 네 시간의 짧은 면회가 끝나면, 그녀는 월요일 아침까지 직장에 출근하기 위해 부리나케 차를 몰아야 했다. —

그녀는 댈러스 포트워스 국제공항에서 발권 업무를 담당했다.

아트가 교도소를 나설 때 나탈리는 교도소 문 바로 앞에서 기다리고 있었다. 그녀는 아트를 자기 집으로 데리고 가, 합법적인 일자리를 구할 때까지 먹이고 재우면서 물심양면으로 도왔다.

"그도 처음에는 올바르게 살겠다는 의욕을 보였어요. 아침 일찍 일어나 건설 현장에 나가 집 짓고 수리하는 일을 했죠. 근 2주 동안 힘든 생활을 곧잘 견뎌내더니, 언제부턴가 표정이 어두워지면서 말수가 적어졌어요. 그러더니 급기야 월급이 너무 적어 못살겠다고 투덜대기 시작했어요."

아트는 뼈 빠지게 일해 시간당 7달러를 벌었다. 하지만 건축업계라는 데는 일거리가 늘 있는 곳이 아니었다. 더욱이 시카고에 있는 아홉 살배기 아들의 양육비를 보태줘야 했기 때문에, 아트의 시름은 깊어만 갔다. 궁지에 몰린 아트는 기어이 몹쓸 고질병이 도지고 말았다. 사회를 탓하기 시작한 것이다.

"모든 전과자들의 사정이 다 마찬가지일 거예요. 나는 사회가 전과자들의 재범을 부추긴다고 생각해요. 사람들은 전과자를 고용하려 하지 않고, 설사 고용하더라도 월급을 제대로 주지 않아요. 전과자의 월급은 떼어먹어도 뒤탈이 없다는 걸 잘 알기 때문이죠. 더구나 대부분의 교도소에서는 재소자들에게 기술을 가르쳐 주지 않아요. 그들은 기껏해야 재소자 중에서 인텔리를 골라 다른 재소자들을 가르치게 할 뿐이죠. 하지만 재소자들 중에 남을 가르칠 수 있는 자격을 갖춘 사람이 몇 명이나 되겠어요? 내 말이 궁색한 변명으로 들릴지 모르겠지만, 전과자의 입장에 서보지 않은 사람들은 그들의 고충을 모를 거예요. 대부분의 전과자들은 경제적으로 궁지에 몰리면 이런 생각을 하게 되죠. '내가 옛날에 사기를 쳐서 번 돈이 얼마였더라?' 이런 생각은 한 번 하기 시작하면 걷잡을 수가 없어요. 이쯤 되면 누군가가 때맞춰 유혹의 손길을 뻗쳐오기 마련이고, 전과자들은 자신도 모르게 다시 범죄의 세계에 발을 들여놓게 되는 거예요."

교도소에서 나온지 몇 주 후에 아트는 나탈리와 함께 반스앤노블(미국의 도서 쇼핑몰 옮긴이)에 들렀다. 신통치 않은 돈벌이 때문에 우울해 있던 아트는 브루스 리(이소룡)가 지은 『절권도』를 한 권 사고 싶었다. 브루스 리는 어렸을 때부터 아트의 우상이었다. 아트는 밀린 월급을 아직 못 받았기 때문에, 나탈리가 책값을 대신 내 주었다. 나탈리에게 받은 100달러를 점원에게 내밀 때까지, 아트는 지폐를 유심히 살펴보지 않았다. 그러나 그는 왠지 느낌이 이상하여 지폐의 앞면을 흘끔 쳐다보았다.

"아뿔싸!"

순간 아트는 전기에라도 감전된 듯 온 몸이 찌르르해 오는 것을 느꼈다. 지폐의 도안이 달라져 있었던 것이다.

미국의 지폐는 1990년 초부터 이미 변화하기 시작했다. 그해에 미국 조폐공사는 '위조지폐와의 전쟁'을 선포하고 보안 띠security strip와 미세 인쇄microprinting 기술을 도입했다. 1달러 지폐를 제외한 모든 지폐를 들어 등불에 비춰보라. 그러면 'USA'라는 글자, 액면 표시 숫자denomination mark, 성조기 그림이 수평으로 나타나면서 수직으로는 보안 띠가 모습을 드러낼 것이다. 폭 1.4밀리미터의 폴리에스터 섬유로 만들어진 보안 띠는 지폐 안에 내장되어 있으며, 뒤에서 빛을 비추기 전에는 눈에 띄지 않는다. 보안 띠는 지폐 위조범들이 지폐를 복사하지 못하게 하기 위해 도입된 것이다. 왜냐하면 복사기로 지폐를 복사할 경우 보안 띠가 복사기의 광원에 노출되어, 검은 세로선으로 나타나기 때문이다. 또 보안 띠를 자외선에 노출시키면 아름다운 형광을 발하는데, 100달러의 경우 빨간색, 50달러의 경우에는 노란색, 20달러의 경우에는 초록색 빛이 난다. 한편 미세 인쇄란 초상화의 테두리에 'United States of America'라는 글자를 미세한 크기의 글씨체(0.004밀리미터 정도)로 인쇄하는 것을 말하는데, 크기가 너무 작아 대부분의 복사기나 스캐너로는 선명하게 재현해내는 것이 불가능하다. 그 후 3년 동안 보안 띠와 미세 인쇄 기술은 거의 모든 지폐에 도입되었지만 1929년 이후 유지되어 온 달러화의 겉모습에는 영향을 미치지 않았다.

보안 띠와 미세 인쇄는 빠르게 발전하는 복사 기술에 대응하기 위해 고안된 것이다. 1980년대 중반 이후 고성능 복사기가 쏟아져 나와, 심지어 월급쟁이까지도 장난삼아 지폐 위조를 시도할 정도가 되었다. 고성능의 컬러 복사기, 프린터, 스캐너가 사무실에 속속 공급되면서, 호기심 많은 직원들 사이에서는 새 장비가 들어올 때마다 20달러짜리 지폐를 장비 위에 올려놓고 시작 버튼을 누른 다음 어떤 결과가 나오는지를 확인하는 놀이가 유행했는데, 심리학자들은 이를 위조 반사counterfeiting reflex라고 불렀다. 대부분의 직장인들은 불순한 의도를 갖고 있지 않았으며, 이렇게 태어난 위조지폐는 순간의 짜릿한 쾌감을 제공한 후 파쇄기로 직행하는 것이 관례였다. 그러나 1985년에 이르러 복사 기술이 더욱 발달하자, 미 재무부는 국가 재료자문위원회National Materials Advisory Board를 소집하여 보다 안전한 지폐를 만드는 방법을 연구하게 했다. 자문위원회는 재무부에 제출한 보고서를 통해, 워터마크, 정교한 도안, 보안 띠 등의 혁신적인 방법을 도입하여 컬러 복사기를 무력화시킬 것을 주장했다. 관료적 타성에 젖어있던 재무부는 뚜렷한 이유 없이 1차 보고서의 채택을 보류했다. 2년 후 재무부는 똑같은 주문을 반복했고, 이에 대해 자문위원회는 1차 보고서와 거의 다를 바 없는 내용의 2차 보고서를 내놓았다. 그러나 재무부는 너무 혁신적인 변화가 달러의 독특함과 연속성을 해치고, 나아가 달러화의 가치에까지 영향을 미칠 것을 우려했다. 그 결과 대부분의 혁신적인 방법은 무시되고, 큰 거부감이 없는 두 가지 방법만을 채택하는 선에서 타협이 이루어졌다.

재무부의 주도로 탄생한 '1990년형 지폐'는 아쉽게도 실패로 끝났다. '초록색 바탕'이라는 기존의 패턴을 유지하는 데 골몰한 나머지, 지폐 위조 방지 기술의 도입을 최소화한 것이 결정적 패인이었다. 국민들을 대상으로 실시된 광범위한 캠페인에도 불구하고 보안 띠의 존재를 아는 사람들은 거의 없었다. 미세 인쇄 역시 소용이 없기는 마찬가지였다. 대부분의 국민들이 미세 인쇄에 무관심했으며, 돋보기를 들이대고 세세하게 인쇄된 글자를 찾아낼 정도로 꼬장꼬장한 사람들은 극소수에 불과했다. 게다가 미국 정부에서는 과도기적으로 신권과 구권의 병용을 허용했기 때문에 위조범들은 구권을 계속 위조하는 전략을 구사했다. 100달러 지폐의 평균 수명은 약 7.5년이었다. 사실 보안 띠와 미세 인쇄는 '지하 감옥' 시절에 이미 도입되었지만, 아트는 크게 신경 쓰지 않았다. 우선 보안 띠를 문제 삼는 사람을 본 적도 없거니와, 미세하게 인쇄된 글자들도 크기와 간격만 비슷하게 맞으면 자세히 들여다보는 사람이 없었으니 말이다. 정작 아트의 간담을 서늘하게 했던 것은 '위폐 감식용 펜'이었다.

보안 띠가 도입된 지 1년 후에 특허를 취득한 '위폐 감식용 펜'은 펜촉이 펠트(모직이나 털을 압축해서 만든 부드럽고 두꺼운 천 옮긴이)로 만들어진 마킹 펜으로, 여기에는 요오드 잉크가 들어있어 전분과 반응하여 짙은 갈색으로 변한다. 이 펜은 '대부분의 종이에는 결합제로서 전분이 포함되어 있지만, 지폐는 그렇지 않다'는 점을 이용한 것이다. 진짜 지폐에 이 펜으로 마킹을 하면 노란색 표시가 나타나지만, 위조지폐에 마킹을 하면 짙은 갈색 표시가 나타나기 때문에, 빠르고 간단하게 위조지폐를 가려낼 수 있다. 1995년 드리마크라는 회사에 의해 개발된 이 펜의 가격은 약 3달러였는데, 제조회사는 '위조지폐를 순식간에 탐지해낼 수 있다'는 문구를 내걸고 대대적인 판촉 활동을 벌였다. 위폐 감식용 펜은 큰 인기를 끌어 한 해에 200만 개 이상 팔렸다. 위폐 감식용 펜의 위력은 실로 대단해서, 세븐일레븐과 같은 주요 체인점에서는 이 펜을 이용하여 모든 100달러 지폐를 검사할 정도였다. 지하 감옥 시절 말기에 이르러 위폐 감식용 펜이 광범위하게 보급되자, 아트는 종종 이 펜을 피하기 위해 20달러와 10달러 지폐만을 위조하기도 했다.

'1990년형 지폐'가 유통되기 시작한 지 불과 3년 만에, 전자 복사기를 이용해 만들어진 위조지폐의 수는 매년 두 배로 늘어나기 시작했다. 스캐너, 잉크젯 프린터, 컴퓨터가 빠르게 발전하면서 미세하게 인쇄된 글자까지도 복제해내는 수준에 이르렀다. 새로운 위조범들 중 상당수는 신기술로 무장한 10대였는데, 그들의 위조 목적은 단지 용돈을 버는 것이었다. 그들은 겨우 20달러 지폐 몇 장을 위조하여 음반 가게나 맥도날드에서 사용하는 수준이었는데, 비밀수사국은 이들을 디지털 위조범digitfeiters이라고 불렀다. 이제는 10대 코흘리개를 쫓아다니는 것이 주요 임무가 되어버린 비밀수사국의 입장에서 볼 때 디지털 위조범은 결코 만만한 상대가 아니었다. 이에 따라 비밀수사국과 연방은행은 기회가 있을 때마다 보다 과감한 대책을 촉구해 왔고, 이들의 성화에 못 이긴 재무부는 마침내 지폐 제조 방법을 완전히 뜯어고치기로 결정했다. 66년 만에 처음으로 '전지전능한 달러 지폐'의 디자인을 바꾸기로 결정한 것이다.

재무부는 열두 명의 전문가로 신권의 디자인을 전담하는 특별 팀을 구성하고, 토머스 퍼거슨을 팀장으로 임명했다. 퍼거슨은 조폐공사BEP 출신의 노련한 공무원으로 '1990년형 지폐'에 대해 회의적인 시각을 갖고 있는 인물이었다. 새로운 지폐의 디자인에 관한 전권을 위임받은 그는 미국 역사상 유례없는 위조 방지 기술을 도입했다. 그 결과 탄생한 지폐가 '1996년형 지폐'인데, 서점에서 아트를 경악시켰던 100달러 지폐가 바로 그것이었다. '1996년형 지폐'는 이전에 나왔던 그 어떤 지폐와도 달랐기 때문에, 재무부는 이것을 단순히 신권New Note이라고 불렀다.

신권에 도입된 첫 번째 — 그리고 시각적으로 가장 극적인 — 변화는 벤자민 프랭클린의 초상화였다. 뒤플레시스가 그린 초상화가 사용된 것은 전과 마찬가지였지만, 조폐공사의 디자이너들은 초상화의 크기를 50퍼센트 확대하였다. 새로운 대형 초상화는 보다 세밀한 이미지와 선으로 이루어져 있어, 스캐너를 이용한 캡처가 훨씬 더 어려워졌다. 더욱이 새로운 초상화는 스캐너를 이용할 경우 '무아레moire' 무늬가 나타나도록 설계되었다. 무아레란 사진이나 이미지를 스캐너를 통해 복제할 경우, 본래의 원고에는 없었던 지문 형태의 무늬가 생기는 현상을 말한다. 심지어 프랭클린의 옷깃에도 'United States of America'라는 문구가 미세한 글씨체로 인쇄되었다.

신권에 도입된 변화 중 두 번째로 두드러진 것은 액면 표시 숫자였다. 조폐공사의 디자이너들은 이 숫자를 프랭클린의 초상화와 마찬가지로 전보다 더 크게 확대하고, 그 속에 미세한 선들을 포함시켰다. 특히 지폐의 오른쪽 아래에 인쇄된 숫자는 첨단 우주기술을 적용한 것으로 명성이 자자하다. 그것은 정면에서는 금속성의 밝은 녹색으로 보이지만, 보는 각도에 따라 검은색으로 보이기도 한다. 이러한 효과를 가능케 하는 것은 시변색 잉크optically variable ink 또는 색상 전이 잉크color-shifting ink인데, 우주왕복선의 창문을 코팅하는 보호 필름과 동일한 원리가 적용되었다.

신권에는 자잘하고 덜 중요한 변화도 많이 도입되었다. 구권의 뒷면은 단색으로 되어 있어 위조범들의 손쉬운 먹잇감이 되어왔다. 그러나 신권의 뒷면에는 미세한 선이 도입되었고, 독립기념관의 타원형 배경은 무아레 효과를 나타내도록 설계되었다. 그밖에 특별 일련번호, 연방은행 식별자, 범용 도장, 판번(인쇄에 사용된 판의 번호) 등이 도입되었지만, 이것들은 주로 내부적인 관리의 목적으로 사용되었다. 그러나 신권에 도입된 변화 중에서 가장 효과적인 것으로 판명된 것은, 아이러니하게도 최고最古의 역사를 지닌 인쇄 기법 중의 하나였다.

아무 달러 지폐나 손에 들고 등불에 비춰보라. 1달러 이상이기만 하면 된다. 마치 판타지 소설의 한 장면처럼, 희미한 그림 하나가 초상화와 나란히 나타나는 것을 볼 수 있을 것이다. 이 그림을 워터마크라고 하는데, 13세기에 이탈리아의 제지업자들이 개발한 인쇄 기법이다. 워터마크는 지폐 안에 숨겨진 이미지로서, 보안 띠와 마찬가지로 뒤에서 빛을 비추기 전에는 보이지 않는다. 그러나 투박하고 밋밋한 보안 띠와는 달리 왠지 신비로운 느낌을 자아낸다. 워터마크는 신비롭고 고풍스러울 뿐 아니라, 복제하기가 매우 어렵다는 장점도 갖고 있었다. 이 같은 워터마크는 많은 사람들의 관심을 끌고 신권에 강력한 힘을 부여하는 원동력이 되었다.

신권은, 아트 윌리엄스가 교도소에 수감된지 두 달 남짓 지난 1996년 3월 25일 세상에 태어났다. 그날 미국 전역에 흩어져 있는 37개 연방은행 지점에서 수백 대의 무장 트럭이 쏟아져 나왔다. 현금 수송 차량의 행렬은 1913년 이후 거의 모든 평일 중앙은행 지점 앞에서 목격할 수 있는 광경이었지만 이날은 좀 특별했다. 트럭의 적재함을 가득 채우고 있는 화물은 그날 새로 발행된 1천 250억 달러어치의 신권이었다. 1천 250억 달러는 미국 경제의 식욕을 하루 동안 만족시킬 수 있는 금액이다. 지폐의 발행 및 유통 과정을 달리 표현할 수 있는 단어는 혈액 순환밖에 없을 것이다. 심장에서 펌프질되어 나온 적혈구처럼, 워싱턴 DC와 포트워스의 조폐공사에서 인쇄된 지폐는 미국 각지의 연방은행 지점으로 분배된다. 37개의 연방은행 지점들은 조폐공사에서 분배받은 지폐를 트럭에 실어 약 7천 600개의 상업은행으로 보내 준다. 상업은행의 창구를 떠난 지폐들은 2억 8천만 명에 달하는 미국인들의 호주머니에 들어간다. 달러화보다 더 편리한 교환 수단은 없다. 대다수의 미국인들은 꿈을 실현하기 위한 수단으로 달러화를 사용하지만, 달러화를 모으는 것 자체가 꿈인 사람도 있다.

미 재무부는 "새 돈에 대해 알아봅시다"라는 캠페인을 전개하며 신권의 발행을 대대적으로 홍보했지만, 거의 모든 미국인들은 신권을 회의적인 시선으로 바라봤다. 하룻밤 사이에 머리통이 풍선처럼 부풀어 오른 벤자민 플랭클린의 초상화는 집중적인 조롱의 표적이 되었다. 국민들은 재빨리 '대두 벤Big Head Ben'이라는 별명을 붙였다. 그러나 이 같은 비난은 애교에 불과했다. 신문들은 하루가 멀다 하고 신권의 디자인을 폄하하는 기사를 쏟아냈다. 포트로더데일의 한 주식 중개인은 《플로리다 센티넬》과의 인터뷰에서 "신권은 한낱

종잇조각에 불과하다"고 비아냥거렸다. 한편 샌프란시스코의 프리모 안젤리라는 그래픽 디자이너는《워싱턴 포스트》와의 인터뷰에서 신권을 '이제껏 보았던 지폐 중에서 제일 싸구려 지폐'라고 혹평했다. 《워싱턴 포스트》의 한 칼럼니스트는 독자들에게 구권을 사용하라고 권고하며, "신권의 발행을 계기로 하여 '못생긴 지폐의 시대'가 도래했다"고 맹비난했다. 일부 점원들은 신권을 받는 것을 거부했다. 급기야 위스콘신 주 커노샤에 거주하는 한 시민은 은행에 달려가 신권을 구권으로 바꿔달라고 소동을 피웠다. 신권 때문에 식료품점과 주유소의 점원들로부터 인격적 모욕을 받았다는 것이 그 이유였다.

그러나 언론 매체들이 미처 간파하지 못한 사실이 하나 있었으니, 그것은 미국인들이 66년 만에 처음으로 달러화의 특정 요소에 동화되고 있다는 것이었다. 시민들은 술집, 은행, 레스토랑에 삼삼오오 모여 지폐를 불빛에 비춰보면서, '괴상한 신권'에 도입된 새로운 변화에 대해 이야기를 나누기 시작했다. 그들은 신권의 우스꽝스런 디자인을 조롱하면서도, 과거 어느 때보다도 강화된 위조방지 기법에 관심을 보였다.

그러나 이것은 지폐 위조범들에게는 매우 달갑잖은 소식이었다.

아트는 감옥에 있을 때 신권에 관한 신문 기사를 읽은 적이 있었다. 전공이 전공인 만큼 당시에는 제법 흥미를 가졌었지만, 수형 생활의 권태로움이 신권에 대한 호기심을 압도해 버렸다. 그러나 반스앤노블의 계산대 앞에서 신권을 처음 본 순간, 강한 호기심이 다시

금 고개를 들었다.

"100달러짜리 지폐 더 가진 거 없어?"

계산을 마치고 카운터를 벗어나며 아트가 물었다. 서점 옆의 카페에 앉아, 나탈리는 또 다른 100달러 지폐를 지갑에서 꺼내 아트에게 건넸다. 아트는 지폐를 양손의 엄지와 검지 사이에 끼우고, 마치 외계에서 온 물건을 발견한 듯 신기한 눈으로 바라봤다. 신권은 모든 면에서 아트에게 강한 인상을 남겼다. 당장에 그의 시선을 사로잡은 것은 크고 세밀해진 초상화, 시변색 잉크, 워터마크였다. 모든 것이 새롭지만, 특히 워터마크를 도입한 것은 가장 기발한 착상으로 여겨졌다. 창문을 통해 들어온 햇빛에 지폐를 비춰보면서, 희미한 프랭클린의 얼굴이 약간 각도만 바뀌어도 사라지는 것을 보고 경탄을 금치 못했다. 앞면을 비틀자 오른쪽 아래의 100이라는 숫자가 진주 빛 광택을 내며 반짝거렸다. 모서리에 인쇄된 나머지 숫자들도 크기와 모양이 달라졌고, 지폐의 질감도 전과 달랐다.

"도대체 지폐에다 무슨 짓을 한 거야?"

아트는 중얼거렸다. 서점에서 돌아오는 동안 아트는 줄곧 아무 말도 하지 않았다. 지폐 위조에서 손을 놓은지도 어느덧 5년, 신권은 그의 마음 속 깊은 곳에 잠재해 있던 상상력을 자극하고 도전 의식을 일깨웠다. 신권은 굳게 닫힌 채 그의 도전을 기다리는 금고문 같았다. 금고 속에 들어 있는 현금과 금은보화도 매력적이지만, 자물쇠를 여는 과정 자체도 매우 매력적이었다. 놀랍게도 먼저 말을 꺼낸 쪽은 나탈리였다.

"신권은 위조하기가 얼마나 어려울까?"

나탈리가 불쑥 물었다.

"난 단지 궁금해서 물어보는 거야. 딴 뜻은 전혀 없어."

아트는 나탈리를 만난 이후로 '한때 화폐 위조를 한 경력이 있다'는 말을 몇 번 한 적이 있는데, 나탈리는 그 말을 듣고 '아트의 실력이 과연 어느 정도일까?'라는 궁금증을 마음속에 품어왔다.

"몰라."

아트는 짧게 대답했다. 그러나 아트가 염두에 두고 있었던 것은 신권보다도 위폐 감식용 펜이었다. 상황은 예전 같지가 않았다. 아트는 선뜻 결정을 내릴 수 없었다.

"내가 가장 두려워하는 것은 위폐 감식용 펜이었어요. 나는 많은 사람들이 펜을 사용하게 되면 위조지폐는 휴지 조각으로 전락할 거라고 생각했죠. 따라서 나의 지상 과제는 위폐 감식용 펜을 타도하는 것이었어요. 그것만 무용지물로 만들 수 있으면, 절반은 성공한 것이나 다름없다고 생각했어요. 다른 것은 부차적 문제에 불과했죠."

아트와는 달리 나탈리는 투지 있게 말했다.

"나는 당신이 해낼 수 있다는 쪽에 걸겠어."

나탈리가 관심을 갖는 것을 보자 아트도 슬슬 구미가 당기기 시작했다.

지폐 위조에 관한 이야기는 집에 도착해서도 계속되었다. 지폐 위조 이야기가 나오자, 아트의 얼굴에는 출소 이후 처음으로 생기가 돌았다. 그는 맥주 몇 잔을 연거푸 들이키며 다빈치와 지하 감옥에 대한 스토리를 주절주절 늘어놓았다. 최고의 달인에게 비법을 전수받고 한때나마 행복한 시간을 보냈던 이야기며, 시카고 최대의 범죄 조직에서 황제 대접을 받았던 이야기도 털어놨다. 인쇄기에서 따끈따끈한 위조지폐가 나오는 장면을 설명할 때는 복받쳐 오르는 감정을 주체하지 못해 눈을 지그시 감았다. 나탈리에게서 100달러 지폐를 받아든 아트는 잉크, 화학 반응, 종이의 밀도, 고분자 중합체에 관한 전문적 이론을 줄줄 읊어 댔다.

밤이 이슥해지자 나탈리는 자기가 시설비 3천 달러를 댈 테니 자기의 아파트에 임시 인쇄소를 차려 보는 것이 어떠냐고 제안했다. 아트는 쾌히 승낙했다. 그러나 이 인쇄소는 어디까지나 실험실로서, 주요 목표는 새로운 위조 기술을 테스트하는 것이었다. 그들의 궁극적 목표는 이 실험실에서 위조 기술을 연마한 다음, 그 기술을 이용하여 성배를 찾아 나서는 것이었다. 그들에게 있어서 성배란 1996년형 신권을 완벽하게 복제해내는 것을 의미했다.

지폐를 위조하려면 먼저 위조할 권종券種을 선택해야 했는데, 아트는 주저 없이 100달러 지폐를 선택했다. 1999년에는 50달러 및 20달러짜리 신권도 유통되고 있었지만, 수익성 측면에서 100달러 신권을 따라갈 수 없었다. 더욱이 100달러 지폐는 1996년형 신권의 대표주자라는 상징성을 지니고 있었다. 따라서 아트는 '100달러 신권에 장착된 보안 장치를 뚫을 수만 있다면, 나머지 권종을 위조하는 것은 일도 아니다'라고 생각했다. 그러나 100달러 신권을 위조한다는 것은 여간 어려운 일이 아니었다. 그것은 이제껏 만들어졌던 어떤 지폐보다도 정교했기 때문에, 한 치의 오차도 허용하지 않았다. 아트도 이 점을 모르는 바 아니었지만, 과제가 어려우면 어려울수록 그의 성취 욕구는 더욱 불타올랐다.

신권을 완벽하게 복제해내는 것은 몇 달의 기간이 소요되는 장기 프로젝트였기 때문에, 아트는 먼저 드리마크 펜의 영향권에서 벗어나 있는 10달러와 20달러짜리 구권을 찍어내기로 했다. 구권 소액권을 먼저 찍어내면 그것을 팔아 번 돈으로 인쇄 장비를 업그레이드하고, 시험 기간 동안 파산을 면할 수 있기 때문이었다. 그는 '이 따위 소액권을 누가 자세히 들여다보겠나' 싶어서 저가의 인쇄용지를 사용하여 20달러 지폐 2천 500장을 찍어냈다. 그리고는 로페즈 교도소에서 알게 된 토비 매클레란이라는 친구에게 달려가 급히 처분해 달라고 부탁했다. 토비는 다부진 체격에 온화한 성품을 가진 아일랜드인이었는데, 아트는 그를 얼굴이 통통하고 머리칼이 붉다는 이유로 '가필드(TV 애니메이션에 나오는 게으른 뚱보 고양이 옮긴이)'라고 불렀다. 토비 역시 아트와 마찬가지로 교도소에서 갓 나온 처지라 현금이 별로 없었다. 그래서 아트는 그에게 위조지폐 2만 달러만 덜렁 넘겨주고 돌아왔고, 일주일 후 원매자가 나타나 현금을 회수할 수 있었다. 토비는 아트에게 현금을 갚은 뒤 한 가지 제안을 해왔다.

"내 친구 중에 헤로인 딜러가 하나 있는데 말이야, 위조지폐에 관심이 많아. 그런데 그 친구 현재 가진 돈이 없단 말이야. 그래서 말인데, 자네가 위조지폐를 먼저 주면 진짜 지폐와 섞어서 헤로인 값을 지불하고, 나중에 그 헤로인을 팔아서 위조지폐 값을 갚을까 하는데, 자네 생각은 어때? 물론 자네가 원한다면 현금 대신 헤로인을 줄 수도 있어."

토비가 제안했다.

아트는 미심쩍은 생각이 들었다. 지금껏 낯선 이에게 위조지폐를 넘긴 적이 없거니와, 헤로인 딜러와 거래를 해본 적은 더더욱 없었기 때문이다. 그러나 돈이 워낙 궁한지라 아트는 토비의 친구를 만나 보기로 했다. 헤로인 딜러의 이름은 리치였는데, 만나 보니 믿을 만해 보였다. 그는 댈러스에서 멕시코인들과 만나 헤로인을 넘겨받기로 약속이 돼 있으며, 전부터 쭉 거래해 온 친구들이니 걱정 말라고 아트를 안심시켰다. 일말의 불안감이 없었던 것은 아니지만, 아트는 리치에게 위조지폐 2만 달러를 한꺼번에 넘기기로 약속했다.

"나는 당신을 잘 모를 뿐더러, 지금까지 이런 외상 거래는 해 본 적도 없소. 하지만 당신을 믿고 이번 거래를 진행하기로 결정했소. 단, 당신이 코카인과 위조지폐를 교환하는 자리에 나도 함께 가야겠소."

리치는 고개를 끄덕였다. 그러나 리치와 토비가 아트에게 말해 주지 않은 사실이 하나 있었으니, 그것은 몇 주 전에 아트가 토비에게 넘겼던 위조지폐를 가져간 사람과 이번에 위조지폐를 가져갈 사람이 동일인이라는 점이었다. 신권 위조 자금을 마련하는 데 혈안이 된 나머지, 아트는 가장 중요한 원칙, 즉 '위조지폐의 유통 경로를 파악하라'는 룰을 지키지 않은 것이다.

리치와 함께 거래 장소에 도착한 아트는 처음부터 불길한 예감이 들었다.

"우리는 어떤 아파트 단지에 도착했어요. 그곳에서는 멕시코인들이 먼저 도착하여 우리를 기다리고 있었어요. 그들은 무전기, 이어폰 등 이상한 물건들을 지니고 있었어요. 우리는 한 아파트 안으로 들어갔고, 그 아파트 안에는 두 명의 멕시코인이 있었어요. 한 명은 거실에, 다른 한 명은 부엌에 앉아 있었죠. 나는 리치를 따라 들어가다가 부엌에 있는 사내와 눈이 마주쳤어요. 그는 나를 기분 나쁜 눈으로 쳐다봤어요."

사내가 아트를 가리키며 리치에게 물었다.

"이 친구는 누구지?"

리치가 '믿을 만한 사람'이라고 설명하자 사내는 고개를 끄덕였다. 리치와 사내는 부엌의 테이블을 사이에 두고 마주앉아 거래를 시작했다. 아트는 리치 옆에 자리를 잡고 앉아 그들이 거래하는 모습을 지켜봤다. 리치는 필요한 코카인의 수량이 얼마인지를 말하고, 가방 안에 담긴 돈을 몽땅 테이블 위에 쏟았다. 그중의 절반은 위조지폐였다.

사내는 처음에는 미동도 하지 않았다. 그는 워키토키(야전용으로 만들어진 소형 무전기 옮긴이)로 다른 곳에 있는 동료들에게 연락해 물건을 갖고 오게 했다. 아니, 정확하게 말하자면 아트의 짐작이 그랬다. 왜냐하면 그들은 스페인어를 썼기 때문이다. 물건을 기다리는 동안 사내는 지폐를 세기 시작했는데, 손가락의 움직임이 매우 느렸다.

"당신도 알겠지만, 지난번 우리에게 장난을 쳤더군. 가게에 갔더니 주인이 웬 펜으로 지폐에 줄을 긋는 거야. 그런데 지폐에 온통 갈색 줄이 그어지는 것 아니겠어? 도대체 어떻게 된 거야?"

사내가 말했다.

아트의 가슴은 방망이질 치기 시작했다. 사내의 눈빛으로 보아, 리치가 또 장난을 치려 한다는 것을 이미 알고 있는 눈치였다.

"설마, 농담이시겠죠."

리치가 무덤덤한 표정으로 말했다.

"아닐세, 친구!"

사내가 정색하며 말했다.

"나도 그 펜을 구입해서 직접 테스트를 해봤지. 그랬더니 가짜 돈이 자그마치 한 뭉텅이가 나오더구먼."

이쯤 되면 이야기가 어디로 흘러갈지는 뻔했다. 아트는 두려움에 사로잡혔다.

"딜러는 몹시 흥분해 있었어요. 나는 사내가 무전기를 통해 동료들에게 갖고 오라고 한 물건이 헤로인이 아니라는 것을 깨달았어요. 당장이라도 밖에 있던 멕시코인들이 총을 들고 들이닥쳐 우리를 에워쌀 것만 같았어요."

생명의 위협을 느낀 아트는 의자에 앉은 채 뒷걸음질 쳐서, 가능한 한 현관 쪽으로 가까이 다가갔다. 그리고는 문밖에서 어떤 일이 벌어지고 있는지를 알아내기 위해 귀를 쫑긋 세웠다. 거실에 있는 사내도 현관문에 시선을 고정시키고 있었다. 갑자기 밖에서 요란한 발자국 소리가 들려왔다. 누군가 아파트를 향해 달려오는 것이 분명했다. 만일 총을 든 멕시코인들이 문을 열고 들이닥치면, 아트와 리치는 문자 그대로 독 안에 든 쥐가 될 수밖에 없는 상황이었다.

현관문이 열리자 아트는 마치 용수철이 튕겨 오르듯 의자를 박차고 일어나 문을 향해 돌진했다. 그리고는 현관에 막 들어선 멕시코인들을 옆으로 밀치고 아파트를 빠져나와 아파트 단지 밖으로 줄달음질쳤다. 아트는 시카고 뒷골목에서의 경험을 살려, 차를 아파트 주차장이 아닌 단지 밖의 대로변에 세워 놓았다. 이렇게 하면 아파트 주차장에서 우물쭈물하다가 추격해온 적에게 포위되는 불상사를 피할 수 있다. 아트는 전속력으로 차를 몰아 현장을 탈출했다. 그건 그렇고 아파트에 홀로 남은 리치는 어떻게 되었을까? 나중에 전해들은 이야기에 의하면, 그는 모든 죄를 아트에게 뒤집어씌움으로써 분노에 찬 멕시코인들의 심판을 겨우 모면했다고 한다.

이번 사건은 아트에게 큰 교훈을 남겼다.

"나는 당장 위조 기술을 업그레이드해야겠다고 생각했어요. 드리마크 펜이 있는 한 그런 봉변을 또 당하지 말라는 보장이 없었어요."

아트는 이미 드리마크 펜에 대해 많은 연구를 해놓았다. 드리마크 펜의 원리는 '펜촉에 포함된 요오드 잉크가 신문용지newsprint에 포함된 산성 전분과 반응하여 변색되는 것'이기 때문에, 이 펜에 의해 발각되는 것을 회피하는 방법은 두 가지밖에 없었다. 첫 번째 방법은 화학 물질을 이용하여 반응이 일어나지 않도록 차단하는 것이고, 두 번째 방법은 산성 전분이 포함되지 않은 용지를 구하는 것이었다. 아트는 두 가지 방법을 모두 사용하기로 하고, 나탈리와 임무를 분담했다. 아트는 드리마크 펜의 작용을 차단할 수 있는 물질을 찾아내는 일을 맡고, 나탈리는 전국의 제지공장에 전화를 걸어 제품 샘플을 보내 달라고 요청하는 일을 맡았다.

드리마크 펜은 성능이 확실하고 결과를 빨리 얻을 수 있어서 선풍적인 인기를 끌었다. 아트는 많은 미술용품점과 인쇄용품점을 방문한 결과, 다양한 물질들이 드리마크 펜의 작용을 약화시킨다는 것을 알게 되었다. 젤라틴, 중성 광택제, 심지어 헤어스프레이가 요오드 잉크의 변색을 억제할 수 있는 것으로 밝혀졌다. 언젠가 한번은 시험 삼아 신문용지에 글루타민 젤(보디빌더들이 근육 강화를 위해 바르는 영양 보충제)을 발랐는데, 요오드 잉크를 황색으로 변색시키는 것을 보고 깜짝 놀란 적도 있었다. 어떤 물질을 이용해도 드리마크 펜의 마킹을 밝은 황색으로 만들지는 못했지만, 적어도 흑갈색으로 변색시키지는 않았다. 개중에는 아트의 기대 수준을 충분히 만족시키는 물질도 있었지만, 화학 물질을 이용하는 방법의 유일한 단점은 신문용지의 표면을 변질시켜 허옇거나 반질거리게 만든다는 것이었다. 또 몇 주가 지나면 화학 물질이 분해되어 효과가 사라진다는 문제점도 있었다. 새로운 화학 물질을 발굴하는 작전이 나름의 성과를 거두었음에도 불구하고 몇 가지 한계점을 드러내자, 아트는 나탈리의 '종이 헌팅' 작전에서 보다 좋은 성과가 나오기를 기대했다.

나탈리는 처음부터 목표를 크게 잡고 크레인 사에 전화를 걸었다. 크레인은 메사추세츠에 본사를 둔 제지 회사로, 1879년 이후 재무부에 종이를 공급해 왔다. 크레인은 세계 최고의 내구성을 자랑하는

지폐용지banknote paper를 생산했는데, 리넨과 면이 75대 25로 배합되어 있다는 점 외에는 모든 생산 공정과 기법을 비밀에 부치고 있었다. 나탈리는 마케팅 담당자에게 전화를 걸어 '세계에서 가장 아름답고 감촉 좋은 지폐용지를 일반에 공개할 용의가 없는지'를 물었지만, 일언지하에 거절당했다. 그러나 그녀는 이에 굴하지 않고 수백 개의 제지 회사에 전화를 걸어 수십 개의 샘플을 확보하는 데 성공했다. 하지만 수 주일에 걸친 테스트 결과는 실망스러웠다. 드리마크 펜으로 마킹을 하는 족족 모든 종이들이 흑갈색 반응을 나타낸 것이다.

'드리마크 펜에 반응하지 않는 종이가 어딘가에 분명히 존재할 것이다'라는 신념을 갖고 있는 아트는 '다른 회사를 좀 더 알아보라'고 나탈리를 계속 몰아붙였다. 그렇잖아도 스트레스를 받고 있던 나탈리는 아트가 재촉할 때마다 짜증을 냈다.

"그는 드리마크 펜에 반응하지 않는 종이를 찾아내지 못한 것이 내 탓인 것처럼 나를 몰아세웠어요. 내가 엉뚱한 회사에 전화를 걸었기 때문이라는 거죠."

그러던 어느 날 아트의 종이 타박이 또 시작되자, 그 동안 참고 참았던 나탈리의 울분이 기어이 폭발하고 말았다.

"도대체 어디에 또 전화를 해보란 말야?"

그녀는 드리마크 펜을 휘두르며 신경질적으로 말했다.

"이 종이 타월이 말을 들을지도 몰라."

그녀는 부엌에 있던 종이 타월에다 대고 드리마크 펜을 아무렇게

나 휘갈겼다. 그러나 종이타월에는 짙은 갈색의 선만 몇 개 나타날 뿐이었다.

"화장지는 어떨까? 아니야 시리얼 박스가 좋을지도 몰라."

그녀는 온 집 안을 돌아다니며 종이로 된 물건만 보이면 닥치는 대로 펜질을 해대기 시작했다.

"아, 여기 전화번호부가 있네? 이걸 믿고 내가 이제까지 엉뚱한 회사에게 전화를 걸었다니! 어디, 너도 한번 당해 봐라."

그녀는 전화번호부의 빈 페이지 하나를 골라 드리마크 펜으로 대각선을 하나 그었다. 순간 아트와 나탈리의 입이 떡 벌어졌다.

전화번호부에는 밝은 황색의 선이 하나 그어져 있었다.

그들은 한동안 벌어진 입을 다물지 못하고 서로의 얼굴을 멍하게 쳐다봤다. 그들은 뭔가 잘못된 것이 아닌지를 확인하기 위해 페이지를 넘겨가며 드리마크 펜으로 계속 선을 그어봤다. 매번 밝은 황색 선이 나타나자, 그들은 드리마크 펜을 깰 비법이 전화번호부, 보다 정확히 말하면 전화번호부 용지에 있다는 결론을 내렸다. 그들은 서로 부둥켜안고 덩실덩실 춤을 추다가, 전화번호부의 표지에서 그 전화번호부를 인쇄한 인쇄소의 이름을 찾아냈다. 나탈리는 그 인쇄소에 전화를 걸어, 용지를 어디에서 구입했는지 물었다. 인쇄소에서 가르쳐 준 제지 회사의 이름은 아비티비 사였는데, 인터넷에서 찾아보니 캐나다 몬트리올에 본사를 둔 세계 최대의 신문 용지 생산 업체로, 연간 매출액은 80억 달러이며, 전 세계 80여 개국에 공장, 재활용 센터, 사무소를 두고 있었다. 그러나 나탈리가 캐나다 본사에 전화를 걸어 다양한 두께의 샘플을 요구하자, 마케팅 담당자는 너털 웃음을 터뜨리며 말했다.

"우리는 규모가 큰 회사라 개인이나 소규모 인쇄소와는 거래를 하지 않습니다."

나탈리는 텍사스의 인쇄소들을 샅샅이 뒤진 끝에 아비티비와 거래하는 인쇄소 몇 군데를 찾아냈다. 그중 하나는 알링턴에서 불과 32킬로미터 떨어진 곳에 있었다. 그녀는 부랴부랴 그 인쇄소에 전화를 걸어 전화번호부 용지의 샘플을 얻을 수 있었다.

그러나 기쁨도 잠깐, 새로운 문제가 불거져 나왔다. 전화번호부 용지는 지폐 용지에 비해 두께가 너무 얇았던 것이다. 종이의 두께는 연량basis weight이라는 단위로 표시되는데, 연량이란 종이 1연(500장)의 무게를 면적(제곱미터)으로 나눈 값을 말한다. 그런데 미 달러화를 만드는 데 쓰이는 지폐 용지의 연량은 제곱미터당 약 16킬로그램인데 반하여, 전화번호부 용지는 가장 두꺼운 것이 약 10킬로그램에 불과했다. 아트와 나탈리는 다른 전화번호부 용지 생산 업체에 전화를 걸어봤지만, 두께가 얇은 것은 마찬가지였다.

아트와 나탈리는 풀이 죽었다. 그러나 아트는 이미 드리마크 펜을 회피하기 위한 다양한 방법을 마련해 놓은 상태였기 때문에, 아쉬운 대로 사업을 진행할 수는 있었다. 그들은 당분간 종이 문제는 옆으로 제쳐두고 지폐 자체에 집중하기로 했다.

신권에 도입된 위조 방지 기술 중에서 가장 발전된 것 중의 하나는 시변색 잉크OVI였다. 시변색 잉크는 5달러 이상의 모든 지폐에 적용된 기술로, 지폐의 오른쪽 아랫부분에 표시되는 액면 표시 숫자를 인쇄하는 데 사용되었다. 지폐를 들어 당신의 얼굴 앞에서 서서히 회전시켜 보라. 그러면 액면 표시 숫자는 보는 각도에 따라 흑색, 반짝거리는 황동색, 금속성 녹색으로 변색될 것이다. 시변색 잉크는 캘리포니아 주 산타로사에 본사를 두고 있는 플렉스프로덕츠Flex Products 사에 의해 독점적으로 생산되는 특허품이었다.

아트는 시변색 잉크를 구하는 것이 현실적으로 불가능하다고 판단하고, 시변색 효과를 흉내만 내기로 했다. 금속성의 반짝거리는 잉크를 사용하면, 착시 현상을 일으켜 시변색이 일어나는 듯한 느낌을 줄 수 있기 때문이다. 그런데 문제가 생겼다. 반짝거리는 잉크를 구하는 것은 어렵지 않았지만, 시변색 잉크를 거의 완벽하게 흉내 내는 잉크는 나타나지 않았다. 아트는 주변의 모든 색깔이 있는 사물들을 뚫어지게 바라보며 분석하기 시작했다. 그는 이런 식으로 하다보면 어디선가 시변색 효과를 완벽하게 재현하는 잉크를 발견할 수 있으리라 믿었다. 시변색 효과를 내는 잉크를 찾기 위해서라면 지구 끝까지라도 가볼 생각이었다.

어느 날 댈러스 시내의 한 주차장을 걷던 아트는 1996년형 머스탱 코브라 한정판에 시선이 꽂혔다. 머스탱에 대해 일가견이 있는 아트인지라, 그대로 지나칠 수 없었다. 그는 가던 걸음을 멈추고 머스탱 쪽으로 다가갔다. 그러나 머스탱에 접근하던 그의 눈에 이상한 현상이 포착되었다.

머스탱의 색깔이 자줏빛 나는 흑색에서 진한 청색으로 바뀐 것이다.

"나는 전진과 후진을 반복하면서 차의 색깔이 바뀌는 현상을 관찰했어요. 머스탱 자체를 감상하겠다던 생각은 이미 사라진 지 오래였어요. 코브라는 지폐의 액면 표시 숫자처럼 완벽하게 색깔이 변했어요. 순간 '저 차에 칠해진 페인트만 구할 수 있으면 코브라 한 대 값쯤은 뽑고도 남겠다'라는 생각이 들었어요."

아트는 코브라에 칠해진 페인트에 관한 자세한 사항을 알아내기 위해 카센터로 달려갔다. 카센터 사장에게 들은 이야기는 아트의 마음을 설레게 하기에 충분했다.

"코브라에 칠해진 페인트에는 크로마플레어ChromaFlair라는 특허 받은 색소가 포함되어 있는데, 신차에 그 색소가 사용된 것은 96년형 코브라가 처음이지만, 카센터에서는 이미 몇 년 전부터 그 색소를 사용해왔다고 하더군요."

크로마플레어는 다섯 가지 패턴으로 시변색을 일으키며, 스프레이 형태로도 출시되어 있었다. 그러나 가장 놀라운 사실은 크로마플레어를 만든 회사가 다름 아닌 플렉스프로덕츠라는 것이었다. 조폐공사에 지폐용지용 시변색 잉크를 팔고, 나사에 선팅 재료를 파는 회사가 사기업인 포드에 차량 도색용 색소를 팔다니! 플렉스프로덕츠가 마케팅을 강화하여 사기업에 신기술을 판매한다는 것은 '시민들도 신권의 안전장치에 사용된 첨단기술을 마음대로 구사할 수 있다'는 것을 의미했다.

아트 역시 시민의 한 사람으로 크로마플레어 구입에 나섰다. 녹색에서 흑색으로 변하는 색소는 조폐공사에만 판매되었지만, 녹색에서 은색으로 변하는 색소는 쉽게 구입할 수 있었다. 아트는 이것을 이용하여 시변색 잉크를 거의 완벽하게 재현하는 데 성공했다.

"클로마플레어는 약간의 섬광을 뿜어내는 성질이 있어서 시변색 효과를 흉내 내기가 쉬웠어요. 사람들은 시변색 자체보다도 섬광에 더 신경을 쓰는 경향이 있거든요."

아트는 말했다. 그러나 안타깝게도 크로마플레어는 잉크가 아니라 페인트였기 때문에 옵셋 인쇄기나 잉크젯 프린터에 사용할 수가 없었다. 하지만 아트는 기발한 해결책을 생각해냈다. 그는 100달러 지폐와 5달러 지폐의 액면 표시 숫자를 스캔한 다음, 포토샵에서 다듬어 '1005'라는 숫자를 만들어냈다. 그리고는 세계 최고의 인쇄 용품 업체인 킨코스를 찾아가서 점원에게 물었다.

"저는 중소기업을 운영하는 사람인데요, 사무 용품에 주소를 새겨 넣을 스탬프를 만들고 싶군요. 글씨체는 달러화에 사용되는 서체가 좋겠어요. 왜냐하면 그것은 성공을 상징하거든요. 혹시 킨코스에서 1005라는 숫자를 고무 스탬프로 만들어 줄 수 있나요?"

"문제없습니다."

점원이 대답했다.

미 달러화를 구성하는 모든 요소 중에서 가장 명백한 요소, 즉 글씨체에 대한 통제는 이처럼 소홀하기 짝이 없었다. 어도비, 애플, 마이크로소프트와 같은 기업들은 자신들의 로고 서체에 대해 배타적인 권리를 행사하고 있었지만, 모든 글자체 중에서 가장 가치 있는 미 달러화의 글씨체만은 공공재산으로 남아 있었다.

아트는 이틀 후 킨코스를 방문하여 스탬프를 찾아왔다. 그는 면도날로 5자를 도려내어 100자만을 남긴 다음, 신문 용지에 찍어 보았다. 페인트가 마르고 난 후, 자연광선 하에서 관찰하기 위해 밖으로 갖고 나왔다.

종이를 이리저리 회전시키자 흡사 마법에 빠진 듯한 기분이 들었다. 페인트는 쉴 새 없이 녹색과 은색 사이를 왔다 갔다 했다. 그것은 형형색색의 빛깔을 내며 반짝이는 딱정벌레의 등껍질처럼 이국적인 느낌을 자아냈다.

드리마크 펜과 시변색의 문제가 해결되자, 아트는 가장 어려운 과제에 도전하기 위해 칼을 뽑았다. 반스앤노블에서 100달러 지폐를 처음 보았을 때부터, 아트는 워터마크를 가장 힘든 상대로 생각해왔다. 솔직히 그는 워터마크와의 싸움에서 이길 자신이 없었다. 왜냐하면 워터마크는 인쇄나 잉크와 아무런 관련이 없으며, 그가 가진 기존의 기술로 해결할 수 있는 문제가 아니었기 때문이다. 그래서 아트는 워터마크에 낮은 우선순위를 매겨 뒀지만, 마음 한구석이 항상 찜찜한 것을 어쩔 수 없었다. 워터마크는 언젠가 해결해야 할 문제로서, 그것을 비켜갈 방법은 전혀 존재하지 않았다.

아이러니한 것은 워터마크는 전혀 혁신적인 기술이 아니라는 점이었다. 그것은 13세기 이래 거의 변하지 않은 구시대의 기술이었다. 워터마크는 종이의 밀도가 낮아 광선이 통과하는 부분을 말하는

데, 종이를 제조하는 과정에서 댄디롤dandy roll이라는 철망 모양의 장비를 사용하여 만들어진다. 워터마크는 펄프가 젖은 상태에서 만들어지며, 지폐 속에 내장되기 때문에 인쇄 장비를 이용하여 복제하는 것이 불가능하다.

지폐 위조범들이 워터마크를 무력화시키는 방법은, 진짜 10달러짜리 신권을 표백하여 잉크를 모두 지운 다음 그 위에 100달러 지폐를 인쇄하는 것이었다. 이렇게 만들어진 100달러짜리 위조지폐는 10달러 지폐의 워터마크와 보안 띠를 내장한 잡종 지폐가 되지만, 사람들은 워터마크와 보안 띠만 있으면 내용이 틀리더라도 100달러 지폐로 믿는 경향이 있었다. 나중에 5달러 지폐가 나오면서 표백 방식으로 100달러 위조지폐를 만드는 원가는 더욱 낮아졌지만, 그럼에도 불구하고 '위조지폐를 만들기 위해 진짜 지폐를 희생하는' 문제점은 사라지지 않았다. 따라서 이 같은 위조방식은 주로 마약 밀매로 큰돈을 버는 남미의 범죄 집단들이 사용했다. 아트는 10달러짜리 신권 수천 장을 마련할 만한 자금이 없는 관계로 표백 방식을 이용할 수가 없었다. 그러나 아트가 표백 방식으로 위조지폐를 만들더라도 그 위조지폐는 사용할 수가 없었다. 그의 주요 고객은 마약 딜러들이었는데, 위조지폐에 도통한 자들에게 그런 위조지폐를 들이밀 수는 없었기 때문이다. 아트의 목표는 마약 딜러들에게 통할 수 있는 위조지폐, 나아가 은행에 입금될 수 있는 위조지폐를 만드는 것이었다.

아트는 한때 '종이를 아예 만들어 볼까?'라는 생각을 했다. 그는 신문용지를 물에 녹여 오트밀 죽과 같은 상태의 펄프로 만들어 스크린 위에 붓고 압착한 다음, 손수 만든 댄디롤로 워터마크를 만들어 오븐에서 구웠다. 그 결과 워터마크가 있는 종이를 만드는 데는 성공했지만, 품질이 조악한 데다가 작업량이 너무 많아 대량생산을 할 수 없었다. 그는 기존의 종이를 물이나 다양한 용액에 담가봤지만 결과는 늘 똑같았다. 종이가 얇게 벗겨지거나 질감이 떨어져, 누가 봐도 한눈에 위조지폐라는 것을 알 수 있을 정도였다. 십여 번의 시도에도 불구하고 별다른 소득을 얻지 못한 아트는 완전히 낙담하여 거의 포기할 지경에 이르렀다. 그러나 아트는 전혀 뜻밖의 경로를 통해 해결책을 찾아냈다. 그것은 문자 그대로 꿈같은 일이었다. 아트는 이렇게 회고했다.

"내 마음은 멀티태스킹을 수행하는 컴퓨터와 같아요. 다른 일을 하는 동안에도, 나의 잠재의식은 항상 화폐 위조를 생각하죠. 그건 잠자는 동안에도 마찬가지에요."

나탈리도 당시를 떠올리며 말했다.

"어느 날 밤 곤히 잠들어 있는데, 그가 나를 흔들어 깨웠어요. 그는 다짜고짜 '찾았어'라고 말했죠. 나는 그가 무슨 얘기를 하는지 도통 알 수가 없었어요. 그래서 그냥 '잘했어, 드디어 찾아냈군! 내일 아침에 얘기해'라고만 말하고 다시 잠에 곯아떨어졌죠."

아트가 꾼 꿈의 내용은 이랬다. 그의 눈앞에는 한 장의 종이가 놓여 있었다. 그러나 자세히 들여다보니 그것은 한 장이 아니었다. 두 장의 종이가 샌드위치처럼 맞붙어 있어서 한 장처럼 보일 뿐이었다.

그런데 그게 전부가 아니었다. 두 장의 종이 사이에 아주 얇은 종이 한 장이 ― 마치 잼을 바른 것처럼 ― 살포시 끼어 있고, 그 위에는 벤자민 플랭클린의 초상화가 그려져 있었다. 플랭클린의 초상화는 두꺼운 종이 사이에 파묻혀 있어 평상시에는 보이지 않았고, 등불에 비춰볼 때만 희미하게 모습을 드러냈다. 플랭클린의 초상화가 그려진 종이는 너무 얇아 전체적인 모양과 질감에 영향을 미치지 않았다.

다음날 아침 아트는 나탈리를 시켜 제일 얇은 트레이싱 페이퍼를 사오게 한 다음, 그 위에 연필로 플랭클린의 초상화를 그렸다. 샌드위치에 바를 잼을 만들었으니 이제 샌드위치 빵을 구해야 했다. 아트는 3개월 전에 미리 구해 둔 아비티비사의 전화번호부용지를 떠올렸다. 그 종이는 너무 얇아 지폐용지로 사용할 수 없었지만, 아트는 두 장을 붙여서 사용하는 방법을 미처 생각하지 못했다. 전화번호부 용지 두 장을 붙여 보니 진짜 지폐 한 장의 두께와 거의 같았다. 아트는 트레이싱 페이퍼에 그린 플랭클린의 초상화를 가위로 오려 전화번호부 용지 두 장 사이에 끼워 넣고, 종이를 들어 등불에 비춰 보았다.

"종이를 등불에 비추는 순간, 나는 '마침내 해냈다'는 뿌듯함에 온몸을 부르르 떨었어요. 꿈속에서도 잊지 못하고 찾아 헤매던 완벽한 100달러짜리 위조지폐가 바로 내 손안에 있었던 거예요. 그건 내 인생 최고의 걸작이었어요. 트레이싱 페이퍼에 대충 그려 넣은 플랭클린의 초상화조차도 그렇게 멋져 보일 수가 없었어요. 다빈치 씨도 그런 건 가르쳐 주지 않았어요. 그건 다빈치 씨에게 배운 게 아니라,

내가 스스로 개발한 혁신적인 기술이었어요."

종이 두 장을 맞붙이는 방법은 보안 띠 문제도 해결해 주었다. 보안 띠 역시 별도로 제작하여 두 종이 사이에 끼워 넣으면 그만이었다. 아트는 문방구에서 적색 자외선 감응잉크UV reactive ink를 구입하여 잉크젯 프린터에 장착하고, 워터마크에 사용한 것과 똑같은 트레이싱 페이퍼에 붉은 띠를 인쇄했다. 그리고 지폐의 앞면과 뒷면이 인쇄된 종이 사이에 워터마크와 보안 띠를 끼우고, 마지막으로 문방구에서 파는 스프레이 접착제를 이용하여 위조지폐를 완성했다. — 문방구에서 쉽게 구입할 수 있는 접착제와 잉크가 위조지폐를 만드는 데 사용될 수 있다는 사실은 정말 놀라웠다.

신권의 마지막 보안장치인 미세 인쇄를 깨는 것은 식은 죽 먹기였다. 1989년 미세 인쇄를 처음 도입할 때, 미 재무부는 복사 기술의 발달 속도를 잘못 예측했다. 1999년에 출시되어 있는 잉크젯 프린터와 그래픽 소프트웨어들은 미세한 글씨체로 인쇄된 문자를 거의 완벽한 수준으로 복제해낼 수 있었다. 미세 인쇄 문제를 해결하는 것은 나탈리의 몫이었다. 그녀는 며칠 동안 포토샵과 씨름한 끝에 원본과 거의 똑같은 수준으로 미세 인쇄를 재현해냈다. 고도의 숙련된 전문가가 아니라면 원본과 복제본을 분간할 수 없을 정도였다. 이상과 같이 아트는 지폐 위조에 온갖 첨단기술을 도입했지만, 도장과 배경색을 인쇄하는 데만큼은 옵셋 인쇄를 고집했다.

"나는 기술 만능주의자가 아니에요. 컴퓨터가 아무리 발달해도 옵셋 인쇄를 못 따라가는 부분이 있어요. 도장과 배경색 문제만 해도 그래요. 만일 컴퓨터가 옵셋 인쇄보다 도장과 배경색을 더 잘 복제할 수 있다면 나는 컴퓨터를 사용했을 거예요."

흥미로운 것은, 이 즈음의 아트가 단순한 지폐 위조범의 수준을 넘어 장인의 경지에 도달해 있었다는 점이다. 그는 위조지폐에 미쳐 있었다. 비용이 아무리 많이 들더라도 제대로 된 위조지폐를 만들고 싶어했다. 그에게 있어서 지폐 위조는 예술이었고, 자신의 가능성을 시험하는 무대였다.

아트가 교도소에서 나온 지 넉 달 만에 신권 위조를 위한 모든 준비 작업이 완료되었다. 그러나 문득 아트의 뇌리를 스치고 지나간 생각이 하나 있었다. 그들은 그동안 지폐의 '모양'에만 신경을 쓴 나머지 지폐의 '무게'에는 신경을 쓰지 않았던 것이다. 과연 그들이 만들어낸 위조지폐가 진짜 지폐의 무게와 똑같을까? 나탈리는 문제없을 것이라고 장담했지만, 꼼꼼한 성격의 아트는 궁금해서 견딜 수 없었다. 그래서 그들은 디지털 저울을 구입하여 직접 확인해보기로 했다. 아트는 조마조마한 마음을 억누르고 저울 위에 위조지폐를 올려놓았다. 나탈리는 아예 눈을 감고 있었다. 숫자판에 표시된 무게는 딱 1그램, 모든 진짜 달러화의 무게와 정확히 일치했다. 장장 4개월 동안 미 재무부와 아트 사이에서 벌어진 '돈의 전쟁'은 아트의 승리로 대단원의 막을 내렸다.

8

왕의 귀환

세계인이 모두 미국 정부의 무능을 비웃고 미국의 패권주의와 문화적 몰락을 비판해도, 그들은 새로 발행되는 100달러 지폐를 쌍수 들고 반긴다. 이는 전 세계가 아직도 미국의 자유주의와 안정성에 대해 신뢰를 보내고 있다는 것을 의미한다(새로운 달러화가 발행되기도 전에 외국인들의 수요가 폭발하고 있는 현상에 대해 논평한 글 중 일부 옮긴이).

윌리엄 새파이어(칼럼니스트), 《뉴욕타임스》(1995. 12. 4.) 중에서

•

1999년 가을의 어느 날, 아트는 아무런 사전 연락도 없이 지하 감옥 시절에 '바퀴' 노릇을 했던 토니 푼틸로의 집을 불쑥 방문했다. 아트가 카렌과의 관계를 청산하고 도망치듯 텍사스로 떠난 지도 어느덧 4년, 토니는 그동안 아트를 한 번도 만나보지 못했다. 텍사스의 작열하는 태양빛에 온통 시커멓게 그은 아트의 얼굴에서는 두 눈망울만 헤드라이트처럼 반짝거렸다. 그의 반짝이는 눈망울에는 뭔가 큰 비밀이 숨겨져 있는 것 같았다. 두 사람은 함께 맥주 몇 잔씩을 마신 후 아트의 제의에 따라 잠시 밖으로 나갔다.

현관문을 나서는 순간, 아트는 빙그레 웃으며 100달러짜리 신권 한 장을 토니에게 내밀었다.

"이게 웬 돈이야? 언제 나한테 돈 꿔 간 적이 있었나?"

토니는 깜짝 놀라며 물었다.

"잘 관찰해봐, 혹시 이상한 데는 없는지."

아트는 웃음을 멈추지 않은 채 말했다. 토니는 워터마크, 보안 띠, 시변색 잉크를 꼼꼼히 체크해 보더니 고개를 가로저었다.

"아무 이상이 없는 것 같은데……."

토니가 말했다.

"그거 내가 만든 거야."

아트의 말이 떨어지는 순간 토니는 벅차오르는 감동을 주체할 수 없었다.

"이 친구 4년 동안 아무 연락도 없이 어디서 뭘 하나 했더니, 이런 걸 만드느라고 그랬군!"

아트는 머지않아 삐삐를 칠 테니 옛날에 사용했던 15개의 비밀번호를 잘 기억해 두라고 말했다. 그리고는 100달러 위조지폐 한 장을 선물로 남기고 떠났다. 아트의 위조지폐는 향후 시카고의 암흑가에서 가장 환영받는 보증수표로 자리 잡게 된다.

아트는 토니를 만난 후 몇 주 동안 옛 고객들을 찾아다니며 중단됐던 거래 관계를 회복했다. 그는 토니에게 그랬던 것처럼 사전 예고 없이 불쑥 나타나 무덤덤한 표정으로 위조지폐를 내밀었다. 위조지폐를 본 고객들은 하나같이 열광적인 반응을 보였다.

"그들은 마치 마약을 복용한 듯 황홀경에 빠졌어요. 아마도 그 위조지폐가 가져다줄 많은 잠재적 이익들을 상상하는 것 같았어요."

아트는 회고했다.

샌디는 즉석에서 30만 달러를 주문했다. 드미트리는 너무 감동한 나머지 수백만 달러를 찍어내는 게 어떠냐고 조언할 정도였다.

"드미트리는 진지한 태도로, 나를 세계의 모처로 데려가 러시아 출신의 경호원들을 붙여주겠다고 제안했어요. 그의 제안이 하도 멋져, 나도 잠깐 '그래 볼까?'라는 유혹에 빠졌던 적이 있어요. 그러나 그렇게 되면 내가 드미트리에게 예속될 것 같다는 생각이 들었어요. 일단 미국을 떠나게 되면 나는 힘을 잃게 되니까요. 한마디로 '새장 속의 새' 꼴이 되고 마는 거죠."

유일하게 신중한 반응을 보인 사람은 호스였다. 아트가 교도소에 있는 동안 호스는 아트의 위조지폐를 능가하는 유일한 위조지폐를 몇 번 구경한 적이 있었다. 그것은 비밀수사국에 의해 슈퍼노트라는 이름이 붙은 100달러짜리 위조지폐였다. 슈퍼노트 역시 아트의 것과 마찬가지로 신권의 모든 위조방지 장치를 두루 갖추고 있었다. 한 가지 큰 차이점이 있다면, 슈퍼노트는 미국 조폐공사가 보유한 음각 인쇄기intaglio press와 유사한 인쇄기를 이용하여 제작된다는 점이었다. 슈퍼노트는 진짜 지폐와 모양은 물론 생산공정까지 같아, 두 가지를 구별하려면 실험실로 보내 테스트를 받는 수밖에 없었다. 슈퍼노트는 1989년 홍콩에서 처음 발견됐는데, 비밀수사국은 아직까지도 슈퍼노트를 만든 사람(또는 단체)이 누구인지를 밝혀내지 못하고 있다. 전문가들은 한때 이란, 동독, 중국, 그리고 북한을 범인으로 지목했었지만, 끝내 합치된 결론을 내리지 못했다(이중에서 가장 유력한 용의자로 지목됐던 것은 북한 정부다 옮긴이). 다만 슈퍼노트를 만들려면 수천만 달러 상당의 장비가 필요하다는 점을 감안할 때, '이 정도의 자금을 동원할 능력이 있는 단체는 한 나라의 정부밖에 없을 것'이라는 추측이 공감을 얻고 있을 뿐이다. 일각에서는 슈퍼노트가 미국 정부의 작품이라는 주장도 제기되고 있다. 즉, 해외에서 벌이는 비밀 군사작전을 수행하는 데 필요한 자금을 의회 몰래 마련하기 위해, 미국 정부가 슈퍼노트를 만들어 유통시켰다는 것이다.

슈퍼노트를 만든 단체가 어디든 간에, 온레옹은 아트가 없는 동안 슈퍼노트를 실제로 구입하여 사용한 적이 있었다. 따라서 호스가 아트의 위조지폐를 본 순간 의례적인 칭찬의 말과 함께 신중한 태도를 보인 것도 무리는 아니었다.

"정말 근사하군. 하지만 슈퍼노트를 따라잡기는 힘들겠어."

그러나 말을 마친 호스는 달러당 30센트의 가격으로 10만 달러를 주문했다. 역시 그는 통 큰 고객이었다.

아트는 모든 고객들에게 잠깐 기다려 달라고밖에 할 수 없는 난감한 입장에 처했다. 신권 위조지폐가 히트를 칠거라고 예상은 했지만, 그렇게 빨리 대량 주문이 쏟아질 줄은 미처 몰랐던 것이다. 고객들의 주문량은 이미 아트가 감당할 수 있는 생산 수준을 넘어선지 오래였다.

"고객들은 많은 양을, 그것도 당장에 만들어달라고 요구했어요. 물론 그들은 위조지폐를 만드는 게 얼마나 힘든지 몰랐겠죠. 덕분에 나는 대량생산 방법을 궁리하기 위해 골머리를 앓아야 했어요."

아트가 새로운 위조지폐를 들고 시카고에 나타났을 때, 마이키는 여전히 셰리던 공원의 수영장에서 안전 요원으로 근무하고 있었다. 아트의 든든한 조언자이며, 동반자이자 친구이기도 했던 마이키는 아트가 시카고를 떠났을 때 실망이 너무 커 배신감을 느낄 정도였다. 마이키는 다음과 같이 회고했다.

"우린 함께 큰돈을 벌었어요. 그런데 아트는 돈벌이를 마다하고 텍사스로 떠나 엉뚱한 짓을 하다가 기어이 감옥에 가고 말았죠."

그러나 새 위조지폐를 보자마자 마이키의 마음 한편에 남아 있던 섭섭한 생각은 봄눈 녹듯 사라졌다.

"아트는 해냈어요. 신권의 보안장치를 무력화시킨 거예요. 사실 웬만한 일이라면 나는 놀라지 않았을 거예요. 그의 머리가 좋다는 건 누구나 아는 사실이니까요. 하지만 이번 일은 특별했어요. 그의 위조지폐는 진짜 지폐와 전혀 구별할 수 없었거든요. 한마디로 완벽했어요. 나는 '이제 큰돈을 벌겠구나!'라는 생각이 번쩍 들었어요."

마이키는 당장 굵직한 거래를 한 건 성사시켰다. 그가 유치한 고객은 지미 아모디오라는 마권업자였다. 그는 마이키와 안면이 있는 사람으로, 테일러 가 근처에서 사교 클럽도 운영하고 있었다. 마이키가 거래를 따낸 방법은 간단했다. 지미를 찾아가 위조지폐를 보여주며 이렇게 제안한 것이다.

"NFL(미국 미식축구 리그 옮긴이) 플레이오프도 곧 다가오는데, 그 동안 까먹은 돈을 단칼에 만회하는 방법을 알려드리죠. 고객들에게 지급하는 당첨금에 이 위조지폐를 섞어서 주면 어때요?"

마권업자는 마이키의 아이디어를 듣고 뛸 듯이 기뻐하며, 5만 달러를 주문했다. 다만 모든 거래가 그렇듯 이번 거래에도 까다로운 조건이 하나 걸려 있었다.

"지미는 내일 아침까지 물건을 넘겨달라더군."

마이키가 말했다. 아트는 고개를 저었다.

"그건 도저히 불가능해."

물론 텍사스를 떠나기 직전에 나탈리와 함께 인쇄해 놓은 10만 달러가 있기는 했다. 그러나 이것은 앞면과 뒷면이 따로 인쇄된 반제품이어서, 접착, 건조, 포장을 통해 최종 제품으로 완성되어야 했다.

그러나 이 작업은 아트 혼자서 하루 만에 할 수 있는 작업이 아닐 뿐더러, 넓은 작업 공간을 필요로 했다. 마이키는 아트의 위조지폐가 지닌 장점을 최대한으로 이용한 해결책을 내놨다.

"내 생각이 맞다면, 네가 만드는 위조지폐는 일종의 조립 완구라고 보면 되겠네, 안 그래?"

"그런 셈이지."

"현재 모든 블록은 다 준비되어 있어, 맞지?"

"물론이지."

"지금 네게 필요한 것은 제품을 조립할 장소와, 작업을 도와줄 사람이야. 혹시 조립 장소가 갖춰야 할 특별한 조건이라도 있나?"

"이론적으로는 아무 장소나 가능해. 단, 실내였으면 좋겠고, 너무 좁아도 안 돼. 물론 사람들의 눈에 띄지 않는 장소여야겠지."

마이키는 자기가 근무하는 셰리던 공원 수영장의 여과실을 추천했다. 그곳이라면 공간도 널찍하고 일반인이 출입하지 않아 비밀 작업 장소로 안성맞춤이었다. 아트와 마이키는 수영장의 영업이 끝나기를 기다려, 여과실의 파이프와 펌프 사이에 각종 장비를 들여놓았다. 여과실은 순식간에 작업장으로 변했다. 아트와 마이키는 파이프 사이에 건조대를 설치하고 코카인의 힘을 빌려 작업한 결과, 불과 네 시간 만에 500여 장의 위조지폐를 완성시킬 수 있었다. 작업이 예상보다 일찍 끝나자, 그들은 아는 술집 여종업원들에게 전화를 걸어 맥주를 시켰다. 그리고는 아가씨들과 어울려 술을 마시고 나체로 수영을 즐기며 밤새도록 놀았다. 아가씨들은 난생처음으로 엄청난

'돈벼락'을 맞았지만, 자기들이 받은 팁이 위조지폐일 것이라고는 상상조차 하지 못했다.

다음날 아침 마이키는 약속 시간에 맞춰 물건을 지미에게 넘겼고, 지미는 그것을 고객들의 당첨금에 섞어 지급하여 막대한 이익을 챙겼다. 그해 겨울 지미의 고객들은 아트가 만든 위조지폐를 주머니에 가득 넣고 시카고 거리를 활보했다. 거래 결과에 만족한 지미는 아트와 마이키를 자기가 운영하는 비밀 도박장에 초대했다. 그곳에서는 매주 텍사스홀덤(포커의 일종 옮긴이) 게임이 벌어졌는데, 지미는 아트와 마이키가 위조지폐로 배팅을 해도 전혀 문제 삼지 않았다. 단, 여기에는 조건이 하나 있었다. 도박장에서 딴 돈의 20퍼센트를 자기에게 내놓으라는 파격적인 조건이었다.

아트의 측근을 제외하면, 아트가 가내수공업 방식으로 위조지폐를 만드는 장면을 생생하게 목격한 사람은 웬즈밖에 없었다. 아트와 나탈리는 집을 구하는 동안 웬즈의 집에 잠시 머물렀다. 어느 날 웬즈가 직장에서 돌아와 보니 거실과 부엌에 온통 빨랫줄이 쳐져 있고, 거기에는 은행에서 갓 나온 듯한 100달러 지폐들이 나뭇잎처럼 매달려 있었다. 웬즈가 집에 없는 틈을 타서 스탬프 작업과 풀칠이 끝난 위조지폐를 건조하는 중이었다. 그때까지만 해도 웬즈는 자기 오빠가 지폐 위조범이라는 사실을 까맣게 모르고 있었다.

"나는 5분 동안 오빠를 째려봤어요. 그동안 오빠에게 감쪽같이 속은 것이 너무 원통했어요."

그러나 원통한 마음도 잠시, 웬즈의 마음 한구석에서 야릇한 욕망이 솟아올랐다.

"오빠가 만든 위조지폐를 자세히 살펴보니 진짜 지폐와 전혀 구별할 수 없었어요. 그러자 문득 '저 위조지폐를 한번 사용해 보고 싶다'는 생각이 들었어요. 누구라도 그 자리에 있었다면 같은 생각이 들었을 거예요."

그러나 아트는 웬즈에게 위조지폐를 한 장도 주지 않아 그녀를 격노하게 했다. 하지만 아트와 웬즈는 한 핏줄이었다. 그들의 혈관에는 원하는 것을 손에 넣어야만 직성이 풀리는 피가 흐르고 있었다. 웬즈는 아트가 한눈을 파는 틈을 타서, 먼 옛날 아트가 그랬던 것처럼 위조지폐 한 움큼을 호주머니 속에 몰래 쑤셔넣었다. 그리고는 그 길로 백화점으로 달려가 한 푼도 남김없이 다 써버렸다. 지름신과 결신이 모두 강림하여 그녀를 축복했다.

상황에 따라 유연한 생산방식을 적용했지만, 아트는 곧 물량 부족에 시달리게 되었다. 합법적인 사업이라면 투자 유치와 은행 대출을 이용하여 문제를 해결할 수 있었지만, 불법 비즈니스 세계에서는 그럴 수가 없었다. 어줍지 않게 사업 확장을 꾀했다가는 사기꾼이 끼어들거나, 수사 당국에 꼬리를 밟힐 우려가 있었다. 아트는 지금까지 '적당한 금액을 찍어내면 행복한 삶을 누릴 수 있다'는 다빈치의 경고를 금과옥조로 여겨왔다. 그러나 인간의 앞날은 누구도 알 수 없는 것, 더욱이 불법 비즈니스 세계의 불확실성을 고려하면 한창 잘나갈 때 한몫 단단히 챙기는 것도 중요했다. 그러나 결정적인 문제가 아트의 발목을 잡았다. 아트는 이윤 극대화의 기본 요건인 대량생산 능력을 갖추지 못하고 있었던 것이다.

수작업은 아트의 작품을 위대하게 만든 결정적 요인인 동시에 대량생산을 막는 최대의 걸림돌이기도 했다. 다빈치 시대에는 원판, 종이, 잉크, 인쇄기만 있어도 훌륭한 위조지폐를 만들 수 있었다. 그러나 각종 보안장치가 장착된 신권을 위조하려면 이상의 것들은 기본이고, 그 이상의 것이 필요했다. 폴리에스터 종이, 시변색 잉크, 자외선 감응 잉크, 트레이싱 페이퍼와 워터마크, 스프레이 풀과 접착제, 최신 스캐너와 프린터, 컴퓨터……. 이 모든 것들은 상당량의 수작업을 필요로 했기 때문에, 위조지폐 제작 과정은 고도의 노동집약적 산업으로 변모할 수밖에 없었다. 게다가 아트의 완벽주의는 이러한 경향을 더욱 부채질했다. 그는 얼치기 중저가 제품을 대량으로 판매하는 양판점보다는, 최고급 제품을 소량으로 판매하는 부티크를 지향했다. 그의 완벽주의는 거의 결벽증 수준이었다.

설사 대량생산을 추구하지 않더라도, 날로 증가하는 고객의 수요를 따라잡으려면 어차피 양질의 장비와 인쇄 공간, 노동력이 필요했다. 그중에서도 가장 절실한 것은 구식 옵셋 인쇄기를 신형으로 교체하는 것이었는데, 인쇄업의 메카인 시카고는 이번에도 아트를 실망시키지 않았다. 매코믹플레이스 컨벤션센터에서는 매년 세계 최대의 그래픽 아트 박람회인 그래프 엑스포가 열렸다. 약 28만 제곱미터에 달하는 전시 공간에는 3일 동안 최신 하이테크 인쇄기, 잉크, 종이, 스캐너, 컴퓨터 프로그램 등 인쇄에 관한 모든 것이 전시되었다. 그러나 아트에게 그래프 엑스포는 그림의 떡이었다. 지폐 위조범인 그가 할 수 있는 일이라고는 컨벤션센터 건너편의 남쪽 전시관 위층에 올라가, 강 건너 불구경하듯 박람회장을 바라보는 것밖에 없었다. 엑스포 참가자들은 주최 측에 수천 달러를 지불하고 물품을 진열했으며, 일반인의 전시장 출입은 엄격히 통제되었기 때문이다. 그러나 일반인의 신분으로 전시장을 마음껏 휘젓고 다닐 수 있는 '특권층'이 하나 있었으니, 그들은 바로 사우스사이드 — 그중에서도 특히 브리지포트 — 사람들이었다. '매코믹플레이스에 브리지포트 토박이들이 쫙 깔려 있다'는 것은 시카고에서 알 만한 사람들은 다 아는 사실이었다. 정장을 빼 입은 매니저에서부터 전시장 세팅을 담당한 근로자들에 이르기까지, 대부분의 현장 관리 인력들은 사우스사이드 출신으로 충원되었다. 매코믹플레이스는 시간당 45달러 이상의 임금을 지급하기 때문에, 시카고의 블루칼라 근로자들 사이에서 인기가 높았다. 1999년 10월 지상의 천국을 눈앞에 두고도 들어가지 못해 발을 동동 구르는 아트에게 한 천사가 나타나 천국의 열쇠를 내밀었다. 그 천사의 이름은 지오르기였다.

지오르기는 그해에 마침 매코믹플레이스의 플로어 매니저로 고용되었기 때문에, 전시회장의 모든 부스에 출입할 수 있는 권한을 갖고 있었다. 아트로부터 '신권 위조지폐의 품질 향상과 대량 생산을 위해 최신 장비가 필요하다'는 말을 들은 지오르기는 아트를 위해 사진이 박힌 목걸이 출입증을 하나 만들어줬다. 그것은 제록스의 CEO와 동등한 레벨의 출입 권한을 부여하는 강력한 출입증이었다.

아트는 사우스사이드에서 작은 인쇄소를 경영하는 제임스 살리노라는 가공의 인물로 행세했다. 그는 3일 동안 전시장에서 어슬렁거리며, 어도비, 렉스마크, 휴렛패커드의 담당자들과 면담하고 제품 시연에 참석하고 질문도 했다. 그는 버젓이 구매 상담도 했다. 지오르기로부터 '마음에 드는 물건이 있으면 점찍어 놓으라'는 언질을 받았기 때문이었다.

엑스포에 참가한 첫 날 아트는 사우스 홀을 배회하다가 왕건이를 하나 건졌다. 그것은 일본의 회사 료비에서 나온 컴팩트형 2색 옵셋 인쇄기로, 기존의 옵셋 인쇄기와 차원이 달랐다. 그것은 플라스틱이 첨가된 종이판을 사용하기 때문에, 금속(알루미늄)판을 사용하는 일반 옵셋 인쇄기보다 잉크를 균일하고 세밀하게 분포시킬 수 있었다. 또한 종이는 불에 잘 타기 때문에, 유사시에 원판을 태워 증거를 없애는 데도 그만이었다. 무엇보다도 아트의 시선을 끈 것은 스포츠카처럼 색상이 강렬하고 디자인이 심플하다는 점이었다. 료비 인쇄기의 소매가격은 1만 2천 달러였다.

세 번째 날 모든 행사가 끝나고 컨벤션센터의 문이 굳게 닫히자, 한 무리의 사우스사이드 사내들이 지게차와 짐수레를 끌고 전시장에 침입하여 수백만 달러 상당의 장비를 싣고 나갔다. 그날은 매코믹플레이스의 명성에 먹칠을 한 날이었다. 세계 최고 수준의 관리 시스템을 자랑하는 매코믹플레이스지만, 그날 밤 박람회 참가 업체들의 재산을 안전하게 지켜주지 못했다.

지오르기는 료비 인쇄기를 사우스사이드의 한 창고에 보관해 놓았다. 아트는 날이 밝자마자 창고로 달려가 인쇄기를 설치하고, 시험 삼아 지폐의 뒷면과 도장을 인쇄해 보았다. 선명한 색상과 세밀한 터치가 과거의 옵셋 인쇄기하고는 비교가 되지 않았다. 종전에 쓰던 인쇄기가 고물 자동차라면, 료비 인쇄기는 롤스로이스급이었다. '왜 진작 이런 인쇄기를 쓰지 않았던가!'라는 탄식이 절로 나올 정도였다. 아트는 회상했다.

"료비 인쇄기는 소리도 좋았어요. 그것은 돌아갈 때 경쾌한 전자음을 냈는데, 나는 그 소리를 무척 좋아했어요. 왜냐하면 그건 내가 돈을 벌고 있음을 알려 주는 소리였거든요."

료비 인쇄기를 이용해 만든 최초의 10만 달러는 가장 오래되고 믿음직한 고객인 호스를 위한 것이었다. 나탈리와 둘이서 원재료에서부터 시작하여 완제품을 만드는 데까지 걸린 시간은 모두 열흘, 당초 목표로 했던 닷새보다 두 배나 긴 시간이었다. 인쇄 과정에서 용지 걸림이 자주 발생한 것과, 접착 및 절단 과정에서 시간을 지체한 것이 공정 지연의 주요 원인이었다. 그러나 모든 작업이 끝나 포장까지 완료된 1천 장의 위조지폐를 바라보는 순간, 아트는 '드디어 해냈다'는 뿌듯한 성취감에 젖어 들었다.

"나는 불을 처음 발견한 신석기 시대의 인간과 같은 심정이었어요. 내 작품이 너무 아름답고 경이로워, 남에게 팔지 않고 고이 간직하고 싶었어요."

아트는 예전처럼 핑톰 공원에서 호스를 만나 물건을 전달한 후, 그와 함께 다운타운가의 나이트클럽으로 가서 여흥을 즐겼다. ― 한때 호스와 즐거운 시간을 보낸 적이 있는 온레옹 빌딩은 아트가 시카고를 떠나 있는 동안 여러 차례 FBI의 기습을 받았다. 따라서 아트가 다시 돌아왔을 때, 유명했던 온레옹 빌딩의 지하 도박장은 역사의 뒤안길로 사라지고 없었다.

"이번 신권 위조지폐는 조심하는 게 좋겠어."

호스가 귀띔했다.

"탐내는 사람들이 너무 많아."

아트도 이미 알고 있었다. 고객, 사기꾼, 심지어 가족들까지 시도 때도 없이 아트의 주변을 맴돌며, '더 많이 찍어내라!'고 압력을 가해왔다. 그들은 아트를 황금 알을 낳는 거위 정도로 생각하는 것 같았다.

"고객들은 나의 생산 능력을 초과하는 물량을 요구했어요. 그들은 하나같이 큰돈을 벌겠다는 야심을 품고 나와 독점 계약을 하자고 졸랐어요. 그러나 그들은 내 인생 따위에는 관심이 없었어요. 그들이 진정으로 원했던 것은 내가 아니라 돈이었어요."

드미트리는 '상트페테르부르크에 한번 놀러 가자'고 아예 노래를 불렀다. 그는 아트의 비위를 건드리지 않기 위해 '3개월 동안 아무 생각 없이 놀면서 러시아의 건축물이나 구경하자'고 말했지만, 일단 러시아에 도착하면 그의 친구들이 달려들어 돈을 찍어내거나 영업 비밀을 팔아넘기라고 회유할 것이 뻔했다. 당시 상트페테르부르크는 유럽 최대의 위조 달러 공급지 중 하나였는데, 드미트리는 아트를 데리고 금의환향하여 상트페테르부르크의 암흑가를 정복하려는 야심을 품고 있었다.

아트의 마음을 가장 씁쓸하게 만든 사람은 팀 프란델로였다. 그는 브리지포트트홈에서 아트와 어린 시절을 함께 보낸 오랜 친구로, 대런 프란델로의 친동생이기도 했다. — 대런은 브리지포트트홈 근처의 던킨도너츠에서 웬 사내로부터 불의의 총격을 받아, 젊은 아내와 어린 아이들을 남기고 세상을 떠났다 — 팀은 지하 감옥 시절에 아트를 도와 거래를 몇 번 주선하기도 했다. 그런데 아트가 만든 신권 위조지폐를 본 후, 그는 아예 아트의 풀타임 동업자가 되겠다고 선언했다. 아트 역시 나탈리와는 별도로 밀린 주문을 처리해줄 사람이 필요했으므로, 일단 같이 일해 보자고 승낙했다. 그러나 팀은 첫 번째 작업부터 불평불만을 쏟아냈다.

"왜 한 번에 5만 달러나 10만 달러씩만 찍어내는지 난 도무지 이해할 수 없어. 내가 아는 사람들 가운데는 100만 달러를 사겠다는 사람도 여럿 있단 말이야."

아트는 팀의 말이 거짓이 아니라는 것을 잘 알고 있었다. 팀은 아웃핏과 선이 닿아 있었기 때문이다. 그러나 아트가 염려하는 것은 바로 그 점이었다. 아트는 '위조지폐가 너무 넓은 공간에 퍼지면 위험하다'는 다빈치의 경고를 설명해줬다.

"우리가 돈을 너무 많이 찍어내면 비밀수사국이 냄새를 맡고 우리를 추격할 거야."

그러나 팀은 아트를 겁쟁이로 몰아세웠다.

"너처럼 능력이 있는 사람은 그 능력을 최대한으로 발휘해야 돼.

이렇게 찔끔찔끔 찍어내서야 어느 세월에 부자가 되겠어?"

몇 주 후 팀은 아웃핏의 조직원인 론 자렛으로부터 러브콜을 받았다. 자렛은 인디언 보호구역으로부터 코카인을 밀반입했는데, 코카인을 운반할 운반책이 필요했다. 자렛은 아트보다 많은 수입을 보장했기 때문에, 팀은 이직을 심각하게 고려했다. 그는 아트에게 말했다.

"자렛이 함께 일하자고 하는군. 보수도 괜찮은 편이야. 하지만 생산량을 늘리겠다고 약속만 하면 너와 계속 일할 의향이 있어."

아트는 프란델로의 압박에 꿈쩍도 하지 않고 단호하게 대응했다.

"그래? 그럼 자렛에게 가는 게 낫겠군. 그나저나 그의 밑에 들어가면 앞으로 연락하기도 힘들겠는걸. 제발 부탁인데, 여기서 보고 들은 것은 모두 비밀로 해 줘. 만일 자렛이 내가 무슨 일을 하는지 알게 되면, 그땐 널 가만두지 않을 테니 명심해."

브리지포트에서 론 자렛을 모르면 간첩이었다. 26번가 아웃핏 패거리의 핵심 멤버인 자렛은 1980년에 저지른 보석상 강도 사건으로 교도소에 수감됐다가 최근 풀려난 인물로, 출소 이후 활발히 활동하며 몸집을 불려 나가고 있었다. 그는 걸핏하면 지역 주민들의 금품을 갈취했고, 어떤 건달이라도 돈을 버는 기미가 보이면 그에게 세금을 바쳐야 했다. 그는 잔인하고 저돌적이기로 유명했는데, 주민들 사이에는 그가 아웃핏의 일인자 자리를 노리고 있다는 소문이 파다했다. 아트의 입장에서 볼 때 프란델로가 자렛의 수하로 들어간다는 것은 매우 달갑잖은 소식이었다. 위험 요소가 증가하기 때문이었다.

"이제 자렛의 레이더에 포착되어 세금을 뜯기는 것은 시간문제였어요. 자렛은 어울려봐야 전혀 득 될 것이 없는 인물이었어요. 그런 사람들 주변에는 으레 연방 수사관들이 들끓기 마련이거든요."

예상했던 대로, 프란델로는 자렛에게 간 이후로 아트와의 모든 연락을 끊었다. 아트는 자렛이나 연방 수사관들이 낌새를 알아차릴까 봐 전전긍긍하더니, 마침내 피해망상증의 증세를 보이기 시작했다. 그는 도청 탐지기, 폴리스 스캐너(경찰관의 위치를 알려 주는 장치) 등의 첨단 전자 장비를 사들여 도청과 미행 여부를 수시로 확인하는가 하면, 적외선 고글을 구입하여 어둠 속의 수상한 차량을 살폈다. 그는 코미스키 공원 근처 인적이 드문 곳에 있는 아파트를 발견하여 가명으로 임대차 계약을 체결하고, 가족을 포함한 어느 누구도 초대하지 않았다. 아트가 그처럼 은둔했던 데는 그만한 이유가 있었다.

"나는 마치 유령처럼 생활했어요. 아무도 나를 찾을 수 없었어요. 사람들은 그런 나를 손가락질했지만, 나와 나탈리의 안전을 지키기 위해서는 어쩔 수 없었어요."

토니 푼틸로는 아트의 당시 모습을 이렇게 회상했다.

"그는 제정신이 아니었어요. 하루는 아트가 내 아파트를 찾아왔는데, 누군가에게 쫓기고 있는 듯한 모습이었어요. 그는 내 방으로 들어와 안테나가 달린 작은 박스를 꺼내더니, 벽과 가구에서부터 시작하여 방 안 구석구석을 모두 체크했어요. 자기가 무슨 007 영화에 나오는 제임스 본드라도 되는 것처럼 말이죠. 도청 탐지가 끝난 다음에는 창가로 다가가 블라인드를 내리고, 그 틈새로 밖을 내다봤어요. 주차장에 주차된 차 중 하나가 자기를 미행하고 있다고 확신하는 것 같았어요."

시카고에서 아트와 나탈리가 사는 곳을 아는 사람은 아무도 없었지만, 아트는 시카고가 안전하지 않다고 결론지었다. 그는 조용히 숨어 지내다가 필요할 때만 돈을 찍어낼 수 있는 시골집을 원했다. 아트와 나탈리는 시카고를 떠나 남쪽으로 내려가, 인디애나 주 접경 지역 근처의 마샬 카운티에 있는 농가 한 채를 둘러봤다. 그 집은 비포장도로의 끝에 위치해 있어, 사실상 옥수수 평원의 한복판에 파묻혀 있다고 해도 과언이 아니었다. 아트는 그곳을 괜찮다고 생각했다.

"이제 아무도 우리를 찾을 수 없을 것 같았어요."

그는 가명으로 계약서를 작성하고 6개월치 월세를 선납했다. 아트와 나탈리는 항상 그곳에 머물지는 않았지만, 위조지폐를 찍을 일이 있을 때는 반드시 거기로 갔다. 거기에는 지폐 인쇄를 위한 모든 디지털 장비가 갖춰져 있었다. 아트의 계획은 시카고와 그곳을 번갈아 드나들며 다빈치가 당부했던 원칙을 지키며 살아가는 것이었다.

"1회당 생산량을 줄이고 튀는 행동을 삼가면 행복한 삶을 누릴 수 있다."

그러나 모든 일이 아트의 뜻대로 되지는 않았다.

9

돈 쓰는 여행의 시작

아들 폴이 물었다.

"아빠, 돈이 뭐에요?"

갑작스러운 질문에 허를 찔린 돔비 씨는 적잖이 당황하며 반문했다.

"돈이 뭐냐고?"

"네."

아이는 손을 의자의 팔걸이에 올려놓으며, 고개를 들어 아빠를 빤히 쳐다봤다.

"돈이 뭐냔 말이에요."

돔비 씨는 난처했다. 그는 화폐의 유통에 관한 이야기, 이를테면 교환의 매개체, 통화, 평가절하, 유가증권, 금괴, 환율, 귀금속의 가치 등에 관해 말하고 싶었다. 그러나 조그만 의자에 버티고 앉은 아들 녀석을 내려다보니 도저히 설명할 엄두가 나지 않아, 마음을 고쳐먹고 이렇게 대답했다.

"금화, 은화, 동전, 기니(영국의 옛 금화 옮긴이), 실링, 페니. 이런 게 뭔지는 알지?"

폴은 말했다.

"당연히 알죠. 난 그걸 묻는 게 아니에요, 아빠. 돈이 뭐냐고요?"

찰스 디킨스, 『돔비와 아들』(1848) 중에서

•

1999년 12월 23일 아침, 쉰다섯 살의 론 자렛은 로웨 가에 있는 자신의 방갈로 문을 나섰다. 로웨 가는 중산층이 거주하는 조용한 곳으로, 오랫동안 마피아의 보루 역할을 해 왔다. 다른 악명 높은 마피아들과 마찬가지로, 자렛 역시 이곳에 머물러 있는 동안은 안전하다고 자부할 수 있었다. 공기는 차가웠지만 하늘은 구름 한 점 없이 맑은 전형적인 겨울 아침이었다. 자렛은 패밀리 멤버의 장례식에 가는 길이었다.

그 순간 그곳으로부터 몇 블록 떨어진 곳에서 두 남자가 노란색 트럭에 시동을 걸고 자렛의 집을 향해 출발했다. 트럭이 자렛에게 접근하면서 속도를 줄이는가 싶더니, 한 사내가 조수석에서 뛰어내렸다. 자렛이 어리둥절한 표정으로 사내를 쳐다보는 동안, 사내는 자렛에게 바짝 다가가 머리에 총을 겨눴다. 그리고는 자렛의 얼굴, 가슴, 오른쪽 어깨, 그리고 양팔에 다섯 발 이상의 총탄을 발사했다. 자렛은 병원에 옮겨진 후 한 달 만에 숨을 거뒀다.

자렛을 암살한 범인들은 고전적인 아웃핏의 테러 공식을 그대로 따랐다. 며칠 후 범행에 사용된 트럭은 로웨 가의 한 골목에서 불에 탄 채 발견됐지만, 목격자는 나타나지 않았다. 옛날 같으면 그까짓 총격 사건 하나 때문에 FBI가 발칵 뒤집히는 일은 없었을 것이다. 그러나 이번 사건은 달랐다. 시카고에서 백주에 총격 사건이 벌어진 것은 4년 만에 처음이었다. 지난 4년은 '아웃핏 역사상 가장 조용한 시기' 중의 하나로 기록될 정도로 평온했다. FBI는 자기들이 아웃핏의 조직을 잘 단속한 덕분이라고 공치사를 했지만, 그보다는 아웃핏 스스로 내부 단속을 철저히 했기 때문이라고 보는 것이 옳았다. FBI는 이번 사건을 'FBI의 얼굴에 똥칠을 한 사건'으로 받아들이고, 이번 기회에 시카고의 범죄 조직을 단단히 손보기로 작정했다.

아트는 자렛의 아들인 론 주니어를 통해 자렛의 피격 소식을 전해 들었다. 론 주니어와 아트는 종종 공원에서 마주쳐 함께 농구를 하는 사이였다. 아트는 소식을 듣는 즉시 불길한 예감에 휩싸였다. FBI가 자렛의 측근을 조사하는 과정에서 팀 프란델로를 조사하거나 감시할 가능성이 높으며, 그 경우 프란델로와 친분이 있는 아트에게도 영향을 미칠 수 있기 때문이었다. 아트는 공연히 엉뚱한 사건에 말려들어 FBI의 주목을 받기가 싫었다.

"자렛이 사고를 당한지 이틀 후, 브리지포트 거리에 FBI가 쫙 깔렸어요. 어디를 가든 FBI 요원들이 나타나 건달들을 연행하는 장면을 볼 수가 있었어요. 자렛은 그만큼 적이 많았던 거예요. 나는 '더 이상 시카고에 머물렀다가는 큰일 나겠구나'라는 생각이 들었어요."

아트에게 바야흐로 시카고를 뜰 시기가 온 것이다.

시카고를 떠나는 아트와 나탈리가 소지한 물품은 5만 달러의 위조지폐를 만들 수 있는 재료와 장비 일체, 은빛 머스탱 컨버터블 한 대, 간단한 옷가지가 전부였다. 나탈리의 아들은 텍사스에 있는 친

할머니 댁에 머물고 있었다. 가방, 칫솔, 지도는 물론 미리 예약해놓은 숙소도 없었다. 그들은 보따리를 쌀 필요가 없었다. 여행을 다니면서 필요한 물건을 구입하고, 그러면서 돈도 벌 생각이었다.

그들이 제일 먼저 차를 멈춘 곳은 스포츠 용품점이었다. 그들은 위조지폐 800달러를 들여 캠핑 장비 일체를 사들였는데, 그중에는 대형 텐트, 2인용 슬리핑 백, 돗자리, 화장품, 배낭, 요리 도구, 비치 타월, 하이킹용 부츠, 물통, 손전등, 비상 약품 상자, 휴대용 카메라, 선탠 로션, 플라스틱 용기, 모기 기피제 등이 포함되어 있었다. 길을 떠난지 불과 네 시간 만에, 그들은 오지에서도 수주일 동안 너끈히 버틸 수 있는 물품을 모두 장만한 것이다.

그들은 서쪽으로 계속 나아가면서 가능한 한 많은 마을에 들어가, 위조지폐를 진짜 지폐로 바꿀 예정이었다. 아트는 난생 처음으로 극단적인 쾌락주의자로 변신하여, 자신이 만든 걸작을 온 누리에 뿌려버리겠다고 작심했다.

"나는 '네가 만든 위조지폐를 네 손으로 직접 사용하지 말라'는 다빈치 씨의 경고를 무시하고, 내가 만든 위조지폐로 세상에서 할 수 있는 일이 무엇인지를 내 눈으로 직접 확인하고 싶었어요. 다빈치 씨의 경고는 이제 김 빠진 맥주나 마찬가지였어요. 그는 나처럼 완벽한 작품을 만들어본 적이 없었거든요."

아트와 나탈리는 자그마치 5만 달러나 되는 위조지폐를 어떻게 진짜 지폐로 바꿀 것인지에 대해 구체적인 복안을 갖고 있지 않았다. 그들의 막연한 생각은 이랬다. 100달러짜리 위조지폐를 내고 20

달러짜리 물건을 사면 진짜 돈 80달러를 거슬러 받을 수 있다. 결론적으로 쇼핑을 빨리 할수록 더욱 많은 돈을 챙길 수 있다는 계산이 나온다. 쇼핑을 빨리 하려면 여러 개의 상점들이 한곳에 밀집해 있는 환경이 필요하다. 소비자들이 원스톱 쇼핑을 즐길 수 있도록 설계된 곳이라면 더욱 좋다. 그렇다면 답은 하나다. 대형 쇼핑몰을 공략하는 것이다.

세계 쇼핑센터협의회의 최근 통계자료에 의하면, 미국 한 나라에서만 현재 4만 8천 695개의 쇼핑몰이 성업 중이라고 한다. 그중에는 멋지고 예스러운 옥외 상가를 비롯하여, 롤러코스터, 아쿠아리움, 페팅주(아이들이 동물을 만질 수 있는 동물원 옮긴이) 등을 갖춘 초대형 복합 쇼핑몰까지 있다. 미국에 있는 쇼핑몰의 연간 매출액을 모두 합치면 2조 1천 200억 달러에 달하는데, 이는 자동차를 제외한 총 소매 상품 거래액의 75퍼센트를 차지한다. 미국인 세 명 중 두 명은 매달 쇼핑몰을 방문하며, 한 번에 86.3달러어치의 물건을 구매한다. 미국에 있는 쇼핑몰의 수는 마을 수보다도 많다. 쇼핑몰은 자본주의의 성전聖殿으로, 상당수의 쇼핑몰은 세계 최대의 실내 구조물 목록에 당당히 이름을 올려놓고 있다. 쇼핑몰에 고용된 사람은 1천 200만 명이며, 쇼핑몰은 도시인의 생활과 너무나 밀접하게 연관되어 있기 때문에 그들의 생활공간인 동시에 추억의 대상이기도 하다. 어린 시절에 쇼핑몰의 놀이방에서 뛰어놀던 아이들은 10대가 되면 쇼핑몰에서 물건도 사고 친구도 사귄다. 그러다가 성인이 되면 쇼핑몰에서 일하면서, 엄마, 아빠의 손을 잡고 쇼핑몰에 드나드는 아이들을 곁눈

질하며 어린 시절을 추억한다. 사람들은 쇼핑몰을 약속 장소로 정하고 심지어 거기서 결혼식을 올리기도 한다. 쇼핑몰을 자본주의의 천박한 괴물로 여기는 사람들조차 서글프게도 그곳을 벗어날 수 없다.

아트와 나탈리가 쇼핑몰을 공략하기로 결정할 때쯤, 미국의 쇼핑몰은 '돈 먹는 공룡'으로 변신하여 미국인들의 라이프 스타일을 지배하고 있었다.

돈을 쓰는 일은 돈을 찍어내는 일만큼이나 어려웠다. 아트와 나탈리는 쇼핑몰을 공략하기 앞서서 한 시간 동안 마을을 돌아다니며 파출소의 위치와 고속도로 톨게이트의 방향 등을 체크했다. 쇼핑몰의 점원이 위조지폐를 신고할 경우에 대비하여, 경찰이 출동하는 시간과 마을을 빠져나가는 데 걸리는 시간을 미리 계산해야 했기 때문이다.

마을에 대한 사전 답사를 끝낸 아트는 쇼핑몰의 주차장으로 들어가 경찰차가 있는지를 살폈다. 만일 경찰차가 보이는 경우, 주변 마을에 널린 것이 쇼핑몰인데 굳이 위험을 무릅쓰고 특정 쇼핑몰을 고집할 필요가 없었다. 그러나 아무리 사전 준비를 철저히 해도 쇼핑몰의 경비원과 마주치는 것만은 피할 수 없었다. 따라서 그는 경비원의 얼굴을 잘 기억해 두고, 그들의 근무 습관을 면밀히 관찰했다.

대부분의 대형 쇼핑몰은, 특히 오래된 곳일수록 시어스, 메이시, 제이시페니와 같은 대형 백화점을 모체로 하고 있었다. 아트는 가능한 한 백화점에 가까운 장소에 주차를 하고, 일단 백화점 출입문을 통해 백화점 안으로 들어간 다음, 쇼핑몰로 연결되는 내부 통로를 통해 쇼핑몰로 들어갔다. 아트가 이렇게 복잡한 경로를 택한 것은 쇼핑몰에서 머뭇거리는 시간을 최소화하는 동시에, 빠르고 안전한 도주로를 확보하기 위해서였다.

"우리는 유사시에 백화점 출입문을 통해 도로로 빠져나가, 차를 집어타고 톨게이트를 향해 도망칠 생각이었어요."

나탈리가 쇼핑하는 동안 아트는 까다로운 아내를 하릴없이 기다리는 순종적인 남편처럼 매장 밖에서 기다렸다. 그는 경비원의 움직임을 예의주시하며, 나탈리가 일을 제대로 하고 있는지를 살폈다. 나탈리는 프로였다. 그녀는 CCTV에 의해 신원이 노출되는 것을 방지하기 위해 가발이나 선글라스를 썼는데, 그녀가 가장 좋아하는 가발은 우마 서먼이 〈펄프픽션〉에서 썼던 검은 생머리 가발이었다. 그녀는 일단 20달러 미만짜리 물건을 하나 고르고 몇 가지 물건을 더 살펴본 다음 계산대로 향했다. 만일 계산대에 두 명 이상의 캐셔가 있을 경우, 그녀는 어리숙해보이는 점원을 선택했다. 나탈리의 선정에는 기준이 있었다.

"두꺼운 안경을 쓴 나이 지긋한 점원이나, 경험이 부족한 어린 점원들이 내 표적이었어요. 그녀들은 지폐를 자세히 들여다보지 않기 때문에, 위조지폐를 건네기에 안성맞춤이었죠. 30대 중반의 빠릿빠릿한 점원들은 기피대상 1호였어요."

지역에 따라 지폐를 다루는 태도가 달랐다. 캘리포니아나 뉴욕과 같이 인구가 많고 풍요로운 주에는 위조지폐가 많이 돌아다니는 만큼, 거의 모든 사람들이 드리마크 펜으로 마킹을 하거나 워터마크를 체크했다. 이에 반해 중서부나 남부의 주에서는 종일 돌아다녀도 드라마크 펜을 구경할 수 없는 경우가 대부분이었다. 그러나 사람들이 지폐를 다루는 태도는 결과에 아무런 영향을 미치지 못했다. 어떤 사람도 아트의 위조지폐를 적발하지 못했기 때문이다. 아트는 자신감이 생겼다.

"나의 위조지폐는 언제 어디서든 100퍼센트 통과됐어요. 우리는 '이러다가 곧 큰돈을 벌겠구나'라고 생각했어요."

서너 개의 가게들을 순례한 후, 나탈리는 갖고 있던 물건 꾸러미와 거스름돈을 모두 아트에게 넘겼다. 시간이 지날수록 아트가 운반해야 할 물건과 잔돈의 양은 점점 더 불어났다. 짐과 거스름돈의 양이 감당할 수준을 넘어설 때마다, 아트는 차로 돌아가 트렁크와 돈 가방에 짐과 거스름돈을 옮겨 담았다. 그리고 차 안에 있는 위조지폐를 꺼내 나탈리에게 인계했다. 그들은 두 시간 만에 40~50개의 가게를 돌면서 3천~4천 달러를 벌 수 있었다.

하도 많은 쇼핑몰을 전전하다 보니 아트도 나탈리도 처음 공략했던 쇼핑몰이 어딘지 기억하지 못할 정도였다. 그러나 잠시 후 그들은 매우 독특한 전략적 문제에 부딪쳤다. 원치 않는 물건들이 포장도 뜯기지 않은 채 트렁크를 가득 점령하고 있었던 것이다. 아트의 빈곤한 어린 시절과 나탈리의 기독교적 성장 배경을 고려해 볼 때, 멀쩡한 물건을 내다버리는 것은 있을 수 없는 일이었다. 생각다 못한 그들은 전화번호부를 뒤져 가까운 구세군 영문營門으로 차를 몰았다. 구세군 자선함에 물건을 가득 채우고 돌아설 때 그들은 뭐라 말할 수 없는 짜릿한 쾌감을 느꼈다.

"우리는 위조지폐를 만들었을 때보다 더욱 강렬한 쾌감을 느꼈어요. 결국 나탈리와 나는 자선함을 채우는 행위 자체를 인생의 궁극적 목표로 생각하게 됐어요."

그들은 쇼핑몰에서 노획한 물건들을 모두 구세군에 기부했다. 근처에 구세군 영문이 없을 경우에는 물건 꾸러미에 '가난한 사람들에게 나눠주세요'라는 메모를 붙여 교회 앞에 놓아두었다.

아트와 나탈리는 '이왕 기부를 할 바에는 팬시 용품이나 사치품과 같은 엉뚱한 물건보다는 실생활에 도움이 되는 생필품을 기부하는 것이 낫겠다'는 데 의견의 일치를 보았다. 그래서 그들은 아기 옷, 이유식, 장난감, 학용품을 주로 구입하기 시작했다. 시간이 갈수록 그들의 인생에서 자선사업이 차지하는 비중은 점점 더 커졌다. 그들은 하루도 자선을 베풀지 않으면 좀이 쑤셔서 견딜 수 없게 되었다. 결국 그들은 두 가지 원칙에 합의하게 되었다. 첫 번째 원칙은, 쇼핑몰에서 노획한 물건을 기부하는 것은 물론, 노획 과정에서 벌어들인 진짜 돈의 10퍼센트를 교회에 헌금하는 것이었다. 헌금 방법은 간단했다. 아트는 예배가 없는 날 교회에 몰래 들어가, 헌금함에 수백 달러씩을 넣고 나오곤 했다. 두 번째 원칙은, 서민들이 운영하는 생계형 구멍가게는 공격하지 않고, 대기업이 운영하는 대형 체인점만을 공격하는 것이었다.

아트와 나탈리는 기부 대상을 종교 단체에서 개인으로까지 넓혔다. 크리스마스를 며칠 앞둔 어느 날, 나탈리는 친구들을 통해 휴스턴에 사는 브렌다라는 친구가 어렵게 지내고 있다는 소식을 들었다. 그녀는 세 명의 딸아이와 함께 살고 있었는데, 심한 손목터널증후군carpal tunnel syndrome 때문에 일을 하지 못해, 아이들의 옷, 신발, 위생 용품조차 사주지 못하는 형편이었다. 아트와 나탈리는 브렌다가 필요로 하는 물건을 모두 마련한 다음, 휴스턴으로 달려가 그녀의 현관문을 노크했다. 그들은 브렌다의 딸들에게 예쁜 옷과 신발은 물론 학용품, 칫솔, 치약, 비누까지 선물했다. 모든 물건은 정성껏 포장되어 있었다. 그들은 브렌다에게 꼭 필요한 물건도 잊지 않았는데, 바로 손목터널증후군의 치료에 도움이 되는 파라핀왁스 치료기였다. 브렌다는 아트와 나탈리의 선행에 감동받아 울음을 터뜨렸는데, 아트와 나탈리의 착한 일은 거기서 끝난 게 아니었다. 그들은 브렌다의 집에 크리스마스트리가 없는 것을 보고, 커다란 크리스마스트리를 선물함과 동시에 성대한 크리스마스 파티를 열어줬다.

몇 년 후 한 정신과 의사는 아트의 선행을 '견디기 힘든 죄의식에서 벗어나기 위한 심리적 몸부림'이라고 진단했다. 의사의 진단은 그럴 듯해 보이지만, 사실이 아니었다. 의사의 진단이 타당성을 인정받기 위해서는 먼저 아트가 죄책감을 느꼈어야 하지만, 그는 자신의 행동을 한 번도 뉘우친 적이 없다. 왜냐하면 그는 진짜 지폐와 위조지폐를 구분해서 생각하지 않았기 때문이다. 혹자들은 아트의 뻔뻔함에 혀를 내두를지 모르겠지만, 어찌 보면 그의 심정을 충분히 이해할 것 같기도 하다. 그가 만든 위조지폐는 진짜와 똑같았고, 언제든 원하기만 하면 진짜 돈과 맞바꿀 수 있었으니 말이다. 게다가 아트의 말에 의하면 그는 진짜 돈보다 위조지폐를 더 좋아했던 것 같다.

"나는 진짜 지폐보다 위조지폐를 더 좋아했어요. 위조지폐는 내 손으로 직접 만든 데다가, 만들 때마다 조금씩 달라 더 애착이 갔어요. 그것들은 제각기 독특한 개성을 지니고 있었어요."

어쨌든 아트가 양심의 가책을 느낄 만한 일은 현실적으로 발생하지 않았다. 그가 만든 위조지폐로 인해 손해를 본 사람도 없거니와, 그것들이 총 통화량에서 차지하는 비중은 무시해도 좋을 만큼 작았다. 그러나 위조지폐는 그에게 무소불위의 권력을 제공했고, 그는 위조지폐의 힘을 빌려 비정한 사회에 반기를 들었다. 그는 어린 시절 아빠가 집을 나가고 가족이 가난의 구렁텅이에 빠진 것이 모두 사회 탓이라고 믿었고, 시간이 흐를수록 이러한 믿음은 더욱 굳어져 갔다.

아트와 나탈리는 일주일에 한 군데 이상의 쇼핑몰을 훑으면서, 낮에는 위조지폐를 소비하고 밤에는 모텔 방에서 위조지폐를 완성하는 생활을 계속했다. 아트는 위조지폐의 완성에 필요한 일체의 장비를 차에 싣고 다녔기 때문에, 추가로 필요한 것은 화학 약품의 냄새를 배출할 수 있는 배기 시설밖에 없었다. 그는 놀라운 임기응변 능력을 발휘하여, 모텔 화장실의 환기팬을 배기 시설로 활용했다. 그는 휴대용 빨랫줄을 침대 위에 설치하고 갓 완성된 위조지폐를 말렸는데, 빨랫줄에 줄줄이 매달린 위조지폐들은 초등학교 운동장에 설치된 만국기를 연상시켰다. 한번은 캘리포니아 북부의 야영장에 텐트를 치고 5천 달러를 만든 적도 있었다.

"나는 텐트의 지퍼 창을 열어놓고 라디오를 켜둔 채 작업에 열중했어요. 잠시 후 텐트 내부는 온통 접착제로 뒤범벅이 되었죠. 나탈리는 내가 텐트를 못 쓰게 만들었다고 투덜거렸어요. 결국 다음날 완성된 위조지폐로 새 텐트를 구입해야 했죠."

아트와 나탈리에게는 캠핑 장비와 음악 CD를 제외하면 모든 물건이 일회용이었다. 그들은 세탁을 하지 않았을 뿐만 아니라, 어떤 옷도 두 번 이상 입는 적이 없었다. 더러워진 옷은 다른 물건들과 함께 기증품 상자에 담겨 구세군으로 보내졌다.

승용차로 이동하는 그들에게 교통법규 위반 스티커는 치명적이었다. 자칫하면 뜻하지 않은 불심검문을 당해 위조지폐가 탄로 날 수 있기 때문이었다. 더욱이 아트는 못 말리는 스피드광이기 때문에 위험부담이 컸다. 그러나 다른 범죄자들처럼 아트 역시 가짜 운전면허증을 소지했다. 아니, 보다 정확히 말하면 가짜 운전면허증이 아니라, 다른 사람의 운전면허증이었다. 그 면허증들은 시카고의 헬스클럽에서 슬쩍한 것인데, 그가 타인의 운전면허증을 손에 넣는 방법은 다음과 같았다. 그는 시카고의 부유한 동네에 있는 헬스클럽을 드나들며 도플갱어, 즉 자기와 인상이 비슷한 사람을 물색한다. 일단 도플갱어가 선택되면, 다음 단계로 그가 헬스클럽에 다니는 시간을 체크한다. 대부분의 헬스 마니아들은 일정한 시간에 규칙적으로 헬스클럽을 드나든다. 도플갱어의 스케줄이 파악되면, 마지막 단계로 그의 신분증을 훔치는 일만 남았다. 도플갱어가 헬스클럽에 오는 날 미리 라커 룸에서 기다리고 있다가, 그가 운동하는 사이에 그의 라커 문을 열고 지갑을 훔친다. 아트는 신용카드 따위에는 관심이 없었고, 오로지 운전면허증과 사진이 붙은 신분증만을 챙겼다. 그해 여름 아트는 두 번씩이나 과속 스티커를 발부받았지만, 스티커에 기재된 이름은 아트 윌리엄스가 아니었다. 그 후로 몇 년 동안 링컨파크, 레이크뷰, 올드타운 등에 사는 몇몇 이들은 듣도 보도 못한 곳에서 날아온 범칙금 영수증을 받고 고개를 갸우뚱거리게 된다. 그런데 한 가지 이상한 것은 모든 범칙금이 본인도 모르는 사이에 현금으로 납부됐다는 점이었다.

위조지폐를 만드는 작업이 아트와 나탈리의 유대 관계를 돈독히 했다면, 함께 미국 전역의 쇼핑몰을 돌아다니며 위조지폐를 사용하는 일은 두 사람을 더욱 강하게 결속시켰다. 둘은 위조지폐의 앞면과 뒷면처럼 도저히 떼래야 뗄 수 없는 관계가 되었다. 그들이 가장 좋아하는 소일거리는 하이킹이었는데, 여행 도중 와이오밍에서 래프팅을 하고 유타에서는 암벽타기 강습을 받기도 했다. 서부 네브래스카에서는 바로 눈앞에서 야생마 떼가 차도를 횡단하는 바람에 차를 멈춰야 했다.

아트와 나탈리는 어디를 가나 레스토랑과 스트립몰(번화가에 상점과 식당들이 일렬로 늘어서 있는 곳 옮긴이)에서 일하는 20대 젊은이들과 마주쳤다. 보다 많은 돈을 벌거나 보다 나은 미래를 꿈꿀 수도 있으련만, 그들은 푼돈을 벌기 위해 열악한 환경에서 청춘을 헛되이 불사르고 있었다. 손이 굼뜬 점원들에게 위조지폐를 내밀 때는 미안한 생각이 들었다. 아트와 나탈리는 오래도록 은퇴하지 말고 현역으로 활동하자고 다짐했다. 나탈리는 끝없는 자유를 원했다.

"나는 캠핑카를 하나 빌려 영원히 여행을 계속하자고 제안했어요. 나는 그것이 완전한 자유를 얻는 방법이라고 생각했어요."

아트의 생각은 보다 사회 비판적이었다.

"나는 우리가 인간 본연의 생활 방식대로 살고 있다고 생각했어요. 우리는 에덴동산의 아담과 이브처럼 완전한 자유를 누렸어요. 하나님은 인간이 자유롭게 생활하기를 바라지만, 인간은 그렇게 살지 못하고 있어요. 대부분의 사람들이 돈의 노예가 되어 살고 있죠."

그들의 여행은 자기들의 삶에 대해 철학적 의미를 부여하는 계기가 되었다. '화폐 위조를 통해 자유를 얻을 수 있는가?'라는 의문은 고대 그리스 시대에 이미 제기되었을 만큼 오랜 역사를 갖고 있다. 화폐 위조의 시조라 할 수 있는 시노페 출신의 철학자 디오게네스는 '진정한 자유는 물질과 사회제도를 거부함으로써만 얻을 수 있다'고 믿었다. 그러나 디오게네스가 궁극적으로 택했던 은둔이라는 방법은 아트와 나탈리에게는 관심 밖의 일이었다. 아트와 나탈리가 위조지폐로 구입한 재화와 서비스는 실재하는 것이었고, 그것들로 인해 느낀 자유로움은 이 세상 어느 누구보다도 컸다. 그러나 돈으로 살 수 없는 것도 있었으니, 가족의 사랑과 아름다운 추억만큼은 억만금을 주더라도 살 수 없었다.

과거의 그림자로부터 벗어나는 것은 더욱 어려운 문제였다. 그들은 시카고를 떠나 무작정 서쪽으로 가고 있었는데, 그들이 택한 여행 경로는 20여 년 전 아트의 아버지가 아트와 동생들을 납치하여 데려가던 길과 거의 비슷했다. 아트는 자신도 모르는 사이에, 마치 모천을 향해 회귀하는 연어처럼 어린 시절의 추억을 향해 이끌려가고 있었던 것이다. 그는 오리건 남부에 도착하여 남쪽 하늘 멀리 희미하게 솟아오른 샤스타 산의 매혹적인 봉우리를 본 다음에야 이런 사실을 깨달았다. 아트는 나탈리에게 말했다.

"우리의 목적지는 바로 저기야. 예전에 내가 살았던 곳이지."

아트의 머릿속에 아버지와 함께 지냈던 날의 기억들이 새록새록 떠올랐다. 아트는 그 시절의 추억들을 나탈리에게 모두 말해 줬다. 첫 여자 친구와 말을 타고 놀았던 일, 그녀와 첫 키스를 나눴던 일, 떨어지지 않는 발걸음을 돌려 샤스타 산을 떠나야했던 일, 포드브롱코의 뒷좌석에 처박힌 채 공포에 질려 시카고로 돌아가던 일…….
아트는 어서 빨리 샤스타 산으로 돌아가 아름다운 봉우리에 깃발을 꽂고 싶었다.

오리건과 캘리포니아 주 경계를 넘어 샤스타 산에 도착한 그들은 마을 밖의 소나무 숲에 통나무집 한 채를 얻었다. 낮에는 케스케이드 산맥으로 하이킹을 가고 가까운 강에서 수영을 즐겼다. 밤에는 통나무집의 베란다에서 고기를 구워 먹으며 맥주를 마셨다. 일주일 후 아트는 샤스타 산에 아예 눌러살기로 결정하고 적당한 장소를 물색하기 시작했다. 시카고에 잠시 들러 한 밑천 단단히 챙긴 후, 샤스타 산으로 돌아와 근사한 집을 지을 생각이었다. 나탈리는 그런 아트의 생각에 대찬성이었다.

"그곳은 아담하고 예쁜 마을이어서 마음에 쏙 들었어요. 게다가 드러내 놓고 말은 안 했지만, 이제 남들처럼 평범하게 살고 싶었어요. 사실 나는 오래 전부터 아트에게 '평범하게 살자'고 말해볼까 했지만, 말할 기회를 잡지 못했어요."

그러나 평범하게 살기 위해서는 자유를 포기해야 했다. 그들은 샤스타 산에 머무르는 동안 가게에서 위조지폐를 사용할 수 없었다. 그들은 샤스타 산의 주민이나 다름없었기 때문에, 위조지폐를 사용하면 비밀수사국의 레이더에 포착될 가능성이 높았다. 체류 기간이 몇 주를 넘어 한 달로 접어들어 진짜 돈이 거의 다 떨어지자 아트는 조바심이 났다. 계획이나 꿈은 모름지기 실현 가능성이 있어야 하지만, 평범하게 살겠다는 계획은 애초에 실현 가능성이 없는 계획이었다. 지폐 위조범이 자기의 '제품'을 사용하면서 자유를 누리려면 유랑 생활을 하는 수밖에 없었다. 어느 날 아침 아트는 느닷없이 샤스타 산을 떠나자고 말했다. 샤스타 산에 눌러살기로 했던 때만큼이나 신속한 결정이었다.

떠나자는 말을 들었을 때 나탈리는 그다지 놀라지 않는 눈치였다. 어차피 예상한 일인 데다가, 아트가 다음 목적지로 제시한 캘리포니아 남부는 그녀가 꼭 한번 가보고 싶은 곳이었기 때문이다. 아트는 해안으로 차를 몬 다음 1번 고속도로를 타고 죽 내려가 헌팅턴비치에 도착했다. 그들은 며칠 동안 낮에는 해변을 거닐고 밤에는 LA의 나이트클럽을 전전했다. 물론 간간이 대형 쇼핑몰에도 들렀지만, 두어 군데를 공략해 본 후 곧바로 위조지폐 사용을 중단했다. 캘리포니아 남부 사람들은 다른 어떤 지역 사람들보다도 위조지폐에 대한 경계심이 높았다. 어느 쇼핑몰을 가나 드리마크 펜은 기본이었고, 캐셔들은 두 명당 한 명꼴로 워터마크를 챙겼다. 그렇다고 해서 아트의 위조지폐가 탄로 난 것은 아니었지만, 깐깐한 점원에게 걸려들 경우 경찰에 일망타진되는 것은 시간문제처럼 보였다.

캘리포니아 남부에서 3개월을 보낸 후 아트와 나탈리는 샤스타 산으로 되돌아가 몇 주 동안 더 머물렀다. 다시 찾은 샤스타 산은 3개월 전에 찾았던 샤스타 산이 아니었다. 샤스타 산은 아트에게 과거의 아름다운 추억을 선사했지만, 과거가 밥을 먹여 주는 것은 아니었다. 아트는 평범한 생활에 대한 미련을 아직 버리지 못했지만, 그러기 위해서는 자기를 지폐 위조범으로 성장시켜 준 아수라장으로 돌아가야 한다는 것을 깨달았다. 마침내 그는 샤스타 산이라는 실개천에서 노니는 송사리가 되느니, 시카고라는 큰물을 호령하는 백상아리가 되기로 작정했다. 하지만 시카고는 그리 만만한 곳이 아니었다. 그곳은 위험과 기회가 공존하는 혼돈의 땅이었다.

시카고를 향해 가속 페달을 밟는 동안, 아트는 시카고의 상황이 어떻게 돌아가고 있는지를 전혀 파악하지 못하고 있었다. 아트가 우려했던 것처럼, 그가 자리를 비운 동안 FBI는 '피의 복수 Ⅱ'라는 작전명을 내걸고 자렛의 살해범을 찾아내기 위해 브리지포트 일대의 건달들을 샅샅이 조사했다. FBI는 아웃핏의 멤버와 자렛의 하수인들을 심문한 결과, 자렛이 코카인을 밀수했으며 팀 프란델로가 운반책 노릇을 했다는 사실을 알아냈다. 또 프란델로는 많은 사탄의 사도 단원들에게 코카인을 공급했으며, 사탄의 사도는 프란델로에게 받은 코카인을 브리지포트에 대량으로 유통시킨 것으로 밝혀졌다. 2000년 10월 말 프란델로와 열네 명의 용의자들이 코카인 밀매 혐의로 연행됐지만, 그 누구의 입에서도 아트의 이름은 나오지 않았다. 결과적으로 아트가 시카고를 떠난 것은 시의적절한 행동이었던 것으로 평가되지만, 아트는 그에 상응하는 대가를 치러야 했다.

아트는 시카고를 떠나 있는 동안 가족과의 연락이 완전히 두절됐는데, 공교롭게도 당시는 웬즈가 아트의 도움을 절실히 필요로 하던 시기였다. 왜냐하면 아트가 시카고를 떠나기 직전, 5년 간 유지되었던 웬즈와 그리스인 치과 의사와의 관계가 파경을 맞았기 때문이다. 그녀는 소이어 거리의 새 아파트로 이사하여, 난생 처음으로 혼자 살게 되었다. 실연의 고통, 우울증, 통증, 그리고 오랫동안 그녀를 괴롭혀 왔던 공황장애가 한꺼번에 몰아닥쳐 그녀의 심신을 피폐하게 만들었다. 2000년 5월 15일, 그녀는 자신의 아파트에서 바카디(럼을 베이스로 사용한 조금 쓴맛이 나는 칵테일 옮긴이) 다섯 잔을 연거푸 마시고, 고통을 영원히 끝장내 버리기로 마음먹었다.

웬즈의 아파트는 4층에 있었고, 창문을 통해 거리가 내려다보였다. 그날 저녁 그녀는 창문을 열고 창틀 위에 걸터앉은 다음, 몸을 뒤집어 창틀에 배를 깔고 엎드렸다. 이제 창틀을 경계로 하여 그녀의 하반신은 창 밖에, 상반신은 창 안에 위치하게 되었다. 그녀는 종전에도 간혹 투신자살 소동을 벌인 적이 있는데, 모두 이 단계에서 제지를 받아 방 안으로 끌어당겨졌다. 그러나 이날 그녀는 혼자였기 때문에, 아무도 그녀를 제지할 사람이 없었다. 그녀는 손가락으로 창틀을 단단히 붙든 다음 몸을 조금씩 뒤로 밀어 마치 철봉에 매달린 것처럼 창문에 대롱대롱 매달렸다. 그리고 마침내 손을 놓았다.

웬즈는 창문에서 떨어질 당시의 일을 거의 기억하지 못하고 있지만, 때마침 근처의 식당에서 저녁을 먹고 나오던 경찰관 두 명이 그녀의 추락 장면을 목격했다. 나중에 경찰관들이 상부에 올린 보고서에 의하면, 그녀는 벽과 마찰을 일으키면서 미끄러져 내려와 만세 부르는 자세로 시멘트 바닥에 떨어졌다고 한다. 그런데 경찰관들이 응급의료진을 부르는 동안, 그녀는 아무 일도 없었다는 듯이 벌떡 일어나 아파트 건물 안으로 걸어 들어가 경찰관들을 놀라게 했다. 경찰관들이 곧 그녀를 따라갔지만 그녀의 행방을 찾을 수 없었고, 몇 분 후 그녀는 다시 아파트 창가에 모습을 드러냈다. 그리고는 다시 한 번 투신을 시도했다.

방금 전에 투신했던 여성이 어느 틈에 아파트로 돌아가 다시 투신을 시도하다니! 경찰관들은 자신들의 눈을 의심했다. 그녀는 다시 창틀 위에 걸터앉은 다음, 몸을 뒤집어 창틀에 배를 깔고 엎드렸다. 그리고 손가락으로 창틀을 단단히 붙든 다음 몸을 조금씩 뒤로 밀어 창문에 대롱대롱 매달렸다. 그러나 이번에 그녀는 뛰어내리지 않고 살려 달라고 소리치기 시작했다. 갑자기 생명에 대한 애착을 느낀 것 같았다. 경찰관 한 명이 아파트 건물 안으로 급히 뛰어 들어갔지만, 그가 도착하기 전에 그녀는 창틀을 잡은 손을 놓치고 말았다. 그러나 이번에도 기적이 일어났다. 아파트와 나란하게 뻗어있던 전깃줄들이 그녀의 두 번째 추락을 막은 것이다. 그녀는 전깃줄에 부딪쳐 튕겨 오르더니, 곧추선 자세로 시멘트 바닥에 착지했다. 그러나 이번에 그녀는 의식을 잃었다. 그녀가 마지막으로 기억하는 말은 "또 뛰어내렸어"라는 한 경찰관의 외침이었다.

웬즈는 그로부터 2주 후 병원에서 깨어났다. 그녀의 양쪽 발목은 완전히 으스러지고, 척추는 골절되었다. 3개월 후 퇴원했을 때는 오른쪽 무릎 밑을 완전히 쓸 수 없게 되었다. 오른쪽 발은 아무런 구실을 하지 못하고 견딜 수 없는 통증을 안겨 줄 뿐이었다. 의사는 절단을 하는 것이 낫겠다고 했지만, 웬즈는 이를 거부하고 약물요법과 재건 수술을 택했다. 그녀의 투병 생활은 그 후 9년 동안이나 계속되었는데, 아트가 앞으로 받게 될 그 어떤 형벌보다도 길고 참혹했다.

"오빠, 그 동안 어디에 있었어? 백방으로 수소문해 봤지만, 오빠의 행방을 아는 사람은 아무도 없었어."

갑자기 나타난 아트를 보고 웬즈가 물었다.

아트는 '전국일주 여행을 떠나 흥청망청 위조지폐를 뿌리면서 생애 최고의 시간을 보냈다'는 이야기를 차마 사실 그대로 말할 수 없었다.

나탈리와의 '돈 쓰는 여행'에서 재미를 본 아트는 앞으로도 '돈 쓰는 이벤트'를 지속적으로 벌이기로 했다. 그 이후 시카고에서 거래가 한 건 성사될 때마다 아트는 여분으로 2~3만 달러씩을 더 찍어, 친구나 가족들을 모아놓고 쇼핑 잔치를 벌였다. 아트의 쇼핑 잔치에 초대 받은 손님들에게는 엄청난 특권이 부여되었다. 아트는 손님들의 쇼핑 비용을 모두 대줬고, 구입한 물건은 승용차 트렁크가 넘치지 않는 범위 내에서 모두 집으로 갖고 갈 수 있었다. 게다가 손님들에게는 거스름돈의 20퍼센트에 해당하는 금액이 팁으로 주어졌다.

쇼핑 잔치는 2000년 여름 아트와 나탈리가 신권 위조지폐를 갖고 떠났던 '돈 쓰는 여행'의 축소판이었다. 아트는 서너 명의 손님들을 승용차에 태우고 전국 각지의 쇼핑몰을 순회하며 쇼핑 잔치를 벌였다. 쇼핑 잔치의 지속 기간은 '여분으로 찍어낸 위조지폐의 양'과 '아트가 느끼는 위험 수준'에 따라 수시로 달라졌는데, 짧게는 주말 동안, 길게는 일주일 내내 계속되었다.

쇼핑 잔치의 지휘자인 아트는 전혀 위조지폐를 사용하지 않았다. 초대한 손님들이 탐욕에 눈이 멀어 어리석은 짓을 하지 않도록 관리하는 것만도 여간 골치 아픈 일이 아니었다.

손님들의 탐욕은 초기 단계에서부터 철저히 통제되었다. 쇼핑몰을 공략하기에 앞서서 그는 모든 손님들에게 지도를 나눠준 다음, 매장의 배치를 분석하고 공략할 가게들을 할당했다. 처음에는 손님들 마음대로 가게를 선택하게 했지만, 손님들 사이에 의견 충돌이 발생하는 경우가 많았다.

손님들은 한 가게를 놓고 서로 자기가 맡겠다고 다투곤 했는데, 그럴 때마다 아트가 개입하여 교통정리를 해야 했다. 고집이 센 손님들은 아트에게 "이 멍청아, 내가 할당해 준 가게에만 가란 말이야"라는 핀잔을 듣고서야 뒤로 물러나곤 했다. 아트의 지시를 따르기로 약속한 손님들도 끊임없이 다른 손님의 영역을 침범하고 싶은 유혹에 시달렸다. 이미 다른 손님이 다녀간 가게를 또 다른 손님이 방문하는 것은 매우 위험한 행위였다. 일단 위조지폐가 발견된 가게는 위조지폐에 대한 경계를 강화하기 때문에, 한 가게를 두 번 이상 방문하는 것은 섶을 지고 불에 뛰어드는 격이었다. 아트는 이 같은 문제가 발생하는 것을 막기 위해 '약속을 지키지 않는 사람은 그레이하운드 버스에 혼자 태워 시카고로 보내버리겠다'고 으름장을 놓기도 했다. — 실제로 두 명의 손님이 시범 케이스에 걸려 눈물을 머금고 시카고로 돌아간 적이 있다.

아트는 경영자적인 기질이 다분해서, 벌칙보다는 인센티브를 제공하는 것이 성과를 높이는 지름길이라는 것을 잘 알고 있었다.

"나는 '이번에 내 지시를 잘 따르면 다음번 여행에 다시 한 번 초대하겠다'고 손님들에게 암시를 줬어요. 그랬더니 눈치 빠른 손님들은 내게 잘 보이려고 서로 경쟁을 하더군요. 또 할당받은 위조지폐를 모두 사용한 손님들에게는 추가로 수백 달러를 더 지급하고, 때로는 모든 손님들에게 근사한 저녁을 대접하기도 했어요."

이러한 노력의 결과, 아트는 대형 쇼핑몰 하나에서 세 명의 손님을 데리고 불과 두 시간 만에 5천 달러를 벌어들일 수 있었다.

'위조지폐를 사용하는 것'은 '위조지폐를 만드는 것'만큼이나 다채로운 아이디어를 필요로 했다. 미주리 주를 여행하는 동안 손님 중 하나가 의상 전문점을 할당받았다. 그 손님은 그 가게에서 성직자용 옷깃 두 개를 구입했는데, '이왕 이렇게 된 김에 아예 신부 복장을 하고 쇼핑 여행을 다니겠다'고 선언했다. 아트와 손님들은 '신부를 사칭하고 범죄를 저지르면 천벌을 받지 않을까?'라는 문제에 대해 난상토론을 벌인 끝에, 사상 최고의 아이디어라는 결론에 이르렀다. 결국 다른 손님 하나가 다른 가게에서 두 벌의 흑색 셔츠를 구입하여, 두 사람은 그 후 3일 동안 신부로 행세하며 더욱 많은 돈을 벌었다. 두 사람이 선의의 경쟁을 벌이는 바람에 실적은 더욱 향상되었다. 아트는 당시를 회상하며 말했다.

"우리는 미주리 주의 모든 쇼핑몰들을 완전히 거덜 냈어요."

세인트루이스에 도착했을 때쯤 돈 가방 속의 돈을 세어 보니, 1달러 지폐 한 종류만 400장에 이르렀다. 기분이 흡족해진 아트는 모든 손님들을 스트립 클럽으로 데리고 갔다. 그는 웨이터에게 두꺼운 돈뭉치를 보여주며 말했다.

"여기서 제일 멋진 아가씨들만 골라 들여보내. 내 친구들을 즐겁게 해주면 이 돈이 다 없어질 때까지 놀다 갈 생각이니까."

아트는 웨이터의 손에 50달러를 쥐어줬고, 웨이터는 행복한 표정으로 연신 허리를 굽실거렸다.

아트는 신권 위조지폐를 만든 이후 처음 2년 동안 400만~500만 달러를 찍어냈다. 위조지폐의 품질은 날이 갈수록 향상되었다. 프린터, 잉크, 생산 공정의 미세한 개선이 끊임없이 위조지폐의 완성도를 높였고, 생산 속도 역시 눈에 띄게 개선되었다. 이에 따라 아트는 신권 위조지폐의 초기 버전과 1996년 이전의 구권 위조지폐를 모두 싸잡아 '쓰레기'라고 불렀다.

신권 위조지폐는 진짜 지폐와 거의 똑같은 모습을 갖도록 진화했지만, 한 가지 결정적인 약점을 지니고 있었다. 아트가 그 약점을 발견한 것은 뉴올리언스의 한 쇼핑몰에서였는데, 당시 그는 나탈리와 함께 '돈 쓰는 여행'을 하던 중이었다. 가게 밖에서 나탈리가 물건 값을 계산하는 광경을 지켜보고 있는데, 갑자기 캐셔가 가게를 나와 옆 가게로 들어가는 것이 보였다. 처음에 아트는 그것을 대수롭지 않게 생각했다. 캐셔들이 옆 가게로 가서 잔돈을 바꿔 오는 것은 흔히 있는 일이기 때문이었다. 실제로 아트는 그와 비슷한 광경을 전에도 수십 번 목격한 적이 있었다. 그런데 이번에는 상황이 좀 달랐다.

캐셔가 옆 가게로 들어가 계산대에 있는 남자 점원에게 지폐를 건네자, 그 남자 점원은 거스름돈을 내놓는 대신 지폐를 유심히 관찰하기 시작했다. 그러더니 잠시 후 놀라운 광경이 벌어졌다. 남자직원이 손톱으로 지폐를 몇 번 긁적거리더니 마치 치즈의 비닐 껍질을 벗겨내듯 지폐의 앞면과 뒷면을 완전히 분리해내는 것이 아닌가! 아트는 기겁했다.

"캐셔는 두 눈이 휘둥그레지고 남자 점원은 입이 떡 벌어졌어요. 그 순간 나는 첫 번째 가게로 달려 들어가 나탈리를 데리고 나왔어요. 나는 '자세한 말은 나중에 하자'고 하며 어리둥절해하는 나탈리의 손을 붙들고 부리나케 쇼핑몰을 빠져나왔어요."

아트와 나탈리를 위기에 몰아넣은 범인은 습기였다. 아트가 위조 지폐를 완성한 때는 연중 비가 가장 많이 오는 때여서, 종이에 바른 접착제가 완전히 굳지 않았던 것이다. 차로 돌아가 남아 있는 위조 지폐를 검사해본 결과, 모서리가 들떠있는 것들이 수두룩하게 발견되었다. 그들은 입김, 에어컨, 선풍기 등 온갖 수단을 이용하여 틈새를 제거하려고 노력해봤지만 허사였다. 그러기에는 미국 남부의 공기가 너무 습했다. 결국 그들은 루이지애나 주 여행을 포기하기로 결정하고, '앞으로 습도가 높은 지역에서는 절대로 위조지폐를 만들지 않는다'는 원칙을 세웠다.

그러나 기후의 영향은 여기에서 그치지 않았다. 아트의 친구인 에릭 레이드는 '설사 건조한 상태에서 만들어진 위조지폐라도 고온다습한 지역에 가면 무용지물이 될 수 있다'는 새로운 사실을 일깨워줬다. 레이드는 시카고에서 개인 트레이너로 일하는 평범한 친구로, 성격이 고지식하고 범죄 경력이 전혀 없었다. 그는 아트가 지폐 위조범인 줄은 알았지만, 위조지폐를 몇 장만 달라거나 쇼핑 잔치에 초대해 달라는 등의 부탁은 한 적이 없었다. 그러나 경찰에 체포될 가능성이 전혀 없는 상황에서 재미 삼아 위조지폐를 한두 장 건네줄 경우 이를 뿌리칠 사람은 거의 없는 법이다. 따라서 어느 날 레이드가 아트를 찾아와 심각한 표정으로 "위조지폐 몇 천 달러만 내게 팔 수 있니?"라고 물었을 때, 아트는 전혀 놀라지 않았다. 레이드는 친구 몇 명과 오래 전부터 자메이카를 여행할 계획을 세워 놓고 있었다. 자메이카는 외국인데다가 의식 수준이 높은 나라도 아니므로,

위조지폐를 내밀더라도 알아볼 사람이 별로 없을 거라고 생각했다.

"에릭은 괜찮은 친구였어요. 그래서 나는 '잘 놀고 와!' 라고 말하며 4천 달러를 선물로 줬죠."

아트는 말했다.

때는 가을이어서 기온이나 습도가 높지는 않았다. 아트는 레이드가 그 돈으로 실컷 먹고 자고 즐기다 올 줄 알았다. 그러나 웬걸, 그로부터 열흘 후 자메이카에서 돌아온 레이드의 얼굴은 실컷 먹고 자고 즐긴 사람의 얼굴이 아니었다. 그의 얼굴에는 수염이 무성하고 두 눈에는 시뻘건 핏발이 서 있었으며, 양 어깨는 심한 스트레스에 시달린 듯 축 처져있었다.

레이드는 시종 벌레 씹은 듯한 표정으로 사건의 전말을 털어놨다. 자메이카에 도착한 후 처음 며칠 동안은 모든 일이 잘 풀렸다. 아트가 건네준 위조지폐는 사용하는 데 아무런 문제가 없었고, 레이드는 그중 일부를 동행한 친구들에게도 나눠줬다. 하지만 그는 친구들의 동요를 막기 위해 그것이 위조지폐라고 귀띔해 주지 않았다. 여행이 막바지에 이르렀을 때 그들은 몬테고베이의 스트립 클럽에 들어가 비싼 저녁을 시켜 먹고, 아가씨들과 은밀한 방에 들어가 질펀하게 놀았다. 그러나 계산할 시간이 돌아오자 문제가 발생했다. 레이드의 호주머니에서 나온 지폐가 캐셔의 눈앞에서 떡 하니 두 겹으로 분리된 것이다. 캐셔는 즉시 자메이카 경찰JCF을 불렀다.

자메이카 경찰은 레이드와 일행을 모두 체포하여 지구대로 끌고 갔다. 밤샘 취조를 받는 동안 내내 레이드는 '나도 그것이 위조지폐인 줄 몰랐다'고 오리발을 내밀었다. 위조지폐는 두 겹으로 분리된 것을 제외하면 실물과 완전히 똑같았기 때문에, 레이드는 경찰을 간신히 설득할 수 있었다. 레이드는 다음날 아침 석방됐지만, 사건은 거기서 끝난 게 아니었다. 지구대 앞에서는 아가씨의 기둥서방이 근육질의 사내 두 명의 호위를 받으며 기다리고 있었던 것이다. 그들은 레이드를 앞세우고 그의 호텔방으로 쳐들어갔다. 그들은 레이드가 아가씨에게 팁으로 줬던 가짜 돈 말고 진짜 돈을 요구했다. 레이드는 눈물과 거짓말을 반반씩 섞어가며 다시 한 번 자기의 결백함을 호소했다. 결국 그는 사내들을 설득하는 데 성공했고, 수중에 남아 있는 돈을 모두 그들에게 내주고 나서야 목숨을 부지할 수 있었다.

"네 위조지폐 덕분에 이번 여행을 완전히 망쳤어."

레이드는 분을 삭이지 못하고 씩씩거렸다.

"앞으로 다시 그 따위 엉터리를 내게 줬다가는 다리몽둥이를 분질러 놓을 테다."

아트와 친구들은 자메이카에서 일어난 해프닝을 이야기하며 박장대소했다. 아트는 이 사건을 계기로 하여 '고온다습한 지역에서 위조지폐를 사용하는 것은 고온다습한 지역에서 위조지폐를 완성하는 것만큼이나 위험하다'는 사실을 깨달았다. 하지만 습도와 온도로 인한 위조지폐의 분리 현상은 사전에 조심하기만 하면 충분히 예방할 수 있는 작은 문제에 불과했다. 아트는 조만간 발견되는 또 하나의 결함으로 인해 값비싼 대가를 치르게 된다.

10

블루스 하우스 호텔에 드리운 그림자

지폐 위조범은 범죄자 중에서 인텔리이고 귀공자 축에 속하지만, 그들 역시 일반 범죄자들처럼 위험과 어려움에 직면해 있기는 마찬가지다.

《머천트 매거진 앤 커머셜 리뷰》(1858)

•

1990년에 개봉된 마틴 스콜세지 감독의 범죄 영화 〈좋은 친구들〉에 등장하는 주인공 헨리 힐은 코카인에 취해 종일토록 마피아의 심부름을 하고, 집에 돌아와서는 가족을 위해 맛있는 요리를 준비하는 이중생활을 한다. 그는 마리나라 소스를 바른 미트볼을 만들면서, 코카인 밀매와 총기 밀반입 등으로 점철된 따분한 일상을 극복한다. 그러나 그의 머리 위에서는 항상 경찰의 헬리콥터가 따라다니며 불길한 그림자를 드리운다. 마침내 결정적인 증거를 포착한 경찰은 힐을 잡아들이기로 결정한다. 휘황찬란한 조명등이 힐의 집 앞 진입로를 대낮처럼 밝히더니, 갑자기 들이닥친 경찰이 그의 손에 수갑을 채운다. 힐의 베이비시터를 겸한 코카인 운반책이 실수로 집 전화를 이용하여 공급책에게 전화를 한 것이 화근이 된 것이다. 인생을 살다 보면, 아무리 조심하더라도 통제권을 벗어난 곳에서 엉뚱한 사건이 터져 일을 그르치는 경우가 많다. 하물며 사방에 위험과 불확실성이 가득한 범죄의 세계에서는 말할 것도 없다.

2001년 2월 19일 아침, 아트는 마샬 카운티의 비밀 농가에서 눈을 떴다. 그날 역시 다른 날과 마찬가지로 스케줄이 빡빡했다. 그와 나탈리는 밤을 꼬박 지새워 16만 달러를 완성했는데, 그중 대부분은 그날 밤 안으로 시카고의 드미트리에게 전달할 물건이었다. 한편 그날 오후에는 텍사스에 있는 나탈리의 어머니와 여동생이 방문할 예정이었다. 그들은 마샬 카운티의 농가에서 며칠 머문 후, 알렉스를 데리고 텍사스로 갈 예정이었다. 알렉스가 시어스 백화점의 모델로 선정되어 홍보 카탈로그에 실릴 사진을 찍어야 하는데, 스튜디오가 댈러스에 있었기 때문이다. 아트는 지폐 위조에 쓰이는 재료와 화학약품을 모두 치우고, 160킬로미터 떨어진 인디애나폴리스 공항으로 달려가 나탈리의 가족을 마중한 다음, 그들에게 승용차를 렌트해줘야 했다. 그리고 다시 290킬로미터를 달려 시카고로 돌아가 드미트리와 접선해야 했다.

아트와 나탈리가 나탈리의 가족을 만날 때까지는 모든 일이 순조롭게 진행되었다. 그러나 문제가 하나 발생했다. 아트가 시카고로 돌아가야 한다고 말하자, 나탈리의 동생 에이미가 시카고 구경을 시켜달라는 것 아닌가! 아트로서는 굳이 반대할 이유가 없었다. 시카고로 가는 동안 말동무도 하고, 거래가 끝난 후 같이 시카고 구경을 하면서 그동안 쌓인 스트레스를 푸는 것도 괜찮아 보였다. 게다가 그녀는 언니를 닮아 총명한 두뇌와 검은 머리칼을 갖고 있었고, 열여덟 살의 나이에 걸맞지 않게 조숙했다. 마침 아트는 주머니도 두둑해 에이미를 즐겁게 해주는 데 아무런 문제가 없었다. 마샬의 농가를 떠나기 직전, 드미트리와 거래를 끝낸 후 파티를 벌일 요량으로 따로 6만 달러를 챙겨뒀기 때문이다. — 참고로 에이미는 나탈리를 통해 아트가 무슨 사업을 하는지 어렴풋이 알고 있었다.

나탈리와 장모에게 승용차를 렌트해준 후, 아트와 에이미는 시카고를 향해 떠났다. 2시간 30분 후 시카고에 도착한 그는 드미트리와의 약속 장소인 블루스 하우스 호텔로 향했다. 블루스 하우스 호텔은 여행자들에게 인기가 높은 현대식 호텔로, 인근의 디어본 가에는 시카고가 자랑하는 최고의 공연장이 자리 잡고 있었다. 호텔에는 고급 라운지와 멋진 바가 갖춰져 있어 텍사스 출신의 시골 소녀에게는 그저 신기할 따름이었다. 아트는 아는 종업원을 통해 호텔 2층에 있는 프라이빗 클럽 출입증을 얻었다.

아트는 먼저 객실로 들어가 가방과 6만 달러를 벽장 속에 넣고, 에이미를 데리고 2층의 클럽으로 올라갔다. 너무 일찍 호텔에 도착한 탓에, 드미트리가 도착했을 때쯤 두 사람은 얼큰하게 취해 라이브 밴드의 음악에 맞춰 춤을 추고 있었다.

"플로어에서 춤추는 에이미의 모습은 매혹적이었어요. 우리는 상당히 가까워져 있었어요. 그렇다고 오해하지는 마세요. 우리는 그저 같이 저녁을 먹고 술 몇 잔을 마셨을 뿐이니까요. 물론 춤을 추다가 가벼운 신체적 접촉이 있었고 성적인 농담을 주고받기는 했지만, 맹세코 아무 일도 없었어요. 무엇보다도 중요한 것은 내가 나탈리를 사랑하고, 에이미는 그녀의 동생이라는 점이었어요."

아트는 끓어오르는 욕망을 억제하기 위해 계속 이렇게 뇌까려야 했다.

"딴 생각 하지 마라. 에이미는 네 여자가 아니다. 네 여자는 나탈리이고, 에이미는 그녀의 동생이다. 에이미만은 안 된다. 에이미만은 안 돼."

아트와 드미트리는 바에서 만나 룸으로 자리를 옮겼다. 거래를 마친 그들이 약간의 코카인을 흡입하는 동안, 에이미는 드미트리가 데리고 온 두 명의 러시아 청년들과 수다를 떨고 춤도 췄다. 비즈니스가 모두 마무리되자 드미트리는 모두를 한 자리에 불러 모아 근사한 파티를 열었다. 러시아인들이 모두 떠나고 난 뒤 에이미가 말했다.

"다른 클럽에도 가보면 안 될까요? 난 시카고를 좀 더 구경하고 싶단 말이에요."

아트는 에이미의 성화에 못 이겨, 아는 웨이터가 있는 클럽으로 자리를 옮겼다. 그러나 그들이 간 곳은 게이 클럽이었다. 그들은 웃통을 벗은 남자들이 플로어에 몰려나와 몸부림치는 것을 보고 나서야 그 사실을 깨달았다. 아트는 그곳을 떠나고 싶었지만, 에이미가 더 놀다 가자고 조르는 통에 게이들 사이에 섞여 춤을 추었다. 아트와 에이미는 둘 다 거나하게 취했고, 아트의 자제력은 거의 한계에 도달했다. 그는 에이미도 자기와 똑같은 것을 원하고 있다고 확신했다. 춤이 계속되며 분위기가 무르익기를 기다리고 있는데, 에이미가 갑자기 아트의 손을 뿌리치고 화장실로 달려갔다. 잠시 후 돌아온 에이미는 뭔가에 홀린 듯한 표정이었다. 아트는 그녀를 칵테일 테이블에 앉히며 말했다.

"무슨 일이야, 기분이 안 좋은 것 같은데? 이제 여길 떠날까?"

"직접 확인하세요."

그녀는 아트의 손을 잡아당기며 말했다. 그녀는 아트의 손을 자신의 은밀한 부위에 갖다 댔다. 맙소사! 그곳에는 아무런 은폐물도 없었다.

아트는 기겁을 하며 손을 빼냈지만, 그녀의 애원하는 눈빛을 외면할 수 없었다. 아니, 솔직히 말하면 그도 그녀를 원했다.

"내가 손을 빼내자 그녀는 슬픈 얼굴로 나를 바라봤어요. 그래서 나는 자의반 타의반으로 그녀의 허벅지를 쓰다듬기 시작했어요."

아트는 말했다. 아트는 '여기서 이러고 있으면 안 되겠다' 싶어서, 얼른 그녀를 일으켜 호텔 객실로 돌아갔다. 그녀가 샤워를 하는 동안, 아트는 마리화나를 피우기 위해 종이를 돌돌 말았다. 두 사람의 증언에 의하면 당시 그들은 동상이몽을 꾸고 있었던 것 같다. 샤워를 하다가 정신이 돌아온 에이미는 샤워를 마치고 잠을 청할 생각이었던 데 반해, 마리화나에 취한 아트는 일찌감치 황홀경에 빠져 헛물을 켜고 있었으니 말이다. 그러나 두 사람이 각각 어떤 생각을 했든, 두 사람 사이에서는 어떤 일도 일어날 수 없었다. 왜냐하면 샤워를 마친 에이미가 가운을 걸치고 나왔을 때 아트는 이미 눈과 다리가 풀려 아무 일도 할 수 없는 상태였기 때문이다. 침대에 대자로 뻗은 아트를 어이없는 표정으로 바라보는 에이미의 귀에 시끄러운 소리가 들려 왔다. 누군가 객실 문을 난폭하게 두드리고 있었던 것이다. 밤 늦게 호텔 방문을 두드리는 사람에게는 대꾸를 하지 않는 게 상책이지만, 순진한 에이미가 그런 상식을 갖고 있을 리 만무했다. 누운 채로 눈만 부릅뜬 아트가 뭐라 말하기도 전에, 그녀는 쏜살같이 달려가 문을 빼꼼 열었다.

순간 시카고 경찰청CPD 소속의 경찰관 네 명이 문을 밀치며 방 안으로 들이닥쳤다.

아트와 드미트리가 바에서 코카인 이야기를 하는 것을 엿들은 호텔 경비원이 경찰에 신고를 한 모양이었다. 그러나 엿들은 말만 갖고서 호텔 방을 수색할 수는 없기 때문에, 경찰은 경비원에게 호텔 방을 수색할 수 있는 구실을 만들라고 훈수를 했다. 이제나저제나 기회를 엿보던 경비원에게 때마침 절호의 기회가 찾아왔다. 아트와 에이미가 밤늦게 호텔 방으로 들어간 뒤 옆방의 투숙객이 시끄럽다며 클레임을 제기한 것이다.

경찰관 한 명이 에이미를 벽에 밀어붙여 꼼짝 못하게 하는 동안, 다른 경찰관들은 방 안을 두리번거렸다. 일단 방 안에 들어온 이상, 방 안에 계속 머무르며 조사할 수 있는 명분이 필요했다. 그런 그들에게 커피 테이블 위에 놓인 마리화나는 더할 나위 없이 좋은 증거물이었다.

"이거 냄새 좋은데? 나도 한 모금 빨아 봤으면 좋겠네."

한 경찰관이 아트의 대마초에 코를 들이대며 비아냥거렸다.

"이거 말고 다른 물건은 없어?"

그들은 잠에 취한 아트를 깨워 두 사람을 테이블에 앉힌 다음 방 안을 샅샅이 뒤지기 시작했다. 아트의 여행 가방, 에이미의 옷가방, 서랍장을 모두 뒤져봤지만 별무소득이었다. 왕건이를 기대하고 왔는데 고작 마리화나라니, 경찰관들의 실망은 이만저만이 아니었다. 그러나 경찰관들이 조사를 마무리하고 자리를 뜨려는 순간, 붉은 머리칼을 가진 젊은 경찰관이 무심코 벽장문을 열었다. 그 경찰관의 이름은 마티 오플레어티였다.

"나는 처음에는 아무 것도 발견하지 못했어요. 그래서 벽장문을 그냥 닫으려다가, 무심결에 맨 위 선반을 손으로 한 번 더듬어 봤죠. 그랬더니 글쎄 두둑한 돈뭉치가 만져지는 것 아니겠어요? 자그마치 6만 달러나 말이죠."

오플레어티는 처음에는 그 돈이 진짜라고 믿었다. 그러나 자세히 들여다보니 진짜 돈이라면 당연히 있어야 할 빨간색과 파란색의 실크섬유가 보이지 않았다.

사실 실크섬유를 흉내 내는 것은 일도 아니었다. 원판을 만들 때 사람의 체모體毛를 집어넣으면 실크섬유가 포함된 듯한 효과를 낼 수 있었다. 아트도 종전에는 이런 방식을 이용해 위조지폐를 만들어 왔지만, 1996년형 신권이 발행된 이후에는 이 과정을 소홀히 해왔다. 왜냐하면 많은 사람들이 워터마크, 보안 띠, 시변색 잉크에만 정신이 팔려 실크섬유에 신경을 쓰지 않게 되었기 때문이다. 원숭이도 나무에서 떨어질 때가 있다는 말은 바로 이런 경우를 두고 하는 말일 것이다. 그 누구도 통과할 수 없는 고난이도의 보안장치들을 완벽하게 해킹한 아트였지만, 하필이면 제일 쉬운 문제 하나를 놓치는 바람에 벼랑 끝에 몰리는 신세가 되었다.

오플레어티는 아트를 바라보며 쾌재를 불렀다.

아트는 의외로 침착했다.

"이 여자는 이번 일과 아무 관계가 없어요. 모든 것이 다 내 책임이니 이 여자는 풀어 주세요."

그러나 경찰의 조사는 이제부터가 시작이었다. 경찰관들은 에이미에게 옷을 입으라고 한 뒤, 두 사람 모두에게 수갑을 채워 호텔 주차장으로 데려갔다. 그들은 아트의 승용차를 조사한 후 별다른 문제점이 없자, 아트와 에이미를 관할 경찰서로 압송했다. 때는 오전 여덟 시, 아트는 드디어 비밀수사국의 요원과 생전 처음으로 대면하게 되었다.

비밀수사국의 요원은 남자와 여자 두 사람이었는데, 둘 다 삼십 대 중반의 나이에 말쑥한 정장 차림이었다. 그들은 최근 몇 달 동안 아트의 위조지폐를 분석해왔지만, 누가 어디에서 만드는지에 대해서는 전혀 아는 바가 없었다. 요원들이 신고를 받고 쇼핑몰이나 은행에 출동했을 때, 아트는 이미 아무런 흔적도 남기지 않고 먼 곳으로 사라진 뒤였기 때문이다. 따라서 비밀수사국 요원들에게 있어서 아트의 위조지폐는 '팥 없는 찐빵'이나 마찬가지였다. 그들은 오플레어티가 발견한 위조지폐를 넘겨받는 순간 흥분을 감추지 못했다. 면밀한 분석 결과 그 위조지폐는 지금껏 그들이 쫓고 있었던 위조지폐와 동일한 위조범에 의해 제작된 것으로 판명되었다.

남자 요원은 잔뜩 화가 나있었다. 그는 '최근 미국 전역에 위조지폐를 뿌리고 돌아다닌 범인이 잡혔다'는 소식을 듣고 워싱턴 D.C.에서 한걸음에 달려온 참이었다. 벌겋게 충혈된 눈을 게슴츠레하게 뜨는 품으로 보아, 과도한 업무로 인한 스트레스가 어느 정도인지 능히 짐작할 수 있었다. 그는 신음하듯 말했다.

"난 방금 부시 대통령을 경호하다 달려온 사람이야. 그러니 허튼 수작하지 말고 알아서 기는 게 좋을 거야."

지폐 위조범을 수사할 때는 일단 보다 많은 증거를 확보하는 것이 순서인데, 그중에서도 인쇄 장비를 찾아내는 것이 가장 중요하다. 그래야만 범인이 '지폐 위조범'인지, 아니면 단순한 '위조지폐 소지자'인지를 가려낼 수 있기 때문이다. 또 용의자가 두 명 이상인 경우에는 그들을 분리하여 심문하되, 제일 연약해 보이는 용의자를 먼저 족치는 것이 원칙이다.

연약해 보이는 용의자란 바로 에이미를 의미했다. 그녀는 어리고 얼뜬 데다가 잔뜩 겁까지 먹고 있어서, 살짝 손대기만 해도 많은 정보를 토해낼 것 같았다. 비밀수사국 요원들은 아트를 보호실에 대기시킨 채 에이미를 집중 공략하기 시작했다. 그들은 먼저 에이미의 신분을 확인한 후, 위조지폐가 만들어진 장소가 어디며 그녀와 함께 위조지폐를 만든 사람이 누구인지를 추궁했다.

물론 에이미는 결백했다. 그녀는 아는 게 없으므로 털어봐야 나올 게 없었다. 이런 사실을 알 턱이 없는 요원들은 그녀를 협박하기 시작했다. 흥미롭게도 악역을 맡은 사람은 여자 요원이었다. 에이미는 회고했다.

"내게 몹쓸 짓을 한 사람은 여자였어요. 워싱턴 D.C.에서 왔다는 남자는 내게 잘해줬어요. 그러나 여자는 처음부터 '앞으로 엄마와 언니를 볼 수 없게 될 지도 모른다'고 협박하더니, 나중에는 아예 엄마를 체포하겠다고 엄포를 놨어요. 나는 그게 터무니없는 소리라는 걸 잘 알고 있었어요. 왜냐하면 우리 엄마는 위조지폐와 아무 관련이 없었으니까요."

비밀수사국 요원들은 세인트루이스, 뉴올리언스, 미네아폴리스 등의 장소를 대가며 압박 수위를 높였다. 그들은 에이미가 정말로 위조지폐 제조에 가담했다고 믿는 것 같았다. 그들은 두툼한 파일을 들이밀며 "이미 다 알아 봤어"라고 큰소리 쳤지만, 그 파일은 빈 종이로 가득 채워진 과시용에 불과했다. 아무리 모른다고 말해도 소용이 없자, 에이미는 와락 울음을 터뜨렸다. 그러기를 무려 여덟 시간, 답답해진 요원들은 작전을 바꿨다. 이제 그들은 아트와 에이미를 번갈아가며 취조하기 시작했다. 아트와 에이미는 한숨도 자지 못했으며, 쿠키 한 봉지 외에는 아무 것도 얻어먹지 못했다.

"그들은 에이미를 무자비하게 취조했어요. 하지만 에이미는 끝내 모르쇠로 일관했어요."

아트가 말했다.

사실, '아무 것도 모른다'는 에이미의 말은 거짓이었다. 그녀는 아트와 나탈리가 오랫동안 위조지폐를 만들어왔다는 것과, 그들이 위조지폐를 갖고 미국 전역의 쇼핑몰을 돌며 '돈 쓰는 여행'을 했다는 사실 정도는 알고 있었다. 그러나 아트와 나탈리는 그녀의 가족이었다. 그녀는 목에 칼이 들어와도 가족을 배반할 수는 없었다.

아트는 수사에 적극 협조했다. 그는 자기가 혼자서 위조지폐를 만들었으니, 에이미는 풀어달라고 단도직입적으로 말했다. 당시 취조 장면을 참관했던 오플레어티는 아트의 뻔뻔함이 인상적이었다고 한다.

"그는 죄를 순순히 자백했어요. 하지만 그는 매우 건방졌어요. 수사관들에게 주제 넘게 참견하는 말을 서슴지 않을 정도였죠. 심지어 위조지폐를 만드는 과정을 하나하나 설명해 주기까지 했어요."

아트는 비교적 담담한 상태였다.

"나는 위조지폐를 소지한 상태로 체포됐으니 더 버텨봤자 소용없다고 생각했어요. 나는 연방 수사관들을 속일 생각은 추호도 없었어요. 그들은 잔재주에 놀아날 위인들이 아니니까요."

비밀수사국 요원들은 아트에게 에이미의 경우와는 달리 자유로운 발언 기회를 주었다. 취조실의 분위기는 화기애애했다. 아트는 오랫동안 그들을 교묘하게 따돌려왔지만, 뜻하지 않게 꼬리가 밟혀 그들과 대면하게 되었다. 그들이나 아트나 이 순간이 있기를 얼마나 고대했던가! 사실 얼간이들로 가득 찬 이 세상에서 아트의 솜씨를 알아줄 사람들은 비밀수사국의 요원들밖에 없었다. 창문도 없는 취조실 안에서 아트의 과시욕은 하늘을 찔렀다. 요원들과 오플레어티는 신권의 문제점을 지적하는 아트의 명강의를 들으며, 그의 천재적 능력과 현란한 화술에 넋이 빠질 정도였다.

"그 친구는 참 멋진 구석이 있었어요. 무슨 물건이든 그의 손에 들어가면 훌륭한 도구로 바뀌었으니까요. 한마디로 무에서 유를 창조하는 능력을 지닌 친구였어요. 나는 그의 능력을 진심으로 아까워하며, 차라리 사업을 했더라면 대성했을 것이라고 말해줬어요."

그러나 장황한 내용에도 불구하고, 아트는 모든 것을 털어놓지는 않았다. 그는 위조에 사용한 장비가 무엇이고, 장비를 구한 곳이 어디며, 위조지폐의 제조, 배포, 사용에 관여한 사람이 누구인지에 대해서는 절대 말하지 않았다. 그는 장광설을 늘어놓다가도, 수사관들이 구체적인 내용을 요구하면 미소를 지으며 어깨를 으쓱했다. 더 이상은 수사에 협조할 수 없다는 뜻이었다.

게다가 아트는 끊임없이 잔머리를 굴렸다. 법적으로 아트는 한 통의 전화를 걸 권리가 있었지만, 수사관들은 수사상 필요에 따라 몇 시간 동안 그 권리를 유보할 수 있었다. 아트는 수사관들에게 '동생에게 무슨 일이 일어났는지를 알려줘야 하니, 나탈리에게 전화를 걸게 해 달라'고 요구했다. 수사관들은 증거인멸을 우려하여 그의 요구를 일축했지만, 답보 상태에 빠진 수사를 진전시키려면 뭔가 돌파구가 필요했다. 마침내 수사관들은 도박을 걸었다. 아트에게 전화를 허용하고, 그가 전화를 거는 동안 전화번호를 추적하여 인쇄 장비가 있는 곳을 찾아내기로 한 것이다.

"그는 여자 친구에게 전화를 걸어 '골치 아픈 일이 생겼다'는 말 외에 특별한 말을 하지 않았어요."

오플레어티는 아차 싶었다.

"비밀수사국이 그에게 통화를 허용한 것은 실수였어요."

아트가 통화를 한 시간은 채 1분도 안됐지만, 수신지를 추적하기에는 충분한 시간이었다. 요원들은 수신지가 마샬 카운티 부근이라는 사실을 알아내는 데 성공했다. 그러나 구체적인 주소를 파악하고 수색영장을 청구하려면 좀 더 시간이 필요했다. 결국 전화 통화 게

임에서 이득을 본 쪽은 아트였다. 그는 자세한 이야기를 하지 않았지만, 나탈리에게 '집 안에 있는 불리한 증거물을 모두 제거하라'는 메시지를 전달하는 데 성공한 것이다.

어찌된 일인지 비밀수사국은 마샬 카운티에 즉시 요원을 파견하지 않았다. — 그 이유는 지금까지도 미스터리로 남아 있다 — 그로부터 한 시간 후, 그들은 에이미를 석방했다. 아트는 종이에 그림까지 그려 가면서 마샬 카운티로 가는 방법을 자세히 일러줬다.

그러나 경찰서를 나선 후에도 에이미의 시련은 끝나지 않았다. 아트는 체포 당시에 진짜 돈 300달러를 갖고 있었지만, 비밀수사국은 그녀에게 겨우 17달러밖에 주지 않았다. 17달러는 기름 값에도 못 미치는 금액이었다. 초행길인 데다가 제대로 먹지도 자지도 못해 기진맥진한 에이미는 고속도로 출구를 잘못 선택해 그만 인디애나 주로 빠져버렸다. 고속도로 통행료를 낼 돈도 없는 그녀가 주유소 앞에 주저앉아 울고 있는데, 이를 불쌍하게 여긴 주유소 종업원이 다가와 현금 14달러와 통행 카드를 건네주고, 고속도로 입구까지 에스코트를 해줬다. 그러나 그녀는 마샬 카운티로 가는 도중에 또다시 길을 잃고 헤매다, 비포장도로의 끝에 서있는 트레일러를 발견했다. 그녀는 염치없이 트레일러 속에서 잠자고 있는 노부부를 깨워 도움을 요청했다. 딱한 사정을 들은 노부부는 두말없이 그녀를 목적지까지 데려다 주고, 차는 다음날 아침에 찾아가라고 했다.

에이미로부터 자초지종을 전해들은 나탈리는 참담한 표정을 지었다. 그녀는 아트를 맹렬히 비난했는데, 그 이유는 동생 에이미를 위험의 구렁텅이에 빠뜨려서가 아니라, 보안 유지에 보다 신경을 쓰지 않았기 때문이었다. 이제 비밀수사국이 수색영장을 발부받아 마샬 카운티의 농가로 쳐들어오는 것은 시간문제였다. 그녀는 아직 스캔용 컴퓨터를 치우지 않은 상태였다. 설상가상으로 그녀는 임신 5개월이었다.

"물론 제일 걱정된 것은 아트였어요. 그러나 내 뱃속에서는 또 하나의 생명이 자라고 있었어요. '아트가 교도소에 갈 경우, 아기를 혼자 키워야 한다'는 두려움이 나를 사로잡았어요."

다행히 아트는 장모와 처제를 마중하러 마샬 카운티를 떠나기 전에 문제가 될 만한 증거물을 대부분 치워 버린 상태였다. 게다가 나탈리는 비밀수사국보다 더 재빨리 움직였다. 그녀는 아트의 전화를 받은 직후 컴퓨터 본체와 프린터를 쓰레기봉투에 담아, 다운타운가의 덤스터(금속제 대형 쓰레기 수거함 옮긴이)에 내다버렸다. 다음날 오후 요원들이 마샬 카운티의 농가에 들이닥쳤을 때, 나탈리와 에이미는 인디애나폴리스에 차를 찾으러 나가고 집에 없었다. 그녀들이 집에 돌아왔을 때는 상황이 모두 종료되어, 요원들이 현관 앞에 붙여놓은 수색영장만이 바람에 나부끼고 있었다. 나탈리는 외출할 때 모든 창문과 문을 굳게 걸어 잠갔지만, 그들은 감쪽같이 문을 따고 들어와 집 안을 샅샅이 뒤졌다. 그들이 가져간 것은 달랑 카메라 한 대였는데, 거기에는 현상되지 않은 가족사진만 몇 장 들어 있을 뿐이었다. 비밀수사국은 카메라를 반환하지 않았다.

아트는 체포 다음날 화폐 위조죄로 기소되었다. 화폐 위조죄는 최대 20년의 징역형을 선고받을 수 있는 중대한 범죄였다. 그러나 그가 초췌한 모습으로 판사 앞에 서 있는 동안, 비밀수사국의 수사관과 감식 전문가들은 위조지폐 데이터베이스를 뒤져 아트의 여죄를 입증할 수 있는 새로운 단서를 찾아냈다.

블루스 하우스 사건이 발생하기 6주 전, 아트와 나탈리는 두 명의 친구와 함께 오클라호마에서 쇼핑 잔치를 벌인 적이 있었다. 크리스마스 바겐세일로 손님들이 북적거리는 쇼핑몰은 쇼핑 잔치를 벌이기에 더할 나위 없이 좋은 환경을 제공했다. 그들은 44번 주간 고속도로를 따라 이동하면서, 로턴 근처에 자리 잡은 센트럴 몰을 거의 싹쓸이하다시피 했다. 나중에 비밀수사국이 오클라호마 시티의 상주요원 두 명을 현장에 급파하여 조사한 결과, 80퍼센트의 상인(점포 수로는 60여 개)이 위조지폐를 받은 것으로 밝혀졌다. 수사 보고서에 의하면, 위조지폐들은 제각기 일련번호가 달랐지만 시카고(블루스 하우스)에서 발견된 위조지폐와 유사한 특징을 지닌 것으로 나타났다.

아트가 지폐 위조에 사용한 장비를 찾아내지 못한 이상, 로턴의 위조지폐를 아트가 만들었다고 단정하기는 어려웠다. 그러나 그중에서 몇 장이라도 아트의 손에서 나온 것이 확인되는 경우, 아트는 화폐 위조죄 말고도 '위조화폐 유포죄'로 추가 기소될 수 있었다. 위조화폐 유포죄는 최대 15년의 징역형을 선고받을 수 있는 범죄였다. 아트의 불운은 여기서 끝나지 않았다. 만일 아트가 위조지폐를 다른 범죄자에게 팔아넘긴 증거가 포착될 경우, 그는 '위조화폐 거래죄'까지 뒤집어써야 했다. 위조화폐 거래죄는 최대 20년 징역감이었다.

연방 정부는 형사소송에서 95퍼센트라는 높은 승소율을 자랑하고 있었다. 고도의 훈련을 받은 연방 수사관들은 최신 장비와 풍부한 자금 지원을 바탕으로 결정적인 증거를 포착하여 검찰에 제공했다. 검찰 역시 뛰어난 능력과 판단력으로 변호사를 압도했다. 피고인을 변호하는 변호사는 혼자인 경우가 많아 팀 단위로 움직이는 검찰을 당해내기 힘들었고, 피고가 여러 명인 경우 변호인단이 구성되기는 했지만 변호사들 간의 느슨한 팀워크와 이해 상충 때문에 조직화된 검찰을 이기는 것은 거의 불가능했다. 더욱이 미 법무부는 승소 가능성이 높은 상대를 골라내는 능력이 탁월해서, 비밀수사국이 수사한 사건의 경우 98.8퍼센트의 가공할 만한 승소율을 기록했는데, 이는 미국의 모든 수사기관 중 단연 으뜸이었다.

이러한 상황에서 아트가 취할 수 있는 최선의 방법은 유능한 변호사를 구하는 것이었지만, 문제는 돈이었다. 아트는 그 동안 수백만 달러의 위조지폐를 찍어냈지만, 정작 진짜 지폐는 가진 것이 별로 없었다. 필요하면 언제든지 위조지폐를 찍어낼 수 있다는 자신감과 방만한 생활 습관 때문에, 그는 긴급 사태를 해결할 비상금조차 마련해 두지 않았다. 위조지폐를 비축해 뒀다가 필요할 때 진짜 돈으로 찾아 쓰는 방법을 생각한 적은 있었다. 예컨대 위조지폐의 적발 능력이 없는 외국의 금융기관에 수백만 달러의 위조지폐를 예치했다가 나중에 진짜 현금으로 인출해 사용하는 방법이 그것이었다. 그러나 이런 방법은 설사 가능하다 하더라도 오랜 준비 기간이 필요하며, 지금 당장에 써먹을 수 있는 방법이 아니었다. 현재 수중에 있는 5만 달러만 갖고 유능한 변호사를 구하는 것은 꿈도 꿀 수 없는 일이었다. 그렇다면 남은 방법은 단 하나, 국선변호인을 선임하는 수밖에 없었다. 하지만 국선변호인을 선임해봤자 무죄를 입증하기는커녕 유죄를 인정하고 형량을 낮춰 받자고 회유할 것이 뻔했다.

나탈리의 어머니 샤론은 사위가 험한 꼴을 당하는 것을 앉아서 보고만 있을 수 없었다. 아트가 체포된 다음날 아침, 그녀는 시카고의 유능한 형사 전문 변호사를 알아보기 위해 이리저리 다이얼을 돌렸다. 다행히 시카고는 범죄자를 위한 모든 것이 갖춰져 있는 도시여서, 몇 번의 지루한 통화 끝에 존 빌이라는 연방 형사소송 전문 변호사를 찾아낼 수 있었다. 그녀는 다음날 아침 일찍 차를 몰고 시카고 번화가에 있는 빌의 사무실을 찾아가 변호사 선임 계약을 맺었다.

며칠 후 빌은 시카고의 메트로폴리탄 구치소에 감금된 아트를 접견했다. 구치소는 왠지 불길한 느낌을 주는 삼각형 모양의 11층짜리 건물이었다. 아트는 허튼 소리를 하지 않는 빌의 스타일이 일단 마음에 들었다. 빌은 체포 당시의 정황이 어땠는지를 차례대로 설명해 달라고 한 다음 아트의 말에 귀를 기울였다. '경찰관들이 느닷없이 들이닥쳐 방 안을 두리번거리다가, 마침 커피 테이블 위에 놓여 있던 마리화나를 발견했다'는 대목에 이르자, 빌의 얼굴에는 흥분한 기색이 역력했다. 이미 열람한 경찰의 수사 기록에는 '여자가 문을 빼꼼 여는 순간, 문틈을 통해 커피 테이블 위의 마리화나가 보였다'고 되어 있었기 때문이다. '마리화나가 있는 것을 알고 방 안에 들어간 것'과 '방 안에 들어간 후에 마리화나를 발견한 것'은 엄연히 달랐다. 전자가 정당한 법 집행이라면, 후자는 무단침입이었다.

"문 밖에서 마리화나가 보였다는 건 거짓말이에요."

아트가 맞장구쳤다.

"호텔 방은 기역자 형태로 되어 있어, 문을 열고 들어와 좌회전을 해야만 커피테이블이 보였어요. 문 밖에서 커피테이블 위의 마리화나를 봤다면, 그 사람은 투시 능력을 가진 사람일 거예요."

다음날 빌은 블루스 하우스 현장을 방문했다. 경찰관과 호텔 지배인이 그를 문제의 방으로 안내했다. 방문에는 일반인의 접근을 막는 노란색의 폴리스테이프가 붙어 있었다. 지배인으로부터 현장을 어지럽히지 않았다는 진술서를 받은 다음, 빌은 방 안으로 들어가 사진을 찍었다. 아트의 말대로 문 밖에서는 방 안의 커피테이블이 보이지 않았다.

"커피테이블은 호텔의 정책에 의해 항상 같은 자리에 배치되어 있으며, 사건 당일에도 그 자리에 있었습니다"라고 지배인이 확인해줬다. 빌은 인화한 사진과 지배인의 진술서를 들고 검찰청을 방문했다.

"당신들은 명백한 불법수사와 불법감금을 자행했더군요."

빌은 담당 검사에게 사진을 보여주며 말했다.

"나는 경찰이 거짓 보고서를 작성했다는 증거도 갖고 있어요."

그로부터 3주 후 공판을 앞두고 예비심문이 진행되고 있는 도중, 검사가 잔뜩 풀이 죽은 모습으로 판사에게 다가가 뭐라고 수군거렸다.

잠시 후 판사는 망치를 두드렸고, 아트는 곧 자유의 몸이 되었다.

11

알래스카에서 걸려온 전화

"이 세상에 타협은 없다. 목표는 무조건 100퍼센트 달성해야 한다."

링컨 호크, 〈오버더톱〉(1987) 중에서

•

구치소 문을 나서는 아트의 얼굴은 상기되어 있었다. 그는 빌과 격한 포옹을 나눈 뒤, 구치소 앞의 보도에 발을 내디디며 하늘 높이 솟구쳐 올랐다. 비밀수사국의 입장에서는 이 같은 세레모니가 죽이고 싶도록 얄미웠겠지만, 그보다 더한 행동도 아트의 기쁨을 표현하기에는 부족했다. 몸통은 그대로 두고 지엽적인 절차 문제를 물고 늘어진 덕분에, 남은 청춘을 연방 교도소에서 썩힐 뻔한 위기를 극적으로 넘겼으니 말이다.

아트의 석방 세레모니는 약 5분 동안 계속되었다. 하지만 아트의 전성시대는 이미 끝난 것이나 다름없었다. 신원, 능력, 일부 측근들의 이름까지 모두 수사 당국에 노출된 이상, 아트는 그간의 화려했던 언더그라운드 생활을 접어야 했다. 길 건너편에서는 짧은 머리를 한 정장 차림의 사내 두 명이 그를 노려보고 있었다.

"그들은 몹시 화가 난 표정이었어요. 법에 의하면 그들은 나를 풀어줄 뿐 아니라 내게서 압수한 증거물(위조지폐 6만 달러)까지도 모두 태워버려야 했으니 열 받을 만도 했죠. 그러나 싸움은 끝난 게 아니었어요. 그들은 나를 요주의 인물로 지정하고 일거수일투족을 감시할 게 뻔했어요."

시카고는 아트가 있을 곳이 되지 못했다. 구치소를 나서던 순간부터 요원들이 그를 미행하기 시작했기 때문이다. 그는 시카고에 이틀 동안만 머문 후 텍사스로 떠났다. 텍사스 주 루이스빌에 있는 장모의 집에 도착하니 애타게 기다리던 나탈리가 문밖으로 뛰어나와 그를 맞았다. 루이스빌에 도착한지 하루 만에 검은색 차가 나타나 아트의 승용차를 미행하더니, 며칠 후부터는 아예 길가에 진을 치고 서서 그의 동태를 감시했다. 창문 틈으로 내다본 검은 차의 앞좌석에는 두 명의 요원이 부동자세로 버티고 앉아, 이제나저제나 아트가 나오기만을 눈이 빠지도록 기다렸다.

아트는 외출을 단념하고 집 안에 칩거했다. 커튼을 내리고 소파에 기대 앉아 책을 읽거나 TV를 보며 소일했다. 밖에서 기다리는 요원들을 지치게 하여 제풀에 나가떨어지게 할 심산이었다. 그러나 아트가 쳐놓은 덫에 걸려든 것은 요원들이 아니라 아트 자신이었다. 아트는 그만 지독한 우울증에 빠져버렸다. 갑자기 생각할 시간이 너무 많아진 것이 문제였다.

"앞으로 뭘 해서 먹고살아야 할지 앞길이 막막했어요. 난 모든 것이 끝장이라고 생각했어요. 마샬 카운티의 비밀 농가를 잃은 데다가 비밀수사국은 나를 잡아넣겠다고 단단히 벼르고 있으니, 어찌 손써볼 도리가 없었어요. 갑자기 과거의 악몽들이 되살아나기 시작했어요. 아버지가 집을 나간 일, 어머니가 정신병에 걸린 일, 웬즈가 자살을 시도한 일……."

어느 날 아트는 TV 채널을 돌리다가 우연히 〈오버더톱〉이라는 영화를 보게 되었다. 이 영화는 1987년 스탤론 필름에서 만든 영화로, 부인과 별거 중인 주인공이 열 살짜리 아들과 함께 트럭을 타고 전국을 누비면서 벌어지는 에피소드를 담고 있다. 주인공인 링컨 호크(실베스터 스탤론 분)의 직업은 트럭 운전사이자 팔씨름 선수인데, 재력가인 장인의 방해 공작으로 오랫동안 아들과 떨어져 지내다, 불치병에 걸린 부인의 배려로 소년이 된 아들과 겨우 재회한다. 갓난아기 때 아버지와 헤어진 아들은 처음에는 — 영문도 모르고 — 아버지를 미워했지만, 여행을 계속하는 동안 차츰 부자간의 진한 정을 느끼게 된다. 〈오버더톱〉은 부자간의 사랑을 주제로 한 지극히 센티멘털하고 인위적이고 낙관적인 영화다. 영화에 몰입한 아트는 엔딩 장면에서 어이없게도 눈물을 흘리고 말았다.

아트는 눈물을 감추려고 허겁지겁 베란다로 나가 심호흡을 했지만, 나탈리의 눈을 속이지는 못했다. 아트는 회상했다.

"나는 오랫동안 아버지를 만나지 못했어요. 나는 아버지가 왜 가족을 버렸는지, 아버지에게 지금 무슨 일이 일어나고 있는지도 몰랐어요. 그런데 하필 그 영화를 보는 바람에, 그 동안 잊고 지냈던 모든 일들이 한꺼번에 생각난 거죠. 나는 불현듯 아버지를 만나고 싶은 생각이 들었어요."

아트를 측은하게 여긴 나탈리는 컴퓨터를 켜고 인터넷에 접속하여, 20달러를 결제하고 친구 찾기 서비스에 가입했다. 한 15분쯤 지났을까? 모니터를 주시하던 그녀의 눈빛이 먹이를 발견한 매의 눈처럼 번뜩였다. 그녀는 벌떡 일어나 아트가 있는 베란다로 뛰어나와 말했다.

"인터넷에서 주소를 찾았어."

나탈리가 컴퓨터를 가리켰다.

"아버님은 지금 알래스카에 살고 계셔."

아트는 손뼉을 탁 쳤다. 그 동안 위조지폐와 관련된 정보를 찾기 위해서는 인터넷을 수도 없이 검색했지만, 인터넷을 이용하여 아버지의 주소를 찾겠다는 데까지는 생각이 미치지 못했던 것이다. 하지만 그는 자기 눈으로 직접 확인할 때까지는 나탈리의 말을 믿을 수 없었다. 그는 부랴부랴 컴퓨터 쪽으로 달려가 모니터를 응시했다.

아더 줄리어스 윌리엄스

알래스카 주, 치칼룬 99674-1258

사서함 1258호

연령 칸에 적힌 '52'라는 숫자로 미뤄볼 때 그것은 아버지의 주소가 확실했다. 그는 지도 사이트에 들어가 아버지의 주소를 입력하고 마우스를 클릭했다. 치칼룬은 앵커리지에서 북동쪽으로 약 97킬로미터 떨어진 지점에 있는 마을이었는데, 지도상에서는 티끌만큼 작은 점으로 표시되어 있었다. 아트는 그 점에 시선을 고정시킨 채 한참 동안 얼어붙은 듯 앉아 있었다. 아버지는 생각보다 훨씬 먼 곳에 살고 있었지만, 재회를 완전히 포기해야 할 정도는 아니었다. 넓고 황량한 동토凍土의 한 지점에서 모닥불에 의지해 체온을 유지하고 있을 아버지의 모습이 눈에 선했다. 주소 옆의 전화번호 칸은 공란으로 표시되어 있었지만, 혹시나 하는 마음에 클릭해보았다. 역시나 전화번호는 나타나지 않았지만, 오히려 잘된 일이라고 생각했다. 무려 16년 동안 아무런 연락도 없이 지내다 갑작스럽게 전화를 하는 것은 예의도 아닐뿐더러 너무 생뚱맞은 행동인 것 같았다.

그날 밤 아트는 책상 앞에 앉아 아버지에게 편지를 썼다. 그는 아버지가 떠난 후 일어난 모든 일들을 낱낱이 열거한 다음, 마지막으로 그동안 가장 궁금하게 생각했던 것 딱 한 가지만을 묻고 싶었다. 그것은 '왜 가족을 버렸는가?'라는 질문이었다. 그러나 하고 싶은 말을 모두 다 썼다가는 아버지가 미쳐버릴지도 모른다는 생각이 들어, 그는 되도록이면 간단하게 쓰려고 노력했다. 아트가 밤새도록 써내려간 편지의 내용은 대충 이랬다.

'나는 현재 텍사스에 살고 있으며, 잘 지내고 있다. 결혼해서 아이가 하나 있으며, 아내가 둘째를 임신 중이다. 곧 태어날 아이에게 할아버지가 누구인지를 알려주고 싶다. 지금껏 아버지를 잊은 적이 없다. 혹시 현재의 여건 때문에 나를 만나는 것이 망설여진다면 그 입장을 충분히 이해하며, 아버지를 아직도 사랑한다.'

아트는 마지막으로 샤론(나탈리의 어머니)의 직장 전화번호를 첨부하고 '혹시 연락할 의향이 있으면 이리로 전화를 걸어 연락처를 남겨달라. 그러면 내가 전화를 걸겠다'고 적었다. 다음날 아침 샤론은 직장에 출근하는 길에 아트의 편지를 우편함에 넣었다.

아트는 편지를 써서 샤론에게 맡기는 순간까지, '혹시 아버지가 이 편지를 받고 연락을 해 오지 않을까?'라는 등의 거창한 기대는 아예 품지도 않았다. 그러나 헤어졌던 아버지의 행방을 찾고 연락을 시도하는 과정에서 새로운 미래가 열리는 기분을 느꼈던 것만은 사실이었다. 아트가 시카고를 떠나 루이스빌로 온 지 3주가 지나자, 마침내 비밀수사국의 미행이 뜸해지기 시작했다. 그렇다고 해서 그들이 아트에 대한 감시를 중단했다고 속단할 수는 없었고, 아마도 감시 대상자의 우선순위가 일시적으로 바뀐 것 같았다. 따라서 그들은 언제라도 시간이 나는 대로 아트를 다시 찾을 가능성이 높았다. 월척의 손맛을 본 낚시꾼은 자기에게 기쁨을 안겨준 장소를 잊지 못하고 다시 찾는 법이니까.

아트는 마샬 카운티보다 더 깊숙한 오지에 비밀 인쇄소를 차릴 궁리를 하기 시작했다. 나탈리가 컴퓨터와 프린터를 파괴하기는 했지만, 료비 인쇄기와 제판용 카메라는 시카고의 안전한 장소에 멀쩡한 상태로 보관되어 있었다. 또한 댈러스에는 아직도 많은 인쇄용지가 남아 있었다. 따라서 호젓한 장소에 비밀 인쇄소를 차린 후 큰 욕심을 부리지만 않으면, 앞으로 요원들에게 발각되지 않고 영원히 숨어 지낼 수 있을 것 같았다. 아트의 생각은 이랬다.

"나는 은밀한 곳에 파묻혀 '1회 생산량을 줄이고 튀는 행동을 삼가면 행복한 삶을 누릴 수 있다'는 다빈치 씨의 가르침대로 살고 싶었어요. 나는 본래 마샬 카운티에서 그렇게 할 예정이었지만 제대로 실천하지 못했어요. 하지만 블루스 하우스 사건에서 깨달은 것이 너무 많았어요. 나는 루이스빌을 탈출하여 새로운 삶을 개척하고 싶었어요.”

일리노이 주의 시골에서 호젓한 장소를 물색하는 것은 불가능했다. 경찰의 감시망이 철통같은 데다가, 블루스 하우스 사건 이후로 일리노이 주에 대한 나탈리의 감정이 악화됐기 때문이다.

“나는 아트에게 일리노이에는 다시 돌아가지 않겠으니, 날 데려가려면 텍사스 근방으로 자리를 잡으라고 말했어요.”

나탈리의 뜻도 있고 해서 그들은 인터넷과 부동산 매매 광고를 통해 댈러스에서 몇 시간 이내의 거리에 있는 부동산을 물색했다. 남쪽 지역은 습도가 높아 위조지폐가 분리될 위험이 높기 때문에, 그들은 북쪽 지방만을 집중적으로 알아봤다. 마침내 아트와 나탈리는 아칸소 주 북서부의 파예트빌 동쪽에서 40만 제곱미터의 땅을 찾아냈다. 이제는 현장을 답사할 차례였지만, 비밀수사국 요원들이 집 앞 길목을 지키고 있어 한 발자국도 밖으로 나갈 수가 없었다. 호시탐탐 기회를 노리던 그들은 어느 날 이른 새벽 감시가 소홀한 틈을 타서 샤론의 집을 빠져나와 아칸소 주로 향했다.

아트와 나탈리는 아칸소의 땅을 보는 순간 한눈에 반해 버렸다. 그곳에는 아담한 단층집이 한 채 서 있고, 바로 옆에는 8천 제곱미터 넓이의 호수가 펼쳐져 있었다. 주변의 울창한 숲 속에서는 맑은 시냇물이 흘러 운치를 더했다. 땅 주인은 그곳에서 나고 자란 토박이 할머니였는데, 4천 제곱미터당 500달러를 달라고 했다. 아트가 매입 대금의 절반을 일시불로 지급하는 대신 가격을 350달러로 깎아 달라고 하자, 땅 주인은 두말 않고 매매계약서에 서명을 했다. 그 나이대의 노인들은 현금을 좋아한다는 점을 파고든 아트의 작전이 먹혀든 것이다.

땅값을 지불하려면 사상 최대 규모의 위조지폐를 찍어내야 하고, 이를 매입해줄 고객도 필요했다. 아트는 이미 마음속으로 점찍어둔 고객이 한 명 있었다. 그는 아트의 가장 오랜 친구 겸 고객 중 하나인 샌디였다. 아트가 샌디를 선택한 이유는 그가 믿음직스럽기도 하거니와, 50만 달러 이상의 거액을 거래하자고 여러 번 졸랐던 경력이 있기 때문이었다. 아트는 위험부담이 너무 크다는 이유로 그의 제안을 거절해왔지만, 샌디가 위조지폐의 사용처만 정확히 알려준다면 이번 한번만 특별히 예외를 인정해줄 생각이었다.

아트는 공중전화로 샌디에게 전화를 걸었다. 아트의 제안을 받은 샌디는 뛸 듯이 기뻐하며 위조지폐의 사용처를 밝혔다.

"이번 물건은 내가 쓸 게 아니라, 베토라는 공급자에게 보낼 거야."

샌디의 설명에 의하면, 베토는 샌디보다 더 깊숙이 코카인 비즈니스에 관여하고 있는 인물로, 시카고 지역에서 활동하는 멕시코계 마피아 관련 코카인 공급자 중 다섯 손가락 안에 드는 거물이었다. 코카인 공급자들은 레저용 차량을 일종의 '이동식 은행'으로 이용했는데, 그들이 매달 차량 안에 적립하는 금액은 70~100만 달러에 달했다. 시카고에서 출발한 차량은 캘리포니아를 경유하여 멕시코의 티주아나에 도착한 다음, 자금 세탁을 거쳐 보다 많은 코카인과 교환되었다. 베토는 차량 속의 달러 중 일부를 위조지폐와 바꿔치기하여 차액을 챙길 심산이었다.

아트는 샌디의 계획이 마음에 들었다. 위조지폐가 미국과 멕시코의 국경을 넘을 경우 아트는 아무런 걱정을 할 필요가 없었기 때문이다. 나중에 확인해본 결과 샌디는 지금까지 아트에게 구입한 위조지폐를 모두 베토에게 넘겼던 것으로 밝혀졌다. 지폐 위조범과 마약밀매범은 이처럼 떼래야 뗄 수 없는 관계에 있었던 것이다. 공중전화를 통한 몇 번의 협상 끝에, 아트는 사상 최대의 금액인 75만 달러를 찍어 그중 50만 달러를 달러당 30센트씩 받고 샌디에게 넘기기로 약속했다. 나머지 25만 달러는 아트의 몫이었는데, 아트는 이것을 잘 포장하여 아칸소의 숲 속에 비상금으로 묻어둘 생각이었다.

"정말 멋졌어요. 단 한 번의 작업으로 전원주택이 생긴다니 꿈만 같았어요. 나는 기존의 집을 허물고 새 집을 지을 계획이었는데, 설계와 시공을 모두 내 손으로 직접 하고 싶었어요. 나는 건축 분야에서 오랫동안 일한 경력이 있는 데다, 홈데포에서 구입한 다양한 작업 도구까지 갖고 있었거든요."

위조지폐 7만 5천 달러를 만들려면 앞면과 뒷면을 합쳐 모두 1만 5천 장을 인쇄해야 했다. 또 7천 500개의 보안 띠와 워터마크를 만들고, 웬만한 회사에서 1년 동안 사용하는 것보다 많은 양의 잉크 카트리지를 구입해야 했다. 모든 위조지폐는 수작업으로 완성되므로, 아트와 나탈리는 최소한 2주 동안 하루도 쉬지 않고 작업해야 납기를 맞출 수 있을 것으로 내다봤다. 그러나 작업을 진행하기에 앞서서 컴퓨터를 새로 구입하고, 종이와 각종 소모품을 조달하고, 새로운 작업장을 마련하는 것이 급선무였다. 다행히 샌디가 5천 달러를 선불로 준 덕분에 생산비 걱정은 하지 않아도 되었다.

촉박한 일정 때문에 작업은 불가피하게 시카고에서 진행할 수밖에 없었다. 아트는 '이번 한번만'이라는 단서를 붙여, 시카고라면 진저리를 치는 나탈리를 겨우 설득했다. 나탈리는 또 하나의 조건을 내걸었는데, 그것은 이번 거래를 끝내고 아칸소에 정착하기 전에 아트와 단 둘이서 긴 여행을 떠나는 것이었다. 그녀는 아기가 태어나기 전에 '돈 쓰는 여행'에서 느꼈던 낭만을 되살리고 싶은 마음이 간절했는데, 아트 역시 그녀와 같은 심정이었다.

샌디와의 계약을 이행하기 위해 빡빡한 일정을 소화하느라, 아트는 아버지에게 편지를 보냈다는 사실조차 까맣게 잊고 있었다. 그러나 중간에 잠깐 볼일이 있어 나탈리와 함께 텍사스로 돌아오는 길에 불현듯 편지 생각이 떠올랐다.

"아버지가 내 편지를 받고 장모님의 직장으로 전화를 거셨을까?"

아트는 궁금해서 견딜 수 없었다. 샤론의 집에 가까이 다가갈수록 궁금증은 눈덩이처럼 불어나, 마침내 '만일 연락이 안 왔으면 어떡하지?'라는 두려움으로 바뀌어버렸다. 아트는 연락의 가능성을 철저히 부인함으로써 두려움을 억눌러보려고 애썼다.

"알래스카에 사는 아트 윌리엄스라는 사람은 아버지와 동명이인일지도 몰라. 설사 아버지가 맞다하더라도, 16년 동안이나 연락을 끊고 지내던 분이 이제 와서 새삼스럽게 무슨 연락을 하겠어? 아버지는 천성적으로 방랑벽이 심한 분이야. 어쩌면 오래 전에 이미 다른 데로 이사 가셨고, 인터넷에 있는 주소는 옛날 주소인지도 몰라."

어느덧 샤론의 집 문 앞에 도착한 아트는 심호흡을 하며 마음의 각오를 단단히 했다.

"누가 회사로 전화를 걸어왔는지 알아 맞춰봐!"

현관으로 들어서는 아트를 향해 샤론이 소리쳤다.

"그분이 전화번호를 남겼어. 자네랑 통화를 하고 싶으시대."

아트는 승용차에 가득 찬 짐을 내려놓을 생각도 않고 가까운 세븐일레븐으로 달려갔다. 그리고는 주머니에서 5달러를 꺼내 25센트 동전 스무 개로 바꾼 다음 공중전화의 다이얼을 돌렸다. '뚜—' 하고 신호음이 들리더니 웬 여자가 전화를 받았다. 오랜 세월이 지났음에도 불구하고, 아트는 그 음성의 주인공이 누구인지 대번에 알아차렸다. 그러나 아버지가 그렇게 오랫동안 한 여자와 살고 있다는 것이 왠지 믿겨지지가 않았다. 아트는 결례를 피하기 위해 시치미를 떼는 쪽을 택했다.

"아더 윌리엄 씨 좀 바꿔주세요."

"잠깐만 기다리세요."

여자의 발자국 소리가 멀어지더니, 이윽고 다른 사람이 전화기 쪽으로 다가오는 소리가 들렸다.

"여보세요?"

아버지의 목소리가 틀림없었다.

"아버지!"

"내 아들아!"

아트 시니어가 말했다. 아트가 이제껏 상상했던 것보다 훨씬 더 명랑한 음성이었다.

"아버지와 연락이 됐다는 게 실감이 나지 않아요."

"네 애비 맞다. 전화가 오기를 기다리고 있었다."

아트 시니어는 말했다.

"네 편지를 받았을 때 얼마나 행복했는지 모른다."

"그러셨군요."

부자는 어색한 대화를 나누기 시작했다. 그러나 그것도 잠시, 두 사람은 금세, 마치 몇 주 전에 만났던 것처럼 자연스러운 대화를 이어갔다. 두 사람 사이에 가로놓인 16년이라는 시간적 장벽과 북미 대륙이라는 공간적 장벽이 무색할 정도였다. 그들은 가족답게 화기애애한 분위기에서 이야기를 나눴지만, 그동안 달라진 상대방의 처지를 하나씩 알게 되면서 세월의 무게를 실감했다.

"나는 '결혼을 해서 아내가 임신을 했으니, 아버지는 곧 할아버지가 되실 거예요'라고 말했어요."

아트는 당시를 회상했다. 그밖에도 많은 변화에 대해 언급했지만, 공중전화라는 한계 때문에 자세한 이야기는 다음 기회로 미뤄야 했다. 더욱이 아트는 오랫동안 가슴속에 묻어뒀던 질문을 꺼내고 싶었지만, 전화로는 도저히 말할 엄두가 나지 않아 그만두고 말았다.

아트 시니어 역시 베일에 싸였던 그간의 행적을 공개했다.

"나는 너를 맬린다에게 데려다 준 후 샤스타 산으로 돌아갔다가,

얼마 후 애니스와 아이들을 데리고 알래스카로 이주했어. 한때는 기계공으로 일해서 생계를 유지하고 산 속에 집도 한 채 장만했지만, 요즘은 일을 그만두고 집에서 편히 쉬고 있는 중이야."

새로운 주제가 새로 나올 때마다 보충 질문을 하고 싶은 마음이 굴뚝같았지만, 제한된 시간 내에 보다 많은 사항을 알려면 개략적인 내용에 만족하는 수밖에 없었다. 아트가 짐작했던 대로 처음 전화를 받았던 여자는 애니스였다.

"아버지는 내 어머니와 헤어진 이후 죽 애니스하고만 지냈다고 말씀했는데, 나는 한편으로는 놀랍기도 하고 다른 한편으로는 당황스럽기도 했어요. 나는 아버지가 우리 가족을 버린 것이 속박되기를 싫어하는 천성 때문인 줄 알았는데, 알고 보니 반드시 그런 것도 아니었던 거예요. '우리를 버리고 떠난 뒤 다른 여자의 가족과 함께 잘 살았다면, 대체 우리는 뭐가 되는 거지?'라는 생각이 들 정도였어요."

이것저것 묻던 아트 시니어가 동생들의 안부를 물었다.

"제이슨과 웬즈는 잘 지내?"

"잘 지내고말고요."

아트는 적당히 둘러댔다.

"저나 걔네들이나 모두 아버지를 보고 싶어해요."

"나도 네가 보고 싶구나. 여기에 와 보지 않을래? 가능하면 빨리."

이는 아트가 꼭 듣고 싶었던 말이었다.

"지금 당장도 괜찮아요?"

"물론이지."

"좋아요."

아트는 주저 없이 대답했다.

"지금 중요한 일을 몇 가지 하고 있는데, 그 일이 마무리되는 대로 가능한 한 빠른 시일 내에 찾아뵙죠."

그들은 수일 내에 다시 전화 통화를 하기로 약속했다. 아트는 전화를 끊는 대로 나탈리에게 달려가, 이번 일이 끝나는 대로 알래스카 여행을 떠나자고 말했다.

"그는 내 의향은 묻지도 않고 다짜고짜 알래스카로 여행을 가자고 했어요. 그는 아버지를 만난다는 생각에 매우 흥분돼 있었어요. 나는 그가 아버지와 재회하는 것이 그의 인생에 어떤 식으로든 도움이 될 거라고 생각했어요."

아트는 지폐 위조 혐의로 비밀수사국에 쫓기고 있다는 사실을 아버지에게 알리지 않았다. 오랫동안 헤어져 있던 아버지와 만나 부자 간의 정을 나누려는 마당에, 공연히 그런 이야기를 꺼내 분위기를 망치고 싶지 않았기 때문이다. 그래서 그 후 몇 번에 걸쳐 아버지와 전화통화를 하는 동안에도 가능한 한 일상적이고 가벼운 화제만을 입에 올리려고 애썼다. 만일 아트 시니어가 아들의 마음을 좀 더 잘 헤아릴 수 있는 자상한 아버지였다면, 지나치게 간결한 아들의 말투에서 뭔가 심상찮은 낌새를 알아차릴 수 있었을지도 모른다.

아버지에게 처음 전화를 건 다음날, 아트는 나탈리와 함께 시카고로 돌아가 샌디가 주문한 물건을 만들기 위한 준비 작업을 계속했다.

그들은 샌디에게 선불로 받은 5천 달러로 스캐너, 애플 랩톱 컴퓨터, 프린터를 구입했다. 접착제, 아크릴판, 응고제 등의 소모품과 기타 간단한 도구들은 이미 구입을 완료하여 료비 인쇄기와 함께 창고에 보관해둔 상태였다. 아트는 작업 장소를 두 군데로 나눠 작업을 진행한다는 작전을 세웠다. 즉, 지오르기의 창고에 설치된 료비 인쇄기를 뜯어내어 갖고 나올 것이 아니라, 아예 그 자리에서 위조지폐의 앞면과 뒷면을 인쇄하고 보안 띠, 도장, 시변색 잉크 작업을 완성할 계획이었다. 지오르기의 창고에서 생산된 반제품은 샌디의 골방에 마련된 나탈리의 미니 작업장으로 넘겨질 예정이었는데, 나탈리의 임무는 잉크젯 프린터로 일련번호 등 난이도가 적은 부분을 인쇄하고, 빅 빌의 도움을 받아 위조지폐를 최종적으로 완성하는 것이었다. — 아트는 나탈리의 일손을 덜어주기 위해 빅 빌을 고용했다.

납품 일자가 가까이 다가오자 아트는 엄청난 계략을 꾸미기 시작했는데, 그것은 잘만 하면 단번에 수백만 달러를 벌 수 있는 일이었다. 아트는 자기가 만든 위조지폐가 마약 딜러의 레저 차량에 들어간다는 말을 들었을 때, 잠재의식 속에 숨어 있는 '마약 딜러 사냥꾼'의 본능이 꿈틀거리는 것을 느꼈다.

"나는 '베토의 레저 차량을 습격해 볼까?'라는 생각을 했어요. 생각해 보세요. 마약 딜러 한 명당 60만~70만 달러씩 싣고 다니니까, 다섯 명만 습격하면 300만 달러를 빼앗을 수 있어요. 방법은 간단해요. 밤늦은 시간에 경찰로 위장하고 놈들에게 바짝 접근하여, 차를 갓길에다 정차시키라고 위협하는 거예요. 그리고는 평생 동안 먹고 살 돈을 챙기는 거죠."

그러나 아트가 차량의 위치를 파악하려면 샌디의 도움을 받을 수밖에 없었는데, 이 경우 아트와 샌디의 우정에 금이 갈 수 있을 뿐만 아니라, 자칫하면 샌디의 생명이 위태로울 수도 있었다. 그래서 아트는 데스플레인스에 사는 마크 팔라조라는 친구를 찾아갔다. 마크는 지하세계에서 알아주는 전자기기 전문가였다. 아트는 마크에게 지폐 안에 내장할 수 있는 GPS 장치가 있는지를 물었다가, 얼빠진 놈이라는 핀잔을 듣고 발길을 돌려야 했다.

결국 아트는 한 몫 단단히 잡으려던 허황된 꿈을 포기하고 시카고로 돌아가, 사상 최대 규모의 위조지폐를 찍어내는 작업에 몰두하는 수밖에 없었다. 어느덧 아트는 지폐 위조 분야에서 입신의 경지에 올라, 그동안 납기 지연의 원인으로 작용했던 문제들을 모두 해결한 상태였다. 모든 공정은 일사천리로 진행되었다. 아트와 빅 빌은 매일 아침 지오르기의 창고에서 생산된 반제품을 나탈리의 작업장으로 운반하느라 여념이 없었다. 완성된 위조지폐가 쏟아져 나오는 광경은 예나 지금이나 여전히 아트의 마음을 설레게 했다. 그러나 예전과 달리 마음 한 구석에서 끊임없이 고개를 내미는 것이 하나 있었으니, 그것은 막연한 두려움이었다. 경찰에 체포됐던 경험, 아버지와의 재회에 대한 기대, 나탈리의 임신 등이 '사상 최대의 프로젝트'에 대한 두려움을 가중시켰다. 아트는 모든 증거를 없애 버려야겠다고 생각했다. 인쇄 작업이 시작된 지 이틀 후, 아트는 말짱한 정신으로 나탈리의 작업장을 찾아와 말했다.

"이번 일이 끝나면 료비 인쇄기를 완전히 부숴 버려야겠어. 위조 지폐를 만드는 것은 이번이 마지막이야."

그러나 나탈리는 시큰둥한 반응을 보였다. 그녀는 아트가 이와 비슷한 소리를 하는 것을 전에도 몇 번 들어본 적이 있었지만, 작심삼일에 불과하다는 것을 잘 알고 있었다. 6개월 정도가 지나 돈이 다 떨어지면, 그는 모든 장비를 사들여 처음부터 다시 시작하곤 했다. 더구나 요즘은 디지털 장비 덕분에 일을 다시 시작하기가 훨씬 수월해졌다. 그러나 료비 인쇄기만은 사정이 달랐다. 종이 위에 은은한 바탕색을 깔거나 보안 띠에 미묘한 색상을 인쇄하려면 료비 인쇄기가 절대적으로 필요했다. 잉크젯 프린터가 신디사이저라면 료비 인쇄기는 그랜드 피아노였다. 신디사이저가 만들어내는 전자 음향으로는 그랜드 피아노의 깊고 그윽한 소리를 흉내 낼 수 없다. 나탈리는 단호하게 말했다.

"료비 인쇄기만은 안 돼! 곧 후회하게 될 거야."

"실은 내가 제일 두려워하는 것도 바로 그 점이야. 그래서 이번만큼은 료비 인쇄기를 꼭 없애려고 하는 거야."

나탈리는 아트가 자신의 '국보 제1호'를 쉽게 내동댕이칠 수 있을 거라고 믿지 않았다. 며칠 후 마지막 반제품을 나탈리에게 건네주기 위해 그녀의 작업장에 들르기 전까지, 아트는 료비 인쇄기에 대해 일절 언급하지 않았다. 반제품을 전달한 아트는 늦은 시간임에도 불구하고 지오르기의 창고로 돌아가겠다고 말했다. 나탈리는 '마침내 인쇄기를 제거하러 가는구나!'라고 생각했다. 그녀는 언쟁을 피하기 위해, "당신 맘대로 해!"라는 말 외에는 아무 말도 하지 않았다.

료비 인쇄기를 부수는 것은 생각만큼 어렵지 않았다. 아트는 빌과 함께 불과 한 시간 만에 그것을 완전히 망가뜨려 버렸다. 그들은 분해된 료비 인쇄기를 빌의 밴에 싣고 캐널스트리트 다리로 갔다. 그리고는 다리의 철제 난간 사이로 인쇄기의 잔해를 밀어 넣어 시카고강의 남쪽 지류에 영원히 수장水葬했다. 아트의 사랑을 한 몸에 받았던 료비 인쇄기는 시카고 강바닥의 퇴적물에 마지막 각인을 남기고 역사의 뒤안길로 사라졌다.

아트의 결심이 사흘을 못 버틸 거라던 나탈리의 예언은 정확히 적중했다. 료비 인쇄기를 버린 지 하루도 채 지나지 않아 아트가 땅을 치고 통곡할 일이 발생했다. 료비 인쇄기를 버린 다음날 아침, 나탈리의 공정 진척도를 확인하기 위해 샌디의 골방을 찾은 아트는 무심코 위조지폐 한 장을 집어 앞면을 들여다보고는 깜짝 놀랐다. 도장 바로 위의 '100'이라는 숫자가 검은색이 아닌 파란색으로 인쇄되어 있었던 것이다.

"이게 뭐야?"

아트는 나탈리로부터 대답이 돌아오기도 전에 황급히 다른 위조지폐들을 확인해보았다. 맙소사! 모두 파란색이었다.

나탈리는 포토샵 작업을 하고 파일을 저장할 때, 기존의 파일에 덮어씌우기를 하지 않고 '새 이름으로 저장'을 선택하는 버릇이 있었다. 그러다 보니 그녀의 컴퓨터에는 비슷한 이름의 파일들이 수십 개씩 존재했다. 최종 결과물을 인쇄할 때 실수로 최종 파일이 아닌 중간 작업 파일 중 하나를 인쇄한 것이 엄청난 화를 초래했다. 아트가 오래된 파일을 삭제하라고 여러 번 경고한 바 있지만, 일이 바쁘다는 핑계로 차일피일 미룬 것이 화근이었다.

불량품을 모두 파악한 결과, 총 생산량의 절반을 훨씬 넘는 40만 달러가 불량품인 것으로 집계되었다. 아트와 나탈리는 패닉 상태에 빠졌다.

아트는 나탈리를 심하게 나무랐지만, 나탈리도 지지 않고 버텼다.

"그건 어디까지나 사고일 뿐이야. 그리고 난 적어도 당신처럼 앞뒤 안 가리고 인쇄기를 내다버리는 따위의 무모한 짓은 하지 않아. 인쇄기만 있으면 이 정도의 실수는 금세 만회할 수 있어."

아칸소 주의 전원주택이 물 건너갔다는 사실을 깨달으면서, 두 사람의 맞고함은 이내 탄식과 흐느낌으로 바뀌었다. 그들은 불량 위조지폐들을 모두 샌디의 집 뒤뜰로 갖고 나가 바비큐 그릴 위에 얹어놓았다. 그리고는 기름을 끼얹고 불을 붙였다.

"내 평생 그렇게 많은 불량 위조지폐를 태운 것은 처음이었어요."

아트는 위조지폐가 잿더미로 변하는 것을 보며 분루를 삼켰다. 인적이 드문 곳에 전원주택을 하나 마련하여 나탈리와 함께 조용히 살고 싶다는 그의 소망은 피어오르는 연기와 함께 아련히 사라져 갔다.

애초에 계획했던 75만 달러 중에서 40만 달러를 태워 버렸으니 이제 아트와 나탈리의 수중에 남은 멀쩡한 위조지폐는 35만 달러! 베토에게 보내기로 약속한 50만 달러에 비하면 턱없이 부족한 물량이었다. 아트는 그중에서 비상금 6만 달러를 제외한 나머지 29만 달러만을 샌디에게 넘기고, 물량을 맞추지 못한 데 대한 사과의 뜻으로 단가를 대폭 할인해 주기로 했다. 샌디에게 받은 8만 7천 달러에서 할인 금액과 선불 5천 달러를 제하고 빌에게 수고비를 두둑이 지불하고 나니, 아트의 수중에 남은 것은 진짜 돈 3만 달러와 위조지폐 6만 달러에 불과했다. 이 정도면 한번에 10만 달러씩 찍어내던 때와 비교해 볼 때 결코 나쁜 성적이 아니었지만, 당초 예상했던 금액의 근처에도 미치지 못하는 초라한 수준이었다.

샌디와의 거래가 끝나자 두 사람은 지친 심신을 달래기 위해 하루 빨리 시카고를 떠나고 싶었다. 그들은 우선 텍사스로 가서 나탈리의 친구 수전이 타던 토요타 승용차를 싼 값으로 산 다음 곧바로 여행길에 올랐다. 그들의 계획은, 이제는 다섯 살이 된 알렉스를 태우고 그랜드 캐니언과 미국 남서부를 구경한 다음, 북쪽으로 방향을 돌려 유타를 거쳐 시애틀로 갈 예정이었다. 최종 목적지는 물론 알래스카였다.

여행을 떠나기 직전 아트는 아버지에게 다시 전화를 걸었다.

"지금 떠나요. 앞으로 3주 후면 도착할 거예요."

12

아버지와 아들의 공모

이 세상 모든 남자들은 하나같이 아버지의 그늘에서 벗어날 수 없다. 아버지는 이름을 감추고 가면을 쓴 채 그들에게 공포의 그늘을 드리운다. 아버지의 이름값을 하거나, 아버지에게 뭔가를 증명하거나, 생활 구석 구석에 깃든 아버지의 기억을 지워버리면 잠시 두려움에서 벗어날 수는 있다. 그러나 그렇다고 해서 아버지의 그늘에서 완전히 벗어날 수 있는 것은 아니다.

켄트 너번, 〈아들에게 보내는 편지〉(1994) 중에서

•

나탈리의 사진첩을 넘기다 보면, 2001년 여름 그랜드 캐니언 언저리의 철책을 배경으로 아트, 알렉스와 함께 활짝 웃으며 포즈를 취한 사진이 눈에 띈다. 누구든 이 사진을 보면 평범한 미국 가정이 오붓한 시간을 보내고 있는 장면을 연상하고 가슴이 따뜻해질 것이다. 그러나 그 사진이 그랜드 캐니언의 기념품 가게에서 100달러짜리 위조지폐로 구입한 일회용 카메라로 찍은 사진이라는 사실을 알고 나면, 기분이 싹 달라질 것이다. 사진의 배경을 이루는 웅장한 그랜드 캐니언의 풍경은 순식간에 '훔친 풍경'이라는 오명을 뒤집어쓰고 기억 속에서 사라지고 말 것이다. 그러나 설사 그들의 행복이 범죄에 기반을 두고 있다고 해도, 사진이 표현하고 있는 '가족의 단란함'이라는 보편적 주제까지 부정할 수는 없지 않을까?

그들은 미국 남서부를 여행하며 앨버커키, 투산, 피닉스의 쇼핑몰들을 초토화시켰다. 뉴멕시코를 지날 때 아트는 전설의 무법자 빌리 더 키드Billy the Kid를 떠올렸다. 포트 섬너에 있는 빌리 더 키드의 무덤을 찾았을 때, 아트는 자신의 처지가 빌리와 너무나 비슷하다는 생각이 들었다.

"그는 뉴욕에서 태어나 여덟 살에 아버지를 여의었어요. 의붓아버지는 비렁뱅이에 건달이었어요. 그와 어머니를 이곳저곳으로 끌고 다니며 온갖 고생을 다 시켰죠. 그러다 보니 그는 십대의 어린 나이에 살아남기 위해 범죄의 세계에 뛰어들 수밖에 없었던 거예요."

나탈리는 알렉스가 자신과 의붓아버지인 아트를 따라 쇼핑몰을 드나들면서 자연스럽게 범죄 분위기에 익숙해지는 것이 몹시 마음에 걸렸다.

"우리가 그 짓을 할 때 알렉스가 곁에 있다는 것이 늘 꺼림칙했어요. 하지만 난 그걸 우리의 운명으로 받아들이기로 했어요. 어쨌든 알렉스는 자기 나름의 방식으로 세상을 배우고 있었으니까요."

지폐 위조는 어느덧 아트와 나탈리의 생활 방식이자 '제2의 천성'이 되어 있었다. 그들은 일반적인 범죄자들이 걸어왔던 길을 그대로 답습하여, 자신들의 행동이 자기 자신과 타인에게 미칠 영향을 전혀 고려하지 않았다. 그들을 이렇게 만든 것은 — 여러 가지 요인이 있겠지만 — 반복되는 긴장에 따른 스트레스였다. 이러한 의미에서, 범죄에 대한 전통적 정의는 '사회의 규범을 지키지 않는 행위'이지만, '극심한 긴장 상태로 말미암아 발생하는 일탈 행위'라고 정의해도 크게 다르지 않을 것이다.

아트는 시애틀에 도착할 때까지 여행의 최종 목적지가 알래스카라는 사실을 까맣게 잊고 있었다. 시애틀에 도착하자, 비행기 표를 사려면 신분증을 제시해야 한다는 사실을 깨달았다. 아트는 고민에 빠졌다. 그는 비밀수사국의 감시를 받고 있는 상태이므로 신분증을 제시하면 신상 정보가 데이터베이스에 입력될 것이고, 그렇게 되면 그의 위치는 물론 행선지까지 수사당국에 고스란히 노출될 것이기 때문이었다. 아트는 왔던 길로 다시 돌아가는 방안을 심각하게 고려했다. 그렇잖아도 전과가 있는 아버지가 새로운 요주의 인물과 함께 지내는 것을 달갑게 여길 리 없었다.

그러나 댈러스 포트워스 국제공항에 근무했던 경험이 있는 나탈리가 신분증 제시를 피할 수 있는 묘안을 내놨다. 그녀는 알렉스의 손을 잡고 앵커리지행 비행기 표를 세 장 끊으면서, 발권 담당 직원에게 "한 장은 내 것이고 두 장은 아이들 것인데, 한 아이는 아직 공항에 도착하지 않았어요"라고 말했다. 그녀는 알렉스와 함께 체크인을 하며 두 개의 컬러 코드 스티커를 발부받아 두 장의 탑승권에 각각 붙였는데, 이 스티커는 '신분증 제시를 필했다'는 것을 의미했다. 그녀는 스티커가 붙은 두 장의 탑승권 중 하나를 아트에게 주고, 제3의 탑승권을 들고 다른 창구로 가서 알렉스의 이름으로 체크인을 했다. 결국 아트는 나탈리의 기지로 검색대를 무사히 통과하여 알래스카행 비행기에 오를 수 있었다. 물론 오늘날 같으면 어림없는 일이지만, 그때는 9·11 테러가 발생하기 4개월 전이어서 이 같은 편법이 얼마든지 가능했다.

아트는 앵커리지로 가는 비행기 속에서 바짝 긴장해 있었다. 아버지와 전화 통화를 여러 번 했지만 실제로 아버지를 만나리라는 보장은 없었다. 아직 실감이 나지 않은 것이다.

"사람들은 미래의 계획을 세울 때 자기에게 유리한 쪽으로 생각하는 경우가 많아요. 또 타인과 약속할 때는 되도록이면 상대방에게 듣기 좋은 말을 하려는 경향이 있죠. 그래서 나는 '모든 일은 실제로

닥쳐봐야 안다'고 생각하고 있었는데, 아버지의 약속도 마찬가지였어요."

비행기가 앵커리지 공항에 착륙하자 아트는 속이 울렁거렸다. 시애틀 공항에서 검색대를 통과하기 전에 나탈리가 복대를 해줬지만, 울렁증을 가라앉히는 데 별로 도움이 안 되었다. ─ 사실은 진짜 복대가 아니라, 위조지폐 5만 달러를 배에 대고 두꺼운 테이프로 칭칭 감은 것이었다.

아트는 아버지와 헤어질 때 열두 살의 피골이 상접한 아이였다. 그러나 지금은 스물여덟의 나이에 180센티미터의 키, 그리고 떡 벌어진 어깨에 육체노동으로 단련된 상체를 갖고 있었다.

"앵커리지 공항에 도착하기 몇 분 전까지만 해도, 나는 아버지가 나를 몰라볼 거라고 생각했어요. 물론 나 역시 아버지를 알아볼 자신이 없었죠. 나는 아버지를 알아보지 못하고 그냥 지나치거나, 아버지와 내가 서로 눈만 멀뚱멀뚱 쳐다볼까봐 걱정이 태산 같았어요."

아트는 '이건 전혀 어색한 상황이 아니다'라고 자기암시를 걸었지만, 처음부터 몸이 오그라드는 것을 어쩔 수가 없었다.

아트 시니어는 여객 터미널 출구의 검색대 바로 앞에서 아트 일행을 기다리겠노라고 말했다. 그런데 아트가 막상 도착하니 그곳은 가족과 친지를 기다리는 사람들이 구름처럼 모여들어 북새통을 이루고 있었다. 출구를 빠져나온 아트는 유실견 신세가 되지 않기 위해 중년 남성만을 골라 유심히 쳐다봤다. 불과 몇 초의 안타까운 시간이 흐른 후 그의 시선은 50대 초반의 한 남성에게 고정되었다. 사각턱에 좁은 볼, 아트는 순간적으로 그 사람이 자기 아버지임을 직감했다. 아트가 외쳤다.

"아버지!"

"아트!"

할리우드 영화를 유심히 관찰해 보면, 헤어졌던 아버지와 아들이 만나는 장면은 모두 똑같다는 것을 알 수 있다. 아들은 아버지와 팔 하나의 간격을 유지하려 애쓰는 반면, 아버지는 사랑과 후회가 뒤범벅된 표정으로 아들의 등을 감싸 안는다. 그러나 아트는 헐리우드의 공식을 깨고 아버지를 덥석 껴안았다. 전화 통화에서도 그랬던 것처럼, 어색한 분위기를 깨려고 약간 오버를 한 것이다. 그는 시니어의 곁에 있는 애니스와도 포옹을 나눴는데, 그녀는 아트 시니어보다 훨씬 더 늙어보였다. 나탈리는 그런 애니스의 모습을 떠올리며 말했다.

"애니스의 얼굴은 마치 세탁 바구니 바닥에 깔린 세탁물처럼 쭈글쭈글했어요. 제 딴에는 젊어 보일 요량으로 꼬불꼬불한 머리를 오렌지색으로 염색하여 가슴까지 길게 늘어뜨렸지만, 한마디로 부조화의 극치였어요."

애니스는 삐쩍 말랐을 뿐 아니라 매우 연약해 보였는데, 아트의 기억 속에 남아 있는 모습과 비교하면 거의 유령 수준이었다. 가장 끔찍한 일은 애니스가 휠체어를 타고 있다는 사실이었는데, 나중에 알게 된 자초지종은 이랬다. 몇 주 전 그녀는 아트 시니어와 함께 차를 타고 가던 도중 여자 문제로 대판 싸웠다. 결국 애니스는 분을 참지 못하고 달리는 차 안에서 뛰어내렸고, 그 와중에 오른쪽 다리가 여러 군데 부러지는 중상을 입었다.

아트로부터 나탈리와 알렉스를 소개받은 다음, 아트 시니어는 네 명의 가족을 빨간색 대형 트럭에 태우고 미리 정해둔 식당으로 안내했다. 처음 만났을 때의 어색함이 차츰 사라지면서, 아트와 아트 시니어는 흉허물 없는 부자관계로 발전해 갔다. 음식 주문이 끝나고 아트는 잠시 담배를 피우고 오겠다며 밖으로 나왔다.

"나도 같이 가자."

아트 시니어가 따라나섰다. 두 사람은 트럭 앞자리에 앉아 잠시 이야기를 나누다가, 말을 멈추고 서로를 물끄러미 바라봤다.

"저는 아직도 실감이 안 나요."

"그럴 만도 하지."

아트는 느긋한 마음으로 알래스카에 대해 이것저것 묻기 시작했다. 일반인의 경우 알래스카 하면 제일 먼저 떠오르는 것이 백야와 오로라지만, 아트에게는 색다른 궁금증이 하나 있었다.

"알래스카에서는 대마초를 개인 용도로 재배하는 것이 합법이라던데, 사실인가요?"

"그럼, 사실이지."

아트 시니어가 대답했다.

"알래스카에서는 개인이 28그램 이하의 마리화나를 소지해도 법에 저촉되지 않는단다."

아트는 대담하게 말했다.

"아버지는 저에 대해 잘 모르시겠지만, 저도 대마초 한 대쯤은 피울 줄 아는 놈이에요. 알래스카산 대마초를 한 번 피워 보고 싶네요. 맛보기로 말이죠."

아트 시니어는 껄껄 웃으며 트럭의 사물함을 열어 지퍼백과 파이프를 꺼냈다. 지퍼백 속에는 새파란 싹이 가득 들어 있었는데, 그것은 아트에게 매우 익숙한 물건이었다.

앵커리지에서 치칼룬까지는 자동차로 약 두 시간이 걸렸는데, 아트 시니어는 주로 알래스카 최고의 드라이브 코스 중 하나인 글렌 하이웨이를 따라 달렸다. 차창 밖으로는 숨 막힐 정도의 아름다운 경치가 펼쳐져 있었지만, 아쉽게도 저녁이어서 아트의 시선을 끄는 구경거리가 별로 없었다. 앵커리지에서 북쪽으로 몇 마일을 올라가니 숲은 사라지고 추가치 산맥으로 둘러싸인 푸른 평지가 나타났다. 쿡 만을 따라 계속 북쪽으로 가다가 팔머 근처에서 운하를 건너니, 양 옆에서 산맥이 다가와 길이 좁아지며 마타누스카 계곡이 눈앞에 펼쳐졌다. 마타누스카 계곡은 빙하의 침식에 의해 생겨난 계곡인데, 빙하에서 발원한 마타누스카 강이 계곡을 온통 은빛 물결로 수놓고 있었다. 아트 시니어는 강을 끼고 32킬로미터를 더 달리다가 고속도로를 빠져나와 왼쪽으로 방향을 틀었다. 차는 어느새 비포장도로로 접어들어, 탈키트나 산맥으로 통하는 오르막길을 덜컹거리며 올라갔다. 한참을 달려 비포장도로의 끝부분에 도달하니, 마침내 아트 시니어의 집과 그가 소유한 80만 제곱미터의 숲이 모습을 나타냈다.

아트는 아버지의 집을 보는 순간 말문이 막혔다. 그것은 아직 완성되지 않았지만, A자형의 멋들어진 2층집이었다. 도로와 차고를 잇는 진입로는 멋진 곡선을 그리며 집의 뒤쪽으로 이어졌고, 앞마당 한쪽 구석에는 헛간이 자리 잡고 있었다. 집 안에는 네 개의 침실이 있었는데, 침대는 모두 고급 원목으로 만들어진 수제품이었다. 서재와 발코니도 있었다. 아트의 예상과는 다른 풍경이었다.

"나는 아버지가 허름한 오두막집이나 판잣집에 살고 있을 거라고 짐작하고 있었어요. 그러나 내가 본 아버지의 집은 의외로 크고 아늑했어요. 나는 곧 생각을 바꿔, 아버지가 행복하게 살고 있을지도 모른다고 생각했어요. 적어도 아버지가 좋은 집을 갖고 있다는 것만은 분명했어요."

아트 시니어는 아트와 나탈리에게 집 구경을 시킨 후, 그들을 데리고 숲 속의 트레일러로 갔다. 트레일러는 작고 초라한 데다가, 배관 설비도 갖춰져 있지 않았다. 그곳은 아트 시니어와 애니스가 집을 짓기 전에 기거하던 곳으로, 그들의 애환이 깃든 장소였다.

"너희들이 원한다면 언제까지라도 여기에 머물러도 좋다."

아트 시니어는 놀랍게도 자기와 애니스의 추억이 어린 소중한 곳을 아트 가족의 숙소로 내놨다. 아트는 감동했지만, 나탈리는 뭔가 꺼림칙한 듯 고개를 갸우뚱했다.

"나는 맹수들이 들끓는 알래스카의 숲 속에서 잠을 이룰 수가 없었어요. 나는 이래봬도 텍사스 출신이라 웬만한 들짐승의 울음소리쯤은 참고 견딜 수가 있었어요. 그러나 알래스카의 숲 속에서는 곰과 늑대가 으르렁거리고 다녔어요. 혹시 누가 알겠어요, 큰 봉변이라도 당할지. 게다가 나는 임신 중이었어요. 나는 시아버지에게 푸대접을 받고 있다는 생각을 지울 수 없었어요."

나탈리가 곰을 걱정하자 아트 시니어는 어디론가 사라졌다가, 몇 분 후 거대한 불-마스티프(불독과 마스티프의 교배로 태어난 경비견 옮긴이) 한 마리를 끌고 나타났다. 나탈리는 세상에 태어나 그렇게 커다란 개를 구경한 적이 없었다. 온 몸이 근육 덩어리인 녀석의 몸무게는 자그마치 54킬로그램이었다. 녀석은 침을 질질 흘리며 트레일러로 뛰어 들어와 손님들 사이를 이리저리 휘젓고 다니며 — 마치 상견례를 하는 듯 — 꼬리를 흔들었다. 그리고는 아트 시니어의 지시에 따라 부엌으로 달려가, 바닥에 얌전히 자리 잡고 앉아 부동자세를 취했다. 마치 바다 한복판에 닻을 내리고 정박한 거대한 항공모함 같았다.

"이 녀석은 아무 것도 두려워하지 않아."

아트 시니어가 우쭐대며 나탈리에게 말했다.

"나는 하이킹을 할 때 항상 이놈을 데려가는데, 곰이나 늑대를 만나도 한 번도 뒤로 물러선 적이 없어."

나탈리는 기분이 한결 좋아져, 시아버지에게 녀석의 이름이 뭔지를 물었다. 녀석의 무지막지한 몸집과 혈통을 고려할 때, 그녀는 '캐넌볼'이나 '브루투스'와 같은 거창한 이름을 기대했었다. 그러나 아트 시니어의 입에서는 예상 밖의 이름이 튀어나왔다.

"소니Sonny란다. 어때, 귀엽지?"

나탈리와 알렉스가 트레일러에 여장을 풀자, 아트 부자는 헛간으로 향했다. 그곳은 아트 시니어의 개인 사무실이자 피난처이기도 했다. 소나무로 지어진 헛간 내부에는 검은 가죽 소파와 20인치 텔레비전, 부엌, 욕실이 갖춰져 있고 전화기도 설치되어 있었다. 한눈에 척 봐도 아트 시니어가 헛간에서 많은 시간을 보낸다는 것을 알 수 있었다.

부자는 소파에 얼굴을 마주하고 앉았다. 두 사람 모두 이제 이야기 보따리를 풀어 놓을 시간이라는 것을 잘 알고 있었지만, 차마 입을 떼지 못했다. 그들은 마음을 다잡기 위해 대마초 한 뭉텅이씩을 파이프에 장전하고 불을 붙였으나, 그 많던 대마초가 모두 재로 변할 때까지 꿀 먹은 벙어리마냥 우두커니 앉아 있기만 했다. 아트는 대화의 물꼬를 트기 위해 먼저 말문을 열었다.

"지난 16년 동안 뭘 하고 지내셨나요?"

아트 시니어는 담담하게 말을 받았다.

"너를 시카고의 엄마한테 데려다준 뒤, 우리는 알래스카에 사는 애니스의 오빠를 방문했다. 그녀의 오빠는 앵커리지 근처의 엘멘도르프 공군기지 옆에 살고 있었지. 그런데 그의 집에 머무르며 이곳저곳을 구경하는 동안 우리는 알래스카의 매력에 푹 빠져버렸어. 그래서 아예 여기에 눌러살기로 결정했단다."

아트 시니어가 말을 이었다.

"알래스카에는 수백 년 동안 아무도 발을 들여놓지 않은 땅들이 꽤 많아."

이렇게 말하며, 그는 그와 애니스의 아들인 래리가 겪은 경험담을 소개했다.

"하루는 나와 래리가 깊은 산 속에 들어갔다가, 오랜 옛날 러시아인들이 살았던 흔적이 남아있는 유적지를 발견했어. 우리는 부서진 집 밑에서 오래된 동전과 작은 금붙이들을 찾아냈지. 나는 지금도 그 유물들을 갖고 있어."

아트 시니어는 소파에서 일어나 선반 위에 놓인 나무 상자를 꺼냈다. 나무 상자 안에는 신기한 물건이 참 많았다. 아트는 프리메이슨 문양이 새겨져 있는 동전 하나를 꺼내 손바닥에 올려놓고, 아버지와 래리가 유물을 발견했을 때 기분이 어떠했을지 상상해 보았다.

알래스카에 다니러 온 지 두 달도 되지 못해 알래스카 사람이 되었다니, 참으로 놀라운 일이 아닐 수 없었다. 그러나 더욱 놀라운 것은 아트 시니어가 마음을 잡았다는 것이었다.

"나는 오랜 방랑자 생활을 청산하고 정착 생활을 하기로 결심했어. 낡은 집에 페인트칠을 해주고 고장 난 어선의 엔진을 고쳐 주며 생계를 꾸리다, 마침내 돈을 모아 이동식 자동차 정비 업체를 차리는 데 성공했지. 나는 래리와 함께 내륙 깊은 곳까지 들어가 고장 난 자동차들을 수리해 줬어. 근 십 년 동안 열심히 일한 덕분에 제법 큰 돈을 벌었지만, 일 년 전 다른 사람에게 사업을 넘기고 지금은 쉬고 있는 중이야."

아트 시니어는 두 가지 취미 생활에 몰두하고 있었는데, 하나는 '숲 탐험'이고 다른 하나는 '개 사육'이었다. 그는 트레일러로부터 멀리 떨어진 숲 속에 개 사육장을 설치해 놓고 100여 마리의 개를 길렀다. 그는 주로 덩치 큰 개와 썰매 끄는 개를 길렀는데, 그중에는 흰 눈을 가진 팀버늑대timber wolf 순종도 있었다. 1995년 래리는 아버지의 개 중에서 몇 마리를 골라 아이디타로드Iditarod에 참가하여 48등을 차지하는 기염을 토했다. (아이디타로드란 사람과 개가 팀을 이루어 썰매를 끌며 1천 600킬로미터 이상을 달리는 경주로, 완주하기만 해도 다행인 것으로 알려진 극한 스포츠 중의 하나다. 옮긴이)

아트는 아버지의 입에서 흘러나오는 이야기를 들으며 적잖이 놀랐다.

"아버지는 알래스카 사람이 다 되어 있었어요. 썰매 끄는 개며 어선이며 심지어 대마초에 이르기까지, 아버지의 이야기에는 알래스카의 명물이 꼭 등장했어요. 모르는 사람이 들으면 아버지를 알래스카 원주민으로 오해할 수도 있겠다는 생각이 들 정도였어요. 게다가 아버지는 오랜 세월이 지났음에도 불구하고 여전히 알래스카에 열광하고 있었어요. 아버지는 내게 보여주고 싶은 곳이 너무 많다며, 입에 침이 마르도록 알래스카를 칭찬했어요."

아버지의 말에 귀를 기울이다 보니 아트 역시 알래스카를 좋아하게 되었다. 그러나 한편으로 은근히 부아가 치밀었다. '웬즈와 제이슨을 쏙 빼놓고 나만 이곳에 오라고 한 이유가 뭐야?'라는 생각이 들면서, 갑자기 아버지의 목을 조르고 싶은 충동을 느꼈다.

"아버지의 말을 들으면서 아버지가 의외로 재미있는 사람이라는 사실을 알게 됐어요. 아버지는 성격도 쿨해서 함께 지내기에 좋은 사람이었어요. 그러나 다른 한편, 아버지는 어머니와 나와 동생들을 브리지포트의 빈민가에 내팽개친 비정한 인간이기도 했어요."

이제는 아트가 살아온 이력을 아버지에게 털어놓을 차례였다. 아트는 성난 얼굴을 아버지에게 보이지 않으려고 애썼다. 그는 '아버지가 알래스카 평원에서 희희낙락하는 동안, 나와 동생들은 미국의 가장 험악한 곳에서 정신병에 걸린 어머니를 돌보며 굶기를 밥 먹듯 했다'는 점을 강조했지만, 아버지를 대놓고 비난하지는 않았다. 그는 어머니가 도나 이모에게 폭행당한 후 자기와 동생들이 고아원으로 보내졌던 일, 제이슨이 청소년 교화 시설에 수감됐던 일, 자기가 괴한의 총에 맞아 죽을 뻔했던 일 등을 낱낱이 설명했다. 그러나 '아버지가 함께 있었거나 경제적인 도움을 줬더라면 상황이 달라졌을지도 모른다'는 식의 서운한 감정을 내비치지는 않았다. 아트는 지폐 위조에 대한 일과 웬즈의 사고에 대해서는 언급을 회피했다. — 아트는 웬즈가 어떻게 반응할지 몰라, 아버지와 연락이 되었다는 사실을 그녀에게 알리지 않은 상태였다.

아트 시니어는 아들의 말을 잠자코 듣고만 있었다. 그러나 그도 냉혈한은 아니었던지, 잠시 후 두 손으로 얼굴을 감싸 쥐고 흐느끼기 시작했다.

"너희들을 돌보지 않은 것은 내 인생 최대의 실수다. 그러나 그게 내 본심은 아니었다. 하루도 너와 웬즈, 제이슨을 생각하지 않은 날이 없다. 나는 아직도 너희들을 사랑한다. 모든 게 내 잘못이니 나를 용서해라."

아트 시니어가 말을 이었다.

"할 수만 있다면 지금이라도 상황을 바꾸고 싶다. 그러나 시간을 되돌릴 수는 없는 노릇이니, 지금 내가 할 수 있는 일이라고는 이 자리에서 너에게 용서를 빌고 새 출발을 하는 것밖에 없구나."

"우리를 버리고 떠난 이유를 솔직히 말씀해 주시면, 아버지의 사과를 받아들일 용의가 있어요."

아트는 아버지가 거창한 이유를 대거나, 최소한 납득할 만한 변명을 해주기를 바랐다. 이를테면 갱단으로부터 가족과 조직 중 하나를 선택하라는 최후통첩을 받았다든지, 아니면 모종의 범죄에 연루되어 경찰의 추격을 받고 있었다든지 하는 등의 이유 말이다. 그러나 아버지의 입에서 나온 변명은 아트의 실낱같은 희망을 산산이 부숴 버렸다.

"나와 사이가 멀어지기 시작한 이후, 맬린다는 걸핏하면 경찰에 신고하거나 소송을 걸겠다고 위협하며 나를 못살게 굴었다. 그래서 나는 그녀가 내 곁에 있는 한 새 인생을 시작할 수 없다고 판단하고, 조용히 시카고를 떠나기로 결심했지. 당시로서는 나를 위해서나 그녀를 위해서나 그게 최선의 방법이었다고 생각한다. 그 후 나는 서너 번에 걸쳐 너와 동생들을 찾으려고 시도했지만 연락이 닿지 않아 포기하고 말았단다."

그러나 아트는 이렇게 회고했다.

"아버지의 말은 죄다 새빨간 거짓말이었어요. 어머니는 아버지를 괴롭히래야 괴롭힐 수가 없었어요. 왜냐하면 어머니는 아버지가 어디에 살고 있는지조차도 몰랐거든요. 그리고 아버지에게 의지만 있었다면 우리를 찾는 것은 일도 아니었어요. 그 흔한 전화는 뒀다 뭐하게요. 그러나 나는 아버지의 말을 가로막지 않고 그대로 내버려뒀어요. 어쨌든 나는 알래스카가 좋았거든요."

오랜만에 만난 부자가 긴 대화를 나누는 동안, 알래스카의 태양은 한 번 졌다가 다시 한 번 떠올랐다. 오래된 과거의 일들을 한꺼번에 들춰내느라 지쳤을 법도 하건만, 두 사람 모두 좀처럼 잠자리에 들 생각을 하지 않았다. 아침이 될 무렵 아트 시니어가 뜻밖의 거북한 질문을 던지면서 두 사람의 대화는 새로운 국면으로 접어들었다.

"그런데 얘야, 요즘 뭐 하고 지내니?"

지난 한 달 동안 아트는 '아버지에게 진실을 말할 것인가, 말 것인가?'라는 문제를 두고 고민에 고민을 거듭해왔지만, 그 순간까지 아직 결정을 내리지 못한 상태였다.

"돈 버는 일을 하고 있어요."

아트가 짤막하게 대답했다.

아버지는 어리둥절한 표정으로 아들을 쳐다봤다. 부연설명을 기대하는 눈치였다.

"지폐를 위조하고 있어요. 100달러짜리 지폐를요. 다 만든 위조지폐는 업자들에게 돈을 받고 팔아넘기죠."

아트의 갑작스러운 도발에 일격을 당한 아트 시니어는 당황한 듯 눈만 껌벅거렸다. 잠시 후 냉정을 되찾은 아트 시니어는 양미간을 찌푸리고 뭔가를 골똘히 생각하기 시작했다. 아트는 아버지의 눈을 똑바로 쳐다보며 그의 반응을 살폈다.

"나는 아버지가 어떤 생각을 하고 있는지 궁금했어요. 못난 아들에게 분노를 느끼고 있을까, 아니면 아들을 바르게 가르치지 못한 자기 자신을 탓하고 있을까? 나는 갑자기 아버지에게 창피한 생각이 들었어요. 아버지가 '아들아, 그런 나쁜 짓은 이제 그만둬라. 나는 네가 올바른 사람으로 성장할 거라고 믿었단다'라고 말해 주기를 바랐어요."

그러나 아트의 기대는 보기 좋게 빗나갔다.

"그 일은 한 지는 얼마나 됐니?"

"한 십 년쯤 됐죠."

곧이어 아트 시니어는 속사포 같은 질문을 쏟아냈다. 경찰에 잡힌 적이 있느냐, 지금까지 위조한 돈이 전부 얼마냐, 위조지폐를 만들기가 얼마나 어려우냐, 위조 기술을 어디서 배웠느냐……. 아트 시니어가 마지막으로 던진 질문은 모든 사람들이 가장 궁금해 하면서도 함부로 묻지 않는 질문이었다.

"네가 만든 위조지폐를 지금 갖고 있니?"

"약간요."

"내게 좀 보여줄래?"

아트는 트레일러로 가서 위조지폐 한 장을 가져다가 아트 시니어에게 내밀었다. 아트 시니어는 지폐의 앞면과 뒷면을 유심히 살펴보더니, 손가락으로 문지르고 불빛에도 비춰보았다. 아버지의 이런 모습은 아트를 매우 혼란스럽게 했다.

"나는 한편으로 아버지가 나를 꾸짖어 주기를 바랐지만, 다른 한편으로 아버지가 내 작품을 칭찬해 주기를 은근히 바랐어요. 나는 아버지로부터 '당장 집어치워!'라는 말을 듣고 싶은 동시에, '너 참 대단하구나!'라는 말도 듣고 싶었던 거예요."

아트 시니어는 도저히 믿을 수 없다는 듯 고개를 절레절레 흔들었다. 그의 눈에서는 다른 사람들과 마찬가지로 불빛이 번득였다.

"난 이게 위조지폐라는 사실이 믿어지지 않아."

마침내 아트 시니어가 말했다.

"그걸 진짜 지폐와 구별할 수 있는 사람은 몇 명이 안 돼요. 그건 안전 띠, 워터마크 등 모든 위조 방지 장치를 다 갖추고 있거든요. 그걸 만든 사람이 아버지의 아들이란 것만 알아주세요."

아트는 다빈치에게 위조 기술을 배운 이야기, 신권 위조지폐를 만드느라 고생한 이야기, 나탈리와 함께 전국의 쇼핑몰을 휩쓴 이야기 등을 자랑스럽게 늘어놓았고, 아트 시니어는 잠자코 듣다가 가끔씩 고개를 흔들거나 빙긋이 웃곤 했다.

"아버지는 내게 위조지폐 만드는 일을 그만두라고 하지 않았어요. 사람들은 그런 아버지를 비난할지 몰라요. 그들은 아버지가 나를 타이르지 않음으로써 지난날의 과오를 만회할 수 있는 기회를 놓쳤다고 생각하겠죠. 나도 간혹 그렇게 생각할 때가 있지만, 크게 개의치는 않아요. 중요한 건 아버지가 다른 사람들과 별반 다르지 않았다는 점이에요. 아버지는 성인군자도 아니고 특별히 나쁜 사람도 아니었어요. 단지 보통 사람이었을 뿐이죠. 따라서 나는 아버지가 내 위조지폐에 관심을 갖는 것을 보고 별로 놀라지 않았어요. 아버지는 보통 사람들과 마찬가지로, 내가 만든 위조지폐를 보고 눈이 휘둥그레졌을 뿐이니까요. 그건 지극히 자연스러운 현상이었어요."

아트 시니어가 아트에게 던진 마지막 질문은 그 동안 아트가 수백 번도 더 들어 봤음직한 질문이었다. 그는 어린아이처럼 호기심 가득한 눈을 반짝이며 익살스럽게 물었다.

"그걸 어떻게 만드는지 내게 좀 보여 줄 수 있니?"

아트는 한바탕 웃음으로 대답을 대신했다. 그러자 아트 시니어는 더 이상 묻지 않고, 아트가 보여준 위조지폐를 기념품으로 간직하게 해달라고 간청했다.

"좋아요. 단, 그것을 사용하거나 다른 사람들에게 보여주지 않겠다고 약속하세요."

아트 시니어는 걱정 말라고 했다. 사실 그는 기념품으로 받은 위조지폐를 써버릴 정도로 돈이 궁한 사람은 아니었다.

그런데 남모르는 비밀을 간직하고 있는 사람은 아트뿐만이 아니었다. 아트 시니어 역시 아트에게 아직 털어놓지 않은 비밀이 하나 있었다. 그날 아침 식사를 마친 후 아트 시니어는 아트를 트럭에 태우고 어디론가 떠났다. 한 시간쯤 후에 그들은 마타누스카 강변에 이르렀다. 그리고는 강을 끼고 다시 한참 동안 달리다 비포장도로를 타고 산길로 접어들었다. 아트 시니어는 울퉁불퉁한 비탈길을 따라

산 속으로 수백 미터를 들어가 한적한 곳에 차를 세웠다.

두 사람은 차에서 내려 숲 속으로 들어갔다. 엉클어진 수풀을 헤치고 수십 미터쯤 전진했을 때, 앞서 가던 아트 시니어가 갑자기 발걸음을 멈췄다. 그는 익숙한 솜씨로 수북이 쌓인 덤불과 나뭇가지를 치우기 시작했다.

잠시 후 땅바닥에는 맨홀 뚜껑처럼 생긴 문이 나타났다. 아트 시니어가 문을 열자 지하로 내려가는 사다리가 보였다. 사다리를 타고 아래로 내려간 아트의 눈앞에 별천지가 펼쳐졌다. 그는 지하실의 한 복판에 서 있었는데, 그곳은 아트가 이제껏 구경해 본 적이 없는 아름다운 분재 식물로 가득 차 있었다.

"꽃을 활짝 피운 식물들은 잎도 싱싱하고 줄기도 튼실해 보였어요. 꽃만 아름다운 게 아니라 향기도 좋았어요. 나는 대마초가 그렇게 향기 좋은 식물이라는 것을 그때 처음 알았어요."

아트는 말했다.

지하실의 벽에는 빛을 반사하는 은빛 물질이 벽지처럼 발라져 있고, 천정에는 식물 재배용 형광 램프들이 길게 드리워져 있었다. 화분의 수를 세어 보니 모두 서른여섯 개였다.

"보다시피 난 이런 일을 하고 있다."

아트 시니어가 빙긋이 웃으며 말했다.

"지금으로부터 십오 년 전, 나는 한 귀인을 만나 대마초 수경 재배의 비법을 전수받았다. 그 이후 줄곧 이 지하실에서 대마초를 재배해왔지."

아트 시니어는 인근을 지나는 마타누스카 전력 협회의 전력 공급선에서 몰래 전기를 끌어와 지하 재배실에 전력을 공급한다고 자랑이 대단했다. 그는 자기가 재배한 대마초를 직접 판매하지는 않고, 대부분을 와실라에 사는 친구에게 도매가격으로 넘긴다고 했다.

아트 시니어가 취급하는 제품은 대마초뿐만이 아니었다. 그는 애니스를 시켜 이곳저곳의 병원을 돌아다니며 처방전을 받아오게 했는데, 그 처방전에는 강력한 마약성 진통제인 옥시콘틴이 기재되어 있었다. 그는 이 처방전을 약국에 제시하고 다량의 옥시콘틴을 사들여, 마약 중독자들에게 비싼 값으로 팔고 있었다. 아트는 아버지가 아직도 사기꾼 노릇을 한다는 것을 알고 나니 오히려 마음이 편해졌다. 부전자전이라고나 할까? 적어도 정직성에 관한 한 부자는 '거기서 거기'였던 것이다. 그러고 보니 아버지가 자동차 정비업으로 착실히 돈을 모았다는 말도 곧이들리지 않았다.

그러나 부자는 그들이 생각하는 것보다 더 많은 공통점을 갖고 있었다. 아트에게 말은 안 했지만, 아트 시니어 역시 교도소에 다녀온 경력이 있었다. 1992년 그는 어떤 사람의 현금과 마리화나를 강탈한 죄로 재판을 받아 징역형을 선고받았다. 그런데 아트 시니어는 이 사건에 대해 할 말이 많았다. 사실 이 사건에는 두 명의 공범이 더 있었고, 돈과 마리화나를 강탈한 것도 그들이었다. 하지만 피해자에게 얼굴을 들킨 범인이 아트 시니어밖에 없었던 관계로, 울며 겨자 먹기로 그가 모든 죄를 뒤집어쓸 수밖에 없었다. 어쨌든 그는 이 사건으로 5년 동안 — 그의 표현에 의하면 — 억울한 감옥살이를 했고,

아직도 보호관찰을 받고 있는 중이었다.

아트 역시 아버지에게 모든 것을 털어놓지는 않았다. 예컨대 블루스 하우스 사건으로 감옥에 갈 뻔한 이야기와, 아버지의 트레일러 밑에 위조지폐 5만 달러를 숨겨놨다는 이야기는 전혀 입 밖에 꺼내지도 않았다.

그 후 3주 동안 아트는 이복형제 래리, 크리시와 재회했다. 크리시는 결혼하여 앵커리지에 살고 있었는데, 아트에게 쌀쌀맞게 대했던 어린 시절과는 영 딴판이었다. 그녀는 아트를 보고 반색하며 놀라운 비밀을 털어놨다. 그녀는 아트 시니어가 전처의 자식들을 버린 것을 몹시 안타깝게 생각해왔으며, 그중에서도 특히 아트가 제일 안쓰러웠다고 했다.

"넌 너무 푸대접을 받았어. 만일 그때로 다시 돌아갈 수 있다면, 너를 데리고 멀리 도망가서 내 손으로 너를 키울 거야. 그만큼 넌 내게 아주 특별한 존재였어."

래리 역시 아트를 보고 무척 반가워했지만, 스포츠 마니아였던 옛 모습과는 달리 산신령 같은 모습으로 나타나 아트를 혼란스럽게 했다. 그는 머리를 어깨까지 늘어뜨리고 그리즐리 아담스(1970년대 말 NBC에서 방영된 〈The Life And The Times Of Grizzly Adams〉의 주인공. 누명을 쓰고 깊은 산으로 들어가 자연과 함께 여생을 보냈다. 옮긴이)처럼 덥수룩한 턱수염을 갖고 있어서, 아트 시니어보다 더 알래스카 사람 같아 보였다. 그의 여자 친구는 머리를 무릎까지 늘어뜨리고 나타나 야성미의 극치를 보여줬다. 래리와 여자 친구는 단둘이 몇 달 동안 산속에 머물며 사냥, 고기잡이, 탐험을 즐기곤 했는데, 숲의 고요함에 감화를 받은 듯 목소리가 부드럽고 말수가 적었다.

아트는 난생처음으로 아버지와 한 가족이 된 것 같은 느낌이 들었다. 아버지로부터 어떤 말을 들어도 지루하거나 놀랍게 느껴지지 않았다. 아버지의 집 위에는 커다란 차고가 있었는데, 아트는 그 속에 주차된 다섯 대의 차를 보고 말문이 막혔다. 그중에서 가장 멋진 것은 1967년형 흰색 머스탱 패스트백으로, 자동차 수집가들에 의해 최고의 차로 선정된 모델이었다. 차고에는 그것 말고도 쉐보레 카마로, 셰빌, 1979년형 트랜잼, 문이 네 개 달린 노란색 캐디도 있었다. 아트는 머스탱광이었지만, 그중 그의 마음을 사로잡은 것은 트랜잼이었다. 그것은 보는 각도에 따라 자주색 또는 검은색으로 보였는데, 아트 시니어 역시 색상전이 페인트의 경이로움을 알고 있었다.

"트랜잼이 마음에 드나 보지?"

트랜잼을 보고 넋을 잃은 아트에게 아버지가 넌지시 말했다.

"이제부터 저건 네 차다."

아트는 트랜잼의 성능을 테스트하고 기분 전환도 할 겸, 아버지를 태우고 마타누스카 강변으로 드라이브를 나갔다. 아트가 시속 160킬로미터로 질주하자, 아버지는 겁먹은 표정으로 속도를 줄이라고 채근했다. 늙고 소심한 아버지의 전형적인 모습이었다. 그러나 아트는 명품 차의 진가는 속도를 높였을 때 나타난다고 믿었다.

그런데 이역만리 먼 땅에서 풍요롭게 살고 있는 아버지를 보면서,

아트의 마음속에서는 '뭔가 불공평하다'는 생각이 서서히 고개를 들기 시작했다. 그것은 어느새 아버지에 대한 분노로 모습을 바꿨다. 알래스카에 도착한 지도 어언 3주가 지난 어느 날 아침, 아트는 아버지로부터 읍내에 일을 보러가는데 좀 도와달라는 부탁을 받았다. 그들은 트럭에 올라 고속도로를 타고 팔머를 향해 달려갔다. 그들의 목적지는 읍내의 사료 가게였다. 아트는 아버지가 400달러를 내고 360킬로그램의 개 사료를 사는 모습을 물끄러미 지켜봤다. 그들은 20킬로그램이 넘는 사료 포대 열여섯 개를 트럭에 실었다. 개 사료를 사러 읍내에 나오는 것은 아버지의 주간 행사였다.

트럭을 타고 집으로 돌아오는 도중, 아트는 문득 먹고살 돈이 없어 주차 요금 징수기를 털던 브리지포트 시절의 기억이 떠올랐다.

"어떻게 이럴 수 있어요?"

아트가 뜬금없이 물었다.

"응?"

"아버지가 여기서 한가롭게 개 사료를 사는 동안, 우리는 시카고 빈민가에서 먹고살기 위해 개고생을 했단 말이에요."

"뭐라고?"

"차 세우세요."

"뭐?"

"차 세우라고요. 차에서 내려 일 분만 얘기해요."

아트는 고래고래 소리쳤다.

아버지는 아트가 하자는 대로 차를 세웠다. 두 사람이 차에서 내리는 순간, 아트는 아버지의 멱살을 잡아 트럭에 몰아붙였다. 그리고는 20년 동안 개를 배불리 먹이면서 자기와 동생들을 굶긴 이유가 뭐냐고 따졌다.

"어떻게 이럴 수가 있어요!"

아트는 계속 부르짖었다.

아버지는 겁이 덜컥 났다. 그는 말을 할 테니 우선 멱살부터 놓아달라고 사정했다. 아트는 멱살 잡은 손을 느슨하게 풀어줬지만, 다른 쪽 주먹은 그대로 쥔 상태였다.

"나도 너희들을 찾으려고 나름 노력했다."

아버지는 뻔한 소리를 되풀이했다. 그러나 아트의 서슬이 퍼런 것을 보고 안 되겠다 싶었는지, 말을 계속 이어 나갔다.

"좀 더 열심히 찾았어야 하는 건데, 모든 게 내 잘못이다. 어떤 변명도 자식을 버린 것을 합리화할 수는 없다. 네가 화를 내는 것은 당연하다. 못난 아비를 때려야 분이 풀린다면, 기꺼이 맞아주마."

아버지의 비장한 말에 아트는 잠시 숙연해졌지만, 한번 솟아오른 분노는 가라앉을 줄 몰랐다.

"우리를 찾으려고 노력했다는 건 새빨간 거짓말이에요. 찾을 마음만 있었다면 얼마든지 찾을 수 있었을 거예요. 아버지는 우리가 어떤 고생을 했는지 모를 거예요. 아버지의 개들이 배불리 먹는 동안 우리는 추위와 굶주림에 떨었어요. 굶기를 밥 먹듯 하는 아이들의 마음이 어떤지 알기나 하세요?"

아트는 자기가 왜 알래스카에 와 있는지 알 수가 없었다. 이렇게 인정머리 없는 아버지와 연락을 하려고 애쓴 자신이 한심하게 느껴졌다. 그가 아버지를 찾지만 않았던들, 아버지는 골치 아픈 전처소생들일랑 아랑곳하지 않고 희희낙락하며 편안히 여생을 즐겼을 텐데. 그는 일을 마치고 아버지의 집에 돌아가는 대로 알래스카를 떠나리라 마음먹었다.

"나도 좋은 아빠는 아니에요."

아트는 말했다.

"하지만 아버지와는 달라요. 적어도 자식들을 무대포로 내팽개쳐 두지는 않는다고요."

"나는 네가 나를 찾아와 줘서 얼마나 기뻤는지 모른다. 나는 네가 알래스카에 자리를 잡고 영원히 나와 함께 살았으면 좋겠다. 내 집 한 모퉁이에 네가 살 집을 지어주마. 우리 이제 다시는 헤어지지 말자꾸나."

아버지가 말했다.

아트의 분노는 일순간 경이로움으로 변했다.

"정말이세요?"

"물론이지."

어떻게든 아트를 붙잡아 두려는 아트 시니어의 몸부림은 눈물겨울 정도였다.

며칠 후 부자는 다시 읍내로 외출을 나갔다. 이번에는 앵커리지였다. 아트 시니어는 자기 친구들에게 아트를 소개시켜 주고 싶어했다. 아트는 알래스카에 온 후로 와실라에 사는 사람들 몇 명 외에는 아버지와 친분이 있는 사람들을 만나본 적이 없었다. 하지만 아버지가 친구들에게 멀리서온 아들 자랑을 하고 다니는 것이 싫지는 않았다. 아버지는 앵커리지 근교의 큰 집 옆에 차를 세웠다. 집 앞에는 할리 오토바이 몇 대가 새워져 있었다. 아트가 물었다.

"친구분이 오토바이족인가요?"

그는 실망했지만 내색을 하지 않으려 애썼다. 그는 본래 오토바이를 좋아했지만, 오토바이에 대한 안 좋은 기억 때문에 오토바이족을 불신했다. 아트는 특히 할리만 보면 오싹 소름이 돋았다. 먼 옛날 어머니가 도나 이모에게 폭행 당해 혼수상태에 빠졌을 때, 도나를 태우고 달아난 훌리건의 오토바이가 바로 할리였기 때문이다.

"폭주족들이야. 그렇지만 좋은 친구들이야. 너도 곧 좋아하게 될 거다."

아버지의 말대로 그들은 정말 좋은 사람들이었다. 그중에서 아버지와 제일 친한 친구는 테리 카트월이라는 사람이었는데, 금발에 말총머리를 하고 있어 바이킹을 연상시켰다. 그는 직업이 어부였지만, 고기잡이철이 아닌 때는 오토바이를 타고 북미 대륙 전체를 누볐다. 그 집은 카트월의 집이었고, 캘리포니아 북부에서 온 세 명의 폭주족이 놀러와 있었다.

"아버지에게 얘기 많이 들었다."

카트월이 다정하게 말하며 손을 내밀었다.

"아버지는 네 자랑을 한번 시작했다 하면 멈출 줄을 모른단다."

아트는 수줍어 얼굴을 붉혔다. 그러나 다른 한편 '이 사람이 나를 얼마나 안다고 이럴까? 불과 몇 달 전까지만 해도 나의 존재조차 몰랐던 사람이……. 그건 그렇고 아버지는 이십 년 만에 만난 아들에 대해 도대체 무슨 자랑을 늘어놓았을까?'라는 의구심이 들었다.

아트와 아버지를 포함한 여섯 명은 카트웰의 응접실에서 맥주를 마시며 시카고와 알래스카에 대해 이런저런 잡담을 나눴다. 한 시간 반쯤 지나, 아버지와 카트웰은 다른 사람들에게 양해를 구하고 응접실 뒤쪽의 밀실로 들어갔다. 아트는 '카트웰 씨가 아버지에게 마리화나를 사는 모양이군'이라고 생각했다. 15분 후 밀실에서 나온 아버지는 카트웰과 손님들에게 작별 인사를 고하고 아트와 함께 카트웰의 집을 빠져나왔다.

"네게 한 가지 물어볼 말이 있다."

차가 고속도로에 진입하자마자 아버지가 말했다.

"말씀하세요."

"내 생각에, 넌 언제든 마음만 먹으면 위조지폐를 찍어낼 수 있을 것 같은데. 그렇지 않니?"

아트는 즉답을 하지 않았다. 사실 그는 그 동안 아버지가 이 말을 꺼내지 않는 것을 이상하게 생각해 왔었다. '드디어 본색을 드러내셨군. 내게 무던히도 공을 들이더니, 결국 모든 게 이 순간을 위해서였단 말인가?'

"아버지도 마음만 먹으면 언제든 큰돈을 벌 수 있잖아요. 그런데 그건 왜 물으시죠?"

아트는 시큰둥하게 말했다.

"사실은 네가 준 위조지폐를 테리에게 보여줬단다. 하지만 걱정하지 마라. 테리는 이 세상에서 입이 제일 무거운 친구니까."

아트가 말을 가로막았다.

"그래서 어쨌다는 거죠? 제가 분명히 말씀드렸을 텐데요, 아무에게도 보여줘서는 안 된다고. 약속을 어기셨으니 이제 아버지하곤 더 이상 할 말이 없네요."

"그러지 말고 내 말 좀 들어봐라, 단 1분만이라도 좋다."

아버지는 다급하게 말했다.

"내 말을 오해한 것 같구나. 테리는 처음에 그게 위조지폐라는 걸 믿지 않았어. 내가 진짜 지폐와 일일이 대조해 가며 설명한 후에야 비로소 사실을 받아들였지. 그는 큰 충격에 빠진 듯 멍하니 앉아 있다가 갑자기 좋은 생각이 떠오른 듯 눈빛을 반짝였어. 그러더니 그 위조지폐를 자기가 살 테니 있는 대로 다 가져오라고 하는 게 아니겠니? 테리는 캘리포니아에 있는 패거리에게 위조지폐를 넘길 생각이래. 하지만 우리는 캘리포니아 근처에는 갈 필요도 없고, 그에게 위조지폐를 인계하고 뒤로 빠지면 그만이야. 나머지 문제는 그가 다 알아서 처리하겠대. 어때, 괜찮지 않아? 몇 번만 거래하면 근사한 네 집을 지을 수 있어."

아트는 갑자기 짜증이 밀려드는 것을 느꼈다. 이제껏 다른 사람들에게 귀에 못이 박히도록 들어온 이야기를 아버지에게까지 들어야 하다니……. 그는 약속을 어긴 아버지보다는 자기 자신에게 더 화가 났다. 그러나 어찌 생각해 보면 당연한 일이었다. 누구든 아트가 만든 위조지폐를 한번 보고 나면 늘 이 같은 제안을 해왔으니까. 그러고 보니 아버지가 지하의 대마초 수경재배 시설을 보여준 이유도 알 것 같았다. 그것은 단순한 깜짝 이벤트가 아니라, '아버지의 실력도 이 정도는 된다'는 것을 보여주기 위한 일종의 무력시위였다. 아트는 아버지의 제안을 거절할 명분을 찾기 위해 이런저런 궁리를 하다가 블루스 하우스 사건을 떠올렸다. 그는 치칼룬으로 돌아오는 길에 사건의 전모를 말해 버렸다.

"지금 비밀수사국이 나와 위조지폐의 행방을 찾기 위해 혈안이 되어 있어요. 내가 알래스카에 온 첫 번째 목적은 물론 아버지를 만나는 것이었지만, 사실은 요원들의 감시를 피해 도피하려는 목적도 있었어요."

그가 말을 이었다.

"진작 아버지께 사실대로 말씀드리지 않은 건, 아버지가 제 여행의 목적을 오해하실까봐 두려웠기 때문이에요. 다시 한 번 분명히 말씀드리지만, 이번 여행의 주요 목적은 아버지를 만나는 거예요. 도피는 부차적인 목적에 불과해요."

"가만 있자. 네 말에 의하면 수사 당국은 네가 지금 알래스카에 머물고 있다는 사실을 모르고 있다는 결론이 나오는데. 어때, 내 말이 맞아?"

아트의 말을 곰곰이 듣던 아버지가 말했다.

"모를 확률이 높아요."

"그것 참 잘됐군. 그렇다면 너는 위조지폐를 만드는 일 외에는 아무 일도 하지 마라. 나머지 일은 모두 내가 전면에 나서서 처리하마."

"카트웰 씨에게 위조지폐를 만든 사람이 나라고 얘기하셨나요?"

"아니, 말하지 않았다."

아버지는 이렇게 말했지만, 아트는 그 말을 믿을 수 없었다.

"급할 건 없으니 천천히 생각해봐라. 내가 알기론 그 친구 자금 동원 능력이 엄청난 것 같던데."

아트는 아버지의 말에 일단 화가 났지만, 찬찬히 생각해보니 그리 나쁜 생각은 아닌 것 같았다. 베토와의 거래에서 종자돈을 만드는 데 실패한 관계로, 아트와 나탈리에게는 여유 자금이 별로 없었다. 그들의 수중에 있는 돈을 다 합해 봐야 위조지폐 5만 달러와, 진짜 돈 7천 달러에 불과했다. 물론 이 정도의 돈이면 여행하는 데는 별로 어려움이 없지만, 일정한 곳에 정착하기에는 턱없이 부족한 수준이었다. 더욱이 위조지폐를 사용하려면 먼저 물건을 산 다음 진짜 돈으로 거슬러야 하는데, 정착지의 쇼핑몰에서 위조지폐를 내미는 것은 '날 잡아 가시오'라고 하는 것이나 다름없는 행위였다. 아트와 나탈리는 미 본토 48개 주 중 한 곳에 틀어박혀 한동안 조용히 지내다, 비밀수사국의 감시가 소홀해진 틈을 타서 큰 건을 터뜨려 종자돈을 만드는 방법도 생각해봤다. 그러나 따지고 보면 위조지폐를 찍어내는 데 알래스카만큼 좋은 조건을 가진 곳도 없었다. 첫째로 알래스카는 미 본토에서 멀리 떨어져있고, 둘째로 아트가 현재 알래스카에 있다는 것을 아는 사람이 아무도 없었다. 셋째로 아버지가 제공하는 땅은 아칸소보다 훨씬 아름다운 데다가 공짜였다. 마지막으로 알래스카에 있으면 아버지와 이웃에 살면서 그동안 못 나눈 부자지간의 정을 나눌 수 있었다.

"생각해 볼게요."

아트는 이렇게 말했지만, 아버지의 집에 도착했을 때는 이미 결심을 굳힌 상태였다.

나탈리를 설득하기는 쉽지 않았다. 시골 출신이어서 아트만큼이나 하이킹과 캠핑을 좋아하는 그녀에게, 알래스카는 이국적 정취를 물씬 풍기는 매우 신비롭고 아름다운 곳이었다. 겨울의 혹독한 추위만 견뎌낼 수 있다면 알래스카는 지상 최고의 낙원이라고 하기에 부족함이 없었다. 그러나 문제는 그녀가 아트 시니어를 신뢰하지 않는다는 점이었다. 그녀는 비록 드러내놓고 말하지는 않았지만, '우리가 환대를 받으며 알래스카에 오랫동안 머물 수 있는 것은 도착 다음날 아침에 아트 시니어에게 보여준 위조지폐 덕분이다'라고 굳게 믿고 있었다.

"생각해봐. 20년 만에 만난 아들에게 이렇게 잘해주는 게 이상하지 않아?"

아버지의 계획을 설명하던 아트에게 나탈리는 이렇게 말했다.

"아버지는 그동안 당신을 거들떠보지도 않았어. 그런데 갑자기 고급 승용차를 주고 집 지을 땅까지 내놓겠다니, 뭔가 단단히 바라는 게 있는 거 아냐?"

"굳이 그렇게까지 생각할 필요가 있을까?"

아트는 개 사료를 사러 팔머에 다녀오다가 아버지의 멱살을 잡고 따졌던 이야기를 들려줬다.

"내가 거칠게 들이댄 게 약발이 먹혔나 봐. 아버지는 진심으로 과거를 뉘우치고, 다시는 나와 떨어지지 않기로 약속했어. 아버지는 나를 좋아하고 나와 함께 다니는 걸 즐거워하는 것 같아."

"하지만 내 눈에는 뉘우치거나 변한 구석이 단 하나도 없어 보이는걸."

나탈리가 퉁명스럽게 맞받았다.

"그건 당신이 아버지를 몰라서 그래. 아버지가 우리에게 잘 해주는 게 꼭 돈 때문만은 아냐. 그러고 보니 당신과 아버지 사이에 대화가 많이 부족한 것 같아. 최근에 당신이 안채에 들어가는 걸 본 적이 없어."

"그래, 나는 안채에 들어가고 싶지 않아. 내게는 이 돼지우리 같은 트레일러가 어울려."

나탈리는 시부모와 마주치는 것이 싫어 웬만하면 안채에 들어가려 하지 않았다. 아트와 아버지가 죽이 맞아 시시덕거릴 때는 알렉스를 데리고 조용히 집 밖으로 나갔다. 그리고는 시아버지의 차 중 하나를 골라 멀리 드라이브를 다녀오곤 했다.

나탈리가 계속 말했다.

"아버지의 진심을 시험할 수 있는 방법을 알려줄까? 일단 위조지폐를 찍어내자는 아버지의 제안을 거절하고, 아버지의 반응이 어떻게 나오는지를 살펴봐. 그래도 아버지의 입에서 같이 살자는 소리가 나온다면, 그땐 나도 아버지의 진심을 믿어주지. 그러나 만일 아버지가 당신을 괄시한다면, 그땐 미련 없이 여기를 떠나자고."

그러나 나탈리의 저항은 여기까지였다. 아트는 부정父情에 굶주려 있을 뿐만 아니라, 오랫동안 위조지폐를 찍어내지 못해 안달이 나 있었다. 이러한 상황에서 그를 계속 몰아붙이는 것은 그에게 극단적인 선택을 강요하는 것이나 마찬가지였다. 그녀가 제일 두려워하는 것은 결별이었다. 그녀는 많이 지쳐있는 데다가, 임신 9개월이었던 것이다.

"정 알래스카에 머물 거라면, 아기만은 번듯한 곳에서 낳고 싶어. 앵커리지에 방을 하나 얻어줘. 병원에서 5분 거리 안에 있는 곳이라야 해. 난 아기를 낳은 다음 직장에 취직할 테니, 당신은 아버지 곁에서 하고 싶은 일 다 하며 재미있게 살아."

나탈리는 자못 협박조로 말했지만, 사실상 아트에게 백기를 든 것이나 다름없었다. 아트는 다음날 아침 중으로 방을 알아보겠다고 굳게 맹세했다. 그리고는 그녀를 껴안고 한바탕 아양을 떤 다음, 아버지에게 기쁜 소식을 전하기 위해 안채로 달려갔다. 아버지는 마치 합격자 발표를 기다리는 수험생처럼 아트의 얼굴을 초조하게 바라봤다. 순간 아트는 나탈리가 제안했던 거짓말 테스트를 해 보고 싶은 충동이 일었다. '만일 내가 '싫어요'라고 말하면 아버지가 나를 이 집에서 쫓아낼까?' 그러나 그는 곧 마음을 바꿨다. 늙은 아버지의 환하게 웃는 모습이 더 보고 싶었던 것이다.

다음날 아트는 약속대로 앵커리지에 나탈리의 숙소를 마련해줬다. 사실 그것은 매우 쉬운 일이었다. 아기를 낳을 때까지 일단 크리시의 집에 머물다가, 나중에 상황을 봐서 다른 곳으로 옮기면 되었기 때문이다. 2001년 5월 30일 마침내 예쁜 여자 아이가 태어났다. 아트는 아기의 이름을 안드레아라고 지었다.

나탈리가 병원에서 퇴원하자, 아트는 위조 본능이 되살아나 위조지폐를 찍어낼 장비를 물색하기 시작했다.

시카고의 경우 몇 달이 걸려도 다 둘러볼 수 없을 정도로 곳곳에 대형 인쇄소와 소형 그래픽아트 전문점들이 널려 있었지만, 앵커리지의 경우 상황이 달랐다. 모든 인쇄소를 샅샅이 훑어보는 데도 일주일이 채 걸리지 않았다. 게다가 아무리 눈을 씻고 찾아봐도 아트에게 필요한 제판기, 제판용 카메라, 옵셋 인쇄기는 보이지 않았다. 아트를 더욱 실망시킨 것은, 알래스카 지역에는 위조지폐의 가장 중요한 재료인 아비티비 종이를 공급하는 업체가 전무하다는 사실이었다.

일부 재료들은 시애틀에 주문하여 조달할 수도 있었지만, 미 본토에서가 아니면 구할 수 없는 것들이 많았다. 더욱이 시카고에는 그가 비축해 둔 재료들이 아직도 많이 남아 있었다. 하지만 아버지와 약속한 이상 알래스카를 벗어나는 것은 꿈도 꿀 수 없었고, 더욱이 시카고로 돌아간다는 것은 섶을 지고 불 속에 뛰어드는 것이나 마찬가지였다.

“인쇄 장비 중에는 무거운 것이 많아 운송 중에 파손되기 쉽고 운송비도 많이 들어요.”

아트는 아버지가 계획을 포기하기를 내심 바라며 이렇게 말했다.

“그래? 그럼 우리가 직접 가서 인쇄 장비를 구해 오면 안 될까?”

아버지는 어깨를 으쓱거리며 말했다.

“먼저 비행기를 타고 시애틀까지 날아간 다음, 렌터카를 빌려 시카고까지 가서 네게 필요한 장비들을 사오면 되잖아. 여행 도중에 위조지폐를 뿌리며 재미도 좀 보고 말이야.”

아버지와 함께 ‘돈 쓰는 여행’을 떠난다는 것은 아트도 전혀 생각해 보지 않은 기발한 생각이었다. 나탈리도 애니스도 없이 부자가 단둘이 북미 대륙을 횡단하며 쇼핑몰을 초토화시키는 장면은 생각만 해도 가슴이 설렜다.

“진심이세요?”

아트가 물었다.

“물론이지. 재미있을 것 같지 않니?”

“정말 재미있겠는데요. 아버지의 톡톡 튀는 아이디어는 일품이에요. 우린 점점 서로 닮아가는 것 같아요.”

그러나 아기를 출산한 지 2주밖에 안 된 나탈리는 시아버지의 아이디어에 부정적이었다. 이번에 여행을 떠나면 왠지 알래스카로 영영 돌아오지 못할 것 같은 불길한 예감이 들었다. 하지만 그녀가 아트의 현역 복귀를 허락한 이상, 새 장비를 구하러 떠나겠다는 것을 막을 명분이 없었다. 아트는 여행을 떠나기 전에 나탈리에게 과제를 하나 부여했는데, 그것은 50달러짜리 위조지폐를 만들 수 있도록 컴퓨터 이미지 파일을 완성해놓으라는 것이었다. 본래 아트는 50달러짜리 지폐에는 관심이 없었지만, 앞으로는 상황이 달라질 것이라고 판단했다. 향후 몇 주 동안 아트 부자가 북미 대륙을 횡단하며 100달러 위조지폐를 대량으로 살포하면, 온 미국이 발칵 뒤집혀 100달러 위조지폐에 대한 경각심이 높아질 것이 뻔했다. 이는 앞으로 100달러 지폐를 위조하려면 더욱 많은 위험을 부담해야 한다는 것을 의미했다. 따라서 아트는 이제부터 50달러 지폐에 눈을 돌리기로 마음을 정했다. 새 술은 새 부대에 담으라는 말처럼, 아버지와 함께 관계 당국의 레이더망에 걸리지 않고 새 인생을 시작하기 위해서는 새로운 수단이 필요했던 것이다.

13

국토안전부 비밀수사국

동업자들의 밀고 없이 지폐 위조범에게 유죄 선고를 내리는 것은 불가능하다. 따라서 거물들끼리는 배신을 두려워한 나머지 좀처럼 동업 관계를 맺지 않는다. 비밀을 최고의 덕목으로 여기는 지폐 위조범의 세계에서, 믿을 수 있는 건 오로지 피라미들밖에 없다.

조지 피커링 버넘

•

부자는 시애틀로 날아간 다음, 렌터카 업자에게 흰색 크라운 빅토리아를 빌렸다. 크라운 빅토리아를 선택한 것은 순전히 아트의 고집 때문이었다. 그는 범죄를 저지를 때 가능한 한 경찰차와 비슷해보이는 승용차를 타고 다니는 버릇이 있었다. 그들이 탄 승용차가 시택 공항Sea-Tac Airport을 빠져나오자, 아버지는 아트를 바라보며 사악한 웃음을 흘렸다.

"준비 됐나?"

"그럼요."

한 시간 후 그들은 90번 주간 고속도로 동쪽 구간으로 진입하여 줄줄이 늘어선 주유소들을 하나씩 차례로 습격하기 시작했다. 아트는 주유소의 보안 카메라가 늘 신경에 거슬려, 평소에 주유소를 범행 대상으로 삼는 것을 삼가왔다. 그러나 '거스름돈 사기'의 전문가인 아버지가 가세한 덕분에, 보안 카메라에 찍히지 않는 요령을 배울 수 있었다. 그들은 고속도로를 질주하다가 먼발치에 주유소 간판이 보이면 곧바로 주유소로 진입하지 않고, 일단 주유소 주위를 한 바퀴 빙 돌며 주유소의 구조를 관찰했다. 그리고는 주유기에서 가장 먼 곳에 주차를 했다. 왜냐하면 대부분의 보안 카메라는 주유기를 집중적으로 겨냥하기 때문이다. 적당한 곳에 주차한 다음 위조지폐를 사용하는 것은 아트의 몫이었다. 그는 주유소 안으로 들어가 담배 한 갑과 청량음료 한 병을 사고 100달러 위조지폐를 내밀었다. 그들은 한 주유소에서 1분 이상 머물지 않았다.

"나는 종일 담배하고 청량음료만 구입했어요. 주유소 한 군데당 거스름돈 92달러를 손에 쥘 수 있었죠. 때로는 교차로의 네 귀퉁이에 각각 하나씩, 모두 네 개의 주유소가 있는 경우도 있었어요. 그러면 우리는 네 개의 주유소를 차례로 습격했어요."

아트는 회고했다. 그들은 여행 첫날 밤 아이다호 주의 고속도로 건너편에 있는 쾨르달렌 호텔에 투숙했다. 호텔 방에서 그날 벌어들인 돈을 세어 보니 무려 4천 200달러에 달했다. 그들은 한편으로는 흐뭇하기도 하고 다른 한편으로는 어이가 없어 그저 웃기만 했다. 고속도로에 주유소가 그렇게 많을 줄은 미처 몰랐기 때문이다.

부자는 심심풀이로 첫날 습격한 주유소가 모두 몇 군데인지를 계산해봤다. 주유소 한 군데에서 벌어들이는 돈이 92달러이므로, 4천 200달러를 벌었다는 것은 45곳의 주유소를 휩쓸었다는 것을 의미했다. 또 그들이 그날 달린 총 주행거리는 약 480킬로미터였으므로, 약 10킬로미터당 하나 꼴로 주유소가 있다는 계산이 나왔다.

그런데 부자는 시작부터 뜻밖의 문제에 부딪쳤다. 밤늦은 시간에 아트는 그날의 성공을 자축하는 의미에서 맥주라도 한 잔 마시려고 1층 바에 내려갔다가 소스라치게 놀랐다. 정복 차림의 경찰관들이 바 안에 쫙 깔려 있었던 것이다. 원수는 외나무다리에서 만난다고 했던가? 부자는 경찰의 눈을 피해 움직이려고 무던히도 노력했지만, 어이없게도 경찰은 그들과 가장 가까운 곳, 바로 쾨르달렌 호텔

안에 진을 치고 있었다. 그러고 보니 초저녁에 체크인할 때 바 쪽에서 들렸던 시끄러운 소리가 생각났다.

"대체 무슨 일이죠?"

아트가 바텐더에게 물었다.

"노스웨스트 주 경찰청에서 무슨 회의가 있나 봐요. 우리 호텔에는 해마다 워싱턴, 아이다호, 몬태나 등 다양한 주에서 많은 경찰관들이 몰려오거든요."

아트는 맥주 마실 기분이 싹 가셨다.

아트는 맥주를 포장해달라고 해서 룸으로 들고 올라갔다. 방문을 여니 아버지는 창가에 쭈그리고 앉아 빼꼼 열린 창틈으로 대마초 연기를 뿜어대고 있었다. 아트는 아버지의 어처구니없는 행동을 보고 기가 찼다.

"겁을 완전히 상실하셨군, 여기가 어디라고 감히 대마초를 피우시는 건지……."

다른 친구들 같으면 당장 '돈 쓰는 여행이고 뭐고 다 집어치워!'라고 소리친 다음, 그레이하운드 버스에 태워 고향으로 보내버릴 만한 사항이었다.

"이제 그만하세요!"

아트가 다급하게 외쳤다.

"얼른 여기를 떠나야겠어요. 경찰이 쫙 깔렸단 말이에요."

그러나 아버지는 미동도 하지 않았다. 아트는 아버지를 움직이게 하기 위해 자초지종을 설명할 수밖에 없었다. 하지만 아버지는 여전히 무사태평이었다. 아트의 설명을 다 듣고 나서도 태연히 남은 대마초를 다 피우는 게 아닌가! 아트는 아버지의 막가파식 행동에 완전히 할 말을 잊었다.

"우리가 뭘 하는지 걔네들이 알 게 뭐야?"

대마초를 다 피운 아버지가 비로소 입을 열었다.

"허우대 멀쩡하겠다, 타고 온 차까지 경찰차랑 비슷하겠다, 도대체 누가 우릴 의심하겠어? 난 여기만큼 안전한 데도 없다고 생각해."

아트는 아버지의 대담함에 두 손 두 발 다 들고 말았다. 다른 한편 아버지의 무서운 자제력에 간담이 서늘해졌다. 아버지 덕분에 마음이 한결 가라앉은 아트는 아버지 옆에 앉아 파이프에 불을 붙이고 가져온 맥주를 마셨다. 잠시 후 정신이 알딸딸해진 부자는 침대에 누워 TV를 보았다.

"나는 아버지와 내 인생 최고의 시간을 보내고 있었어요. 나는 아버지가 매우 쿨한 분이라는 생각이 들었어요. 아버지는 윤리적으로 많은 문제를 가진 사람이었지만, 어쨌든 괜찮은 분임에는 틀림없었어요. 난 아버지와 함께 있으면 마음이 편안해지는 느낌이 들었어요. 내가 왜 이런 느낌이 들었는지 나 자신도 모르겠지만, 아마도 나와 아버지 사이에서 많은 공통점을 발견했기 때문인 것 같아요."

그날 밤 아트는 무슨 일이 있더라도 아버지와의 여행을 포기하지 않으리라 굳게 마음먹었다.

부자는 다음날 아침 경찰관들이 곯아떨어진 틈을 타 쾨르달렌 호텔을 빠져나왔다. 그들은 90번 고속도로를 타고 달리며 미줄라와

빌링스의 주유소들을 융단폭격했다. 둘째 날 벌어들인 돈도 첫째 날에 못지않았다. 돈 버는 재미에 흠뻑 빠진 그들은 셋째 날에도 고삐를 늦추지 않았다. 그러나 셋째 날 저녁에 가서 드디어 탈이 나고야 말았다. 그날 그들은 낮에 주유소에서 지체한 시간을 만회하느라 늦은 시간까지 무리를 했는데, 밤늦게 노스다코타 주에 입성할 때 토네이도를 만난 것이다. 당시 토네이도는 94번 고속도로를 따라 이동하며 인근 지역에 엄청난 피해를 입히고 있었다. 천둥번개를 동반한 폭우가 고속도로를 물바다로 만드는 동안, 두 사람은 창문을 꼭 걸어 잠그고 거대한 폭풍우가 곧 자기들을 집어삼킬 거라는 사실을 까맣게 모른 채 대마초를 피우며 레드 제플린의 노래를 들었다.

"어쩐지 좀 이상했어요. 아무리 오랫동안 달려도 고속도로에 개미새끼 하나 보이지 않는다 했더니……."

아트는 당시를 떠올렸다. 그들은 다음날 새벽 한 모텔에 도착하고 나서야 토네이도 소식을 들었다. 그들이 텅 빈 모텔 데스크에서 한창 소란을 피우고 있을 때, 어디선가 모텔 직원이 나타나 이렇게 말했던 것이다.

"도대체 여기서 뭣들 하시는 거예요, 뉴스도 못 보셨어요?"

모텔 직원은 토네이도가 온다는 뉴스를 보고 모텔 뒤의 대피소에 피신해 있던 참이었다.

부자는 뒤도 돌아보지 않고 승용차로 달려가 시동을 걸었다. 그리고는 죽을힘을 다해 노스다코타 평원을 질주하기 시작했다. 수백 킬로미터를 달리는 동안 그들의 시야에는 아무 것도 보이지 않았다.

텅 빈 공간을 광속으로 이동하는 그 순간, 그들은 더 이상 법을 우습게 여기는 대담한 무법자들이 아니었다. 단지 임박한 자연재해를 피하기 위해 서로 보듬고 달려가는 평범한 아버지와 아들에 불과했다. 아트는 어쩌면 마지막이 될지도 모르는 이번 여행을 아버지와 함께 하게 된 것이 무척 기뻤다. 설사 아들을 시카고 빈민가에 버리고 영원히 돌보지 않은 비정한 아버지라 할지라도…….

넷째 날 부자는 미네소타 주에 도착했다. 그들은 미네아폴리스에 들러 마지막으로 주유소를 습격한 다음, 남쪽으로 방향을 틀어 시카고로 진군하기로 했다. 시카고 진격을 두 시간 앞두고, 아트는 주유소의 공중전화로 웬즈에게 전화를 걸었다.

"나 오늘 밤 시카고에 도착할 예정인데, 네가 깜짝 놀랄 만한 선물이 있어."

아트는 아무에게도 자신의 위치와 향후 계획을 알려주지 않는 것을 철칙으로 했기 때문에, 현재의 위치는 물론 아버지에 대해서도 일절 언급을 회피했다. 웬즈가 아는 사실이라고는 아트가 나탈리와 함께 알래스카에 가 있다는 사실 하나뿐이었다. 웬즈는 그 무렵 솔로 생활을 청산하고 새 남자를 만나고 있었는데, 그 친구는 아이러니하게도 시카고에서 잘나가는 인쇄업자였다.

웬즈와 아버지의 재회는 웬즈 남자 친구 소유의 요트에서 이루어졌다. 웬즈와 남자 친구는 더위를 피해 요트에서 여름을 지내고 있었다. 아트가 먼저 요트에 올랐을 때 웬즈는 한가로이 일광욕을 하고 있었다. 아트는 "준비 됐나?"라고 소리친 다음, "하나, 둘, 셋, 짜잔!"을 외쳤다. 그 순간 부두에서 초조하게 기다리던 아버지가 갑판 위로 올라가 웬즈를 향해 다가갔다.

"나는 너무 놀라 까무러칠 뻔했어요. 그러나 나는 곧 '정상적인 대화를 나눌 수 있는 부모가 생겼다'는 사실에 안도감을 느끼며 행복감에 빠져들었어요."

웬즈가 회고했다. 어머니 맬린다가 정신 질환을 앓고 있었다는 점을 고려해 볼 때, 정상적인 대화를 나눌 수 있는 가족 구성원이 생겼다는 것은 매우 중요한 의미를 갖는 사건이었다. 한편 웬즈는 어린 시절 리처드 삼촌의 집에서 아버지가 저질렀던 부적절한 행동을 모두 용서하기로 마음먹었다. '인생은 너무 짧아 누굴 미워할 시간적 여유가 없다'는 생각이 그녀의 마음을 열게 했다. 무엇보다도 그녀에게는 아버지가 필요했다.

다음날 아침 일찍 아버지를 웬즈에게 데려다 준 다음, 아트는 위조지폐 생산에 필요한 장비와 재료를 마련하는 작업에 본격적으로 착수했다. 그는 사우스웨스트 하이웨이에 있는 한 인쇄소에서 중고 에이비딕 옵셋 인쇄기를 3천 달러에 사들인 다음, 다른 곳을 돌며 제판용 카메라와 제판기도 구입했다. 세 번째 날과 네 번째 날에는 잉크와 공판을 비롯한 자질구레한 물건들을 구입했다. 그리고는 사흘 동안 구입한 장비와 물건들을 대형 박스에 담아 운송업자에게 넘겼다. 보내는 사람은 가명으로, 받는 사람은 알래스카에 있는 아버지의 친구로 하고, 운송업자의 입을 막기 위해 운송비는 현금 일시불로 지불했다. 3일 만에 생산 장비와 재료 일체를 마련한 것은 아트가 위조 지폐를 만들기 시작한 이래 처음 있는 일이었다.

모든 장비와 재료가 마련되자, 아트 시니어는 웬즈까지 포함하여 셋이 함께 여행을 떠날 것을 제안했다. 아트 시니어가 말하는 여행이란 물론 '돈 쓰는 여행'을 의미했다. 세 사람을 태운 차는 남쪽을 향해 출발했는데, 그들의 첫 번째 목적지는 쇼핑몰이 아니라 일리노이 주 체스터에 있는 메나드 교도소였다. 그곳에는 막내 제이슨이 수감되어 있었다. 제이슨은 청소년 교화 시설에서 나온 지 불과 1년 6개월 만에 코카인을 판매하다 비밀경찰에게 덜미를 잡혔는데, 마침 9밀리미터 구경 권총까지 소지하고 있었던 관계로 법정 최고형인 5년 징역을 선고받았다.

"면회 시간은 한 시간에 불과했지만, 제이슨은 뛸 듯이 기뻐했어요. 아버지는 제이슨을 바라보며 착잡한 표정을 지었어요. 자식들이 하나같이 모두 문제가 있었으니 아버지의 마음이 오죽했겠어요? 우리는 아버지와 제이슨에게 단 둘이 대화할 기회를 줬지만, 안타깝게도 제이슨은 아버지와의 옛 추억을 거의 기억하지 못했어요."

웬즈가 당시를 회고하며 말했다. 그러나 숙연했던 분위기도 잠깐, 가족 중 한 명이 교도소에 있다는 사실이 그들의 '돈 쓰는 여행'을 막을 수는 없었다. 그들이 처음 습격한 곳은 켄터키 주의 한 쇼핑몰이었다. 그 동안 주유소를 습격하느라 피곤했던 아트와 아버지는 밖에서 망을 보고, 웬즈 혼자만 가게로 들여보냈다. 웬즈는 옛날에 아트가 한눈을 파는 사이에 위조지폐 몇 장을 슬쩍하여 써본 적은 있었지만, '돈 쓰는 여행'에 공식적으로 초대된 것은 이번이 처음이었다. 아트는 웬즈의 솜씨를 보는 순간, 진작 그녀를 '돈 쓰는 여행'에 데리고 다니지 않은 것을 후회했다. 한마디로 말해서 그녀는 '쇼핑의 여왕'이었다.

그녀는 아트에게 교육받은 쇼핑 요령을 한 귀로 듣고 한 귀로 흘려버렸다. 그리고는 타고난 끼와 전직 모델이란 경력을 발휘하여 쇼핑몰 전체를 주름잡았다. 그녀는 재활치료를 받느라 목발을 짚고 있었음에도 불구하고 하루 평균 5천 달러의 위조지폐를 뿌렸다. — 어쩌면 목발이 그녀의 범행에 큰 도움이 되었을지도 모른다. 목발 짚은 여자가 위조지폐를 사용할 거라고 믿는 사람은 아무도 없었을 테니 말이다 — 웬즈는 계산원들과 잡담을 즐기며 그녀들의 마음을 사로잡는 수완을 보였다. 그녀는 브래지어나 비누를 사고 위조지폐를 내밀면서, '색깔이 괜찮아요?'라든지 '남자들이 좋아할까요?'라는 등의 질문을 쉴 새 없이 퍼부어댔다. 그녀는 쇼핑하는 동안에는 자기가 범죄를 저지르고 있다는 사실을 잊고 오로지 쇼핑 자체에만 몰입했다.

웬즈는 켄터키 주의 쇼핑몰들을 누비며 눈부신 활약을 펼쳤다. 웬즈의 활약이 얼마나 대단했던지, 포트녹스에 들렀을 때 아트는 웬즈에게 돈 가방을 통째로 내밀며 "어디 한번 마음껏 써 봐!"라고 일임했을 정도였다. 이때까지만 해도 웬즈와 아버지의 관계에는 아무런 문제가 없어 보였다. 그런데 그들이 켄터키 주를 평정하고 방향을 돌려 인디애나 주로 치고 올라왔을 때, 두 사람 사이에 흐르는 이상기류가 감지되기 시작했다. 그럼에도 불구하고 살얼음판을 걷는 것처럼 아슬아슬하게 유지되던 두 사람의 관계는 6월 셋째 주 일요일, 즉 아버지의 날Father's Day에 일어난 사건을 계기로 위기를 맞았다. 그 날 세 사람은 아버지의 날을 기념하여 코코모의 한 식당에서 아침을 먹었는데, 이 자리에서 웬즈는 아버지에게 선물할 3달러짜리 카드를 꺼냈다. — 그 카드는 위조지폐로 구입한 것이었다 — 웬즈와 아트의 서명이 담긴 카드를 받아 든 아버지가 감격에 겨워 웬즈를 포옹하려고 손을 내미는 순간 문제가 발생했다.

"내게 손대지 말아요!"

웬즈는 날카로운 비명을 지르며 아버지의 손을 뿌리쳤다.

"당신의 가식적인 행동 때문에 구역질이 날 지경이야."

그녀는 울부짖었다.

"왜 그래, 무슨 일 있어?"

뻘쭘해진 아버지를 대신해 아트가 물었다.

"보면 몰라? 지난 20년 동안 아무 연락도 없던 사람이 어디선가 불쑥 나타나 아들을 앞세워 제 실속만 차리고 있잖아."

웬즈는 흐느끼며 말했다.

"우리가 이것밖에 안 돼? 우리가 아버지의 노리개야? 아버지면 아버지답게 굴어야지!"

웬즈는 브리지포트 시절에 겪었던 고통들을 하나씩 들춰내며 아버지를 몰아붙였다. 그녀의 살기등등한 모습은 '우리가 개보다도 못하단 말인가요?'라고 울부짖던 아트의 모습을 연상시켰다. 그러나 웬즈의 거센 비난에 직면한 아버지의 태도는 아트에게 비난받던 때와는 판이하게 달랐다. 아버지는 웬즈를 달래려 하기는커녕, 오히려 목을 꼿꼿이 세우고 그녀를 한참 노려봤다. 그러더니 더는 못 참겠다는 듯 자리를 박차고 일어나 밖으로 나갔다. 아트는 부리나케 아버지의 꽁무니를 좇았다.

"재하고 나는 이제 끝이다."

아버지가 말했다.

"난 이제 알래스카로 돌아가련다. 넌 나랑 같이 돌아가든지 재랑 같이 여행을 더 하든지 알아서 해라. 오냐오냐 해줬더니 이젠 아주 머리끝까지 기어오르지 뭐냐."

"감정 조절이 잘 안 되는 아이니까, 아버지가 이해해 주세요."

아버지를 일단 진정시킨 아트는 웬즈를 달래기 위해 식당으로 돌아갔다. 그는 아버지의 단점을 굳이 감싸려들지 않았다.

"네 말이 옳아. 아버지는 나쁜 사람이야. 그러나 아버지는 우리가 아무리 발버둥 쳐도 절대로 바뀔 사람이 아냐. 그러니 아버지와 함께 있는 동안은 서로 잘 지내는 게 좋아. 모처럼 시작한 가족 여행이 이렇게 엉망이 돼 버리면, 우리 가족 모두에게 두고두고 큰 미련으로 남을 거야."

아트의 말에 마음을 가라앉힌 웬즈는 목발을 짚고 자동차로 걸어가 아버지와 화해했다.

세 사람은 미시간 반도 끝부분까지 북진을 계속한 다음, 배를 타고 미시간 호 북쪽의 매키낙 섬에 도착했다. 그들은 물가에 있는 별장을 빌려 여장을 풀었다. 세 사람 모두 기진맥진해있었고 특히 웬즈는 다리가 아팠지만, 아트는 섬에 있는 가게들을 둘러볼 요량으로 지친 몸을 일으켰다. 그러나 별장 문을 나서려는 아트를 아버지가 가로막았다.

"어딜 또 나가려고 그래?"

아버지가 말했다.

"쇼핑은 종일 지겹도록 했으니, 이 섬에서는 그냥 푹 쉬다가 조용히 나가기로 하자."

아트는 아버지가 자제할 줄도 아는 것을 보고 마음이 놓였다. '혹시 웬즈와 다퉜기 때문에 몸을 사리는 것은 아닐까?'라는 생각이 들었다. 그러나 일단 매키낙 섬을 벗어나자, 그들은 언제 그랬냐는 듯 활력을 되찾아 쇼핑몰들을 공격하기 시작했다. 그들은 이번에는 진로를 바꾸어 서쪽으로 진격하기로 했다. 아버지가 사는 알래스카를 구경하고 싶다는 웬즈의 소원을 들어주려면, 어차피 시애틀까지 가서 앵커리지 행 비행기를 타야했기 때문이다. 그러나 시애틀에 점점 가까이 다가감에 따라 아트의 마음속에서는 그 동안 잊고 있었던 두 가지 의문이 고개를 들기 시작했다. 그것은 '위조지폐를 계속 만들 것인가?'라는 의문과 '아버지와 함께 알래스카에 갈 것인가?'라는 의문이었다.

아버지가 사는 알래스카로 가기 위해 텍사스를 떠날 때 아트는 원대한 포부를 품었다. '아버지가 마음을 다잡고 올바르게 사는 모습을 보고 자극을 받아, 나도 새로운 삶을 살았으면 좋겠다'는 바람을 가졌던 것이다. 그러나 현실은 그와 정반대였다. 나탈리 하나로도 모자라 아버지까지 지폐 위조 조직에 끌어들이게 되었으니 말이다.

시애틀에 도착했을 때 아트는 앵커리지 행 비행기를 타지 않기로 결심을 굳혔다.

"나는 지금 알래스카로 갈 수 없어요."

아트가 아버지에게 말했다.

"텍사스에 챙겨야 할 물건들이 있다는 걸 깜빡 잊었어요. 웬즈를 데리고 먼저 가세요."

아트의 말은 반은 진실, 반은 거짓이었다. 텍사스에는 알래스카로 부칠 아비티비 종이가 산더미처럼 쌓여있기는 했다. 그러나 다른 한편 그는 아버지와 가능한 한 멀리 떨어져 있고 싶었다.

아버지는 아트의 말을 듣고 화를 버럭 냈다. 그는 어떻게 해서든지 아트를 데리고 가려고 했지만, 아트의 결심이 확고한 것을 알고 '일주일 후에 꼭 오라'는 말을 남기고 한발 물러섰다. 아트는 작별하기 전에 아버지에게 위조지폐 9천 달러를 줬다. 그러면서 '시애틀에서는 얼마든지 사용해도 좋지만, 알래스카에서는 절대로 사용하지 말라'고 신신당부를 했다. 아트는 아버지, 웬즈와 포옹을 하고 헤어졌다. 아버지와 웬즈는 시애틀에 며칠 머물면서 렌터카를 타고 '돈 쓰는 여행'을 즐긴 다음 알래스카로 떠날 예정이었다. 아트는 당시의 심정을 떠올렸다.

"이제 아버지와는 영영 이별이라고 생각하니 시원섭섭한 생각이

들었어요."

그러나 — 곧 알게 되겠지만 — 현실은 그의 생각대로 움직여주지 않았다.

아버지, 웬즈와 헤어져 혼자 남은 아트는 난생처음으로 나 홀로 여행을 떠났다. 그는 수중에 남아 있는 1만 5천 달러의 위조지폐가 갑자기 부담스럽게 느껴졌다. 마약 중독에서 벗어나 더 이상 마약이 필요 없게 된 사람처럼, 위조지폐를 모두 없애 버리고 싶었다. 그는 텍사스를 향해 달려가는 도중 낮에는 눈에 띄는 쇼핑몰을 모조리 습격하고, 밤에는 차 안에서 잠을 잤다. 구태여 위조지폐 다발을 숨기려 하지 않고 잡을 테면 잡아 보라는 식으로 노끈으로 묶어 뒷좌석에 아무렇게나 팽개쳐 두었다. 오클라호마에 가까이 접근했을 때쯤 뒷좌석에는 아직도 7천 달러의 위조지폐가 남아 있었다. 그는 마침내 큰 결심을 한 듯 갓길에 차를 세우고, 뒷좌석에 있던 위조지폐를 움켜쥐고 시마론 강가로 걸어갔다. 그리고는 들고 있던 위조지폐를 죄다 강물을 향해 던져 버렸다. 눈부신 햇빛을 받아 반짝이며 떠내려가는 위조지폐들을 바라보니 속이 다 후련했다.

다시 차에 오른 아트는 수백 마일을 더 달려 샤론의 집 문 앞에 당도했다. 그곳은 오래 전 알래스카 여행이 시작됐던 시발점이었다. 그는 유령과 같은 몰골로 현관문을 들어섰다.

"나탈리는 어디에 있지?"

샤론은 제일 먼저 딸의 안부부터 챙겼다. 아트는 더듬거리며 물음에 답했다.

"아기하고 같이 앵커리지에서 잘 지내고 있어요."

"그런데 왜 자네 혼자 여기 있지? 대체 여기서 뭘 하고 있는 거야?"

샤론이 다시 물었다.

아트는 왈칵 눈물을 쏟으며 그동안 있었던 일들을 모두 고백했다. 그는 아버지와 함께 위조지폐를 새로 만들기로 약속한 일, 세 가족이 함께 '돈 쓰는 여행'을 다녀온 일 등을 다 털어놓으며, 가족 모두에게 큰 재앙이 찾아올 것 같은 불길한 예감이 든다고 말했다. 샤론은 아트의 두 손을 꼭 잡으며 "다 잘될 테니 걱정 말아!"라고 말했다.

"자네도 이제 그만 그 일에서 손을 뗄 때가 된 것 같네, 아내와 아이들을 생각해서 말이야. 지금 가장 시급한 일은 나탈리를 돌아오게 하는 거야. 걔가 돌아오면 두 사람이 힘을 합쳐 어떤 역경이라도 헤쳐 나갈 수 있어."

그녀는 휴대전화를 건네주며 당장 전화를 걸라고 재촉했다. 아트는 나탈리가 머물고 있는 크리시의 집으로 전화를 걸었다. 사실 아트는 최근 2주 동안 나탈리에게 연락을 하지 않고 있었다.

'당장 짐을 챙겨서 텍사스로 날아오라'는 아트의 말에 나탈리는 벌컥 화를 냈다.

"당신이 직접 와서 데려가지 않으면 난 여기서 한 발짝도 나가지 않을 테야. 애가 둘이나 있고 인쇄 장비들도 처치해야 하는데 나 혼자 어떡하란 말이야. 당신 정말 못된 사람이야. 폼 나는 일은 자기가 다 하고, 골치 아픈 뒤치다꺼리는 죄다 내게 떠넘기고……."

아트와 샤론이 번갈아 가며 통사정을 했음에도 불구하고 나탈리는 고집을 굽히지 않았다. 그녀는 최근 몇 개월 동안 아트에게 모든 것을 양보해온 터여서, 더 이상 양보를 강요할 수가 없었다. 결국 아트는 다음날 앵커리지로 떠나겠다고 약속하고 전화를 끊어야 했다.

아트의 불길한 예감은 괜한 것이 아니었다. 애니스는 남편이 라이벌(맬린다)의 텃밭을 3주 동안이나 방문하여 그녀의 자식들과 노닥거렸다는 사실부터가 달갑지 않았던 차에, 하물며 생부生父를 따라 눈치 없이 알래스카까지 날아온 웬즈가 곱게 보일 리 없었다.

"애니스는 공항에서 내게 인사를 건네지도 않았어요. 그 여자는 나를 완전히 무시했어요. 그 여자는 아버지에게 대놓고 인상을 썼는데, 쓸데없이 날 데리고 왔다고 아버지를 구박하는 게 분명했어요."

웬즈가 당시를 회상하며 말했다. 아트 시니어는 웬즈를 집에 들이기가 껄끄러웠던지, 크리시의 집에 머물게 했다. 웬즈는 크리시와 자기를 대하는 아버지의 태도가 확연히 다른 것을 보고, '이 사람은 내 아버지가 아니라 크리시의 아버지였구나!'라고 뼈저리게 느꼈다.

아트 시니어는 애니스의 환심을 사는 방법이 무엇인지를 잘 알고 있었다. 그는 애니스에게 아트의 위조지폐를 보여주며 그 동안 있었던 일을 자랑스럽게 늘어놨다.

"우리는 북미 대륙을 두 번씩이나 횡단하면서 모든 쇼핑몰들을 초토화시켰지만 한 번도 들킨 적이 없어. 시카고에서는 위조지폐를 만드는 데 필요한 장비와 재료를 모두 구입했지. 아트는 조만간 내게 위조지폐 만드는 방법을 가르쳐 주겠다고 약속했어. 아트 덕분에 우리는 이제 곧 벼락부자가 될 거야."

아트의 위조지폐 이야기는 아트 시니어의 현란한 화술과 버무려져 애니스의 꿀꿀한 기분을 단박에 고양시켰다. 아트 시니어는 애니스를 확신시키기 위해, 열한 장의 위조지폐를 맛보기로 건네주며 사용 요령까지 친절하게 가르쳐줬다. 며칠 후 그녀는 동네의 가게에 가서 위조지폐를 내고 담배 두 갑을 샀다. 이로써 애니스는 다빈치가 선포했던 첫 번째 율법, 즉 '네가 사는 동네에서 위조지폐를 사용하지 말라'는 경고를 처음으로 위반하게 되었다.

애니스는 불과 며칠 만에 다빈치의 경고를 두 번째로 위반했다. 위조지폐를 사용할 때의 짜릿한 스릴을 경험한 애니스는 위조지폐의 마력에 푹 빠져 버렸다. 그녀는 '위조지폐의 생산과 유통에 관련된 모든 정보를 아는 대로 말해 달라'고 아트 시니어를 닦달했다. 아트 시니어는 아트와 함께 여행하는 동안 주워들은 풍월만 갖고서도 능히 전문가 행세를 할 수 있는 언변의 소유자였다.

"아트에게 배운 건데, 여러 명의 손님을 초대하여 '돈 쓰는 여행'을 떠나면 단기간에 보다 많은 위조지폐를 현금화할 수 있어."

그는 우쭐거리며 말했다.

"이건 내 생각인데, 돈 쓰는 일은 손님들에게 맡기고 우리는 뒤에서 배후 조종만 하는 게 좋지 않을까? 그러면 우리의 얼굴도 노출되지 않고 더 좋을 텐데."

애니스는 한술 더 떠서 업그레이드된 범죄 수법까지 제시했다. 그녀는 이미 마음속에 점찍어 둔 손님이 있었다.

며칠 후 아트 시니어와 애니스는 와실라에 사는 짐과 비키 부부를 만났다. 두 부부는 — 나이는 아트 부부가 짐 부부보다 약간 많았지만 — 서로 친하게 지내는 사이였으며, 특히 짐은 아트 시니어의 동업자로서 대마초와 옥시콘틴을 함께 판매했다. 와실라는 치칼룬보다 비교적 인구가 많은 편이고 앵커리지에 가까웠기 때문에, 짐은 마약을 광범위한 지역에 유통시킬 수 있는 여건을 갖추고 있었다. 그는 심지어 아메리카 원주민들과도 선이 닿을 정도였다. 게다가 짐은 수상 비행기를 보유하고 있어서 알래스카 전역은 물론, 캐나다, 미국 본토, 심지어는 — 이론적으로 — 러시아 동부까지 날아가 위조지폐를 유통시킬 수 있다는 장점이 있었다. 따라서 짐은 '돈 쓰는 여행'에 초청받을 수 있는 자격을 지닌 손님 중에서도 최상급인 VVIP급에 속했다.

짐과 비키를 포섭하는 것은 그리 어렵지 않았다. 늘 그래 왔듯이 위조지폐 실물을 한번 보여주면 그것으로 끝이었다. 그들은 위조지폐를 보는 즉시 '돈 될 물건'이라는 판단을 내리고, 탐욕에 눈이 멀어 김칫국부터 마시기 시작했다. 그도 그럴 것이, 당시 그들은 속칭 '419 금융사기'에 걸려들어 일확천금의 헛된 꿈을 꾸고 있었다. 419 금융사기란 나이지리아에서 시작된 고도의 금융사기 수법으로, 나이지리아 당국이 형법 419조로 이를 금융사기로 규정해 이런 별칭이 붙었는데, 그 전형적인 수법은 다음과 같았다.

범인들은 먼저 아프리카 망명 정부 고위 인사의 이름으로 피해자에게 비밀 이메일을 보낸다. 그들은 이메일에서 '도산한 국영 석유회사나 전복된 정부 명의로 외국 은행에 예치된 수천만 달러를 인출할 수 있도록 도와주면 거액의 수수료를 주겠다'고 제안한다. 범인들은 다양한 방법으로 피해자와 신뢰를 쌓은 후, 결정적인 순간에 '자금 인출에 앞서서 행정적 비용이 급히 필요하니, 그 비용을 대신 결제해 달라. 그러면 나중에 자금이 인출되는 즉시 커미션과 함께 지불하겠다'는 서신을 보낸다. 그러나 피해자가 속임수에 넘어가 돈을 송금하는 순간, 범인들은 연락을 끊고 자취를 감춰버린다.

419 금융사기는 나이지리아에서 시작됐지만, 인근 아프리카 국가로 광범위하게 확산되고 있었다. 짐과 비키는 남아프리카 공화국의 사기꾼들에게 걸려들었는데, 사기꾼들은 대담하게 '대박을 터뜨릴 건수를 소개해 줄 테니, 투자 금액을 들고 남아프리카로 건너오라'고까지 제안해왔다. 그들은 사기꾼의 농간에 놀아나고 있는 것도 모르고, 최근 몇 주 동안 남아프리카에 갖고 갈 돈을 마련할 방법만을 궁리해왔다.

애니스는 짐과 비키의 약점을 교묘하게 파고들었다.

"이것만 있으면 남아프리카에 갖고 갈 자금 정도는 쉽게 마련할 수 있어요."

애니스는 말했다. 그녀는 짐과 비키를 시켜 위조지폐를 진짜 지폐로 바꾸게 한 다음, 그 돈을 그들에게 꿔주고 이자까지 쳐서 받아낼 심산이었다.

"지금 당장 우리에게 줄 수 있는 금액이 얼마나 되죠?"

짐이 아트 시니어에게 물었다.

"우리가 사용하다 남은 게 5천 달러 있는데, 원한다면 다 드릴 테니 한번 써보실래요? 사용 방법은 간단해요. 100달러짜리 위조지폐를 내고 20달러 미만짜리 물건을 산 다음, 영수증과 잔돈을 챙겨서 우리에게 갖다주세요. 위조지폐는 얼마든지 만들 수 있으니 걱정 마세요. 5천 달러를 다 사용하고 나면, 다음엔 두 배로 올려 1만 달러를 드리죠."

아트 시니어가 의기양양하게 말했다. 위조지폐의 출처를 묻는 짐과 비키의 말에 그는 조금의 망설임도 없이 대답했다.

"내 아들이 만들었어요. 걔는 이 분야에 천부적인 재능을 가진 아이에요. 물론 나도 아들에게 배워서 웬만큼은 만들 줄 알지만요."

애니스는 현장 실습 교육을 위해 비키와 함께 앵커리지의 노스웨이 쇼핑몰을 방문했다. 그녀는 양초, 방향제 등의 값싼 물건을 고른 다음 100달러 지폐를 내고 거스름돈을 받기까지의 전 과정을 시범 보이고, 비키에게 직접 실습해보게 했다. 실습이 끝난 다음 애니스는 비키에게 5천 달러를 넘겨주고 영수증과 거스름돈 챙기는 것을 잊지 말라고 다시 한 번 강조했다.

아트는 아버지와 애니스가 짐 부부에게 위조지폐를 넘겨준 사실을 까맣게 몰랐다. 그는 이미 두 번이나 성공한 바 있는 티켓 바꿔치기 수법을 이용하여, 신분을 노출시키지 않고 알래스카 행 비행기를 예약하는 데 성공했다. 비행기를 탄 곳은 댈러스 포트워스 공항이었는데, 여느 때와 마찬가지로 아무에게도, 심지어 아버지에게도 자기의 행방을 알리지 않았다. 크리시의 집에 도착해서 아버지에게 전화를 거니, 위조지폐에 관한 언급이 일절 없어 일단 마음이 놓였다.

웬즈는 이미 시카고로 돌아갔고, 오랜만에 만난 나탈리는 뭐가 불만인지 뾰로통한 표정을 짓고 있었다. 아트가 아버지, 웬즈와 함께 돌아오지 않았던 것을 아직도 서운하게 생각하고 있는 것 같았다. 그녀는 안드레아를 낳은 후 체중이 14킬로그램이나 빠져 초췌해 보였는데, 웬즈와 함께 지내는 동안 겪었던 시누이와 올케 간의 감정싸움이 그녀를 더욱 피폐하게 만들었다. 그러나 잠시 후 마음이 진정되자, 나탈리는 아트를 데리고 뒷방으로 들어갔다. 방 안에는 아트를 까무러치게 할 물건이 기다리고 있었다.

아트가 북미 대륙을 동에 번쩍 서에 번쩍 누비는 동안, 나탈리는 랩톱 컴퓨터에 매달려 50달러짜리 위조지폐의 이미지를 다듬는 데 몰두했다. 그녀의 작업은 상당한 진척을 거두어 수십 장의 시제품까지 완성된 상태였다. 아트는 나탈리가 내민 시제품들을 보는 순간 말문이 막혔다.

"그녀가 만든 시제품은 완벽했어요. 선이면 선 색상이면 색상, 어느 것 하나 나무랄 것이 없었어요. 그때까지 우리가 만들었던 위조지폐 중 최고였어요."

아트는 회고했다. 아트는 하마터면 지폐 위조를 그만두기로 결심한 것을 후회할 뻔했다.

다음날 아트는 아버지를 만나 담판을 짓기 위해 치칼룬으로 갔다.

그러나 때마침 아버지의 기분이 너무 좋아 보여, 차마 입을 뗄 수가 없었다. 바람을 좀 쏘이면 기분 전환이 될 것 같아 아버지에게 드라이브를 제안했다. 트랜잼을 타고 마타누스카 강변을 달리는 동안, 아버지는 향후 계획을 설명했다.

"모든 장비와 소모품들이 준비된 데다가 너까지 도착했으니, 이제 슬슬 작업을 시작해 보자. 작업 장소는 여러 군데를 생각해 봤는데, 아무래도 내 집의 헛간이 제일 좋을 것 같아. 테리를 비롯하여 몇 명의 친구들에게 이미 연락을 해뒀다. 다들 위조지폐가 만들어지기만을 손꼽아 기다리고 있어."

아버지는 말을 이었다.

"내 친구들이 원하는 물량을 다 합치면 총 100만 달러야. 그 정도 찍어내려면 얼마나 걸릴 것 같니?"

아버지가 물었다.

아트는 기가 막혔다. 아버지는 아트의 복잡한 속내 따위에는 아랑곳하지 않고, 모든 게 자기 계획대로 착착 진행되고 있다고 믿고 있었던 것이다. 아버지의 강력한 낙관주의에 전염됐는지, 아트는 갑자기 마음이 흔들리기 시작했다. 새로 찍어낸 50달러 지폐 뭉치와 전원주택이 눈앞에서 아른거렸다.

"현재의 생산 능력으로는 백만 달러를 찍어내려면 몇 달은 족히 걸리겠는데요."

아트는 자기도 모르는 사이에 이렇게 대답했다.

"그래? 그러면 몇 번에 나눠서 찍어내면 되겠네."

아버지의 낙관주의는 하늘을 찔렀다.

"아 참, 네가 반가워할 만한 소식이 하나 있다. 내 친구 중에 짐이라는 사람이 있는데, 글쎄 수상 비행기를 갖고 있지 뭐냐. 그 친구하고 손을 잡으면 어디든 우리가 원하는 곳으로 날아가 위조지폐를 찍어내고 유통시킬 수도 있을 것 같은데, 네 생각은 어때? 그 친구에게 위조지폐 얘기를 했더니, 자기가 어떤 호수 한가운데 있는 무인도를 알고 있는데, 거기에 지폐 위조 공장을 차리면 좋을 거라고 추천까지 해주더라."

아트는 정신이 번쩍 들었다.

"짐이라는 사람에게 위조지폐 얘기를 하셨다고요?"

"짐은 신용이 확실한 사람이야. 게다가 앞으로 우리에게 많은 도움을 줄 사람이고."

아버지는 계속 말했다.

"그래서 시애틀에서 쓰고 남은 위조지폐 5천 달러를 그에게 맡기고 마음껏 사용하라고 했어. 물론 거스름돈은 영수증을 첨부해서 반납하라고 했지."

아트는 참았던 분노가 폭발했다. 그렇게 신신당부를 했건만, 시애틀에서 다 써버리라고 준 위조지폐를 알래스카에까지 갖고 와서 유통시키다니……. 아버지를 동업자로 선택할 때 우려했던 일이 기어이 터지고 만 것이다. 아트는 길가에 차를 세우고 운전석에서 내렸다. 그리고는 조수석으로 다가가 소리쳤다.

"당장 차에서 내리세요. 팔머에서 개 사료를 사오던 날 아버지의 엉덩이를 걷어차지 못한 것이 후회돼요."

아트는 아버지가 차에서 내리는 대로 아버지의 엉덩이를 힘껏 걷어찰 작정이었다.

아트 시니어는 차에서 내리지 않고 버텼다. 선불리 차에서 내릴 경우 아들에게 엉덩이를 차이는 수모를 당할 것이 뻔했기 때문이다. 그는 아트가 자기를 강제로 차에서 끌어내지는 못할 거라고 판단하고 계속 버텼다. 조수석에 가만히 앉아 아트의 고함소리를 들으며, 간간이 "그만 흥분하고 내 말 좀 들어 봐"라고 응수했다. 결국 그는 아트에게 '아버지의 말을 들어 주겠다'는 다짐을 받은 후에야 차에서 내렸다. 그러나 아트 시니어가 알래스카에서 위조지폐를 쓰지 않기로 한 아트와의 약속을 이미 어긴 이상, 그의 변명을 듣는 것은 아무런 의미가 없었다. 아트는 딱 잘라 말했다.

"우리의 동업 계약은 이제 끝났어요. 당신은 가족을 버릴 때도 나쁜 사람이었고, 지금도 나쁜 사람이에요. 그럼에도 불구하고 당신을 아버지로서 영원히 사랑하는 내 마음에는 변함이 없어요. 그러나 앞으로 아버지와 같이 위조지폐를 만드는 일은 절대로 없을 거예요. 나는 알래스카를 떠날 거니까요."

아트 시니어는 아트에게 알래스카를 떠나지 말아 달라고 애원했다. 그러나 거듭된 애원에도 불구하고 아트를 설득하는 데 실패하자, 아트 시니어는 비장의 카드를 꺼냈다.

"네가 어디에 있건 내 집 앞 공터에 네가 살 집을 지어주겠다는 내 약속은 유효하다. 트랜잼이 네 것이라는 사실에도 변함이 없다."

설사 지금은 아트를 떠나보내더라도 일말의 가능성만은 남겨 놓고 싶다는 메시지가 담긴 간절한 멘트였다.

"차 따위는 필요 없어요."

아트는 아버지의 실낱같은 기대를 사정없이 짓밟았다.

"크리시의 집 앞에 세워놓고 떠날 테니 걱정 마세요."

아트는 작별 인사도 없이 차를 몰고 앵커리지로 향했다.

앵커리지에 도착한 지 몇 분 후, 아트는 나탈리와 함께 텍사스로 돌아가기 위한 작전에 돌입했다. 위조지폐를 만들기 위한 장비는 대부분 아버지의 집에 있었으므로, 그들이 파괴할 증거물은 나탈리의 랩톱 컴퓨터와 약 5천 달러의 위조지폐밖에 없었다. 그러나 이 두 가지 증거물을 없애는 것은 그리 간단한 문제가 아니었다. 랩톱 컴퓨터에는 나탈리가 공들여 완성한 '2001년형 50달러 신권'의 이미지 파일이 고스란히 담겨 있었다. 그뿐만이 아니었다. 그녀의 컴퓨터에는 그들이 애지중지하는 일련번호 생성 프로그램이 설치되어 있었는데, 이것은 다양한 일련번호를 가진 위조지폐를 만드는 데 없어서는 안 될 소중한 프로그램이었다. 파일은 CD에 옮겨 담을 수 있지만, 랩톱 컴퓨터나 CD나 위험하기는 매일반이었다. 따라서 그들은 과감하게 랩톱 컴퓨터를 버리지 않기로 결정했다. — 솔직히 말해서, 그들은 료비 인쇄기를 버린 후에 느낀 점이 많았다. 귀중한 장비를 함부로 파괴했다가, 나중에 마음이 변해 장비를 다시 마련하는 어리석음을 두 번 다시 반복하고 싶지 않았다.

5천 달러의 위조지폐 역시 그냥 버리기에는 너무 아까웠다. 생각 같아서는 미련 없이 태워버리고 앵커리지를 뜨고 싶었지만, 그들의 녹록치 않은 자금 사정은 이를 허락하지 않았다. 그동안 새 장비 구입, 여행, 파티에 실탄을 너무 많이 소모한 관계로, 텍사스에 도착하여 사용할 여유 자금은 거의 남아 있지 않았다. 그래서 그들은 하루 날을 잡아 앵커리지의 쇼핑몰을 순례하며 가능한 한 많은 위조지폐를 현금화하기로 결정했다.

아트와 나탈리가 앵커리지의 쇼핑몰들을 훑고 다니는 동안, 다른 한편에서는 짐과 비키가 아트 시니어에게 받은 위조지폐 5천 달러를 뿌리고 다니느라 여념이 없었다. 물론 아트와 나탈리는 이 사실을 염두에 두지 않았다. 그러나 위조지폐에 관한 한 초보에 불과한 아트 시니어는 짐 부부에게 '쇼핑몰의 동태를 감시하는 방법'이나 '상점과 계산원을 선택하는 요령'을 제대로 일러주지 않았다. 짐과 비키는 아무런 원칙도 없이 마구잡이로 위조지폐를 떨구고 다녔다.

2001년 7월 11일, 짐과 비키는 앵커리지 번화가의 5번가 쇼핑몰을 방문했다. 5번가 쇼핑몰은 앵커리지에서 최대의 쇼핑몰로, 4층짜리 초현대식 건물에 자리 잡고 있었다. 짐과 비키는 전에도 이 쇼핑몰을 몇 번인가 들른 적이 있어서, 쇼핑몰에는 위조지폐 경계령이 발동되어 있었다. 그날 그들이 물건을 산 가게 중 두 군데에서 '색상이 흐릿하고 촉감이 빳빳한 지폐가 발견됐다'는 신고가 접수되었다. 앵커리지 경찰청 소속의 경찰들이 쇼핑몰을 덮쳤을 때 짐과 비키는 아직도 쇼핑몰을 어슬렁거리며 돌아다니는 중이었다.

짐과 비키는 위조지폐 유포범들이 사용하는 케케묵은 수법인 '오리발 내밀기'를 시도했다. 그들은 얼떨떨한 표정으로 "우린 그게 위조지폐인지 몰랐어요. 알고 보면 우리도 피해자라고요"라고 잡아떼며 위기를 모면하려고 했다. 그들은 초범이었기 때문에 오리발 내밀기가 먹혀들 수도 있었다. 그러나 문제는 쇼핑몰의 다른 가게에서도 속속 위조지폐가 발견됐으며, 그것들이 모두 짐과 비키의 손에서 나온 것으로 밝혀졌다는 점이었다.

한 시간도 채 못 되어 비밀수사국 요원 두 명이 쇼핑몰로 급파되었다. 한 명은 앵커리지 상주 요원 마이클 스위지, 다른 한 명은 특별요원 로버트 클락이었다. 두 요원은 짐 부부에게 미란다 원칙을 설명하고, 심문에 들어가기에 앞서서 먼저 위조지폐를 분석했다. 그들은 그것이 예사물건이 아니라는 것을 첫눈에 알아봤다.

"그것은 매우 정교했어요. 아마도 최신 컴퓨터, 스캐너, 프린터를 사용해서 만든 것 같았어요. 드리마크 펜을 피하기 위해 중성지acid-free paper를 사용했고, 가짜 보안 띠까지 갖추고 있어 진짜 지폐와 거의 구별하기 힘들었어요."

그들은 이렇게 증언했다. 요원들은 짐과 비키를 분리 심문하기 시작했다. 처음에는 두 사람 모두 모르쇠로 일관했지만, 비키가 클락의 강한 압박을 견뎌내지 못하고 무너지면서 수사는 새로운 국면으로 접어들었다. 클락이 비키를 어떻게 심문했는지는 자세히 모르겠지만, 블루스 하우스 사건 당시 나탈리의 동생 에이미가 수사관들에게 받은 심문 내용과 별반 다르지 않았을 것으로 보인다. 모르긴 몰라도 '수사에 협조하지 않을 경우, 당신 자신은 물론 당신의 가족까지도 위험에 빠질 수 있다'는 정도의 내용이 아니었을까?

비키의 몰락은 신속하고도 완벽했다. 그녀는 자기들에게 위조지폐를 건네준 사람은 아트 시니어와 애니스 부부이고, 위조지폐를 만든 사람은 아트 시니어의 아들 아트라고 낱낱이 자백했다. 한술 더 떠서 묻지도 않은 아트 시니어의 주소까지 상세하게 읊어 댔다. 클락은 마지막으로 이렇게 물었다.

"남편도 이 사실을 모두 알고 있나요?"

남편을 보호할 것인가, 아니면 진실을 말할 것인가? 잠시 잔머리를 굴리던 그녀는 "예!"라고 대답했다.

그러나 비키의 잔머리는 수사 결과에 별로 영향을 미치지 못했다. 몇 분 후 짐도 모든 사실을 실토했기 때문이다. 그의 입에서는 보다 구체적이고 굵직한 내용들이 쏟아져 나왔다. 그는 비키의 진술을 뒷받침하는 진술 외에도, '아트 시니어가 집 안에 있는 헛간을 위조지폐 공장으로 사용하려고 한다'는 고급 정보를 내놓아 수사관들을 흥분시켰다. 또 자기들이 지금껏 앵커리지와 와실라에 뿌린 위조지폐가 서른 장 이상이라는 새로운 사실도 털어놨다. 심문이 끝난 후 수사관들은 쇼핑몰의 주차장으로 이동하여 그들의 차를 수색했다. 차에서는 쇼핑몰에서 구입한 자질구레한 물건들이 가득 담긴 가방들과 작은 돈 가방 하나가 발견됐다. 돈 가방에는 쇼핑몰에서 물건을 사고 받은 거스름돈 지폐와 영수증이 빼곡히 들어 있었다. 그런데 어찌된 일인지 수사관들은 증거물들을 압수하지 않고 카메라 셔터만 연신 눌러댔다.

조사가 모두 끝나자 비밀수사국은 짐과 비키를 순순히 풀어줬다. 감옥에라도 갈까봐 지레 겁을 먹었던 짐과 비키는 가슴을 쓸어내리며 집으로 돌아갔다. 그러나 순진한 짐과 비키가 그들의 고차원적 전략을 알아차릴 리 없었다. 스위지와 클락은 마치 노련한 에스키모 어부처럼 그들을 미끼로 활용할 속셈이었다. 즉 '피라미'에 불과한 짐과 비키를 일상에 복귀시키고, 잠자코 그들의 뒤를 밟아 '월척'을 낚을 궁리를 하고 있었던 것이다.

다음날인 목요일 아침, 치칼룬에 있는 아트 시니어의 집 전화벨이 요란하게 울렸다. 전화기의 액정 화면에는 낯선 전화번호가 찍혔지만, 수화기에서는 낯익은 음성이 흘러나왔다. 비키였다.

"내 전화의 배터리가 다 떨어져서 팩스로 전화를 거는 거예요. 이제부턴 배터리를 두 개씩 준비하든지 해야겠어요."

비키가 말했다. 그러나 애니스는 그런 시답잖은 문제 따위에는 관심도 없었다. 그녀에게는 비키에게 전달할 중요한 뉴스가 있었다. 그녀는 그 전날 위조지폐를 사용하려고 케이마트에 갔다가, 모든 계산대에 위조지폐를 조심하라는 경고문이 붙어있는 것을 발견한 것이다. 그래서 그녀는 비키에게 '케이마트에는 얼씬도 하지 마라'는 이야기를 하고 싶었지만, 혹시 누군가 도청이라도 할까 싶어 에둘러 말하는 쪽을 택했다.

"잘 들어요. 케이마트는 평판이 안 좋으니, 앞으로 거기서는 쇼핑을 하지 말아요, 알겠죠?"

애니스가 말했다.

"알았어요."

비키가 건성으로 대답했다.

"그건 그렇고, 어제 앵커리지 건은 아주 멋지게 끝났어요."

"그래요? 기쁜 소식이로군요."

"전에 맡겨 주신 돈은 거의 다 처리했어요."

"굉장하군요. 자세한 얘기는 나중에 만나서해요."

애니스가 말했다. 애니스는 비키가 너무 설쳐 대는 것이 마음에 걸렸다.

"불과 나흘 만에 그 많은 돈을 다 써 버렸으니, 우리 실력도 이만하면 괜찮죠?"

"참 잘했어요, 호호호."

애니스는 비키를 격려하는 의미에서 한바탕 웃으며 말했다.

"돈을 좀 더 주실 수 없나요?"

"앵커리지에 있는 동업자들에게 부탁해 놓았으니 머지않아 도착할 거예요."

애니스가 말했다. 여기서 동업자란 아트와 나탈리를 암시하는 말이었다.

"그 사람들이 빨리 작업을 시작해야 할 텐데."

"그러게 말이에요."

애니스도 맞장구를 쳤다.

짧은 이야기가 몇 마디 더 오간 후, 비키는 오후에 남편을 아트 시니어의 집으로 보내 거스름돈과 영수증을 반납하기로 약속하고 전화를 끊었다.

그날 저녁, 짐은 약속대로 봉투를 들고 아트 시니어의 집을 방문했다. 봉투 속에는 그와 비키가 위조지폐로 물건을 사고 받은 거스름돈과 영수증이 들어있었다. 아트 시니어와 애니스는 반색하며 짐을 뒷방으로 안내했다. 그곳에서 애니스는 거스름돈과 영수증의 금액을 일일이 노트에 적고, 모두 합산하여 최종 수입이 얼마인지를 계산했다.

"이것 좀 봐요, 짐과 비키가 얼마나 멋지게 해 냈는지!"

애니스가 상기된 얼굴로 아트 시니어에게 노트를 보여주며 말했다. 애니스는 노트를 찢어 돈과 함께 봉투에 넣은 다음, 침대 머리맡의 나무판 뒤에 숨겼다. 아트 시니어도 애니스 못지않게 흥분했다. 그는 짐에게 "오늘 밤 앵커리지에 있는 내 아들이 2만 달러를 가져오면, 내일 아침 그중에서 만 달러를 당신에게 주겠소"라고 큰 소리를 쳤다. 그러나 아트가 2만 달러를 갖고 오지 않으리라는 것을 누구보다도 가장 잘 아는 사람은 바로 아트 시니어였다. 그렇다면 아트 시니어는 무슨 배짱으로 이렇게 큰 소리를 쳤을까?

아트 시니어는 언제부턴가 '나도 아트의 도움 없이 스스로 위조지폐를 만들 수 있다'는 망상을 품기 시작했다. '위조지폐가 별건가? 요리책을 보고 요리를 만들듯, 정해진 룰에 따라 재료를 투입하고 공정을 진행하면 그만이지'라고 얕잡아본 것이다. 그는 비록 경험은 부족하지만, 그동안 아트를 통해 장비 및 공정에 대한 이론적 지식을 충분히 습득했기 때문에, 자기라고 해서 아트만큼 훌륭한 위조지폐를 만들지 못할 이유가 없다고 생각했다. 그런데 마침 실력을 발휘할 때가 온 것이다.

다음날 아침 짐과 비키가 위조지폐를 받으러 오자 아트 시니어는 안 좋은 소식이 있다고 먼저 운을 뗀 후, 아들 내외가 미 본토에 급한 일이 생겨 알래스카를 떠나게 됐다고 통보했다. 그러나 자기도 아트 못지않은 전문가인 만큼 위조지폐 생산에는 차질이 없을 거라며 그들을 안심시켰다. 그는 아트에게 주워들은 다양한 전문용어를 늘어놓으며 그들의 기를 죽인 다음, 일손이 부족해서 그러니 좀 도와 달라고 너스레를 떨었다. 그러면서 "생산은 나와 애니스가 맡을 테니, 당신들은 재료 조달을 맡아요"라고 업무 분담 방안까지 제시했다. 그리고는 위조지폐 생산에 필요한 장비와 재료 목록을 보여주며, 18등급 신문 용지, 중성 젤라틴, 64비트 컬러 레이저 스캐너 등을 구해오라고 시켰다.

"인터넷을 검색하고 제지 공장에도 연락해서 필요한 재료를 모두 구해올게요."

아트 시니어의 말을 자못 진지하게 경청하던 비키가 대답했다. 그녀의 얼굴에서는 비장한 각오가 엿보였다.

"지금 당장 시작해야 해요, 한시가 급해요."

옆에 있던 애니스가 다그쳤다.

긴급회의를 마친 두 부부는 거실 소파에 앉아 차를 마시며 '위조지폐가 완성되면 무엇을 할 것인가?'에 대해 상상의 나래를 펼쳤다. 아트 시니어는 짐의 비행기를 타고 캐나다 유콘 주의 도슨으로 날아가고 싶다고 말했다. — 도슨은 앵커리지에서 800킬로미터 떨어진 곳에 있는 유명한 카지노 타운이다 — 그들은 위조지폐 만 달러를 들고 도박장과 기념품 가게를 마음껏 누비는 게 꿈이라며 수다를 떨었다.

"우리는 프루도(알래스카 주 북부 지역 옮긴이)의 세관도 문제없이 통과할 수 있어요."

아트 시니어가 자신만만하게 말했다.

"놈들은 마약에만 정신이 팔려 위조지폐 따위에는 신경도 안 쓰거든요."

"그럼 프루도에서도 즐거운 휴가를 보낼 수가 있겠군요."

비키가 맞장구 쳤다.

"이러다가 우리 모두 도박 중독자가 되는 거 아냐?"

아트 시니어가 웃으며 농담을 했다.

"난 꼭 잭팟을 터뜨리고 말 거예요."

애니스가 눈을 번뜩이며 말했다.

두 부부가 말도 안 되는 이야기를 나누며 자아도취에 빠져 있는 동안, 그들의 대화에 귀를 기울이며 때로는 박장대소를 하고 때로는 측은한 표정으로 혀를 끌끌 차는 사람들이 있었다. 비밀수사국은 5번가 쇼핑몰에서 짐과 비키를 체포한 이후, 그들이 다른 사람들과 만나 나누는 대화를 하나도 빠짐없이 녹음해왔다. 스위지와 클락은 아트 시니어의 이야기를 엿듣는 동안, 미국 역사상 최대 규모의 지폐 위조 조직을 일망타진하는 작전이 순조롭게 진행되고 있다는 확신을 얻었다.

목요일 아침 애니스에게 전화를 걸 때 비키가 사용했던 전화기는 그녀의 팩스가 아니라, 팔머에 있는 알래스카 주 경찰청 사무실의 전화기였다. 그 전화기에는 미니 카세트 녹음기가 연결되어 있었고, 그 바로 앞에는 스위지와 클락이 앉아 그녀의 언행을 예의주시하고 있었다. 같은 날 저녁 짐이 아트 부부에게 갖다 준 거스름돈과 영수증은 모두 비밀수사국에 증거물로 등록되어 있는 것들이었다. 아트 부부와 짐이 나눈 대화가 도청된 것은 물론이었다. 목요일의 두 가지 작전에서 확보된 증거와 녹취 자료만 갖고서도 아트 시니어의 자택에 대한 수색영장을 발부받기에 충분했지만, 금요일 아침 두 부부가 나눈 대화 내용에는 생각지도 않았던 고급 정보가 담겨 있었다. 즉 아트 시니어의 말에는 '위조지폐의 제작에 관련된 기술적 사항'과 '범행 예비 음모에 관한 내용'이 포함되어 있었는데, 이 두 가지는 검사들의 구미를 만족시키는 최고의 메뉴였다. 스위지와 클락은 비밀수사국 내에서 A급 요원들은 아니었지만, 이번 수사에서는 그간의 부진을 털고 발군의 실력을 뽐내고 있었다.

그런데 이 중요한 순간에 스위지와 클락은 어처구니없게도 큰 실수를 저지르고 말았다. 뚜렷한 이유 없이 수색영장 집행을 월요일로 미룬 것이다. 그들이 왜 이 같은 실수를 했는지에 대해서는 그들에게 직접 물어봐야겠지만, 다음과 같은 세 가지 이유를 생각해볼 수 있다.

첫째, 그들은 아트가 2~3일 내에 알래스카를 빠져나가지 못할 것이라고 믿었던 것 같다. 둘째, 그들은 월요일에 아트 시니어의 집을 수색할 경우 더 많은 위조지폐를 압수할 수 있다고 생각했을지도 모른다. 셋째, 어쩌면 해당 수사 조직의 관료주의적 병폐가 그들의 발목을 잡았을 수도 있다. 즉, 그들은 즉시 아트 시니어의 집을 수색하려고 했지만, 비밀수사국 본부와 지사 간의 사인이 안 맞아 시간이 지체됐을 수도 있다. 이유야 어쨌든 간에, 이틀은 아트와 나탈리 커플이 알래스카를 빠져나가고도 남을 만큼 매우 긴 시간이었다.

아트와 나탈리는 주말 내내 앵커리지 전역의 쇼핑몰을 돌며 위조지폐를 현금화했다. 일요일 오후 그들이 마지막으로 방문한 곳은 앵커리지 번화가의 5번가 쇼핑몰이었다. 이곳은 4일 전 짐과 비키가 수사 요원에게 체포된 곳이었지만, 용의주도한 아트와 나탈리는 아무런 문제를 일으키지 않고 마지막 남은 위조지폐를 처리했다. 한편 아트는 막간을 이용하여 텍사스에 있는 윌 그랜트라는 친구에게 전화하여 은신처를 마련해 달라고 부탁했다. 그랜트는 롱뷰에 목장을 갖고 있었는데, 알래스카 사건이 잠잠해질 때까지 숨어 있을 만한 장소를 빌려 주겠다고 약속했다. 일요일 저녁 크리시의 집에서 짐을 꾸려 공항으로 떠날 준비를 모두 마쳤을 때, 아트는 도피 생활 동안 자신과 가족을 지켜 줄 세 가지 비장의 무기를 확보한 상태였다. 그것은 두둑한 현금, 안전한 은신처, 50달러 신권 지폐의 이미지 파일이었다.

아트가 공항을 향해 떠나기 직전, 낯익은 트럭 한 대가 다가와 크리시의 집 문 앞에 섰다. 운전석의 문을 열고 내린 사람은 놀랍게도 아트 시니어였다. 작별 인사를 하러 온 것이다.

아트는 아버지와 마지막으로 다툰 후, 부자 간의 연락을 끊고 지내왔다. 그는 개념 없는 사람들을 지폐 위조 사업에 끌어들인 아버지를 용서할 수 없었다. 나아가 알래스카 방문 첫날 아버지에게 위조지폐를 보여줬던 것 자체를 깊이 후회했다. 한편 아트 시니어는 아트가 알래스카를 떠난다는 사실을 담담히 받아들이기로 마음을 정한 것 같았다. 그는 비록 늦었지만 마지막 몇 분 동안만이라도 아트와의 관계를 회복하고 싶어했다. 또 아트와 사이가 벌어진 것과 사업이 계획대로 진행되지 않은 것을 안타까워했다. 그럼에도 불구하고 그는 아트가 자기를 찾아와 제2의 인생을 살게 해 준 것을 고마워했다.

"나는 너를 정말로 사랑한다. 우리가 지금껏 다퉜던 것은 좋은 기억을 남기기 위한 과정이었다고 생각해라. 나도 조만간 네가 사는 곳을 방문하고 싶구나. 자리 잡으면 연락해라."

아트 시니어는 마지막으로 말했다.

아트는 조만간 자기를 방문하고 싶다는 아버지의 말을 곧이듣지 않았다. 그러나 아버지가 자기를 진정으로 사랑한다는 말 하나만은 사실이라고 믿고 싶었다.

2001년 7월 16일 오전 8시, 비밀수사국 특별 요원 클락은 한 무리의 공무 집행 차량 행렬을 이끌고 글렌 하이웨이를 질주하고 있었다. 그들은 치칼룬 근교에 있는 아트 시니어의 집을 압수 수색하기 위해 달려가는 길이었다. 아트 시니어가 무기를 소지하고 있음은 물론 100여 마리의 개까지 기르고 있다는 첩보 내용을 감안하여, 클락은 사전에 만반의 준비 태세를 갖췄다. 알래스카 주 경찰청 산하 불법 무기 및 마약류 단속반에서 차출된 정예 요원 20여 명이 그의 뒤를 든든하게 받쳐 주고 있었지만, 그는 조금도 긴장의 끈을 늦출 수 없었다. 그들은 한참 후 고속도로를 벗어나 비포장도로로 접어든 다음, 오르막길을 덜컹거리며 올라가 비포장도로의 끝에 위치한 아트 시니어의 집 앞에 차를 세웠다.

단속 요원 한 명이 현관문을 탕탕 두드리며 "경찰이다!"를 외치자, 다른 요원 한 명이 쇠뭉치로 문을 부쉈다. 그러자 스무 명의 경찰관들이 꼬리에 꼬리를 물고 목청이 터져라 고함을 지르며 집 안으로 진입했다. 아트 시니어와 애니스는 전혀 저항할 의사를 보이지 않았다. 아트 시니어는 경찰이 진입하는 순간 깜짝 놀라 마룻바닥에 넘어졌고, 애니스 역시 목발을 짚고 서있다 그 자리에 주저앉아 벌벌 떨고 있었다. — 애니스는 자동차 사고의 후유증에서 아직 벗어나지 못 하고 있었다 — 경찰이 그들에게 수갑을 채우고 집을 장악하자, 클락은 그들에게 미란다 원칙을 읽어 주고 압수 수색영장을 제시했다. 경찰이 집 안을 샅샅이 수색하는 동안 부부는 각각 다른 방으로 옮겨졌다.

적어도 하드웨어 부분에서 클락은 소기의 성과를 거뒀다. 그는 아트 시니어의 헛간에서 HP 데스크젯 프린터, HP 스캔젯 스캐너, 게이트웨이 컴퓨터 케이스, 마그나복스 모니터, HP 컬러 레이저젯 프린터를 찾아냈다. 또 중성접착제 스프레이 한 통, 산업용 종이 재단기 한 대, 신문 용지 한 박스도 발견했다. 그러나 흥미롭게도 위조지폐는 한 장도 발견되지 않았다. 뿐만 아니라 3일 전 짐이 아트 시니어와 애니스에게 갖다 준 거스름돈도 전혀 발견되지 않았다. 클락이 발견한 증거물 중에서 지폐 비슷한 것이라고는 장작 난로 속의 잿더미에서 발견된 타다 만 100달러 지폐 귀퉁이 하나뿐이었다. ― 그러나 이것은 위조지폐가 아니라 진짜 지폐였다.

여러 가지 정황을 종합적으로 고려해볼 때, 아트 시니어와 애니스는 경찰의 압수 수색을 미리 눈치 채고 결정적인 증거물들을 태워 버리거나 파괴했다고밖에 생각할 수 없었다. 그러나 짐 부부와 아트 부부의 대화가 모두 도청되고 있는 상황에서 어떻게 이런 일이 가능했을까? 아마도 짐과 비키가 수를 쓴 것 같았다. 즉, 금요일 아침 두 부부가 이야기를 나누는 동안, 짐 또는 비키가 '우리의 대화가 도청되고 있다'는 내용이 적힌 메모를 아트 시니어와 애니스에게 전달했을 가능성이 크다. 그러나 이 같은 추측이 사실이라고 해도 여전히 의문은 남는다. 왜 아트 시니어는 모든 장비들을 파괴하고 신문 용지를 불태우지 않았을까? 그는 수천 달러 상당의 장비를 파괴하는데 부담을 느꼈을지도 모른다. 그래서 경찰이 들이닥칠 경우 '단순한 사무용 기구'라고 둘러댈 심산으로 장비를 방치해 둔 것으로 보인다. 어차피 핵심 증거인 이미지 파일을 아트와 나탈리가 보유하고 있는 이상, 장비들은 껍데기에 불과하다는 계산도 작용한 것 같았다.

이번 압수 수색에서 노다지를 캔 쪽은 알래스카 경찰청 소속 불법 무기 및 마약류 단속반이었다. 알래스카 주 법령에 의하면, 아트 시니어는 1992년에 강도 혐의로 유죄를 선고받았기 때문에 무기를 소지할 자격이 없었다. 그러나 그의 집에서는 10밀리미터 구경 글락 권총, 11.63밀리미터 구경 루거 소총, 윈체스터 매그넘 라이플, 코스트투코스트 12 게이지 산탄총, 그리고 다양한 탄약통들이 발견되었다. 마약류 단속 요원들은 옥시콘틴 267알, 마리화나 파이프 6개, 대마초 용기 4개, 디지털 저울, 처방전 등을 증거물로 압수했다. 그들은 아트가 두고 간 도청 탐지기를 발견했지만, 아트 시니어는 그 장치를 제대로 활용하지 못한 것 같았다.

어쨌든 클락은 짐과 비키를 미끼로 이용한 이번 작전에서 나름 혁혁한 전과를 올렸고, 아트 시니어와 애니스는 앵커리지 구치소에 수감되었다. 앵커리지 구치소에서는 클락과 스위지가 그들을 취조했다. 한편 클락이 아트 시니어의 집을 수색하는 동안 스위지는 또 하나의 압수 수색영장을 들고 크리시의 집을 급습했지만, 아무런 성과를 거두지 못했다. 크리시의 집에서는 증거가 될 만한 단서가 하나도 발견되지 않았고, 크리시는 스위지의 취조에 강하게 저항했다. 스위지는 아트의 행방을 알아내기 위해 크리시를 공갈 협박했지만, 그녀는 '피닉스(애리조나 주의 주도)로 간다는 소리를 들은 것 같은데 확실하지는 않다'는 등 영양가 없는 소리만 늘어놨다.

크리시를 족쳐봤자 더 이상 나올 게 없다고 판단한 클락과 스위지는 아트 시니어와 애니스를 하나씩 맡아 각개격파하기로 방침을 세웠다.

"아들과 딸을 다시 만나고 싶으면 아트가 어디 있는지 당장 말하는 게 좋을 거요."

두 사람은 아트 시니어와 애니스를 붙들고 각각 이렇게 말했다.

아트 시니어는 별 반응이 없었다. 그는 짐과 비키가 사용한 위조지폐를 만든 장본인은 아트이며, 자기와 애니스도 그중 1천 500달러 이상을 사용했다는 사실은 인정했다. 그러나 아트의 행방에 대해서는 잘 모른다고 버티거나, 기껏해야 크리시처럼 아리송한 답변을 쏟아낼 뿐이었다.

그러나 애니스는 달랐다.

"그 애는 지금 댈러스에 있어요. 그리고 이 모든 일은 그 애가 꾸민 거예요."

그녀는 말했다. 취조가 모두 끝나고 그녀가 서명날인한 진술서에는 다음과 같이 기재되어 있었다.

"나는 처음에는 남편이 준 돈이 위조지폐라는 사실을 몰랐습니다. 남편과 아트는 계획이 한참 진행된 후에야 그것이 위조지폐라는 사실을 내게 알려줬습니다."

클락과 스위지는 즉시 아트 시니어에게 달려가, 아트가 댈러스에 있다는 말이 있는데 그게 사실이냐고 캐물었다. 아트 시니어는 일순간 입술을 씰룩이며 동요하는 빛이 역력하더니, 잠시 후 모든 것을 포기한 듯 평정을 되찾았다.

"예, 맞습니다. 그 애는 댈러스로 갔습니다."

아트 시니어는 담담히 말했다. 후에 조사를 받는 과정에서 아버지의 자백 사실을 알게 된 아트는 '아버지가 절대 그랬을 리 없다'며 고개를 절레절레 흔들었다.

아트 시니어는 그의 인생에서 아들 아트를 두 번 버렸다. 한 번은 시카고에서, 또 한 번은 앵커리지에서.

그러나 아트와 나탈리는 댈러스로 가지 않았다. 본래 그들의 목적지는 댈러스였지만, 시애틀에서 비행기를 기다리는 동안 아트의 동물적 감각이 발동했다. 그는 점심을 먹던 중 왠지 불길한 예감이 들어 댈러스행 비행기 표를 휴스턴행 비행기 표로 교환했다. 댈러스로 가는 것보다는 휴스턴을 거쳐 롱뷰로 가는 것이 안전하다고 판단한 것이다. 그리고는 윌 그랜트에게 전화를 걸어 새로운 은신처를 구해달라고 부탁했다. 아트의 전략은 적중했다. 그 시간 두 명의 비밀수사국 요원들이 댈러스 포트워스 공항의 게이트에서 그가 나타나기를 애타게 기다리고 있었다.

휴스턴에 도착한 아트, 나탈리, 알렉스, 안드레아는 윌 그랜트의 차를 얻어 타고 롱뷰로 향했다. 그랜트의 차가 59번 국도를 따라 새로운 코스로 접어들자, 아트는 비로소 지난 몇 주 동안 마음을 옥죄왔던 공포감에서 벗어날 수 있었다. 그런데 롱뷰에 절반쯤 가까이 다가갔을 때 나탈리의 휴대폰 벨이 울렸다. 샤론이었다.

"알렉스의 화보 촬영 스케줄 때문에 그러는데, 오늘 저녁 댈러스에 올 수 있니?"

아트는 하필 이럴 때 댈러스에서 촬영 스케줄이 잡힌 것을 이상하게 생각했지만, 샤론을 의심하지는 않았다. 아버지가 있는 알래스카로 돌아갈 것인가의 문제를 놓고 방황하던 그에게 알래스카를 포기하라고 확신을 심어준 사람이 바로 샤론이었기 때문이다. 게다가 그녀는 나탈리의 어머니로서, 친어머니 맬린다 이상으로 아트를 위해 노력해 온 사람이 아니던가! 그러나 샤론을 아무리 철석같이 믿더라도, 당시 상황에서 댈러스로 가는 것은 호랑이 굴로 들어가는 것이나 마찬가지였다.

"지금은 댈러스로 갈 수 있는 상황이 아니라고 말씀드려."

아트가 나탈리에게 말했다.

"이미 나들목을 지나쳤다고 말이야. 화보 촬영은 다음 기회로 미루자고 해."

나탈리는 혼란스러웠다. 그녀는 아트의 지시대로 움직이는 데 신물이 난 데다가, 그의 전매특허인 '피해망상증에 의한 오버액션'은 딱 질색이었다.

"이번 화보 촬영은 엄마가 주선했으니만큼 안심해도 되지 않을까? 모델료를 받으면 알렉스의 대학 입학금에도 보탬이 될 텐데."

나탈리는 볼멘소리를 했다. 두 사람이 티격태격하는 것을 보다 못한 그랜트가 끼어들었다.

"설사 댈러스에서 무슨 일이 벌어지더라도 크게 겁낼 필요는 없을 것 같아."

그랜트가 말했다.

"장모님이 어련히 알아서 잘 처리해 주시려고."

그랜트로서는 예정에 없었던 여행길이 되겠지만, 어려움에 처한 친구의 가족을 위해 몇 시간 정도는 희생할 용의가 있었다. 결국 두 사람의 지루한 공방은 나탈리의 승리로 끝났다. 단, 아트는 한 가지 조건을 내걸었는데, 그것은 나탈리와 아이들만 샤론의 집에 들여보내고, 자기는 근처의 레스토랑에서 망을 보며 기다린다는 것이었다. 그러나 세 시간 후 댈러스에 도착했을 때는 상황이 많이 달라져 있었다. 오랜 여행의 여파로 긴장이 풀린 아트는 '장모의 집에 들러 잽싸게 샤워를 하고 정신을 차린 다음 롱뷰로 떠나는 것도 괜찮겠다'는 생각을 했다. 그는 정말로 장모와 새로 태어난 손녀가 상견례를 하는 동안 몸에 물만 적실 생각이었다. 현관 옆의 욕실에 들어가 수도를 틀자, 쏴 하는 소리와 함께 쏟아져 나온 물줄기가 피곤에 찌든 나그네의 몸을 이곳저곳 어루만졌다. 물을 좀 더 세게 틀어 머리를 두드리는 물줄기의 짜릿한 감촉을 만끽하려는 순간, 욕실 문을 두드리는 네 번의 묵직한 굉음이 아트의 귓전에 울려왔다.

'쿵쿵쿵쿵!'

"국토안전부 비밀수사국에서 나왔소!"

아트는 가슴이 철렁 내려앉았지만, 구태여 샤워기를 잠그지는 않았다.

"나는 이미 요원들에게 완전히 포위된 몸이었어요. 도망치기는 어차피 글렀고, 샤워나 마저 끝낼 생각이었죠. 개인적인 공간에서 자유롭게 즐기는 샤워는 그게 마지막이었으니까요."

그러나 요원들은 마지막 호사를 누리고 싶어하는 아트의 소박한 소망을 여지없지 짓밟았다.

"아트 윌리엄스?"

욕실 문을 박차고 들어온 요원 중 한 명이 아트를 욕실 벽에 몰아세우며 물었다. 아트는 뒤로 밀리며 벽에 머리를 찧었다.

"그렇소만."

"물어볼 말이 있으니 나와서 옷 입으시오."

아트는 수건을 두르고 욕실에서 나와 청바지와 티셔츠로 갈아입은 다음, 갑자기 들이닥친 불청객들과 마주섰다. 그들은 모두 네 명이었는데, 그중 두 명은 비밀수사국 요원, 나머지 두 명은 지구대에서 지원 나온 경찰관들이었다. 두 명의 비밀수사국 요원 중 선임자인 듯한 사람이 자신의 신분을 밝혔다.

"국토안전부 비밀수사국에서 나온 애드리언 앤드류스요."

그는 삼십 대 초반의 흑인이었는데, 아트는 그가 가명을 댔을 거라고 생각했다.

"이 집에는 어린 아이들이 있소. 그래서 당신 장모께서는 뒷방에서 조용히 얘기를 나누는 게 좋겠다고 말씀하셨는데, 어떻소?"

앤드류스는 정중하면서도 근엄한 목소리로 물었다. 아트의 가슴은 두방망이질 쳤다. 그는 장모의 집에 들어오자마자 랩톱 컴퓨터가 든 여행 가방을 뒷방에 던져놓고 허겁지겁 욕실로 뛰어들었던 것이다. 아트가 뒷방에 발을 들여놓는 순간, 앤드류스는 수갑을 채우고 미란다 원칙을 읊은 다음 그를 침대에 앉혔다. 앤드류스는 방 한구석에 있는 팔걸이 의자에 앉았다. 랩톱 컴퓨터가 담긴 가방은 앤드류스의 발끝에서 불과 몇 센티미터의 거리에 놓여 있었다. 여행 가방의 열린 지퍼 사이로 랩톱 컴퓨터의 모서리가 삐져나온 것이 보였다.

"우린 이미 당신의 아버지 집을 압수 수색했소. 당신의 계모인 애니스가 모든 것을 털어놨소. 우리는 블루스 하우스 사건에 대해 잘 알고 있고, 당신이 알래스카에 다녀왔다는 사실도 알고 있소. 우리는 당신이 만든 것으로 보이는 위조지폐를 갖고 있는데, 네 명의 증인, 즉 아트 시니어, 애니스, 짐, 비키는 당신이 그 위조지폐를 만들었다고 일관되게 진술하고 있소. 이제 모든 사실이 밝혀졌으니 단념하는 게 좋을 거요. 그러나 아직 당신의 협조를 받아 확보해야 할 몇 가지 증거물이 있소. 우리는 당신의 컴퓨터와 그 속에 들어 있는 이미지 파일이 필요하오."

아트는 앤드류스의 말을 듣는 동안 자기가 그리 불리한 상황에 놓여 있는 것은 아니라는 확신을 얻었다. 무엇보다도 그와 나탈리는 위조지폐를 한 푼도 갖고 있지 않았기 때문에 꿇릴 것이 전혀 없었다.

요원들이 자백을 받아내기 위해 거짓말과 허풍을 일삼는다는 것은 알 만한 사람은 다 아는 사실이었다. 아트는 '수사 당국이 알고 있는 모든 정보는 애니스 한 사람의 일방적인 진술에 근거한 것'이라고 판단했다. 알래스카에 있는 다른 가족, 특히 아버지가 자기에게 불리한 증언을 했을 리가 없다고 생각했다.

"나는 선생께서 하시는 말씀을 도통 알아들을 수가 없군요."

아트는 앤드류스를 응시하며 차분하게 말했다.

"애니스는 거짓말을 하고 있는 겁니다. 그 여자가 한 말을 곰곰이 생각해 보면 꾸며낸 얘기라는 것을 대번에 알게 될 겁니다."

"좋아요, 아트!"

앤드류스가 말했다.

"우린 일단 당신과 나탈리를 입건할 겁니다. 지구대에 가서 다시 얘기해 봅시다."

"맘대로들 하세요, 입건을 하든 징역을 때리든."

아트는 말했다. 아트의 당면 목표는 어떻게든 앤드류스를 방에서 내보내 컴퓨터에서 가능한 한 멀리 떨어져 있게 하는 것이었다. 그는 앤드류스의 시선이 여행 가방에 쏠리는 것을 막기 위해, 여행 가방 쪽은 아예 쳐다보지도 않았다. 다행히 아무도 여행 가방에 시선을 돌리지 않는 바람에 아트는 일말의 희망을 가질 수 있었다.

"컴퓨터는 바로 앤드류스의 발끝에 있었어요. 그가 눈을 한 번만 아래로 깔았어도 나는 그걸로 끝장이었어요."

그들이 일어나서 방문을 나서려는 순간, 경찰관 중 한 명이 앤드류스에게 집 안을 수색해 보자고 제안했다.

아트는 경찰관을 바라보는 앤드류스의 얼굴을 주시했다. 앤드류스는 맞은편 벽을 바라보며 뭔가를 골똘히 생각했다. 아마도 수색영장을 발부받아 집을 수색하는 데 걸리는 시간을 계산하는 것 같았다. 수색영장을 발부받는 데 한 시간, 골방과 서랍까지 샅샅이 뒤지는 데 또 한 시간……. 앤드류스는 고개를 가로저었다.

"아뇨, 이 집을 뒤져봐야 뭐가 나오겠어요?"

그는 경찰관의 말을 일축했다.

그날 저녁 아트와 나탈리는 경찰 지구대로 연행되어 취조를 받았다. 취조실에 먼저 들어간 사람은 나탈리였는데, 불과 5분 만에 눈물을 쏟으며 밖으로 뛰쳐나왔다.

"수사관들은 아이들을 영영 만나지 못하게 하겠다고 협박했어요. 그들은 우리 엄마도 곧 감옥에 보내, 온 집안을 풍비박산 내겠다고 했어요. 그리고 나서는 '수사에 협조하든지, 죄다 감옥에 가든지 둘 중에 하나를 선택하라'고 말했어요."

취조실 앞에서 순서를 기다리던 아트는 취조를 마치고 나오던 나탈리와 마주쳤다. 나탈리는 그 짧은 순간에 "다 잘 될 거야!"라는 함축적인 말을 남겼는데, 아트는 그 말을 '아무 것도 불지 않았다'는 뜻으로 받아들였다. 잠시 후 앤드류스가 나탈리의 말뜻을 확인시켜줬다.

"부인께서는 당신을 정말로 사랑하시더군요. 비록 짧은 시간 동안이긴 했지만, 어떤 방법으로도 부인의 입을 열 수가 없었어요. 당신도 마찬가지겠죠?"

"당연하죠, 아는 게 없으니까요."

"좋아요."

앤드류스는 강한 어조로 말했다.

아트는 앤드류스가 슬슬 마음에 들기 시작했다. 사실 그가 무슨 죄가 있겠는가. 그는 자신의 소임을 다하기 위해 나탈리를 취조했을 뿐이다. 그리고 지금은 나탈리를 취조하는 데 실패했다고 스스로 인정하지 않는가. 정말로 시원하고 존경할 만한 인물이 아닐 수 없었다.

앤드류스는 그날 저녁 실제로 나탈리를 풀어줬다. 그러나 다음날 아침 앵커리지에 있는 특별 요원 클락이 이메일로 전송한 두 장의 사진이 상황을 극적으로 반전시켰다. 첫 번째 사진은 가족 소풍 때 비키가 찍은 것인데, 이 사진에서 나탈리는 아트 시니어 및 애니스와 함께 웃는 모습으로 포즈를 잡았다. 다른 한 장은 앵커리지의 5번가 쇼핑몰에서 가게 점원이 찍은 것인데, 쇼핑몰 안에 엉거주춤한 자세로 서있는 나탈리의 모습을 담고 있었다. 이메일에 첨부된 클락의 설명에 의하면, 이 점원은 나탈리에게 받은 지폐를 수상하게 생각해, 디지털 카메라를 테스트하는 척하면서 나탈리의 얼굴을 촬영해 보관해 뒀다고 했다. 앤드류스는 클락에게서 받은 두 장의 사진을 면밀히 검토한 후 나탈리에 대해 체포영장을 청구했다. 나탈리는 지구대 문을 나선 뒤 곧바로 롱뷰에 있는 목장으로 피신하여 숨어 있었는데, 댈러스에 남겨 둔 두 아이 때문에 오랫동안 도피 생활을 할 수가 없었다. 그로부터 6주 후, 나탈리는 텍사캐나의 연방 청사 빌딩으로 자진 출두했다.

2001년 7월 17일 비밀수사국은 14년 동안 계속된 지폐 위조 사건의 전모를 밝히고, 그 주동자인 아트 윌리엄스의 신병을 확보했다. — 엄밀히 말하면 아트의 범행 기간은 10년이라고 봐야 한다. 왜냐하면 텍사스에서 지냈던 4년 동안 그는 위조지폐를 만들지 않았기 때문이다 — 그동안 아트가 얼마 만큼의 위조지폐를 찍어냈으며, 그 중에서 얼마를 고객들에게 넘기고 얼마를 직접 유통시켰는지를 정확히 계산하는 것은 사실상 불가능하다. 그는 대수롭지 않게 '한 1천만 달러쯤 찍어냈을 것'이라고 말하지만, 기록을 남기지 않는 그의 습성을 감안해볼 때 그의 말을 액면 그대로 믿을 수는 없다. 그러나 그의 말을 절반만 믿어주더라도, 대부분의 지폐 위조범들이 100만 달러를 찍어내기도 전에 체포되는 현실을 감안할 때, 500만 달러라는 금액은 여전히 대단한 금액임에 틀림없다.

그는 한 장인으로부터 전수받은 고전적인 지폐 위조 기술에 첨단 디지털 기법을 접목시켜 위조를 한 차원 높은 기술로 진화시켰다. 그리하여 한때 미국 정부가 야심차게 내놓은 '역사상 가장 안전한 지폐'를 복제하는 데 성공하여 미국 정부에 굴욕을 안겨 줬다. 또한 그는 탁월한 복제 기술을 이용하여 이제껏 아무도 복제하지 못한 대상 — 아버지의 사랑 — 에 도전하기도 했다. 그의 도전은 한때 성공하는 듯하였고 그는 모든 것을 얻은 듯 의기양양했지만, 결과적으로 그가 복제한 것은 신기루에 불과했다.

꼬리가 길면 잡히는 법, 명석한 두뇌와 신출귀몰하는 재주로 사법당국을 우롱하던 그도 뜻하지 않은 실수와 불운, 그리고 측근의 배신 등이 겹치는 바람에 비밀수사국이 쳐놓은 올가미에 걸려들고 말았다. 이제는 죗값을 치를 일만 남아 있었다.

14

돈을 만든 죄와 벌

벌은 죄 속에서 보이지 않게 영글어간다. 원인과 결과, 수단과 목적, 씨와 열매는 나눠서 생각할 수 없다. 결과는 원인 속에서 이미 싹트고 있으며, 목적은 수단 속에 이미 존재한다. 그리고 열매는 씨 속에서 이미 자라고 있다.

랄프 왈도 에머슨, 『제1 수필집』(1841) 「인과응보」 중에서

•

영화 〈오버더톱〉의 마지막 장면에서, 링컨 호크의 아들 마이클은 라스베이거스에서 열린 전국 팔씨름 대회장에 나타나 아버지를 응원한다. 호크는 천신만고 끝에 결승전까지 올랐지만 결승 상대가 워낙 강해서 불안을 느끼던 차에, 갑자기 나타난 마이클의 격려에 힘입어 상대를 꺾고 우승한다. 호크는 우승으로 인해 엄청난 상금을 받지만, 무엇보다도 중요한 것은 부자의 사이를 오랫동안 갈라놓았던 장벽을 허물고 새 출발을 하게 됐다는 것이다. 호크는 마이클을 트럭에 태우고 석양에 물든 지평선을 향해 달려가며, 부자가 공동으로 운영하는 회사를 차리자고 이야기한다.

아트 윌리엄스 시니어 역시 링컨 호크에 못지않은 빅 매치를 눈앞에 두고 있었다. 그것은 미합중국 역사상 전대미문의 지폐 위조 사건을 놓고 앵커리지 법정에서 벌어지는 윌리엄스 집안과 미국 정부 간의 한판 승부였다. 《앵커리지 데일리뉴스》는 윌리엄스 가족을 '맛-수 위조 패밀리'라고 부르며 이번 사건에 깊은 관심을 표시했다. — '맛-수'란 아트 시니어가 거주하는 '마타누스카 수시트나 계곡'의 이니셜을 따서 만든 이름이다 — 스위지와 클락은 신중하고 계산이 빠른 사람들이었기 때문에, 이번 사건에는 블루스 하우스 사건의 경우와는 달리 절차적인 하자가 전혀 없었다. 그들은 100쪽이 넘는 방대한 분량의 통화 기록과 도청 내역, 애니스, 짐, 비키의 증언 내용이 담긴 진술서를 재판부에 증거물로 제출했다. 또 그들은 아트 시니어의 집에서 압수한 물적 증거와 앵커리지의 여러 쇼핑몰에서 수거한 위조지폐도 함께 제출했다. 나탈리에 대해서는 쇼핑몰의 한 가게에서 위조지폐로 물건을 산 직후 점원에게 찍힌 사진이 별도의 증거물로 제출됐다.

여섯 명의 공모자들에게는 최소한 하나 이상의 혐의가 적용됐으며, 아트, 나탈리, 아트 시니어, 애니스에게는 위조지폐 제조 혐의가 추가로 적용되었다. 그러나 그들이 저지른 범죄는 지폐 위조뿐만이 아니었다. 여섯 명의 피고에게는 모두 공모죄가 적용됐는데, 연방법에 의하면 공모죄 하나에 대해서만 최대 5년의 징역형을 선고할 수 있었다. '공모'란 두 명 이상이 공동으로 미국 정부에 대해 범죄를 저지르기로 모의하는 것을 의미한다. 모든 피고인 중에서 아트 시니어의 죄질이 가장 무거웠다. 그는 강도죄로 복역하다 가석방된 상태에서 불법 무기를 소지한 것이 발각됐기 때문에, 지폐 위조죄나 공모죄와 관계없이 징역형이 거의 확실시되었다.

형량이 가장 낮을 것으로 예상되는 사람들은 짐과 비키였다. 그들은 친한 친구를 등지고, 비밀수사국이 시키는 대로 능수능란한 연기를 펼쳤다. 게다가 법정에서 윌리엄스 부자에게 불리한 증언을 하기로 수사관들과 입을 맞췄고, 수사당국은 그에 대한 대가로 징역만은 면하게 해주겠다고 약속했다. 범죄자의 세계에서는 짐이나 비키와 같은 부류의 사람들을 '비열한 쥐새끼'라고 부르며 제일 업신여긴다. 물론 그들도 나름 할 말은 있었다. 아트 시니어와 애니스의 허황된 꿈에 빠져 이용만 당하다가 급기야 범죄자라는 낙인까지 찍히게 생겼으니 말이다. 그러나 이 세상에 핑계 없는 무덤이 어디 있으랴.

아트 시니어, 애니스, 짐, 비키는 약속이라도 한 듯 이구동성으로 모든 책임을 아트에게 뒤집어씌웠다. 재판을 맡은 제임스 싱글턴 연방 판사는 '아트를 제외한 다른 공범들은 피라미에 불과하다'고 판단했다. 이에 따라 네 사람은 보석금을 내고 풀려났다. 그들은 알래스카에 오래 살았고, 나이도 비교적 많은 데다가, 도주의 우려가 없다는 점이 참작되었다. 연방수사관들의 입장에서 보더라도 진정한 전리품은 아트 하나일 뿐, 나머지 공범들은 죽은 짐승의 고기를 뜯어먹으려 몰려든 까마귀에 불과했다. 비밀수사국은 아트가 알래스카에 발을 들여놓기 오래 전부터 아트를 사냥하지 못해 안달이 나 있었다.

아트는 보석 신청 따위는 아예 꿈도 꾸지 않았다. 그는 범죄 경력이 많고 도주 중에도 위조지폐를 만들 능력이 있기 때문에, 보석 신청이 받아들여질 리 없었다. 한마디로 그는 거물이었다. 그러나 요원들에게 체포된 지 불과 6주 후, 그가 얼마나 하찮은 존재인지를 깨닫게 하는 사건이 발생했으니, 그것은 바로 9·11 테러였다. 당시 그는 오클라호마 시티의 연방 교도소에 임시로 수용되어 있던 중, 죄상인부절차(영미법 상의 형사소송 절차의 하나. 공판정에서 피고인에게 공소장을 읽어 주고 공소사실에 관해 유죄인가 무죄인가를 물어, 피고인이 유죄임을 시인하면 증거 조사를 하지 않고 즉시 유죄판결을 하고, 무죄임을 주장하면 비

로소 증거 조사를 하는 제도이다. 한국은 이 제도를 채택하지 않고 있다. 옮긴이)
를 밟기 위해 앵커리지로 이송되려던 참이었다. 그는 레크리에이션 실의 TV를 통해 사건 발생 장면을 지켜봤다. 진주만 공습 이후 처음으로 미 본토에 가해진 엄청난 테러에 대해 미국은 물론 전 세계인들이 놀라고 분노하고 슬퍼했다. 미국 전역의 국제선 및 국내선 스케줄이 취소됨에 따라, 다음날 아침 알래스카에서 진행될 예정이던 아트의 재판 일정도 취소되었다. 간수들은 약 2주 후에나 재판 일정이 재개될 것으로 내다봤다.

같은 날 아침, 완전한 우연의 일치로 그 동안 종적을 감췄던 나탈리가 모습을 나타냈다. 그녀는 멋진 스커트와 블라우스를 입고 꽃단장을 한 다음, 승용차를 몰고 텍사캐나의 연방 청사 빌딩으로 자진 출두했다. 그녀는 출두 도중에 라디오로 9·11 테러 소식을 듣고 '날짜를 잘 잡았구나'라고 생각했다. 그녀의 인생 역시 무너진 세계 무역 센터 빌딩처럼 처참하게 망가진 상태인 데다가, 모든 미국인들이 큰 슬픔에 잠겨 있다고 생각하니 도피 생활을 계속하고 싶은 마음이 사라졌다.

연방 청사 빌딩 내의 법무부 사무실에 들어서니, 모든 직원들이 공포에 질려 TV만 쳐다보고 있었다. 한 직원을 붙들고 자초지종을 말하자 담당 직원에게 안내해줬다. 담당 직원은 일이 바쁘다며 빨리 이름을 대라고 재촉하더니, 한 시간도 못 되어 그녀를 보석으로 풀어줬다.

10월 초 아트는 앵커리지 구치소로 돌아와 정식 기소를 기다렸다.

앵커지리 구치소는 그가 지금까지 겪어 본 교정 시설 중 최악이었다.

"대부분의 알래스카 사람들은 겨울에 햇빛이 비치지 않는다는 사실 하나만으로도 미칠 지경이에요. 그런 상황에서 춥고 더럽고 배고픈 구치소에 수감돼 있다면 기분이 어떻겠어요? 내가 지금껏 다녀 본 교도소에서는 대부분의 재소자들이 최소한의 존엄성을 유지하려고 노력했어요. 비록 몹쓸 죄를 지었지만, 적어도 몸만은 깨끗이 닦으려고 노력했죠. 그런데 앵커리지 구치소의 수감자들은 더러웠어요. 그들은 몸을 닦지 않아 냄새가 진동하는 데다가, 전부 마약쟁이들이었어요. 구치소 안에서는 온갖 종류의 마약들이 범람했는데, 그중 대부분은 옥시콘틴이었어요. 나는 그들이 혐오스러워, 아무에게도 말을 걸지 않고 혼자 지냈어요."

아트가 앵커리지 구치소에서 건 첫 번째 전화를 받은 영예의 주인공은 아버지였다. 아버지는 한 시간짜리 면회 허가를 받아 주말에 혼자 구치소를 방문했다. 면회는 감시 카메라가 설치된 작은 방에서 간수들이 지켜보는 가운데 이루어졌다. 아버지는 면회실에 들어서는 순간 아트를 바라보며 힘없이 웃었다.

"모두 내 잘못이다, 아트."

그는 아트를 껴안으며 말했다.

"네 말을 진작 들었어야 하는 건데."

아트는 잠시 마음이 좀 누그러졌지만, 그게 아버지의 진심에서 우러나온 말이라고 믿지는 않았다.

"아버지의 인생을 망친 건 저예요."

아트가 말을 이었다.

"아버지를 그 일에 끌어들이지 말아야 했어요. 내가 그걸 아버지에게 보이지만 않았어도 우리가 이 자리에서 만나는 일은 없었을 거예요."

"아니다, 그건 네 잘못이 아니야."

아버지가 강한 어조로 말했다.

"내가 어리석었다. 일찌감치 그 일에서 손을 뗐어야 하는 건데."

"어쨌든 죄송해요."

"요즘 어때? 지내기에 불편하지는 않니? 밥은 잘 먹고?"

아버지는 화제를 바꾸려는 듯 이렇게 물었다.

"네, 아주 잘 지내고 있어요."

잠시 어색한 침묵이 흐르고 난 뒤, 두 사람은 마침내 이번 사건에 관해 이야기를 나누기 시작했다. 아트는 아버지의 입을 통해 비밀수사국이 아버지의 집에 들이닥치던 당시의 상황을 전해 들었다. 그러나 아버지는 간수의 귀를 의식해 너무 자세한 이야기는 삼갔다.

"아버지는 어떻게 되실 것 같아요? 변호사는 뭐라고 해요?"

아트의 물음에 아버지는 잠깐 주춤했다. 순간 아트는 아버지가 긍정적인 생각을 하려고 애쓴다는 인상을 받았다. 그러나 아버지는 결국 그러지 못했다.

"난 완전히 망했어. 아무래도 징역을 면하기는 어려울 것 같아. 난 시간을 축내는 것은 두렵지 않아. 다행히 그리 늙은 나이는 아니니 출소한 후에 새 출발을 하면 되니까. 그런데 문제는 개들이야. 나와 애니스가 없으면 개들은 누가 보살펴주지? 100여 마리나 되는 많은 개들을 거둬줄 사람이 있을까?"

아트는 갑자기 속이 메스꺼워졌다. '또 그놈의 개 타령이군!' 그는 맹세코 개에 대한 억하심정은 없는 사람이었다. 그러나 문제는 아버지가 자식들보다 개를 더 아낀다는 사실이었다. 아트는 울고 싶어졌다.

"모든 게 내 잘못이에요."

아트가 울먹이며 말했다.

"또 그 소리!"

아버지가 아트의 말을 가로막았다. 두 사람은 서로 제 탓이라고 우기며 한바탕 실랑이를 벌였다. 그리고 또 다시 어색한 침묵이 흘렀다.

"새어머니는 어때요?"

"썩 좋은 상황은 아니지만, 석방될 가능성은 충분해."

아트는 변호사가 보여준 수사 기록을 읽어봤기 때문에, 애니스가 석방을 위해 수단 방법을 가리지 않고 있다는 사실을 잘 알고 있었다.

"새어머니는 왜 우리를 걸고 넘어가는 거죠?"

"여자인 데다가 겁이 많은 편이라 그래."

"맞아요, 새어머니는 겁 많은 여자에요. 하지만 나탈리도 겁 많은 여자인 건 마찬가지에요. 그런데 왜 한 사람은 가족을 배반하고 다른 한 사람은 의리를 지킨 거죠?"

아버지는 겸연쩍은 듯 어깨를 으쓱했다.

"새어머니가 나를 물고 늘어지는 건 나를 미워하기 때문이에요."

아트는 계속 밀어붙였다.

"그 여자는 어릴 때부터 날 미워했어요. 지금도 내가 세상에서 없어지길 바라고 있을 거예요. 아버지도 조심하세요. 그 여자는 자기 하나만 살아남을 궁리를 하고 있는 것 같으니까요."

"그건 오해야."

아버지가 말했다. 그러나 그는 아트의 말을 더 이상 반박하지 않았다.

그들은 다른 가족들에 대해서도 짧게 이야기를 나눴다. 정해진 시간이 다가오자 아버지는 다시 찾아오겠다고 약속했다. 아버지가 자리에서 일어나려는 순간, 아트는 아버지의 손목을 덥석 잡았다.

"잠깐만요!"

부자는 격한 포옹을 나누며 작별 인사를 했다.

"제 걱정은 하지 말고 아버지 일에만 집중하세요. 내 일은 내가 알아서 챙길 테니까요. 우리 나중에 건강한 모습으로 다시 만나요, 알겠죠?"

"알겠다, 그렇게 하마."

아트는 본래 아버지의 형량에까지 신경 쓸 생각은 없었다. 그러나 아버지가 다녀가고 난 후, 그는 나탈리는 물론 아버지와 애니스의 형량까지 챙기기로 마음먹었다. 그는 변호사를 통해 이번 사건의 수사를 총지휘하고 있는 조지프 보티니 연방 검사에게 접근했다. 보티니는 알래스카 법조계의 떠오르는 별이었다. 30대 후반의 나이에 검은 콧수염과 사각턱을 가진 그는 경찰관이나 어부를 연상케 하는 터프한 용모 때문에 알래스카 토박이로 오해받기도 했지만, 사실은 캘리포니아 주 내퍼 출신이었다. 그는 수더분한 외모에 걸맞지 않게 일단 법정에 서면 프로 운동선수를 방불케 하는 기세로 형사 피고인을 몰아붙이는 것으로 유명했다. 또한 비상한 기억력으로 상대방을 옴짝달싹 못하게 만드는 능력을 갖고 있었지만, 격식을 따지지 않고 대화가 통하는 사람으로 알려져 주변의 신망이 두터웠다. 그는 알래스카 법조계와 석유 산업 간의 유착 비리를 파헤쳐 테드 스티븐스 상원 의원을 기소하는 데 결정적으로 기여한 강골 검사이기도 했다.

굵직한 사건을 수도 없이 담당했던 거물 검사 보티니의 기억 속에 아트는 어떤 모습으로 남아 있을까? 혹시 너무 미미한 존재여서 흔적조차 남아 있지 않은 것은 아닐까? 놀랍게도 그는 아트를 생생하게 기억하고 있었다.

"나는 아트 윌리엄스가 만든 위조지폐 한 장을 증거 보존용 백에 담아 집무실의 책상 위에 올려놓고 있습니다. 그것은 최근 몇 년 동안 내 책상 위에 그대로 놓여 있습니다. 일종의 기념품인 셈이죠. 그의 위조지폐는 보는 사람으로 하여금 경탄을 자아내게 합니다."

그가 덧붙여 말했다.

"나는 그의 재판 과정을 하나도 빠짐없이 기억합니다. 그는 매우 슬픈 가족사를 가진 인물이었어요. 20년 동안 아버지를 한 번도 만나보지 못했으니까요. 그런 그와 내가 검사와 피고인으로 만난 것은 얄궂은 운명의 장난이었던 것 같아요."

보티니에게 접근을 시도하던 당시 아트는 상당히 유리한 고지를 점하고 있었다. 비밀수사국은 이미지 파일이 담긴 랩톱 컴퓨터를 확보하는 데 실패했기 때문에, 아트의 범행을 입증할 수 있는 증거자료라고 해봐야 짐, 비키, 애니스의 구두 증언과 진술서밖에 없었다. 아무리 날고 기는 보티니 검사라고 해도 뚜렷한 물증이 없는 한 아트를 함부로 몰아세우기는 어려웠다. 이러한 이점에도 불구하고, 아트는 보티니에게 '유죄를 인정할 테니 아트 시니어, 애니스, 나탈리의 죄를 가볍게 해달라'고 제안했다. 그의 논지는 이러했다. '이번 위조지폐 사건을 총지휘한 사람은 나다. 나는 십여 년 동안 위조지폐를 만들어온 전문가다. 나를 만나지만 않았더라도, 이 세 사람들은 이번 사건에 연루되지 않았을 것이다.'

보티니는 아트의 기사도 정신을 높이 평가했다. 그러나 그의 입장은 아트와 좀 달랐다. 연방 수사관들은 오랫동안 공을 들여 세 사람을 수사해왔다. 그들은 도청과 녹음을 통해 지폐 위조 조직을 일망타진했으며, 압수 수색을 통해 아트 시니어와 애니스의 범죄를 입증할 수 있는 물증을 확보했다. 연방 수사관들의 사기를 진작시키기 위해 세 사람을 기소하겠다는 보티니의 의지는 확고했다. 한편 아트 시니어의 불법 무기 소지죄에 대해서는 가석방 조건 위반이기 때문에 협상의 여지가 없었다. 따라서 보티니는 아트의 제의를 거부하는 대신 새로운 협상 조건을 제시했다. 그것은 '당신이 공모죄를 인정한다면 5년 이하의 징역을 구형하겠다'는 것이었다. 이와 함께 보티니는 '오클라호마에서 발견된 위조지폐를 당신이 만들었다고 인정해달라'는 조건을 추가로 제시했다. 이 위조지폐에서는 아트의 지문과 일부 일치하는 지문이 검출됐는데, 설사 아트가 혐의를 인정한다고 해도 증거가 빈약해 유죄로 인정될 가능성은 없었다. 그러나 비밀수사국은 어떻게 해서든 이 사건을 종결짓고 싶어했다.

이상의 두 가지 조건을 받아들이는 것만으로도 아트로서는 크게 양보하는 셈이었는데, 깐깐한 보티니는 세 번째 조건까지 내걸었다. 그것은 '나탈리와 애니스가 하나 이상의 혐의에 대해 유죄를 인정한다면, 그녀들의 형량을 낮춰 징역만은 면하게 해주겠다'는 것이었다. 그러나 다른 공범들은 다 봐주더라도 아트 시니어만은 어떻게 할 도리가 없었다. 가석방 조건 위반과 불법 무기 소지 여부를 판단하는 것은 알래스카 주 정부의 소관 사항이므로 보티니가 개입할 여지가 없었던 것이다. 결국 아트 시니어는 그 자신도 인정했듯이 '완전히 망한' 상태였다. 나탈리의 미래가 걸린 문제인 만큼 아트는 보티니의 거래 조건을 받아들이는 수밖에 없었다. 또 자기의 행동으로 인해 애니스가 이익을 보는 것을 굳이 막고 싶지는 않았다. — 그렇다고 해서 애니스를 용서한 것은 아니었다.

2002년 3월 중순에 시작된 유죄 협상은 일사천리로 진행되었다. 첫 번째 순서는 아트였다. 그가 협상 조건대로 유죄를 인정하자, 보티니는 약속대로 공모죄만을 적용하여 징역을 구형했다. 싱글톤 판사는 징역 36개월에 보호관찰 3년, 그리고 벌금 1만 3천 200달러를 선고했다.

그로부터 나흘 후, 나탈리는 자기와 관련된 혐의 중 한 가지만을 인정하고 보호관찰 5년, 벌금 7천 350달러를 선고받았다. 100달러 신권을 위조하는 데 결정적인 역할을 했고, 미국 전역의 쇼핑몰에 위조지폐를 도배한 죄에 비하면 터무니없이 낮은 솜방망이 처벌이었다.

아트 시니어와 애니스의 공판은 3월 25일에 열렸다. 아트 시니어가 먼저 법정에 섰다. 그는 보티와의 합의대로 위조지폐를 유포한 혐의 하나만을 인정했다. 위조지폐를 '유포하는' 행위는 위조지폐를 '만드는' 행위에 버금가는 중대한 범죄로 간주된다. 여기에 알래스카주 법무부가 인정한 불법 무기 소지죄가 더해지자, 아트 시니어의 형량은 무려 징역 70개월, 벌금 7천 350달러로 불어났다. 연방 형법에 의하면 재소자는 형기의 85퍼센트 이상을 채우도록 되어 있어, 그는 적어도 — 아트보다 두 배나 긴 — 5년 이상을 감옥에서 썩어야 할 판이었다.

애니스는 방청석에 앉아 남편이 징역형을 선고받는 모습을 지켜봤다. 아트 시니어가 전처소생들을 버리던 순간부터, 그녀는 아트 시니어를 완전히 독점해 왔다. 그녀는 그동안 아트 시니어에게 빈말로라도 '아이들을 만나보라'든지 '양육비를 보태주라'는 등의 말을 해본 역사가 없었다. 그로부터 20년 후 '영리한 꼬마'에서 '지폐 위조의 달인'으로 변모한 아트가 그녀 앞에 나타났다. 그녀는 아트의 위조지폐를 한 장이라도 더 챙기려고 발버둥을 쳤지만, 아트를 마음속으로 받아들이려고 노력한 적은 단 한 번도 없었다.

"그 여자는 어릴 때부터 날 미워했어요. 지금도 내가 세상에서 없어지길 바라고 있을 거예요."

아트의 이 말은 괜한 말이 아니었다. 이제 아트를 향한 그녀의 분노가 얼마나 깊은지를 보여주는 일만 남아 있었다.

애니스의 재판은 사실상 요식행위에 불과했다. 피고, 검사, 피고측 변호사, 판사가 사전에 말을 맞췄기 때문에, 모든 당사자들은 어떤 결과가 나올지 이미 다 알고 있었다. 대부분의 재판은 검사가 증거를 제시한 다음 피고가 판사 앞에 나가 자신의 유죄성을 구두와 서면으로 인정하는 순서로 진행되었다.

아트의 협상 덕분에 애니스는 거의 환상적인 수준의 판결을 받아낼 예정이었다. 5년 보호감호에 기본 벌금 7천 350달러라니, 그녀가 저지른 죄를 생각한다면 날로 먹는 것이나 마찬가지였다. 그녀는 철창신세를 지지 않아도 되며, 법원의 허락을 받아 남편을 방문할 수도 있었다.

재판이 시작되었다. 모든 일정이 다람쥐 쳇바퀴 돌 듯 진행되었다. 서기가 애니스의 이름을 부르고, 보티니가 증거를 제시하고, 애니스의 변호사인 유진 사이러스가 싱글톤 판사에게 유죄 인정 의사를 밝혔다. 마지막으로, 판사가 애니스에게 '유죄를 인정하고 재판을 포기할 것인지'를 물었다.

"내가 지금 이러고 있는 건 변호사가 시켜서 그러는 거고요, 사실 나는 죄가 없어요."

"죄가 없다고요?"

"네, 그래요."

"나는 피고가 유죄를 인정하겠다고 약속한 것으로 알고 있는데, 피고는 이 자리에서 약속을 취소하고 싶나요?"

"재판장님, 나는 아무 잘못이 없어요. 결백하다고요. 재판장님도 아시다시피, 모든 일은 의붓아들 아트가 꾸민 거예요."

"윌리엄스 부인, 이 자리는 부인이 유죄를 인정하느냐 마느냐를 묻는 자리입니다. 부인의 의붓아들과는 아무런 상관이 없어요. 유죄를 인정하기로 한 약속을 취소하고 싶나요?"

"재판장님, 나는 결백해요. 아무 것도 인정할 게 없어요."

"유죄를 인정할 건지, 말 건지만 밝히세요, 부인."

"난 무죄에요."

애니스의 어이없는 행동에 가장 당황한 사람은 그녀 바로 옆에 서 있던 변호사 유진 사이러스였다. 그 역시 다른 사람들과 마찬가지로 이번 재판은 다 끝난 거나 마찬가지라고 생각하고 편안한 마음으로 법정에 나왔다. 그러나 자신의 의뢰인이 다 된 밥에 재를 뿌리는 광경을 지켜보고 있자니, 이러지도 저러지도 못하고 나오느니 한숨뿐이었다. 보티니는 거북한 정도를 떠나 몹시 화가 나 있었다. 누가 보더라도 보티니의 구형은 파격적인 것이었다. 그는 범행을 모의하는 대화 내용이 담긴 녹음테이프, 수입 금액이 적힌 장부, 짐과 비키의 증언을 확보하고 있었다. 그럼에도 불구하고 그는 애니스에게 징역을 구형하지 않았던 것이다.

"피고는 유죄 인정을 취소하고 정식으로 재판을 받아보겠다 이건가요?"

싱글톤 판사가 애니스를 압박했다.

"예."

"좋아요."

싱글톤 판사는 말했다. 그러나 그는 재판을 진행하기 전에 먼저 애니스가 제정신인지를 확인하고 싶었다. 그는 정신과 전문의인 어빈 로스록 박사에게 애니스의 정신감정을 의뢰했다. 감정을 끝낸 로스록 박사는 '피고는 자신의 행동을 정확히 인식하고 있으며, 자신의 행동으로 인한 법적 책임을 회피하기 위해 기억상실증을 가장하고 있다'는 내용의 보고서를 제출했다. 보고서를 읽어본 싱글톤 판사는 그녀의 재판을 속개하라고 명령했다.

사이러스와 크리시가 애니스에게 달려들어 마음을 돌리라고 다그쳤다. 크리시는 당시를 이렇게 기억했다.

"아트는 우리 가족 모두를 살리기 위해 십자가를 졌어요. 나는 그가 탁월한 선택을 했다고 생각했어요. 수사 기록을 다 읽어봤는데, 정식 재판으로 가면 도저히 승산이 없을 것 같았어요. 그래서 엄마에게 '유죄를 인정한다고 말하세요, 엄마. 엄마가 유죄를 인정한다고 해도 실제로는 잃을 게 하나도 없어요'라고 애원했죠."

그러나 애니스는 모든 책임을 아트에게 돌렸다. 그녀는 자신의 행위가 범죄에 해당한다는 사실 자체를 인정하지 않았다. 요컨대 그녀는 단지 징역을 면하는 것에 만족하지 않고, 전과 기록 자체를 없애고 싶어했던 것이다.

결국 애니스는 마음을 돌리지 않았고, 2002년 8월 12일 정식 재판을 받게 되었다.

보티니 검사의 논고는 준열했다. 사이러스는 후에 보티니의 논고를 '흠잡을 데 없이 완벽했다'고 평가했는데, 그는 내용뿐만 아니라 형식적 측면에서도 완벽을 추구했다. 그는 자신의 랩톱 컴퓨터를 프로젝터에 연결하여, 도청 기록, 회계 장부, 영수증, 자술서 등의 사본을 스크린에 투사하는 등, 당시로서는 극소수의 검사들만이 쓰는 첨단 기법을 사용했다. 그는 짐과 비키, 비밀수사국 요원 등을 증언대에 세웠는데, 그들은 하나같이 애니스의 혐의를 인정하는 취지의 증언을 했다. 그는 마지막으로 오디오 파일을 열어, 2001년 7월 12일 아침에 녹음한 애니스와 비키의 통화 내용을 공개했다.

보티니의 논고가 끝나고 피고 측 변호사가 반론을 제기할 차례가 되었지만, 애니스 자신의 진술 이외에 그녀의 무죄를 입증할 만한 증거나 증인이 있을 턱이 없었다. 사이러스는 궁여지책으로 애니스에게 본인의 무죄를 입증할 기회를 주기로 했다. 그러나 어찌된 일인지 정해진 시간이 한참 지나도록 애니스가 재판정에 나타나지 않자, 기다리다 지친 판사는 휴정을 선언했다. 나중에 안 일이지만, 애니스는 그날 아침 갑자기 심각한 옆구리 통증을 호소하여 응급실에 실려 갔다고 한다. 그러나 의사들은 몇 가지 검사를 해본 결과 아무 이상이 없다고 결론짓고 그녀를 퇴원시켰다.

다음날 아침, 그녀는 재판정에 나타나 자신의 혐의를 전면 부인했다.

"내가 지폐를 위조했다니 얼토당토않아요."

그녀가 주장했다.

"그럼 비밀수사국 요원들이 피고의 집 뒷방 침대머리에서 찾아낸 돈과 영수증은 뭐죠?"

보티니가 물었다.

"그건 짐이 마약을 사고 남은 돈과 영수증인데, 비키에게 받은 거예요. 그녀는 남편이 마약 중독자라 씀씀이가 헤프다고 걱정하면서, 자기 대신 돈과 영수증을 맡아달라고 했어요."

"피고의 자술서에는 '짐과 비키가 위조지폐로 물건을 사고 받은 거스름돈과 영수증'이라고 돼 있는데요?"

보티니가 추궁했다.

"수사관들에게 무슨 말을 했는지 하나도 기억이 나지 않아요."

앞뒤가 안 맞는 변명으로 일관하던 애니스는 궁지에 몰릴 때마다 '기억이 나지 않는다'를 연발하더니, 마침내 사법 당국 전체를 모욕하는 폭탄 발언을 토해냈다.

"수사관들이 자술서에 도장을 찍지 않으면 감옥에 보내겠다고 위협했어요."

이제껏 들어보지도, 상상해 보지도 못한 망언을 접한 보티니는 망연자실했다. 애니스의 막가파식 폭로에 놀란 배심원들은 그녀의 정신 상태를 믿을 수 없다는 듯 고개를 절레절레 흔들었다. 그중에는 애니스를 가리키며 너털웃음을 터뜨리는 사람도 있었다.

그로부터 두 시간 후 배심원의 평결 결과가 나왔다. 애니스는 41개월 징역에 이은 36개월 보호관찰, 그리고 벌금을 선고받았다. 그녀의 형량은 여섯 명의 공범 중에서 남편 다음으로 가장 많았다.

아트는 미네아폴리스에서 약 120킬로미터 떨어진 곳에 자리 잡은 미네소타 주 와세카 카운티의 연방 교도소에 수감되었다. 이 교도소는 1천 명에 가까운 재소자를 수용하고 있음에도 불구하고 보안이 허술하기 짝이 없었다. 교도소의 외곽은 굵은 철사로 엮은 울타리와 가시철망으로 둘러싸여 있었고, 그 흔한 철창이나 감방도 없어 재소자들은 기숙사 스타일의 이층 침대에서 잠을 자야 했다. 아트가 전에 경험했던 텍사스나 앵커리지의 교도소에 비하면, 와세카 교도소에 수감된 재소자들은 양반이었다. 폭력범은 거의 없고 화이트칼라 범죄자들이 주류를 이루고 있었다.

아트와 첫 번째로 인사를 나눈 감방 동기는 케네스 게티라는 전직 공무원이었는데, 일리노이 주에 있는 한 지방자치단체의 장으로 재직하던 중 입찰 부정에 연루되어 징역형을 선고받은 인물이었다. 두 번째 감방 동기는 LA 출신의 신용카드 사기범으로, 180만 달러의 벌금형을 선고받은 거물이었다. 그러고 보니 와세카 교도소에 수감됐다는 것이 인생에서 성공한 징표로 해석될 수도 있겠다는 생각이 들었다. 아트와 어린 시절을 함께 보낸 브리지포트홈의 친구들은 기껏해야 좀도둑질이나 하다가 체포되어, 와세카 교도소보다 훨씬 열악한 곳에서 수형 생활을 하고 있었으니 말이다.

교도소 안에서는 소문이 무척 빠르게 퍼진다. 와세카 교도소에 수감된 지 몇 주가 지난 어느 날 아침, 조깅을 하고 있는 아트에게 루이스 봄바치노라는 시카고 출신의 재소자가 접근해 왔다. 봄바치노는 아웃핏의 조직원으로, 고리대금 혐의로 유죄판결을 받아 복역 중이었다.

"시카고에서 왔다며?"

봄바치노가 말했다.

"테일러 스트리트와 브리지포트에서 놀았다고?"

"네."

"우린 젊은 애들은 잘 끼워주지 않는 편이야. 물론 젊은 애들이 아주 없는 건 아니지만, 신입생들은 별로라서……. 어쨌든 자네를 우리 패거리에 넣어주고 싶은데, 어때?"

"좋아요."

아트는 이렇게 대답하며 다음 질문을 기다렸다.

"하지만 지금 당장 끼워주겠다는 건 아냐. 먼저 자네의 뒷조사를 해봐야 하니까 그때까지 기다려봐. 최소한 자네가 누군지, 어디서 뭘 했는지 정도는 알아야 할 거 아냐. 그러니 그동안 내가 자네를 모르는 척 하더라도 너무 섭섭해하지는 말아, 알겠지?"

"아무래도 좋아요."

아트는 이렇게 대답하고 조깅을 계속했다. 그러나 아트는 한편으로 당황스럽고 씁쓸한 기분이 들었다. 그렇게 오랫동안 아웃핏 패거리에게 들키지 않고 위조지폐를 만들어 왔건만, 결국 연방 교도소에 들어와 들통이 나게 될 줄이야.

그로부터 2주 후, 아트가 운동장으로 막 나가려고 하는데 봄바치노가 다시 접근해 왔다.

"어이, 아트! 자네 참 괜찮은 친구더군."

봄바치노가 말을 이었다.

"자네는 입이 무거워 친구를 배반하지 않기로 유명하더군. 내일 아침 우리랑 같이 식사하는 거 어때? 자리는 우리가 마련해 놓을 테니 걱정 말고."

아트는 갑자기 혼란스러워졌다. '우리라고? 우리가 누굴까? 그리고 감옥에 있는 사람들이 어떻게 내 뒷조사를 했을까?' 아트는 그들이 접촉한 고향 사람들이 누구인지 궁금했다. 혹시 지오르기? 호스?

다음날 아침 식사 시간에 아트는 식판을 든 채 봄바치노에 이끌려 한 테이블로 다가갔다. 테이블에는 두 명의 나이든 죄수가 먼저 와 앉아 있었다. 봄바치노는 아트를 두 사람에게 소개한 다음 자리에 앉혔다. 테이블은 4인용이었는데, 그들은 아트를 위해 한 자리를 비워놓고 있었다. 두 사람의 이름은 바비 페라르와 제리 스캘리즈였는데, 아트는 봄바치노로부터 두 사람의 이름을 전해 듣는 순간 가슴이 철렁 내려앉았다. 두 사람 모두 암흑가의 전설적인 거물이었기 때문이다. 페라르는 캔자스 시티 출신의 유명한 보스로, '자판기 사기 사건'으로 옥고를 치르고 있었다. 스캘리즈는 아웃핏 소속의 전설적인 절도범으로, 1980년에 동료인 아더 레이첼과 함께 런던의 보석상을 털어 150만 달러 상당의 보석을 훔친 것으로 유명했다. 그가 훔친 보석 중에는 윈스턴 처칠의 사촌이 한때 보유했다는 45캐럿짜리 말보로 다이아몬드도 포함되어 있었다. 그는 나중에 체포되어 강도죄로 유죄판결을 받았지만, 말보로 다이아몬드는 끝내 발견되지 않았다. 항간에 들리는 소문에 의하면, 말보로 다이아몬드는 뒤파제 카운티에 있는 그의 집 뒤뜰에 파묻혀 있다고 했다. 스캘리즈는 왼손의 손가락이 네 개나 없어 조막손Wither-hand이라는 별명으로 불렸다. 그는 영국에서 형기를 모두 마친 후 미국으로 건너와 활동하다가, 마약 거래 혐의로 다시 9년형을 선고 받아 복역 중이었다.

아트가 자리에 앉자마자 세 사람은 아트에게 시카고의 근황과 와세카 교도소의 생활 환경이 어떤지를 물었다. 뒤이어 페라르와 스캘리지의 무용담이 이어졌다. 아트는 시카고 암흑가를 주름잡던 그들의 활약상에 매료되어 시간 가는 줄 몰랐다. 그 이후 아트는 세 사람의 단골손님이 되었고, 세 명의 올드 보이와 담소를 나누며 운동장을 산책하는 것은 독서와 함께 아트의 중요한 소일거리가 되었다. 스캘리즈는 가끔씩 아트에게 위조지폐 생산 방법을 알려달라고 압력을 넣었지만, 그때마다 아트는 빙긋이 웃으며 똑같은 답변을 되풀이했다.

"말보로 다이아몬드를 어디 숨겼는지 알려주면, 지폐 위조 방법을 알려드리죠."

올드 보이들과의 아침 식사, 산책, 독서……. 와세카 교도소에서의 처음 몇 달은 그렇게 잘도 흘러갔다.

아트 시니어는 포틀랜드에서 남쪽으로 약 145킬로미터 떨어진 곳에 위치한 오리건 주 셰리던의 연방 교도소에 수감되었다. 셰리던 교도소의 보안 수준은 부분적으로 와세카보다 나았지만, 전체적으로 볼 때 그리 삼엄한 수준은 아니었다. 아트 시니어의 수형 생활은 이번이 처음이 아니었다. 강도 혐의로 리븐워스 연방 교도소에 수감됐던 경력까지 합치면 두 번째였다. 그는 셰리던에 도착하는 즉시 아트와 규칙적으로 편지를 주고받기 시작했지만, 안타깝게도 그들 사이에 오간 편지 중 현재까지 남아 있는 것은 한 장도 없다. 그러나 기억력이 좋은 아트는 아버지와 나눈 대화 중 상당 부분 — 특히 자기에게 중요한 부분 — 을 기억하고 있었다.

"아버지와 나는 서로를 용서하는 데 많은 지면을 할애했어요. 우리는 모두 우리의 두 번째 만남에 문제가 많았다는 것을 인정했어요. 아버지는 좋은 아버지의 모습을 보여주지 못한 것을 후회했고, 나는 오랜만에 만난 아버지를 범죄에 끌어들인 것을 후회했어요. 그래요, 아버지와 나는 모두 크나큰 실수를 저질렀어요. 그러나 중요한 것은, 우리가 큰 대가를 치른 후에 새로운 관계를 맺게 됐다는 거예요. 우리의 편지에는 사랑의 언어가 넘쳐흘렀어요. 우리는 우리를 처음 갈라놓았던 문제가 무엇이었는지를 생각해보고, 앞으로 무슨 일이 있더라도 부자의 인연을 끊지 말자고 맹세했어요."

크리시의 생각도 아트와 다르지 않았다. 그녀는 사정상 아버지를 자주 찾아보지는 못하고 주로 통화를 해왔는데, 아버지와의 전화 통화에서 받은 느낌을 이렇게 전했다.

"아버지는 아트를 전혀 원망하지 않았어요. 오히려 아버지는 아트를 사랑했어요. 아버지가 후회하는 것은 딱 한 가지, 잘못된 선택을 했다는 것이었어요. 아버지는 당신의 잘못된 행동에 대해 스스로 책임을 져야한다고 생각했어요. 그리고 다시 기회가 주어진다면 '올바른 아버지'가 되고 싶다고 입버릇처럼 말하곤 했어요."

아트와 달리 웬즈는 감옥에 있는 아버지에게서 받은 편지를 하나도 빠짐없이 간직했다. 그녀는 그 편지들을 자신이 갖고 있는 모든 기록물 중에서 가장 소중하게 여겼다. 그녀가 보관하고 있는 편지들을 읽어 보면, '올바른 아버지'가 되고 싶어했던 아트 시니어의 심정이 얼마나 절절했는지를 잘 알 수 있다.

2003년 5월 27일

…네가 다시 내 인생 안으로 들어왔다는 게 얼마나 기쁜지 모른다. 네가 너무 보고 싶다. '어려운 시간이 지나고 다시 만나게 되면, 앞으로 두 번 다시 떨어지지 말자'는 네 말이 귓가에 왱왱거린다.

이제 와 생각해 보니, 나와 네 엄마가 헤어진 것은 세상살이의 고달픔 때문이었던 것 같다. 그때 우리는 너무 젊었어. 그래서 조그마한 고통도 이겨내지 못하고, 서로를 비난하며 각자 제 갈 길을 갔던 거야. 엄마를 만나면 내 안부를 꼭 전해다오.

참, 제이슨은 요즘 어떻게 지내고 있니? 아직 일리노이 주의 교도소에 있니? 너나 아트처럼, 제이슨과도 흉허물 없이 지내고 싶구나. 제이슨이 나를 받아들이기가 힘들 거라는 걸 나도 잘 안다. 그러나 조만간 하느님이 모든 상처를 치유해주실 거라고 믿는다. 나와 제이슨 사이에 놓여있는 벽을 허물고 다시 출발하고 싶은 마음이 간절하다.

식구들의 사진을 모두 보내주지 않겠니? 네 사진은 이미 내 침대 오른쪽에 붙여놓고 있어. 매일 아침 일어나자마자 네게 굿모닝을 외치는 것이 나의 첫 일과란다…

웬즈는 아버지에게 아트와 제이슨의 사진을 보내줬다. 아트 시니어는 제이슨에게도 편지를 썼는데, 웬즈에 의하면 두 사람 간의 편지 왕래는 뜸한 편이었다고 한다. 그도 그럴 것이, 제이슨은 24년 동안을 가족과 떨어져 국가 기관(청소년 교화 시설과 교도소 옮긴이)에서 보냈기 때문에, 그에게서 가족, 특히 아버지에 대한 애틋함을 기대하는 것은 무리였다. 우스갯소리로 말하자면, 그는 '아트 시니어의 아들'이라기보다는 차라리 '미합중국의 아들'이라고 말하는 편이 옳았다.

와세카 교도소에서는 텍사스 교도소 시절에 비해 시간이 빨리 지나갔다. 아트는 본래 36개월 징역형을 선고받았지만, 와세카 교도소로 이감되기 전 다른 교도소에서 보낸 6개월을 빼면 잔여 형기는 30개월에 불과했다. 더욱이 그는 모범적으로 수형 생활을 한 덕분에, 마지막 6개월을 시카고의 하프웨이 하우스(사회 복귀 준비 시설 옮긴이)에서 지낼 수 있는 자격을 인정받았다. 결국 그는 와세카에 온 지 2년 만에 교도소 문을 나와 사회에 복귀하게 되었다.

제리 스캘리즈를 비롯한 올드보이들, 그리고 몇 명의 감방 동기들이 출구 앞에 일렬로 도열하여 아트를 배웅했다. 여러 명의 친구들이 차례로 그와 포옹을 나누는 동안, 누군가 한 명이 그의 손에 비밀 편지를 쥐어주었다. — 아트는 그 사람의 신분을 밝히지 않았다.

"그는 편지를 절대로 뜯어봐서는 안 되며, 수취인에게 직접 전달해야 한다고 신신당부했어요. 나는 기분이 찜찜했어요. 교도소를 나서는 첫날부터 고작 하는 일이 건달의 편지 심부름이라니, 코가 꿰어도 단단히 꿰었다고 생각했죠."

나탈리는 보호관찰 기간인 관계로 텍사스를 벗어날 수 없어 아트를 마중 나오지 못했다. 그러나 아트는 외롭지 않았다. 두 명의 반가운 얼굴들이 그를 하프웨이 하우스까지 태워다주기 위해 기다리고 있었기 때문이다. 그들은 그의 첫사랑인 카렌, 그리고 그의 아들인 아트 윌리엄스 3세였다. 아트 3세는 어느덧 열세 살의 씩씩한 소년으로 성장해 있었다. 카렌은 아트 3세를 키우느라 오랫동안 꿈을 접고 지내다가, 2년 전 마침내 경찰 아카데미를 이수하고 시카고 경찰청 소속의 경찰관으로 근무하고 있었다. 아트는 껑충껑충 뛰며 달려들어 두 사람을 꼭 껴안았다. 교도소에서 갓 출소한 사람과 경찰관과의 포옹이라니, 참으로 어울리지 않는 장면이었다. 카렌은 근무 교대 시간이 임박했기 때문에, 정복 차림에 경찰차를 몰고 교도소로 달려온 참이었다.

"아들이랑 단둘이서 얘기할 게 있으면, 뒷자리에 앉아."

그녀는 웃으면서 말했다.

"이거 큰일 났군."

아트가 눈을 동그랗게 뜨며 말했다.

"교도소에서 나온 지 5분 만에 경찰차 뒷자리에 갇히다니."

아트가 생활할 하프웨이 하우스는 시카고 번화가에 있었다. 개인별로 별도의 방이 배정되고, 직장에 출근할 경우 외출이 허용됐지만 통행금지 시간인 오후 7시까지는 귀가해야 했다. 그리고 일주일에 한 번씩 가석방 담당자를 만나 약물검사를 받아야 했다. 규정을 어길 경우 교도소로 돌아가거나 보호관찰 기간이 연장될 수 있었다. 한편 그는 '대출, 신용카드, 유가증권과 밀접한 관련성이 있는 직종'에 취업하는 것이 금지됐는데, 이 경우 특정 직종의 취업 가능 여부를 판단하는 것은 전적으로 가석방 담당자의 재량 사항이었다.

아트는 이틀 만에 오랜 친구인 마이키의 소개로 그가 일하는 부동산 중개 회사에 취직할 수 있었다. 마이키는 아트가 교도소에 가 있는 동안 마음을 잡고 합법적인 직업에 종사하고 있었는데, 아트가 일자리를 구한다는 소문을 듣고 사장을 졸라 그를 고용하게 했다. 마이키는 아트가 영리하다는 것을 잘 알고 있었다. 사장은 아트에게 서류를 정리하고 편지를 보내는 등의 단순한 일을 맡겼지만, 마이키는 그가 조만간 회사의 핵심 업무인 부동산 매매 업무를 맡을 수 있을 것으로 내다봤다.

그런데 아트가 부동산 중개 회사에 취직한 지 3일 후 문제가 발생했다. 그날은 가석방 담당자를 처음 만나는 날이었는데, 아트의 신변에 대해 이것저것 꼬치꼬치 캐묻던 그가 불쑥 이상한 질문을 해온 것이다.

"당신이 만지는 서류 중에 혹시 은행 계좌 번호가 적혀 있지는 않나요?"

"아마 그럴 걸요."

담당자가 질문하는 의도를 정확히 파악하지 못한 아트가 대답했다.

"대출, 신용카드, 유가증권과 밀접한 관련성이 있는 직종에 취업하는 것은 규정 위반이에요. 직장을 당장 그만두세요."

담당자는 단호했다. 아트는 그제야 사태의 심각성을 깨닫고 그에게 매달려 통사정을 했다.

"친한 친구가 소개해준 직장에서 사고를 치다니요, 나는 그렇게 배은망덕한 사람이 아닙니다. 더구나 나는 십 년 동안 수백만 달러의 위조지폐를 찍어낸 사람입니다. 정 돈이 급하면 내가 찍어서 쓸지언정, 푼돈을 훔치지는 않습니다."

그러나 담당자는 요지부동이었다.

부동산 중개 회사를 그만둔 아트는 레스토랑의 웨이터로 취직했다. 웨이터가 되면 금전등록기를 다루고 신용카드도 만져야하지만, 아트는 개의치 않았다. '아무리 깐깐한 가석방 담당자라고 해도, 설마 월급 몇 푼 못 받는 3D 직종까지 트집 잡겠어?'라고 가볍게 생각했던 것이다. 그러나 그건 큰 오산이었다. 담당자와 만난 자리에서 레스토랑의 웨이터로 취직했다고 하니, 그는 펄쩍 뛰면서 아트를 압박해왔다. 그는 당장 직장을 그만두라고 호통을 치더니, 한술 더 떠서 교도소로 다시 돌아가고 싶으냐고 으름장을 놓기까지 했다. 웨이터 다음으로 아트가 얻은 직업은 주유소에 담배 진열대를 설치하는 일이었다. 그 일은 보수도 괜찮을뿐더러, 유가증권과는 아무 상관도 없는 일이었다. 그러나 가석방 담당자는 그 일마저도 못하게 했는데, 이유가 걸작이었다. 업무의 성격 상 일리노이 주를 벗어날 개연성이 높다나 뭐라나.

아트는 가석방 담당자를 불신하게 되었다. 그는 아트를 이해하려거나 아트의 사회 복귀를 도우려는 의사가 전혀 없어 보였다. 그는 아트의 희망을 짓밟음으로써 쾌감을 느끼는 성격파탄자로 보였다. 아트가 그의 허락을 겨우 얻어 마지막으로 택한 직업은 조선소의 막노동자였다. 막노동은 힘들고 지루하고 벌이도 시원찮았지만, 석방 조건을 충족하려면 다른 방법이 없었다.

아트는 하프웨이 하우스를 떠나 새 출발을 하는 날이 올 때까지 이를 악물고 버텼다. 형기 만료일을 3일 앞두고, 아버지에게서 편지가 왔다. 아버지는 아트가 석방되는 날을 손꼽아 기다려 왔다며, 가까운 시일 내에 셰리던으로 면회를 와줄 수 있는지를 물었다. 아트는 곧바로 아버지에게 답장을 보내, 석방되는 즉시 면회를 가겠다고 약속했다. 물론 아버지를 면회하려면 가석방 담당자와 입씨름을 해야 하고 약간의 서류 작업도 필요했지만, 아트는 가능한 한 빨리 아버지에게 달려갈 생각이었다.

"우리는 그동안 너무 많은 시간을 낭비했어요. 아버지를 다시 만나는 것은 아이들을 만나는 것 못지않게 중요한 문제였어요. 내 마음속으로 돌아온 아버지를 다시 내보내고 싶지 않았어요."

2004년 2월 25일 아침, 지난 몇 개월 동안 너무나 기다려왔던 날이기에 아트는 크리스마스를 맞은 어린아이마냥 자리에서 벌떡 일어났다. 그는 간단히 짐을 꾸린 다음 몇 장의 서류에 사인을 하고 현관문을 나섰다. 아트가 하프웨이 하우스를 떠나는 순간, 특별한 이별 의식 같은 건 없었다. 그곳은 임시로 거쳐 가는 곳이어서 깊은 인간관계를 맺는 분위기가 아니었고, 아트 역시 그럴 마음의 여유가 없었다.

아트의 그날 스케줄은 이미 오래 전부터 시간 단위로 상세하게 잡혀 있었다. 하프웨이 하우스의 현관 앞에서 대기하고 있던 웬즈가 그를 픽업하여 옛 친구 미스터 U에게 데려다줬다. 그는 한 달 동안 검은색 크라운 빅토리아를 무료로 빌릴 수 있도록 주선해놓고 아트를 기다리고 있었다. 승용차를 확보한 아트는 웬즈의 집으로 차를 몰아, 푹신한 소파에 몸을 파묻고 친구들에게 전화를 했다. 전화를 마친 아트는 하교 시간에 맞춰 학교로 달려가 아트 3세를 태우고 시내를 한 바퀴 돌았다. 저녁 스케줄은 링컨파크에서 열리는 고향 친구 네드 커닝엄의 레스토랑 개업식에 참석하는 것이었다. 많은 하객들과 진수성찬으로 가득 찬 지중해식 레스토랑에서 환영식을 겸한 개업식을 거행하는 것만큼 근사한 계획은 없었다.

그런데 아트의 들뜬 마음에 찬물을 끼얹는 뜻밖의 복병이 나타났다. 크라운 빅토리아를 몰고 24번가를 경유하여 웬즈의 집으로 가던 도중 아트의 휴대폰 벨이 울렸다. 액정 화면에 뜬 발신자 번호를 본 아트는 화들짝 놀랐다. 알래스카에 있는 크리시의 전화였던 것이다. 그녀와 아트는 지난 2년 동안 수시로 편지를 주고받아온 사이였지만, 출소 시간에 정확히 맞춰 걸려온 크리시의 전화는 감동 그 자체였다.

"나 오늘 아침에 나왔어! 기억해줘서 고마워!"

아트는 기쁨에 찬 축하 메시지를 기대하며 이렇게 외쳤다. 그러나 웬걸, 크리시는 울고 있는 것 같았다.

"아트, 슬픈 소식이 있어."

그녀는 더듬거리며 말했다.

"이걸 어떤 식으로 네게 말해줘야 할지……."

"괜찮아, 말해 봐."

아트는 아무렇지도 않은 듯 말했다.

"나는 오늘부터 자유야. 오늘은 무슨 얘길 들어도 슬프지 않을 것 같아."

이때까지만 해도 아트는 크리시가 자기를 놀리려고 농담을 한다고 생각했다. 그러나 크리시가 여전히 말을 잇지 못하고 미적거리자, 아트는 비로소 '이거 장난이 아닌 거 같은데?'라는 생각이 들기 시작했다.

잠시 침묵이 흐른 후 크리시가 마침내 입을 열었다. 그녀는 더듬거리는 목소리로 그날 새벽에 벌어진 일을 설명했다. 그녀는 잠결에 셰리던 연방 교도소의 간수라는 사람에게서 전화를 받았다. 아침 기상 시간에 '아트 시니어가 아무리 깨워도 일어나지 않는다'는 감방 동료의 신고를 받고 달려가 보니, 그가 숨을 쉬지 않더라는 것이었다. 의료진의 진단 결과 급성 심근경색에 의한 돌연사로 밝혀졌다고 했다. 아트 시니어는 하필이면 가장 기쁜 날 감옥의 붙박이 침대 위에서 차디찬 시신으로 발견된 것이다.

아트는 전화를 끊고 차를 급정거했다. 다행히 브레이크는 파열되지 않았다. 그는 웬즈에게 전화를 걸어 아버지의 부음을 알렸지만, 그날의 스케줄을 취소하지는 않았다. 그러나 그날 저녁 커닝엄의 개업식에 참석한 아트는 말이 별로 없었다. 회한에 잠겨 있는 듯한 그의 표정은 왠지 예전의 아트가 아닌 것 같았다. 그는 오랜만에 만난 친구들에게 먼저 아는 체를 하지 않고, 그들이 자기를 알아보고 다가오기를 기다렸다. 그리고 그들에게 먼저 인사를 받은 후에야 정중한 태도로 답례를 했다. 멍하니 앉아 있다가 다가오는 사람들을 향해 연신 고개를 끄덕이는 그의 모습은 마치 정해진 동작을 반복하는 자동인형 같았다.

파티가 최고조에 이르렀을 때 한 노인이 테이블 위로 올라갔다. 커닝엄의 아버지였다. 그는 붉은 얼굴에 흰 머리칼을 가진 전형적인 아일랜드인으로, 지금으로부터 130년 전쯤 브리지포트의 거리를 가득 메웠을 법한 용모의 소유자였다. 그는 위스키 잔을 높이 쳐들고 이렇게 외쳤다.

"아들아, 레스토랑 개업을 축하한다. 오늘은 내 인생 최고의 날이다. 나는 네가 매우 자랑스럽구나."

그는 하객들에게 아들의 사업 번창을 기원하는 건배를 제안했다. 늙은 아버지의 눈에는 어느새 이슬이 가득 맺혀 있었다. 하객들은 우레와 같은 박수를 보냈다. 아트도 뭔가에 홀린 듯 정신없이 박수를 쳤다. 그의 손바닥은 폭풍에 휩쓸리지 않으려고 필사적으로 저항하는 새의 날갯짓을 연상시켰다.

커닝엄의 아버지가 테이블에서 내려오자마자, 아트는 기다렸다는 듯 레스토랑 밖으로 뛰쳐나갔다. 그는 현관 옆 담벼락에 기대어 비틀거리는 몸을 가까스로 가눴다. 뜨거운 두 줄기 액체가 뺨을 타고 흘러내려와 땅바닥을 적셨다.

에필로그

나는 지폐 위조에서 손을 뗀 후 많은 곳에서 위조지폐 감별법을 강의했고 괜찮은 반응도 얻었다. 나는 미주리를 거쳐 미네소타로 간 다음, 서부 전체를 위아래로 누비고 다녔다. 그러나 여행 도중 그만 몹쓸 병이 도지고 말았다. 나는 위조지폐를 아무 데나 흘리고 다녔고, 다시 경찰에 쫓기는 신세가 됐다. 나는 마음의 평안을 잃었다. 이제는 그 일에서 벗어나고 싶었지만, 다른 일을 찾을 수가 없었다.

피트 매카트니(악명 높은 지폐 위조범)

•

내가 이 책을 쓰기로 결정했을 때, 나는 아트 윌리엄스가 제2의 프랭크 애버그네일 주니어가 되기를 바랐다. 프랭크 애버그네일 주니어는 스티븐 스필버그가 메가폰을 잡고 레오나르도 디카프리오가 출연했던 영화 〈캐치 미 이프 유 캔〉의 실제 주인공으로, '천재적인 사기꾼'에서 '권위 있는 문서 보안 컨설턴트'로 화려하게 변신한 전설적 인물이다. 아트는 오랫동안 지폐 위조범으로 활동해 왔지만, 2005년 봄 나와 만났을 때까지만 해도 제2의 프랭크 애버그네일 주니어가 될 수 있는 가능성이 충분해보였다.

그는 자신이 저지른 죄에 대한 대가를 혹독하게 치른 사람이었다. 위조지폐는 그가 오랫동안 만나고 싶어했던 아버지의 삶을 앗아갔는데, 이 사실 하나만 갖고서도 나는 그가 더 이상 범죄를 저지르지 않을 것이라고 확신할 수 있었다. 그러나 위조지폐로 인한 불행은 여기서 그치지 않았다. 2004년 3월 21일, 짐 샤니건이 앵커리지에서 하루를 지내고 집에 돌아오지 않았는데, 3일 후 그의 아내 비키가 실종 신고를 한 것이다. 짐의 행방은 2006년 4월 26일 한 조사대가 와실라의 숲 속에서 짐의 유해를 발견할 때까지 오리무중이었다. 알래스카 주의 검시관들은 짐의 사인을 밝혀내지 못했는데, 이름을 밝히지 않는 소식통들에 의하면 '짐과 비키가 아트 시니어의 재판에서 불리한 증언을 했던 것에 대해 테리 카트윌의 폭주족 패거리들이 앙심을 품고 있다'는 소문이 앵커리지 일대에 파다했다고 한다.

애니스는 범행 일체를 부인했음에도 불구하고 5년 징역형을 선고받은 데 대해 불만이 많았다. 결국 그녀는 자신을 방어하는 데 광적으로 집착한 나머지 정신 질환에 걸리고 말았다. 형이 확정된 후에 유령이 보인다고 주장하던 그녀는 형기의 대부분을 포트워스의 연방의료원에서 보내다가, 2006년 2월에 석방되었다. 감옥에서 나온 지 불과 7개월 후 그녀는 와실라의 아파트에서 급성 심부전으로 사망했다. 크리시에 의하면 애니스는 마지막 순간까지 자신의 무죄를 주장했다고 한다. 마지막 순간에 그녀가 상대했던 재판관은 화장대의 거울 속에 있었다.

아트 시니어와 애니스, 짐이 위조지폐에 빠져든 것에 대해 아트를 비난할 수는 없지만, 이 세 사람의 죽음은 위조지폐가 얼마나 끔찍한 결과를 초래할 수 있는지를 잘 나타내 주는 사례이다. 무엇보다도 아트는 세상에는 아직도 자기의 보살핌을 필요로 하는 사람들이 많다는 사실을 잘 알고 있었다. 나탈리는 보호관찰이 끝난 후 시카고에서 아트와 합류하여 2004년 말에 둘째(아들)를 낳았다. 이로써 이 세상에서 아트의 보호를 받아야 할 아이들은 모두 네 명으로 불어났다. 이 책을 쓰는 동안 웬즈는 망가져 가는 다리를 살리기 위한 오랜 투쟁에서 패배했다. 의사들은 그녀의 무릎 밑을 절단했지만, 합병증의 우려 때문에 수술을 더 진행할 것인지의 여부는 확실치 않다. 요컨대 아트에게는 지폐 위조에서 손을 떼고 이를 방지하기 위해 앞장설 만한 충분한 이유가 있었다.

《롤링스톤》지에 아트에 관한 기사가 실리고 난 지 얼마 안 되어, 뉴욕 주 로체스터에 본사를 둔 'DSS'라는 문서 보안 업체가 아트에게 접촉해 왔다. 이 업체는 문서 절도, 위조, 사기를 방지하기 위한 최신 시스템 설계를 전문으로 하는 공기업이었다. 업체 관계자들은 아트가 혁신적인 방법으로 신권 지폐를 복제했다는 내용의 기사를 읽고, 수사관들을 대상으로 하는 강연회에서 강의를 해달라고 부탁했다. 강연 대상자 중에는 — 아트가 오랫동안 피해 왔던 — FBI와 비밀수사국의 요원들도 포함되어 있었다. 그 업체는 나와 마찬가지로 아트의 '영업 비밀'을 알고 싶었던 것이다.

아트는 업체의 제안을 받아들였다. 그는 며칠을 고생하여 20분 분량의 강의를 준비한 다음 가석방 담당자에게 로체스터를 떠나도 좋다는 허가를 받았다. 그리고 2006년 2월 그는 비행기를 타고 로체스터로 날아갔다. 그러나 강연을 시작하기 몇 시간 전, 그는 공포에 질린 목소리로 나에게 전화를 걸어왔다.

"이 강연을 끝까지 마칠 수 있을지 모르겠어요. 경찰관과 연방 수사관들이 많이 와 있을 텐데요."

"겁먹지 말아요. 이미 나한테 공개한 내용이잖아요. 그 사람들은 당신의 경험담을 자세히 듣고 싶어해요. 이제 당신이나 그들이나 관심사는 똑같아요. 위조지폐의 피해를 미연에 방지하는 거예요."

"윽, 속이 울렁거려요. 토할 것 같아요."

아트는 연단에 오르기 20분 전에 실제로 구역질과 구토를 했다. 대기실 문틈으로 청중석을 엿보다 수십 명의 남녀 수사관들을 목격한 것이 원인이었다. 일부 수사관들은 정복 차림이었지만 대부분은 사복 정장을 입고 근엄한 자세로 앉아 있었는데, 아트가 평소에 제일 무서워하는 것은 정장을 입은 수사관이었다.

아트의 의식은 수사관들을 외면하라고 시켰지만, 그의 본능은 그렇게 하지 못했다. 그는 창백한 얼굴로 식은땀을 흘리며 600여 명의 수사관들 앞에 섰다. 그는 강연 내용이 적힌 원고를 눈앞에 놓고 있었지만, 막상 말을 하려고 하니 입이 떨어지지 않았다. 강의실 내에 몇 초 동안 어색한 침묵이 흘렀다. 마침내 아트는 뒤로 물러서서 심호흡을 몇 번 한 뒤, 준비된 강연을 포기하기로 결심했다.

"죄송합니다."

그는 청중석의 수사관들에게 말했다.

"평소에 무서워하던 분들 앞에서 강연을 하려니 말이 안 나오는군요. 이해해주세요. 여러분도 제 입장이 되어보세요. 나는 일생 동안 여러분을 피하려고 노력해왔습니다. 여러분을 바라보면 어떤 생각이 나는 줄 아세요? 마치 악몽을 꾸는 것 같답니다."

갑자기 강의실 전체가 떠나갈 듯한 웃음소리가 터져 나왔다. 근엄해 보이던 수사관들의 얼굴에 웃음꽃이 피어나자 아트도 긴장이 풀렸다. 그는 곧 용기를 내어 다빈치에게 위조 기술을 배우던 시절에서부터 시작하여, 지하 감옥에서 처음 지폐를 위조하던 시절, 100달러 신권을 위조하던 시절의 에피소드를 청중에게 들려줬다. 일신상의 문제는 제외하고 생산 기술과 유통에 관한 사항만을 집중적으로 설명했다. 강연 후 질문이 쏟아지는 바람에 강연은 예정된 20분을 훌쩍 넘겨 한 시간 동안이나 진행되었다. 강연은 박수갈채와 환호로 마무리되었고, 정신없이 호텔로 돌아온 아트는 방바닥에 풀썩 주저앉아 목 놓아 울었다.

다음날 아트는 나에게 전화를 걸어, 강연 당시의 상황을 마치 스포츠 중계방송을 하듯 자랑스럽게 설명했다. 나는 그가 청중들에게 환대를 받은 것이 조금도 이상하게 느껴지지 않았다. 또 문서 보안 업체가 고액 연봉을 주고 그를 강연자 및 컨설턴트로 특채했다는 소식을 듣고도 전혀 놀라지 않았다. 그곳에 채용된 후 그는 매일 내게 전화를 걸어 그날 회사에서 있었던 일들을 들려주며, 로체스터에서 제2의 인생을 시작할 꿈을 키워갔다. 그에게서 새로운 뉴스를 들을 때마다 에필로그에 쓸 내용들이 한 줄씩 늘어났다.

그런데 언제부터인가 그의 전화가 뜸해지기 시작하더니, 급기야 그의 입에서 안 좋은 이야기가 하나둘씩 흘러나오기 시작했다. 가석방 담당자가 일리노이 주를 떠나지 못하게 해 문서 보안 업체에서 일하지 못하게 됐다는 소식과, 나탈리와 심하게 다툰 후 그녀가 아이들을 데리고 텍사스로 돌아갔다는 소식도 들려왔다. 그즈음 그는 카렌과의 사이에서 낳은 아트 3세와 사이가 좋아져 같이 살고 있었다. ─ 그는 아트 3세를 '꼬마'라고 불렀다 ─ 그는 내게 전화할 때마다 꼬마가 랩에 천부적인 재능을 갖고 있다고 자랑이 대단했다. 문서 보안 업체를 그만둔 다음 뭘 해서 먹고 사느냐는 질문에 대해서는, 친구가 경영하는 공장에서 작업반장 노릇을 하고 있다고 대답했다.

수사관들을 모아 놓고 강연을 한 지 6개월이 지난 2007년 8월 14

일, 그는 지폐 위조혐의로 다시 경찰에 체포되었다.

그가 언제부터 다시 활동을 개시했는지는 분명하지 않다. 공소시효가 아직 만료되지 않았기 때문에, 아트는 자세한 내막을 말해주지 않았다. 어쩌면 그는 나를 만나고 수사관들에게 강연을 하러 다니는 동안에도 은밀한 골방 구석에서 작업을 계속하고 있었을지도 모른다. 결국 그가 '지폐 위조에서 완전히 손을 뗐다'고 공언하고 다닌 것은 그의 간절한 소망을 이야기한 것에 불과했다. 문제는 그의 몸이 따라주지 않았다는 것이다. 혹시 그가 말로만 하지 말고 각서라도 하나 남겨놨더라면 그의 소망이 이루어졌을지도 모른다. 그는 누구보다도 종이와 잉크의 힘을 믿는 사람이었으니 말이다. 어쨌든 그는 '딱 한 건만 터뜨려 종잣돈을 만든 다음, 가족들을 데리고 대서양을 건넌다'는 생각을 했던 것 같다.

아트가 내게 들려준 체포 당시의 상황은 대충 이렇다. 아트가 어느 날 집에 돌아와 보니 부엌의 식탁 위에 갓 찍어낸 듯한 위조지폐 한 뭉텅이가 널려 있었다. 그것은 아트가 만든 게 아니라, 그의 열여섯 살 난 아들 아트 3세가 만든 것이었다. 꼬마는 《롤링스톤》 지에 실린 아버지에 관한 기사를 읽은 것 같았다. 화가 머리끝까지 난 아트가 심하게 꾸짖자, 꼬마는 자기가 만든 위조지폐를 한 움큼 쥐고 거리로 뛰쳐나갔다. 때마침 시카고 경찰청 소속의 순찰차가 그곳을 지나갔는데, 꼬마는 순찰차를 세우고 위조지폐를 보여 주며 "우리 아빠가 만든 거예요"라고 말해 버렸다. — 아마 꼬마는 이 일을 평생 후회하게 될 것이다.

그로부터 30분도 채 안 되어 비밀수사국 요원들이 아트의 아파트를 급습했다. 그들은 위조지폐와 인쇄 장비를 증거물로 압수했는데, 대부분의 위조지폐는 꼬마가 만든 듯한 조악한 20달러짜리였지만, 개중에는 아트가 아니면 만들 수 없는 정교한 100달러짜리 위조지폐도 몇 장 있었다. 결국 아트는 8만 9천 달러 이상의 위조지폐를 죄다 자기가 만들었다고 인정하고 징역 87개월을 선고받았다. 그는 현재 켄터키 주 맨체스터의 연방교도소에 수감되어 있으며, 독서, 글쓰기, 명상으로 대부분의 시간을 보내고 있다. 나탈리는 그와 화해하고, 다시 만날 날만을 기다리며 옥바라지에 전념하고 있다. 특별한 사정이 없는 한 그들은 2013년 8월쯤 다시 만나 감격의 포옹을 나누게 될 것이다. 맨체스터는 나탈리 혼자 차를 몰고 가기에는 너무 먼 거리이기 때문에, 그녀는 그가 조만간 텍사스로 이감되기를 간절히 바라고 있다.

아트가 석방될 때쯤이면 기술적으로 한층 업그레이드된 새 100달러 지폐가 유통되고 있을 것이다. 미국 조폐공사는 종이 자체에 마이크로 렌즈를 내장하고 홀로그램 이미지를 도입하는 등 다양한 첨단 기법을 동원하여 지폐 위조를 원천적으로 차단할 예정이다. 이에 따라 미래의 지폐 위조범들은 역사상 가장 어려운 시기에 봉착할 것으로 보인다. 많은 위조범들이 100달러 신권의 위조에 도전하겠지만, 대다수는 성공하지 못하고 중도에 포기하게 될 것이다. 그러나 방심은 금물이다. 아트가 말하는 것처럼 '언제나 방법은 있기 마련'이기 때문이다.

역자 후기

2001년 9월 11일에 터진 9·11이라는 메가톤급 사건에 가려 빛이 바래기는 했지만, 이 책은 지금으로부터 불과 10여 년 전 미국 전역을 뒤흔들었던 희대의 지폐위조 사건에 관한 논픽션 기록물이다. 이야기의 주인공은 아트 윌리엄스라는 사내(1972년생)로, 수백만 달러어치의 위조지폐를 만들어 미국 국토안전부 비밀수사국에 소속된 민완 요원들의 추격을 유유히 따돌리며 미국 전역의 쇼핑몰을 휩쓴 장본인이다.

언뜻 보기에, 이 책은 소위 대중적 베스트셀러가 갖춰야 할 세 가지 요소를 모두 갖추고 있다. '흥미로운 캐릭터', '스릴과 서스펜스', '능수능란한 스토리 전개'는 독자들로 하여금 책에서 한시도 눈을 떼지 못하게 만들 만큼 매력적이다. 어찌 보면 소설보다 더 소설 같은 책이라고 할 수도 있다. 20세기 후반 시카고의 뒷골목에서 벌어지는 어둠의 세력들 간의 암투와 활극은, 알 카포네가 밤의 대통령으로 군림하던 1930년대를 연상시킬 정도다.

하지만 이 책을 찬찬히 읽다 보면, 세심하지 않은 독자일지라도 홍

미와 박진감의 이면에 드리워진 미국 사회의 어두운 그림자를 발견하게 될 것이다. 이 책은 미국 사회의 고질적 병폐인 인종차별 및 무기 거래 문제와, 자본주의의 모순인 황금만능주의 및 빈부 격차 문제를 적나라하게 보여준다. '도덕 정치'나 '악의 축'을 외치며, 걸핏하면 전 세계를 상대로 한수 가르치려 드는 미국의 전·현직 대통령들에게 "너나 잘 하세요"라고 말해 주고 싶은 충동을 느낄 정도다.

어떤 독자들은 주인공 아트에게 심정적인 안쓰러움을 느끼기도 할 것이다. 범죄 영화나 소설에 몰입된 관람자와 독자는 범인에게 인간적인 연민을 느낀 나머지 "제발 범인이 잡히지 말았으면…"하고 바라는 마음이 생기는 경우가 종종 있다. 역자 역시 이 책을 읽으며 그와 비슷한 심리 현상을 경험했다. 특히 위조지폐로 구입한 물건을 가난한 어린이와 이웃들에게 기증하는 대목에서는, 주인공의 착한 심성에 살짝 감동하기까지 했다.

때로는 주인공 아트를 미화하고 싶은 마음이 들기도 한다. 주인공의 화폐 위조 행위를 '물신주의라는 거대 괴물과 맞장 뜨는 영웅적 행위'로 간주하고 싶어지는 것이다. 심지어 이런 가당찮은 논리까지 들이대고 싶어진다. '중앙은행의 강제 발권력을 동원해서 돈을 마음대로 찍어내는 정부가 지폐 위조범보다 나을 게 뭐 있나? 아트의 위조지폐는 가난한 사람들을 위해 사용됐지만, 글로벌 금융 위기 때 미국 정부가 찍어낸 돈은 결국 금융자본의 배를 불리는 데 사용되지 않았나?'

그러나 아무리 기막힌 변명을 늘어놓더라도 주인공 아트의 행동을 정당화할 수는 없다. 애초에 위조지폐로 사회의 부조리(황금만능주의와 빈부 격차)에 대항하려 한 것부터가 잘못이었다. 결손가정에서 태어나고 자라나 사랑과 정에 굶주린 그였지만, 위조지폐로 아버지, 어머니, 형제자매, 여자 친구의 사랑을 얻을 수 있다고 생각한 것 역시 큰 착각이었다. 지폐 위조는 사회의 근간을 흔드는 심각한 범죄 행위인데다가, 위조지폐의 해악害惡은 '진짜 돈'보다 더욱 심각하다. 위조지폐는 욕망을 낳고 욕망은 배신을 낳아, 아트, 아버지와 의붓어머니, 그리고 그 측근들까지 한꺼번에 몰락하는 결과를 초래한 것이다.

한편, 이 책의 이야기 이후 아트 부자는 어떻게 지내고 있을까. 에필로그에서, 아트는 2004년 2월 죄 값을 치르고 자유의 몸이 된 후, 범죄에서 손을 씻고 아들(아트 3세)과 함께 살며 제2의 인생을 설계했지만, 2007년 8월 아들의 죄를 대신 뒤집어쓰고 다시 감옥에 간 것으로 되어 있다.

그러나 이후 안타깝게도 아트 3세는 아버지의 전철을 벗어나지 못했다. 조사한 바에 따르면(2009년 7월 NBC 뉴스), 당시 18세의 아트 3세는 100달러짜리 위조지폐를 유통시키다가 체포되어 실형을 선고받고, 아칸소 주의 포레스트시티 연방교도소에 수감되었다고 한다. 그리고 2011년 3월, 아트는 텍사스 주의 빅스프링 연방교도소에서 포레스트시티 교도소로 이감되어 아들과 옥중 재회했다. 참으로 기구한 운명이 아닐 수 없다. 아트는 현재 아들과 함께 포레스트시티 교도소에 수감되어 있으며, 만기출소 예정일은 2015년 1월 14일이라고 한다. (그는 외부인의 편지를 환영하므로, 그와 이야기를 나누고 싶은 독자들은 누구나 아래의 주소로 편지를 쓰면 된다.)

많은 독자들이 아트 시니어에서 아트로, 그리고 아트 3세로 가계를 따라 이어지는 범죄와의 질긴 악연惡緣을 안타깝게 생각할 것이다. 유전적 요인과 환경적 요인 중 어느 쪽이 인간의 일탈 행위에 더 큰 영향을 미치는지에 대해서는 전문가들 사이에서도 논란이 있다. 어떤 이들은 그들의 불우한 환경을 탓할 것이고, 어떤 이들은 그들의 집안 내력을 들먹이며 3대째 물려져 내려온 '범죄 유전자'를 탓할 수도 있다. 그러나 어떤 입장을 취하든 '죄는 미워하되 사람은 미워하지 말라'는, 진부하지만 고전적인 명령을 잊어서는 안 될 것이다. 빈부 격차를 해소하고 복지 제도를 향상시켜 범죄를 예방하고, 출소자의 사회 복귀를 도와 재범을 방지하는 것은 사회 전체의 책임이다.

Arthur J. Williams
Reg. No. 20308-424
Federal Correctional Complex (Low)
Post Office Box 9000
Forest City, AR 72336-9000

아트 오브 메이킹 머니

초판 1쇄 발행 2013년 12월 24일

지 은 이 제이슨 커스텐
옮 긴 이 양병찬

펴 낸 이 최용범
펴 낸 곳 페이퍼로드
출판등록 제10-2427호(2002년 8월 7일)
서울시 마포구 연남동 563-10번지 2층

편　　집 김정주, 양현경
마 케 팅 윤성환
관　　리 임필교
디 자 인 장원석(표지), 이춘희(본문)

이 메 일 book@paperroad.net
홈페이지 www.paperroad.net
커뮤니티 blog.naver.com/paperoad
Tel (02)326-0328, 6387-2341 | Fax (02)335-0334

ISBN 978-89-92920-94-0 (03330)

- 책값은 뒤표지에 있습니다.
- 잘못 만들어진 책은 구입하신 곳에서 바꾸어 드립니다.